Chancen für das deutsche Gesundheitssystem

Michael E. Porter • Clemens Guth

Chancen für das deutsche Gesundheitssystem

Von Partikularinteressen
zu mehr Patientennutzen

Prof. Michael E. Porter
Harvard Business School
Institute for Strategy and Competitiveness
Boston, Massachusetts
USA

Dr. Clemens Guth
München
Deutschland

Ursprünglich erschienen auf Englisch unter dem Titel
„Redefining German Health Care", 2012

ISBN 978-3-642-25682-0   ISBN 978-3-642-25683-7 (eBook)
DOI 10.1007/978-3-642-25683-7

Die Deutsche Nationalbibliothek verzeichnet diese Publikation in der Deutschen Nationalbibliografie; detaillierte bibliografische Daten sind im Internet über http://dnb.d-nb.de abrufbar.

Springer Gabler
© Springer-Verlag Berlin Heidelberg 2012
Das Werk einschließlich aller seiner Teile ist urheberrechtlich geschützt. Jede Verwertung, die nicht ausdrücklich vom Urheberrechtsgesetz zugelassen ist, bedarf der vorherigen Zustimmung des Verlags. Das gilt insbesondere für Vervielfältigungen, Bearbeitungen, Übersetzungen, Mikroverfilmungen und die Einspeicherung und Verarbeitung in elektronischen Systemen.

Die Wiedergabe von Gebrauchsnamen, Handelsnamen, Warenbezeichnungen usw. in diesem Werk berechtigt auch ohne besondere Kennzeichnung nicht zu der Annahme, dass solche Namen im Sinne der Warenzeichen- und Markenschutz-Gesetzgebung als frei zu betrachten wären und daher von jedermann benutzt werden dürften.

Gedruckt auf säurefreiem und chlorfrei gebleichtem Papier

Springer Gabler ist eine Marke von Springer DE.
Springer DE ist Teil der Fachverlagsgruppe Springer Science+Business Media
www.springer-gabler.de

Vorwort

In dem Buch *Redefining Health Care*, erschienen 2006, wurde ein neues Konzept für die Organisation und das Management von Gesundheitssystemen vorgestellt; es basiert auf dem Prinzip des Nutzens (*value*) für den Patienten.[a] Nutzen wird dabei definiert als die Behandlungsergebnisse je Patient relativ zu den anfallenden Kosten. Das Konzept des Patientennutzens (*patient value*) beinhaltet die Neuorganisation der Leistungserbringung um die Krankheitsbilder von Patienten herum, die rigorose Messung von Behandlungsergebnissen und Kosten, neue Vertragsformen, die eine Vergütung stärker an den Patientennutzen koppeln, und ein neues Verständnis darüber, wie Gesundheitssysteme in ihrer Gesamtheit integriert werden können. Mit der Publikation des Buches haben wir begonnen weltweit nach innovativen „Leistungserbringern" und Systemen zu suchen, die die Grundsätze einer nutzenorientierten Gesundheitsversorgung (*value-based health care*) zum Ausdruck bringen. Von diesen Beispielen wollen wir lernen.

Der Ursprung dieses Buches ist aus einem solchen Positivbeispiel entstanden: dem Westdeutschen Kopfschmerzzentrum (WKZ). Hierüber verfassten wir eine Harvard-Business-School-Fallstudie im Mai 2007. Das Westdeutsche Kopfschmerzzentrum ist eine innova-

---

[a] Anmerkung zur Übersetzung: Das vorliegende Buch ist im Original in englischer Sprache unter dem Titel „Redefining German Health Care" erschienen. *Value* wurde in der deutschen Fassung mit „Nutzen" übersetzt, *patient value* mit „Patientennutzen" und *value-based health care* mit „nutzenorientiertes Gesundheitssystem". Siehe das Glossar für genaue Begriffsdefinitionen.

tive, integrierte Behandlungseinheit, die auf die Versorgung von Kopfschmerzpatienten spezialisiert ist. Die Patienten werden interdisziplinär behandelt; ambulante und stationäre Versorgungseinheiten arbeiten dabei zum Nutzen der Patienten eng zusammen. Entstanden aus der Partnerschaft zwischen einer Krankversicherung, der KKH-Allianz, und einem Leistungserbringer, dem Universitätsklinikum Essen, erzielt das WKZ für seine Patienten qualitativ überlegene Behandlungsergebnisse. Über die Zeit betrachtet werden dort im Vergleich zu den bisherigen Therapieansätzen bessere Behandlungsergebnisse zu niedrigeren Kosten erzielt. Ein neues Vertragsmodell, das als Vergütung eine Gesamtpauschale für alle erforderlichen Leistungen vorsieht, erlaubt es dem Zentrum anders vorzugehen, als es im Rahmen der üblichen Vergütung möglich wäre.

Im Beispiel des Westdeutschen Kopfschmerzzentrums fällt der Krankenversicherung bei der Zusammenarbeit mit den Leistungserbringern eine deutlich veränderte Rolle zu. Entgegen gängiger Praxis schafft die Versicherung einen echten Mehrwert, indem sie sich nicht darauf beschränkt, Rabatte auszuhandeln, Leistungen zu reduzieren oder mit Wettbewerbern allein über die Beitragssätze zu konkurrieren. Die KKH-Allianz erkannte, dass Migräne ein bislang oft unzureichend behandeltes Krankheitsbild ist, und nahm einen exzellenten Leistungserbringer unter Vertrag, um ein neues, innovatives Versorgungsmodell anbieten zu können. Im Rahmen der Kooperation werden klinische Behandlungsergebnisse und Kosten gemessen und offen zwischen Leistungserbringer und Versicherung ausgetauscht. Die KKH-Allianz identifiziert Versicherte mit schlecht behandelter Migräne und überweist diese ans Zentrum. Sie tut dies aus der Überzeugung, dass eine bessere Versorgung nicht nur dem Patienten nutzt, sondern auch die Langzeitkosten für ihre Versicherten reduziert.

Das Westdeutsche Kopfschmerzzentrum lenkte unsere Aufmerksamkeit auf Deutschland. Wir machten uns daran, das deutsche System in seiner Gesamtheit zu betrachten. Auf den ersten Blick erschien uns das deutsche System geradezu als ein Ideal, wie es andere Länder erst noch zu verwirklichen suchen: Deutschland hat einen universellen Versicherungsschutz für alle, mit einkommensabhängigen Beiträgen, die eine Krankenversicherung für alle Einkommensgruppen erschwinglich machen. Der Versicherungsschutz in Deutschland ist umfassend und deckt fast alle Leistungen ab. Die Versicherten haben die freie Wahl zwischen miteinander konkurrierenden Krankenkassen. Sie haben auch freie Wahl zwischen den Leistungserbringern, ohne dass sie eine Überweisung benötigen. Deutschlandweit können Patienten aus einer Vielzahl von Leistungserbringern in der ambulanten, stationären und rehabilitativen Versorgung auswählen, mit ausreichenden Kapazitäten sowie soliden fachlichen Qualifikationen.

Je mehr wir jedoch das deutsche System unter dem Gesichtspunkt des Patientennutzens betrachteten, desto mehr mussten wir erkennen, dass das Westdeutsche Kopfschmerzzentrum eine Ausnahme und nicht die Regel ist. So klar die Vorteile dieses nutzenorientierten Modells sind, so deutlich unterscheidet sich davon die Art, wie in Deutschland Versorgungsleistungen erbracht werden und welche Rolle die Krankenkassen dabei spielen. Tatsächlich sind, wie Studien zur Qualität der Leistungserbringer in Deutschland zeigen, die Qualitätsunterschiede und die Koordinationsprobleme zwischen den Behandlungen beträchtlich. Inzwischen beginnt die allgemeine Überzeugung, die hohen Kosten des deutschen Systems seien seiner hohen Qualität geschuldet, zu schwinden. Die Vorstellung, der Zugang für alle und eine hohe Anzahl an Arztbesuchen korrelierten mit besserer Gesundheit, hält der Nachprüfung nicht stand. Es bleibt zu fragen, warum das übrige deutsche Gesundheitswesen nicht annähernd so aussieht wie das Westdeutsche Kopfschmerzzentrum oder wie andere innovative Beispiele, die wir in Deutschland gefunden haben und die zeigen, dass eine am Patientennutzen ausgerichtete Versorgung auch in Deutschland möglich ist.

Diese Beobachtungen inspirierten uns das vorliegende Buch zu schreiben. Unser Buch bietet eine umfassende Bewertung des deutschen Gesundheitswesens vor dem Hintergrund des Konzepts des Patientennutzens und gibt strategische Empfehlungen zur Neuordnung des Systems. Die relevanten Akteure des Systems – Krankenkassen, Leistungserbringer, Arbeitgeber und Patienten – werden beschrieben und in ihrem Verhalten analysiert. Zudem untersuchen wir, welche Regulierungen für die Abläufe im deutschen Gesundheitssystem bestimmend sind, und ergründen die inzwischen zahlreichen Versuche von Regierungsseite, das deutsche System zu reformieren. Dabei diskutieren wir auch, warum die Resultate bisher enttäuschend waren.

Primäres Ziel des Buches ist es, eine strategische Perspektive für das deutsche Gesamtsystem zu bieten und eine umfassende Blaupause für Reformen darzulegen. Während wir zahlreiche Empfehlungen aussprechen, verzichten wir bewusst auf detaillierte Umsetzungsvorgaben, die am besten von den jeweiligen Akteuren ausgestaltet werden. Ein zentrales Anliegen unseres Buches besteht darin, ein neues Niveau der Reformdiskussion zu erreichen – jenseits der üblichen Auseinandersetzungen und Reformbemühungen um Kostenkontrolle, Stabilität der Beitragssätze und einen geänderten Risikoausgleich zwischen den Krankenversicherungen. Was zählt, sind die Behandlungsergebnisse und die Kosten der Leistungserbringung, nicht die Beitragssätze per se.

Ein zweites Ziel des Buches ist es, eine Vorlage zu schaffen, anhand derer jedes bestehende nationale Gesundheitssystem nach dem Prinzip des Patientennutzens bewertet werden kann. Wir haben bisher noch kein Gesundheitssystem gefunden, das den maximalen Nutzen für seine Patienten voll ausschöpft. Jedes Land sollte daher eine strategische Bewertung seines Gesundheitssystems vor dem Hintergrund des Patientennutzens durchführen, anstatt Gesundheitsreformen mit einer Vielzahl von inkrementellen Regulierungen und Einzellösungen umzusetzen. In diesem Sinne hoffen wir, dass das im Buch vorgestellte Rahmenkonzept über Deutschland hinaus in vielen anderen Ländern Anwendung findet und dabei ständig weiter verbessert wird.[1]

Ohne die Hilfe einer Vielzahl von Einzelpersonen und Organisationen hätte dieses Buch nicht entstehen können. Wir sind dankbar für all ihre Einsichten, Ratschläge und konstruktive Kritik. Unter den Einzelpersonen, denen wie besonderen Dank schulden, möchten wir zuallererst Jens Deerberg-Wittram nennen. Er hat uns wesentlich zu diesem Buch inspiriert, unsere Entwürfe geprüft und uns auf vielfältigste Weise unterstützt. Seine Einblicke in das deutsche Gesundheitssystem und die Innovationen, die er und seine Kollegen bei Schön Klinik auf den Weg gebracht haben, waren für uns Information und Anregung zugleich. Unseren besonderen Dank möchten wir zudem Klaus Böttcher, Thomas Mansky und Klaus Jacobs aussprechen.

Unter den übrigen Praktikern gilt unser besonderer Dank Axel Munte, Sonja Froschauer, Günther Jonitz, Jörg Debatin, Hans-Christoph Diener, Astrid Gendolla und Ingo Kailuweit. Unter den Wissenschaftlern und Forschern danken wir Matthias Schönermark, Volker Amelung, Jan Böcken und Jonas Schreyögg.

An der Harvard Business School gilt unser Dank Jennifer Baron, Craig Szela und Caleb Stowell, die dieses Projekt mit wesentlichen Forschungsergebnissen, Kommentaren und vielfältigen anderen Tätigkeiten unterstützt haben. Kathleen Custodio hat durch ihre Arbeit am Manuskript ebenfalls einen erheblichen Beitrag zu diesem Buch geleistet.

Jegliche Fehler in unseren Gedankengänge und Analysen verantworten allein wir, gleichwohl haben wir die Hinweise und Ermutigungen all dieser Personen dankbar entgegengenommen.

Beim Springer-Verlag danken wir Martina Bihn. Für das Lektorat geht unser Dank an Georg Klymiuk. Wir verdanken ihm eine Übertragung der englischen Originalarbeit in einen prägnanten deutschen Text.

Der Harvard Business School danken wir für die finanzielle Unterstützung. Ebenso möchten wir der Studienstiftung des deutschen Volkes und Rainer Salfeld bei Artemed für ihre Unterstützung danken.

Zu guter Letzt schulden wir insbesondere Alexandra Guth für ihren Enthusiasmus und ihre unermüdliche Unterstützung bei diesem mehrjährigen Projekt einen ganz besonderen Dank.

Boston, November 2011
Michael E. Porter
Clemens Guth

Inhaltsverzeichnis

Vorwort V
Abbildungsverzeichnis XV
Tabellenverzeichnis XVII

Kapitel 1
Einleitung 1

Kapitel 2
Defizite des deutschen Gesundheitssystems 7

Kapitel 3
Leitlinien eines nutzenorientierten Gesundheitssystems 29

Kapitel 4
Das deutsche Gesundheitssystem: Überblick und historische Entwicklung 65

Kapitel 5
Krankenversicherung in Deutschland 85
Gesetzliche Krankenversicherungen 86
Private Krankenversicherungen 106
Bewertung des deutschen Krankenversicherungssystems 111
Fazit 127

Kapitel 6
Leistungserbringer im Gesundheitswesen **129**
Krankenhaussektor 129
Ambulanter Sektor 153
Rehabilitationskliniken und Pflegeheime 167
Reformbemühungen zur Integration der Versorgung 173
Fazit 181

Kapitel 7
Gesamtbewertung der deutschen Leistungserbringer **185**
Fazit 203

Kapitel 8
Die Rolle von Krankenkassen, Arbeitgebern und Patienten in der Gesundheitsversorgung **207**
Das Engagement der Krankenversicherungen in der Gesundheitsversorgung 208
Das Engagement von Arbeitgebern in der Gesundheitsvorsorge 214
Patienten und ihre Gesundheit 216
Fazit 220

Kapitel 9
Messung von Behandlungsergebnissen und -kosten **223**
Entwicklung der Qualitätsmessung in Deutschland 225
Neue Ansätze zur Ergebnismessung 235
Messung der Versorgungskosten in Deutschland 253
Fazit 256

Kapitel 10
Deutschlands Weg zu einem Gesundheitssystem mit hoher Nutzenstiftung: Gesamtbewertung und Empfehlungen **259**
Mängel im bestehenden System 261
Eine Strategie zur Neuordnung des deutschen Gesundheitssystems 280
Fazit 317

Anhang

Taxonomie der BQS-Qualitätsindikatoren 319
Endnoten 323
Glossar 347
Literaturverzeichnis 353
Stichwortverzeichnis 369
Über die Autoren 375

Abbildungsverzeichnis

Abb. 1. Ausgaben für das Gesundheitswesen als Prozentsatz des BIP, Gesamtausgaben pro Kopf, und BIP nach Ländern, 2007 8

Abb. 2. Kosten des Gesundheitssystems nach Ländern, 1980–2007 9

Abb. 3. Entwicklung der GKV-Gesamtausgaben und des durchschnittlichen GKV-Beitragssatzes, 1950–2005 11

Abb. 4. Krankenhausentlassungen pro Land und Jahr, ambulante Arztkontakte pro Kopf und Jahr, 2004–2007 15

Abb. 5. Altersstandardisierte Mortalitätsraten bei ischämischen Herzerkrankungen im Verhältnis zur Anzahl koronarer Eingriffe (Koronarangioplastie und koronare Bypass-Chirurgie) 20

Abb. 6. Mortalitätsrate bei Schlaganfällen in bayrischen Krankenhäusern, 2008 21

Abb. 7. 30-Tage-Sterblichkeit bei akutem Herzinfarkt in deutschen Krankenhäusern (absolute Sterblichkeit) 22

Abb. 8. Verteilung der standardisierten 90-Tage-Mortalitäts-Ratio bei Patienten mit Kolon-Operation bei kolorektalem Karzinom (risikoadjustiert) 23

Abb. 9. Einsatzrate adjuvanter Chemotherapie nach Behandlungszentren/ -registern sowie Überlebensraten von Patienten mit operiertem Stadium-III-Kolonkarzinom 24

Abb. 10. Prozessqualitätsmessung in Dialysezentren 27

Abb. 11. Der Positivkreislauf in der Gesundheitsversorgung..................... 41

Abb. 12. Die Kausalkette von Gesundheit- und Behandlungsergebnissen 45

Abb. 13. Hierarchie der Ergebnisindikatoren/-parameter 48

Abb. 14. Anzahl der Ärzte im deutschen Gesundheitssystem, 1955–2007 70

Abb. 15. Gesamtausgaben des Gesundheitswesens und der gesetzlichen Krankenversicherungen in Prozent des BIP, 1950–2007 72

Abb. 16. Wachstum der beitragspflichtigen Einnahmen je Mitglied und des BIP je Erwerbstätigem, 1980–2000 (alte Bundesländer).. 75

Abb. 17. Deckungsbeiträge über den Lebenszyklus eines Versicherten in der Gesetzlichen Krankenversicherung 96

Abb. 18. Entwicklung des Risikostrukturausgleichs der gesetzlichen Krankenkassen in Deutschland... 99

Abb. 19. Leistungsbreite und -tiefe deutscher Krankenhäuser, 2007 135

Abb. 20. Mortalitätsrate in 77 Krankenhäusern in Deutschland, die koronararterielle Bypass-Operationen durchführen, 2008 230

Abb. 21. 30-Tage Sterblichkeit nach Implantation einer Hüftgelenks-Endoprothese bei Hüftfraktur (absolute Sterblichkeit), 2003.... 240

Abb. 22. 30-Tage standardisierte Mortalitätsrate nach Implantation einer Hüftgelenks-Endoprothese bei Hüftfraktur (risikoadjustiert), 2003 241

Abb. 23. Schön Klinik: Funktionsergebnisse für primäre Knieprothesen, 2009 248

Abb. 24. Schön Klinik Ergebnisse für Depression, 2009............................ 249

Abb. 25. Ansatzpunkte zur Kostenreduzierung im Gesundheitswesen ... 255

Abb. 26. Schlüsselmerkmale einer Integrierten Behandlungseinheit....... 292

Tabellenverzeichnis

Tabelle 1. Finanzierungsquellen des deutschen Gesundheitssystems 68

Tabelle 2. Anzahl der gesetzlichen Krankenkassen, 1855–2010 71

Tabelle 3. Zusammenfassung bedeutender Gesundheitsreformen, 1977–2010 78

Tabelle 4. Krankenkassenbeiträge pro Kassenart, 2008 97

Tabelle 5. Auswirkung des Risikostrukturausgleichs auf Beitragssätze nach Kassenart, 2005 103

Tabelle 6. Ausgaben der gesetzlichen Krankenkassen, 2009 105

Tabelle 7. Größe und Trägerschaft der deutschen Krankenhäuser, 2008 130

Tabelle 8. Maß der Einbindung der Leistungserbringer nach der Entlassung aus dem Krankenhaus 140

Tabelle 9. Preise für Pflegeheime nach Pflegestufe und Aufteilung der Kosten zwischen Pflegeversicherung und Bewohnern 171

Tabelle 10. Ausgewählte Ergebnisse des BQS-Qualitätsvergleichs für Krankenhäuser von 2008 229

Tabelle 11. Übersicht der vom Helios-Qualitätsmesssystem abgedeckten Eingriffe und Krankheiten, 2008 237

Tabelle 12. Beispiel des Helios Qualitätsberichts, 2006/2007 239

Tabelle 13. Ausgewählte Schön Klinik-Ergebnisindikatoren für orthopädische, neurologische und Verhaltensmedizin 244

Kapitel 1
Einleitung

Die Errungenschaften des deutschen Gesundheitswesens sind bemerkenswert. Ein universeller Versicherungsschutz und ein umfassender Katalog an finanzierten Leistungen gelten als selbstverständlich. Viele Patienten erhalten von Ärzten und Pflegekräften eine fürsorgliche und engagierte Betreuung. Das Netz der Leistungsanbieter ist dicht. Manche von ihnen sind international anerkannte Kompetenzzentren, die Patienten aus aller Welt anziehen.

Dennoch gibt es erhebliche Defizite in der Leistungsfähigkeit. Die Kosten steigen kontinuierlich und die deutschen Bürger müssen immer höhere Krankenkassenbeiträge und Selbstbeteiligungen zahlen. Ob das bisherige Umlageverfahren der gesetzlichen Krankenversicherung künftig weiter so finanziert werden kann, ist ungewiss. Viele befürchten deshalb für die Zukunft Qualitätsverschlechterungen und eine Rationierung des Versorgungsangebots. Gleichzeitig driften die gesetzliche und die private Krankenversicherung zusehends auseinander. Damit ist das Solidaritätsprinzip, das traditionelle Fundament des deutschen Gesundheitswesens, nachhaltig gefährdet.

Mittlerweile gibt es eine wachsende Evidenz für Fehldiagnosen und erfolglose Therapien sowie signifikante Qualitätsunterschiede zwischen den Leistungserbringern. In der Vergangenheit ging man davon aus, dass hohe Kosten auch hohe Qualität bedeuten. Heute wird offensichtlich, dass dies nicht der Fall ist – weder in Deutschland noch in irgendeinem anderen Land.

Unter den Akteuren des Gesundheitssystems steigt zunehmend die Unzufriedenheit. Während Bundesregierung, Ärzte, Krankenhäuser, Krankenversicherer und Zulieferer darum kämpfen, ihre Interessen zu wahren, bleiben die Patienten besorgt und enttäuscht zurück. Mehr als die Hälfte der Bürger bekunden ihre Unzufriedenheit mit dem System.[2,3]

Auf die wachsenden Besorgnisse um das deutsche Gesundheitswesen reagierte der Gesetzgeber mit einer endlosen Reihe von Reformen. Mehr als 15 größere Gesetzesvorhaben wurden in den letzten 30 Jahren verabschiedet. Aktuell wird bereits über weitere Reformen debattiert. Keine der bisherigen Maßnahmen konnte jedoch das Problem lösen. Die politischen Entscheidungsträger reden von Kostensenkung, doch die Beiträge steigen weiter. Immer wieder wird betont, wie wichtig es sei, die Qualität zu verbessern. Dabei scheinen die Qualitätsprobleme eher zu wachsen, während das System selbst nicht Qualität, sondern Mengenausweitungen belohnt. Die Regierung preist den Wettbewerb, doch tatsächlich bleiben Monopole und Hürden für Wahlfreiheit und Wettbewerb weiter bestehen.

Deutschland ist beileibe nicht das einzige Land, das sich genötigt sieht, sein Gesundheitssystem auf Erfolg zu trimmen. Weltweit machen sich Gesetzgeber und Bürger Sorgen um steigende Kosten – vor allem angesichts einer zunehmend alternden Bevölkerung. Fast überall werden die gleichen Lösungsansätze verfolgt: höhere Krankenkassenbeiträge, zunehmende Finanzierung über die Steuern, Etablierung strikter Kostenkontrolle und Verlagerung der Kosten hin zu den Patienten. Deutschland macht da keine Ausnahme. Bisher ist dieser Ansatz gescheitert und er wird auch künftig scheitern.

Erforderlich ist eine völlig neue Herangehensweise an das Thema „Gesundheitsreform". Basis dafür ist die Neuausrichtung des Systems am Patientennutzen. Dieser Nutzen lässt sich definieren als die Qualität der erzielten Behandlungsergebnisse je Patient relativ zu den dabei entstandenen Kosten. Die einzige wirkliche Lösung für das Gesundheitswesen liegt darin, diesen Nutzen zu maximieren und nicht weiterhin zu versuchen, die Kosten zu minimieren. Wer mehr Nutzen für Patienten schaffen will, muss die Behandlungsergebnisse verbessern. Nur die Effizienz zu erhöhen, reicht nicht aus.

Jedes Gesundheitssystem besteht aus zwei umfänglichen Teilsystemen: Versicherung und Versorgung. In Deutschland, wie in den meisten Ländern, konzentriert sich die Aufmerksamkeit auch heute noch auf die Versicherungsseite. So wichtig der Einfluss dieses Teilsystems auf den Patientennutzen ist, so entsteht doch der wesentliche Patientennutzen auf Seiten der Versorgung. Um das Gesundheitssystem zu heilen, müssen wir die Versorgungsstrukturen ändern. In Deutschland, wie auch anderswo, blieb die Struktur des Teilsystems Versorgung weitgehend unangetastet. Statt die Leistungserbringung zu restrukturieren, konzentrierten sich die Reformbemühungen darauf, die Preise nach unten zu drücken und die Leistungen zu beschneiden.

In *Redefining Health Care* haben Michael E. Porter (Harvard) und Elizabeth O. Teisberg (University of Virginia) ein umfassendes Konzept vorgestellt: Es ermöglicht den Übergang zu einem System der Gesundheitsversorgung, das auf die Maximierung des Nutzens für den Patienten ausgerichtet ist. In hier vorliegendem Buch legen wir die Maßstäbe einer nutzenorientierten Gesundheitsversorgung an, um zunächst das deutsche System zu evaluieren. Danach schlagen wir eine übergreifende Strategie zur Systemreform vor. Soll das deutsche Gesundheitssystem den Bedürfnissen der Bürger gerecht werden, muss es drastisch restrukturiert werden. Notwendig sind unter anderem die Integration des Behandlungsprozesses, der Abbau der Fragmentierung innerhalb der Behandlungskette, die Messung der Ergebnisqualität und eine Steuerung der Patienten hin zu exzellenten Leistungserbringern. Auf diesem Weg kann Deutschland eine dramatische Steigerung des Patientennutzens erreichen.

Übergreifendes Ziel dieses Buches ist es, unter dem Leitgedanken des Patientennutzens die Struktur, Organisation und Rollen der Akteure im deutschen System aus strategischer Sicht zu bewerten. Wir zeigen auf, in welchem Maße das heutige System tatsächlich ausgelegt ist, einen maximalen Nutzen für Patienten zu schaffen, und in welchem Maße es den Partikularinteressen der etablierten

Akteure dient. In Kapitel 2 decken wir die Defizite des heutigen Systems auf, bevor wir in Kapitel 3 die Leitlinien eines nutzenorientierten Gesundheitssystems zusammenfassend darstellen. Kapitel 4 liefert einen Überblick über die historische Entwicklung des deutschen Systems und befasst sich mit den Wurzeln der aktuellen Probleme. Anschließend wird in den Kapiteln 5 bis 8 jede Komponente des deutschen Systems charakterisiert und vor dem Hintergrund des Patientennutzens bewertet. Kapitel 9 ist der Messung der Ergebnisqualität gewidmet; unseres Erachtens ist dies der wichtigste Schritt, um das System wirklich umzugestalten. Kapitel 10 schließt mit einer Gesamtbewertung des deutschen Gesundheitssystems und Empfehlungen zu Reformen ab. Detailliert beschrieben werden dabei die notwendigen Reformschritte für Leistungserbringer, Krankenversicherungen sowie politische Entscheidungsträger.

In Deutschland sind bereits wesentliche Voraussetzungen für den Übergang zu einem am Patientennutzen ausgerichtetem Gesundheitssystem gegeben, so z.B.: Versicherungsschutz für alle, breiter Zugang zu Leistungen sowie kompetente Ärzte und Pflegekräfte. Was jetzt geschehen muss, ist eine Neuausrichtung der Organisationsstrukturen, eine kontinuierliche Ergebnismessung und eine Vergütung die sich am erzielten Patientennutzen orientiert. Dazu sind folgende Änderungen sind nötig: umfassende Messung der Ergebnisqualität auf der Ebene einzelner Krankheitsbilder, Neuorganisation der Leistungserbringung in interdisziplinäreren Behandlungseinheiten, die wiederum auf spezifische Krankheitsbilder ausgerichtet sind, Reduzierung des Leistungsspektrums einzelner Leistungserbringer und Einführung von Pauschalen für die Behandlung von Krankheitsbildern. Die Krankenversicherer sollten dabei – ausgehend von einem veränderten Rollenverständnis – dezidiert Mehrwert stiften, in dem sie die Entwicklung der Ergebnismessung fördern, die Patienten bei der Wahl zwischen Leistungserbringern und Behandlungsmöglichkeiten aktiv unterstützen und sich verstärkt an Programmen zum Disease Management beteiligen. Die Patienten selbst sollten das Bekenntnis zur Nutzenstiftung gezielt verstärken, indem sie ihre Versicherer und Leistungserbringer anhand messbarer Ergebnisse auswählen.

Innovative Akteure haben in Deutschland und anderswo bereits den Weg zu einer nutzenorientierten Gesundheitsversorgung beschritten. Welche Potenziale sie dabei erreichen, ist eindrucksvoll. Dies zeigt, dass es sinnvoll und machbar ist, den Weg hin zu neuen, nutzenorientierten Ansätzen beschreiten. Dazu muss man nicht auf die nächste Gesundheitsreform warten. Massive Verbesserungen zum Vorteil der Patienten lassen sich schon heute verwirklichen. Es liegt an uns, diese Chance zu nutzen.

KAPITEL 2

Defizite des deutschen Gesundheitssystems

Das Gesundheitswesen zu verstehen ist alles andere als einfach, vor allem angesichts der sich rapide fortentwickelnden medizinischen Fachdisziplinen, des komplexen Zusammenspiels der Institutionen, der intensiven staatlichen Regulierung sowie einer Vielzahl hochengagierter Interessengruppen. Aus der schieren Komplexität des Problemfelds resultieren nicht nur sehr unterschiedliche Ansichten über das Gesundheitswesen, sondern auch viele nur allzu gut gemeinte „Lösungen". Ungeachtet der Vielfalt der Stimmen und Meinungen zum deutschen Gesundheitswesen ist die Herausforderung klar: Mag Deutschland über die letzten 65 Jahre auch große Erfolge erzielt haben, was die Gesundheitsversorgung für seine Bürger anbelangt, so ist das Land doch auf einem unhaltbaren Kurs. Denn es besteht eine toxische Kombination aus steigenden Kosten, ungesicherter Finanzierung, schwankender Versorgungsqualität, fehlendem Fachpersonal und einer zunehmend konfrontativen Atmosphäre zwischen einzelnen Interessengruppen.

Dieses Kapitel bietet einen Überblick über die Probleme, denen sich das deutsche System stellen muss. Mögen die Werte einzelner Leistungskennziffern auch bestreitbar sein – insgesamt ist die Evidenz überwältigend: Das Gesundheitssystem, wie es heute in Deutschland besteht, stiftet für seine Bürger nicht den maximalen Nutzen.

Hohe und steigende Kosten

Nach dem größten Problem ihres Gesundheitssystems gefragt, geben die deutschen Bürger mit überwältigender Mehrheit die hohen Kosten an. Die meistzitierte Zahl besagt, dass Deutschland 10,4% seines Bruttoinlandprodukts (BIP) für das Gesundheitssystem ausgibt; 2007 waren das 253 Milliarden Euro.[4] Nur die USA mit 16,0%, Frankreich mit 11,0% und die Schweiz mit 10,8% wendeten einen noch größeren Teil ihres BIP dafür auf (siehe Abbildung 1).[5] 2007 gab Deutschland, angepasst nach Kaufkraftparitäten, 3.588 USD pro Jahr und Kopf für sein Gesundheitssystem aus.

Ausgaben Gesundheitswesen als Prozentsatz des BIP		Gesamtausgaben Gesundheitswesen pro Kopf (in USD, inflationsbereinigt)		BIP pro Kopf (in USD, inflationsbereinigt)	
USA	16,0	USA	7.290	Norwegen	53.443
Frankreich	11,0	Norwegen	4.763	USA	45.559
Schweiz	10,8	Schweiz	4.417	Irland	45.214
Deutschland	10,4	Kanada	3.895	Schweiz	40.877
Belgien	10,2	Niederlande	3.837	Niederland	39.213
Österreich	10,1	Österreich	3.763	Kanada	38.500
Kanada	10,1	Frankreich	3.601	Australien	37.808
Portugal	9,9	Belgien	3.595	Österreich	37.121
Dänemark	9,8	**Deutschland**	3.588	Schweden	36.632
Niederlande	9,8	Dänemark	3.512	Dänemark	35.978
Griechenland	9,6	Irland	3.424	Großbritannien	35.557
Neuseeland	9,2	Schweden	3.323	Belgien	35.380
Schweden	9,1	Australien	3.137	Finnland	34.698
Norwegen	8,9	Großbritannien	2.992	**Deutschland**	34.393
OECD	8,9	**OECD**	2.984	Japan	33.603
Australien	8,7	Finnland	2.840	**OECD**	32.798
Italien	8,7	Griechenland	2.727	Frankreich	32.684
Spanien	8,5	Italien	2.686	Spanien	31.588
Großbritannien	8,4	Spanien	2.671	Italien	30.794
Finnland	8,2	Japan	2.581	Griechenland	28.423
Japan	8,1	Neuseeland	2.510	Neuseeland	27.140
Irland	7,6	Portugal	2.150	Portugal	22.824

Abb. 1. Ausgaben für das Gesundheitswesen als Prozentsatz des BIP, Gesamtausgaben pro Kopf, und BIP nach Ländern, 2007[6]

Wie in fast allen Industrieländern sind auch in Deutschland die Ausgaben für das Gesundheitswesen schneller gewachsen als das BIP (siehe Abbildung 2) und die Kostensteigerungen werden sich wohl weiter fortsetzen.[7] Die Gründe dafür sind auf der ganzen Welt ähnlich: eine alternde Bevölkerung, steigende Nachfrage und erhöhte Anspruchshaltung auf Seiten der Konsumenten, angebotsinduzierte Nachfrage auf der Anbieterseite sowie ein Trend zur defensiven Medizin.[8,9] Ein negativer struktureller Preiseffekt – d.h., die

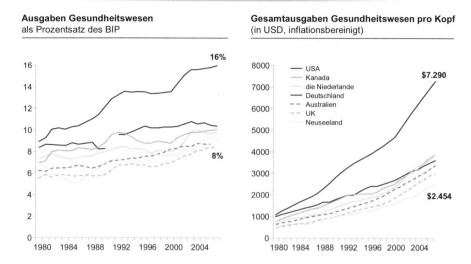

Abb. 2. Kosten des Gesundheitssystems nach Ländern, 1980–2007[10]

Gehälter des medizinischen Personals steigen schneller als die Produktivität – verursacht zudem weitere Kostensteigerungen.[11] Welchen Einfluss Technologien auf die Langzeitkosten des Gesundheitswesens haben, ist unklar – manche Neuerungen reduzieren die Kosten, manche steigern sie.

Mit ständig steigenden Kosten konfrontiert, verabschiedete Deutschland zwischen 1977 und 2010 eine Reihe von größeren Gesundheitsreformen. Hauptziel war die Kostendämpfung. Wie in Kapitel 4 detailliert dargestellt wird, führten die Reformen Budgets, verbindliche Rabatte und Preisgrenzen ein, während bestimmte Leistungen von der Versicherung ausgeschlossen wurden. Die intensiven Sparbemühungen führten dazu, dass in Deutschland die Kosten weniger stark anstiegen als in anderen Ländern.[12] Von 1977 bis 2007 erhöhten sich die Gesundheitsausgaben nur um 1,7% pro Jahr, im OECD-Durchschnitt dagegen um 4,1% pro Jahr.[13]

Während sich der Anstieg der Gesamtkosten verlangsamte, wurden jedoch vermehrt Kosten von den gesetzlichen Krankenversicherungen auf Konsumenten, Privatversicherungen sowie andere Sozialversicherungen verlagert (siehe Kapitel 4 für Details). Der Anteil der Privatausgaben, einschließlich Zuzahlungen, Privatversicherungen und Wohlfahrtsleistungen, stieg in den letzten 15 Jahren um 20%.[14] Allein der Anteil der Zuzahlungen stieg im gleichen Zeitraum um 25%.[15] Diese Erhöhungen in Deutschland überstiegen deutlich die in anderen europäischen Staaten.[16]

Auch wenn der Fokus auf die Kosten verständlich ist, so bleibt doch zu fragen, welchen Nutzen die Deutschen eigentlich aus ihren Gesundheitsausgaben von über 250 Milliarden Euro im Jahr ziehen. Wie wir in den folgenden Kapiteln diskutieren werden, gibt es erhebliche Defizite, was die erzielte Ergebnisqualität anbelangt. Hohe Kosten bedeuten weder hohe Qualität, noch impliziert ein breiter Zugang zur Versorgung oder ein üppiges Versorgungsangebot bessere Behandlungsergebnisse.

Schwindende Tragfähigkeit der gesetzlichen Krankenversicherung

Die gesetzliche Krankenversicherung (GKV), einst der Stolz des deutschen Systems, ist in ihrer heutigen Form nicht mehr zukunftsfähig. Derzeit gewährt das GKV-System 90% der Bevölkerung Versicherungsschutz, die restlichen 10% sind privat versichert. Wie in Kapitel 5 näher dargestellt, beruht das GKV-System auf folgenden Eckpfeilern: einkommensabhängige Beitragssätze, kostenlose Mitversicherung für Angehörige und Umlage-basierte Finanzierung ohne Kapitalstock. Mit dieser Struktur war die GKV einst das Aushängeschild des mächtigen deutschen Sozialversicherungssystems: Die Jüngeren finanzierten die Älteren, die besser Verdienenden die schlechter Verdienenden, die Alleinverdiener die Familien und die Gesunden die Kranken.

Heute steht das gesetzliche System vor ernsthaften Herausforderungen: Während die Kosten steigen, tun dies die gehaltsabhängigen Beitragseinnahmen nicht im selben Maße. Alle nicht Selbstständigen, die weniger als 3.460 Euro im Monat verdienen, sind verpflichtet sich gesetzlich zu versichern. Krankenversicherungsbeiträge werden als Prozentsatz vom Gehalt erhoben, aktuell 15,5%, mit einem Monatsbeitrag je Beschäftigtem von maximal 536 Euro, der zwischen Arbeitgeber und Arbeitnehmer aufgeteilt wird. Rentner waren ursprünglich kostenlos versichert. Seit 1983 gilt für sie der gleiche Beitragssatz wie für regulär Beschäftigte, der Arbeitgeberanteil wird dabei von den Rentenkassen abgedeckt. Wie finanziell gefestigt das GKV-System ist, hängt ab von der Gesamtzahl der Beschäftigten und dem durchschnittlichen Gehaltsniveau in ganz Deutschland. Je mehr Menschen arbeiten und je höher die Löhne sind, desto höhere Einnahmen fließen ins System.

Aufgrund demografischer Trends, insbesondere der Alterung der Bevölkerung, gibt es jedoch immer weniger arbeitende Erwachsene, immer mehr Rentner und zudem eine wachsende Anzahl selbstständig Erwerbstätiger, die keine GKV-Beiträge bezahlen. In der Folge sehen sich die Krankenkassen mit höheren Kosten konfrontiert, während sie gleichzeitig insgesamt niedrigere Beiträge von ihren Versicherten einnehmen. Dieses Missverhältnis erklärt, warum die Beitragssätze der gesetzlichen Krankenkassen schneller angestiegen sind als ihre Gesamtausgaben gemessen in Prozent des BIP (siehe Abbildung 3).

Für viele Deutsche besteht irrtümlicherweise kein wesentlicher Unterschied zwischen den Beitragsätzen der GKV, gemessen in

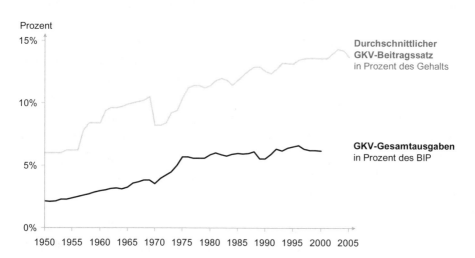

Abb. 3. Entwicklung der GKV-Gesamtausgaben und des durchschnittlichen GKV-Beitragssatzes, 1950–2005[17]

Prozent des Gehalts, und den Kosten des Gesundheitswesens. So wurde die Entwicklung der Beitragssätze zum wichtigsten Maßstab für die Effizienz des deutschen Krankenversicherungssystems und keine Kennziffer steht mehr im politischen Lampenlicht. Erfolg wie auch Misserfolg von Reformen wird an ihren Auswirkungen auf die Beitragssätze gemessen.

Um den Anstieg der Beitragssätze zu dämpfen, bezuschusst die Regierung die GKV seit 2004 substantiell aus Steuermitteln. Die Gesundheitsreform in 2009 wurde als Schritt hin zu einer nachhaltigen und ausgewogenen Finanzierung angekündigt, gleichwohl erhielt die GKV in diesem Jahr auch den bislang höchsten Zuschuss aus Steuermitteln – und das trotz Einführung des neuen, zentralen Gesundheitsfonds. Schätzungen des künftigen GKV-Defizits variieren zwischen 63 bis 127 Milliarden Euro in 2030.

Verständlicherweise sorgen sich viele Deutsche um die Finanzierbarkeit des Systems. Wie eine Umfrage der Bertelsmann-Stiftung zeigt, erwarten 89% der Deutschen weitere Erhöhungen der Krankenkassenbeiträge, 62% eine Rationierung der Versorgung, und 60% machen sich Sorgen über eine mangelnde Versorgung im Rentenalter.[18] Vor allem die Jüngeren fragen sich, wie sie mit schwindender Tragfähigkeit des bisherigen Umlageverfahrens in Zukunft die finanzielle Doppelbelastung stemmen sollen, einmal für die Generation ihrer Eltern und einmal für sich selbst. Nicht nur die Versicherungsnehmer, auch die deutschen Arbeitgeber sind besorgt. Während Bürger und Regierung nur für einen Teil der Rechnung aufkommen, bezahlen die Arbeitgeber den anderen – immer noch fast die Hälfte der gesamten Krankenversicherungsbeiträge, was sich signifikant in den Lohnnebenkosten niederschlägt. Steigende Krankenversicherungskosten können die Wettbewerbsposition deutscher Unternehmen gefährden.

Die Diskussionen um eine neue Reform sind in vollem Gange. Je nach dem, welche Partei sich äußert, werden verschiedene Modelle von einkommensabhängigen und -unabhängigen Krankenkassenbeiträgen sowie steuerbasierte Finanzierungssysteme vorgeschlagen. Manche Ansätze sind verbunden mit einer Umverteilung von Wohlstand – vorzugsweise über die Steuern, weniger über einkommensabhängige Versicherungsbeiträge. Manche halten fest am bestehenden GKV-Krankenversicherungssystem mit seinem Wettbewerb zwischen 160 Krankenkassen. Während wenige die Einführung einer Einheitsversicherung befürworten, fordern viele eine deutliche Reduzierung der Anzahl an Krankenkassen. Die Frage, welchen Mehrwert die Krankenkassen eigentlich stiften, wird direkt oder indirekt immer wieder aufgeworfen. Und hier sind die Krankenkassen in Anbetracht ihrer Verwaltungskosten immer wieder in der Defensive.

Welchen Platz die private Krankenversicherung (PKV) künftig im deutschen System einnehmen soll, ist ebenso umstritten. Der Zugang zum PKV-System ist auf Beschäftigte mit höherem Einkommen, Selbstständige und Beamte beschränkt. Obwohl sie häufig niedrigere Beiträge bezahlen als die GKV-Mitglieder, erhalten Privatversicherte eine bevorzugte Behandlung. Denn für die Leistungserbringer sind sie ungleich lukrativer, aufgrund der höheren Vergütungssätze bei identischen Leistungen. Zudem gibt es keine Budgetbeschränkungen im PKV-System, was die Zahl der behandelten Privatpatienten anbelangt. Dies verstärkt natürlich die Besorgnisse, in Deutschland bilde sich ein Zweiklassensystem in der medizinischen Versorgung heraus. Wie wir in Kapitel 5 diskutieren werden, wollen manche Politiker das PKV-System komplett abschaffen. Sie sehen darin den Abzug der Besserverdiener aus dem Solidarsystem. Für andere dagegen ist das PKV-System mit seiner an Risiken orientierten Beitragsgestaltung und seiner Kapitalstockbildung ein Vorbild für Reformen.

Auch wenn die Finanzierbarkeit eine klare Schlüsselbedeutung hat, so bleibt doch die grundlegendere Frage, welchen Nutzen das deutsche System stiftet. Eine Strukturreform im Steuerrecht, die Integration des PKV-Systems oder andere Änderungen der Finanzierung könnten das Solidaritätsprinzip sichern. Nichts davon adressiert jedoch das Thema der Nutzenstiftung. Wie wir in den Kapiteln 6–9 diskutieren werden, muss sich die Gesundheitsversorgung in Deutschland wesentlich verändern, wenn auf lange Sicht ein Gesundheitssystem geschaffen werden soll, das den Nutzen für Patienten maximiert. Ohne solche Änderungen werden die Finanzierungsprobleme unlösbar bleiben.

Überkapazität und niedrige Vergütungsniveaus

Bereits heute gibt Deutschland mehr als 10% seines BIP für Gesundheitsversorgung aus, dennoch scheint dies nicht genug zu sein. Die Leistungserbringer beschweren sich, trotz jüngster Erhöhungen, über niedrige Vergütungsniveaus, vor allem im Bereich der ambulanten Versorgung. Abhängig von Fachrichtung und Behandlungsleistungen kann das Honorar für niedergelassene Ärzte bei gerade mal 34 Euro pro Patient und Quartal liegen.[19] Die Vergütungen stationärer Rehabilitationseinrichtungen bewegen sich auf einem ähnlich niedrigen Niveau. Beispielsweise erhält ein stationäres orthopädisches Rehabilitationszentrum nur 106 Euro am Tag, womit Unterkunft und Verpflegung, medizinische Leistungen, Physiotherapie und Medikamente abgegolten werden.[20] Rehabilitationszentren für Herzerkrankungen erhalten oft weniger als 100 Euro am Tag. Bei solchen Preisniveaus lassen sich, wie die Anbieter behaupten, Therapien nur noch eingeschränkt durchführen, und die Patienten beklagen sich über die geringe Dichte an Therapieleistungen.

Auch Krankenhäuser sehen sich mit niedrigen Vergütungsniveaus konfrontiert. Mit im Durchschnitt rund 3.000 Euro pro Patient und Aufenthalt hat Deutschland im internationalen Vergleich einen der niedrigsten Vergütungssätze.[21] 21 Prozent der Krankenhäuser machen Verluste und schreiben dies den unzureichenden Preisniveaus zu.[22] Verschärft wird das Problem durch das Versiegen der dualen Finanzierung: Ihr zufolge sind alle Infrastrukturinvestitionen eigentlich Aufgabe der Landesregierungen, lediglich der laufende Geschäftsbetrieb ist von den Krankenkassen zu finanzieren. Aufgrund ihrer Haushaltprobleme können die Länder ihren Finanzierungsverpflichtungen jedoch immer weniger nachkommen. Als Folge hat sich im Krankenhaussektor ein Investitionsstau gebildet, der auf bis zu 30 Milliarden Euro geschätzt wird.[23]

Was die Ursachen für die unzureichenden Preisniveaus sind, wird heiß diskutiert. Aus Sicht der Leistungserbringer zwingen die niedrigen Vergütungssätze dazu, die Fallzahlen zu steigern, um so Kostendeckung zu erreichen. Umgekehrt behaupten die Krankenkassen, dass zu hohe Fallzahlen und Überkapazitäten zwangsläufig die Vergütungssätze niedrig halten – in einem System mit zu vielen Leistungserbringern und zu vielen Patientenbesuchen. Mit 2.000 Krankenhäusern, 1.200 stationären Rehabilitationseinrichtungen, 120.000 ambulanten Ärzten sowie 20.000 Apotheken weist Deutschland eines der dichtesten Anbieternetze der Welt auf. Zu keiner Zeit hat Deutschland mehr Ärzte beschäftigt als heute, und zu keiner Zeit haben die Deutschen mehr medizinische Behandlung – gemessen an der Zahl der Arztbesuche – in Anspruch genommen als heute.[24]

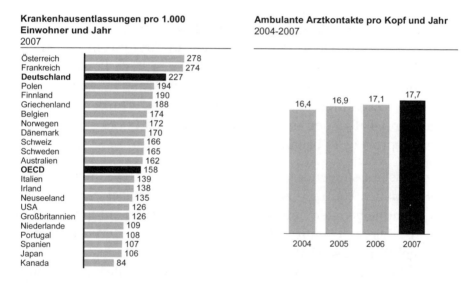

Abb. 4. Krankenhausentlassungen pro Land und Jahr, ambulante Arztkontakte pro Kopf und Jahr, 2004–2007[25]

Heute kommen in Deutschland 227 Krankenhausentlassungen auf 1.000 Einwohner, weitaus mehr als im OECD-Durchschnitt (siehe Abbildung 4). Die stationäre Versorgung nimmt zu, obwohl es dank des technologischen Fortschritts immer mehr Möglichkeiten zur ambulanten Behandlung gibt. Während andere Länder wie Großbritannien, Italien, Japan, die USA oder Kanada ihre Krankenhaus-Fallzahlen reduzieren oder zumindest konstant halten, steigen sie in Deutschland weiter an.[26] Dieser Anstieg fällt zusammen mit einer deutlichen Verkürzung der Aufenthaltsdauer. Dauerte ein durchschnittlicher Krankenhausaufenthalt früher 14 Tage, so verringerte er sich nach Einführung der DRGs (Diagnosis Related Groups – diagnosebezogene Fallgruppen) in 2004 auf nur noch acht Tage. Trotzdem haben nur wenige Krankenhäuser ihren Betrieb eingestellt oder ihre Behandlungsaufkommen reduziert. Stattdessen haben die Krankenhäuser, auf der Suche nach höherer Auslastung und Einkommen, ihre Behandlungsangebote ausgeweitet und die Anzahl ihrer Patienten vergrößert.

Im ambulanten Sektor sind die Trends ähnlich. Heute hat der Deutsche im Durchschnitt 17,7 Arztkontakte im Jahr, mit steigender Tendenz (siehe Abbildung 4).[b,27] Auch dies ist deutlich mehr als in anderen Ländern. Hohe Patientenzahlen in Arztpraxen bedeuten kurze Beratungszeiten. Im Durchschnitt dauert jede Beratung nur acht Minuten.[28] Auch die niedergelassenen Ärzte behaupten, die niedrigen Vergütungssätze pro Fall machten es erforderlich, Leistungen und Fallzahlen auszuweiten und – als Folge – bis zu 60 Patienten pro Tag zu behandeln.

Trotz konstant steigender Einnahmen sind die Ärzte unzufrieden. Einer aktuellen Umfrage zufolge meinen 54% der befragten Ärzte, das Gesundheitssystem müsse dringend von Grund auf umgestaltet werden.[29] Dieser Unmut hat zu einem Rückgang der Zahl neuer Ärzte geführt. Das schafft erhebliche Probleme, da fast 20% aller niedergelassenen Ärzte über 60 Jahre alt sind.[30] Ähnlich gravierend ist die Situation in der Pflege und bei anderen medizinischen Fach-

---

[b] Andere Quellen geben 7,7 Arztkontakte pro Jahr an. Dies ist die Anzahl der „Behandlungsfälle", d.h. die Anzahl der in Rechnung gestellten Behandlungen. Die Vergütungsregeln legen fest, dass Folgebesuche im gleichen Quartal oftmals nicht abgerechnet werden. Im Durchschnitt gibt es 2,3 Arztkontakte pro Quartal und Arzt; somit ergeben sich 17,7 ambulante Arztkontakte pro Jahr.

kräften. Viele Stellen können nicht besetzt werden und viele Anbieter rekrutieren Fachkräfte inzwischen im Ausland. Auch jüngste Reformbemühungen haben hier noch wenig Entlastung gebracht. Während Deutschland mehr Gesundheitsleistung als je zuvor in Anspruch nimmt, bleibt zu fragen, ob für das bestehende System künftig überhaupt noch genügend Personal verfügbar sein wird.

Zusammenfassend ist die Leistungserbringerseite im deutschen Gesundheitssystem durch hohe Fallzahlen und niedrige Vergütungsniveaus geprägt. Damit gehören die deutschen Leistungserbringer – als Sektor betrachtet – zu den teuersten der Welt. Anbieter, Krankenkassen und Regierungsbehörden zeigen alle mit dem Finger aufeinander, jeder der Akteure verteidigt seine eigenen Interessen. Unglücklicherweise sind im bestehenden System die Interessen der jeweiligen Akteure nicht allzu oft deckungsgleich mit denen der Patienten. Die Betreuung ist weiterhin fragmentiert und es gibt zu viele Leistungserbringer, die trotz limitierter Expertise ein breites Spektrum an Behandlungsangeboten vorhalten (siehe Kapitel 6 und 7). Keine umfassende Messung der Ergebnisqualität, Zulassungsbeschränkungen, die Monopole schützen, starke Lobbygruppen und mangelnde politische Entschlossenheit – vor diesem Hintergrund haben es leistungsschwache Anbieter geschafft, ihr Auskommen zu finden, auf Kosten der exzellenten Leistungserbringer und letztendlich auch der Patienten. Statt weiter zu versuchen die Lücken zu stopfen, sollte Deutschland, wie wir darstellen werden, vielmehr seine Gesundheitsversorgung durch eine Integration der Angebotsseite restrukturieren – was zu besseren Behandlungsergebnissen führt, mit weniger Arztbesuchen und letztlich auch weniger Leistungserbringern. Dies ist der einzige Weg, um die Kosten nachhaltig unter Kontrolle zu bringen.

Zunehmend besorgte Patienten

Auch wenn viele Patienten persönlich sehr positive Erfahrungen mit ärztlicher Betreuung und Zuwendung gemacht haben, nimmt doch insgesamt die Patientenzufriedenheit ab. Wie bereits angesprochen, machen sich die Deutschen nicht nur Sorgen um die Finanzierbarkeit des Systems, sondern auch um das Absinken der Qualität. Wie die Daten zeigen, hat das Vertrauen in das System über die letzten Jahre deutlich gelitten.[31] Diese Erfahrung teilt Deutschland mit vielen anderen Ländern.

In der Vergangenheit galt der leichte Zugang zu Leistungserbringern primär als Zeichen von Qualität; heute ist dies nicht mehr allgemein so. Für die einen ist die hohe Zahl von Arztbesuchen bzw. Klinikaufenthalten ein Indiz für leicht erhältliche Behandlung, für andere ist sie ein Indiz für ein kaputtes System. Angesichts der heutigen, fragmentierten Angebotsseite müssen Patienten häufig zur Behandlung ihrer Beschwerden eine Vielzahl von Leistungserbringern aufsuchen. Patienten beginnen diese Limitationen zu erkennen. In einer Studie des Commonwealth Fund von 2010, die sieben Industrieländer verglich, belegte Deutschland den letzten Platz in Sachen „Effizienz der Behandlungskoordination".[32]

Auch die Qualitätsunterschiede zwischen den Leistungserbringern nehmen Patienten immer deutlicher wahr. In einer aktuellen Umfrage wurden Bürger befragt, ob es für sie Unterschiede zwischen niedergelassenen Ärzten gäbe. Über 80% antworteten mit Ja, 40% sahen „einige", 42% „große" Unterschiede zwischen den Ärzten. Genannt wurden Unterschiede beim Einfühlungsvermögen, der aufgewendeten Zeit sowie in der Klarheit der ärztlichen Erklärungen – jeweils Merkmale die von Patienten leicht zu beurteilen sind. Auf die Nachfrage, was sie vor der Entscheidung über die Arztwahl am liebsten wissen möchten, setzten die Patienten jedoch auf Platz 1, „ob Behandlungsfehler (dieses Arztes) bekannt sind".[33]

Auch wenn es ein klares Interesse an Publikationen über die Qualität der Leistungserbringer gibt, so bedeutet dies noch nicht, dass das Publikum auch entsprechend handelt. Die große Mehrheit der Patienten trifft Behandlungsentscheidungen aufgrund von Bequemlichkeit oder von früheren Erfahrungen, die keine unmittelbare Relevanz haben. Soll sich das Gesundheitssystem wirklich verändern, müssen die Patienten sich mehr einbringen, sachlichere Entscheidung fällen und mehr Verantwortung für ihre eigene Gesundheit übernehmen.

Inkonsistente Qualität

Trotz steigender Kosten lässt die Qualität der Behandlung im deutschen Gesundheitssystem zu wünschen übrig. Während die Evidenz noch eingeschränkt ist, klärt sich das Bild zunehmend. Viele Patienten erhalten in Deutschland gute medizinische Versorgung, aber es gibt auch eine Vielzahl von Fehldiagnosen, erfolglosen Therapien und vermeidbaren Behandlungsfehlern. In der Vergangenheit waren eine üppige Auswahl an Anbietern und hohe Gesundheitsausgaben gleichbedeutend mit hoher Qualität. Eine Messung der Qualität der Behandlungsergebnisse fand dagegen kaum statt. Wie wir in Kapitel 9 näher beschreiben werden, zeigen indes die Fortschritte bei der Ergebnismessung immer deutlicher, dass weder mehr Medizin noch neuere Medizin notwendigerweise bessere Medizin ist. Dies gilt für Deutschland wie für viele andere Länder.

Zwar sind Ländervergleiche zur Ergebnisqualität bisher nur sehr eingeschränkt möglich, gleichwohl können sie manche Einblicke liefern. Im OECD-Vergleich der Gesundheitssysteme nimmt Deutschland Platz 10 bei den Ausgaben ein, gemessen nach Kaufkraftparitäten. Bei der Lebenserwartung zum Zeitpunkt der Geburt liegt es dagegen nur auf Platz 14. Was die Sterblichkeit von Patienten unter 75 Jahre angeht, erreicht Deutschland Platz 12 unter 19 Ländern, und zwar bei Krankheitsbildern, bei denen es auf eine rechtzeitige und wirksame Behandlung ankommt: namentlich Diabetes, Asthma, ischämische Herzkrankheiten, Hirnschlag, Infektionen, aber auch bei Krebsarten, die im Rahmen von Vorsorgeuntersuchungen erkennbar sind.[34]

Schaut man auf die Ergebnisqualität für spezifische Krankheitsbilder, muten Deutschlands Ergebnisse ähnlich enttäuschend an. Für ischämische Herzerkrankungen liegt die altersstandardisierte Mortalitätsrate nur knapp auf OECD-Durchschnittsniveau: In Deutschland sterben daran jedes Jahr 127 von 100.000 Bürgern, im OECD-Durchschnitt sind es 126. Und dies trotz einer in Deutschland ungleich höheren Dichte an Herzkatheter-Einrichtungen. Behandlungskapazitäten und hohe Interventionszahlen allein garantieren offenbar noch keine bessere Ergebnisqualität (siehe Abbildung 5).

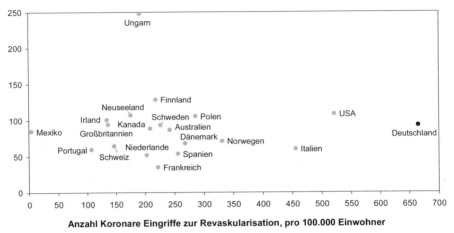

Abb. 5. Altersstandardisierte Mortalitätsraten bei ischämischen Herzerkrankungen im Verhältnis zur Anzahl koronarer Eingriffe (Koronarangioplastie und koronare Bypass-Chirurgie)[35]

2009 veröffentlichte die OECD eine Länderstudie zum Überleben bei Krebs. Danach nimmt Deutschland, über alle Krebsarten betrachtet, nur Platz 12 unter 28 Staaten ein – trotz vergleichsweise hoher Ausgaben. Gemessen an den Mortalitätsraten lag Deutschland bei Prostatakrebs über, bei Lungenkrebs etwa im OECD-Durchschnitt. Bei Brustkrebs waren die Überlebenschancen jedoch niedriger als im OECD-Durchschnitt.

Mittelmäßige Ergebnisse in Ländervergleichen gehen einher mit signifikanter Heterogenität in der Ergebnisqualität deutscher Leistungserbringer. Einerseits gibt es viele exzellente Leistungserbringer, andererseits bestehen, den Daten zufolge, zum Teil deutliche Verbesserungsmöglichkeiten bei den übrigen. Nach bayrischen Registerdaten zum Beispiel beträgt die 7-Tage-Mortalitätsrate von Schlaganfallpatienten bayernweit 3.9%. Dabei reicht die Bandbreite der Mortalität – über alle bayerischen Krankenhäuser betrachtet – von 0,8% bis 9,6% (siehe Abbildung 6).[36] Auch wenn man die von Zentrum zu Zentrum variierenden Risikoprofile der Patienten berücksichtigt, bleiben diese Unterschiede immer noch bedeutsam. Mortalität bei Schlaganfall ist

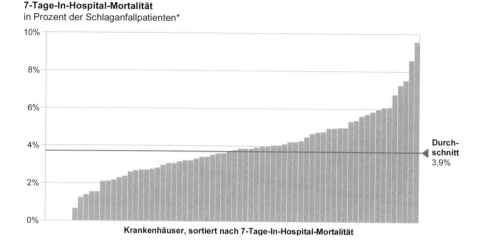

Abb. 6. Mortalitätsrate bei Schlaganfällen in bayrischen Krankenhäusern, 2008[37]

* Enthält keine Patienten, die innerhalb von sieben Tagen in eine andere Abteilung, Rehabilitationseinrichtung oder Pflegeheim überwiesen wurden.

natürlich nur einer der relevanten Datenpunkte; gleichwohl sind die Erkenntnisse repräsentativ für das ganze System.

Eine Studie von Helios, einem privaten Krankenhausbetreiber, und der AOK, Deutschlands größter Krankenkasse, fand eine ähnliche Heterogenität in der Ergebnisqualität über alle deutschen Krankenhäuser bei der Versorgung von Myokardinfarkt, Herzinsuffizienz, Schlaganfall, Hüft- und Kniegelenksersatz und kolorektalem Karzinom.[38] Wir werden in Kapitel 9 näher auf diese Studie und die angewandte Methodik eingehen, zwei Krankheitsbilder sollen hier jedoch als Beispiel dienen. Für Myokardinfarkt zeigt Abbildung 7 die absoluten 30-Tage-Mortalitätsraten in den 1.158 Krankenhäusern, die ein Minimum von zehn Herzinfarkten pro Jahr behandeln. Die durchschnittliche Mortalitätsrate für alle deutschen Krankenhäusern war 20%, für das 25. Perzentil betrug sie 13%, für das 75. Perzentil 25%.[39] Oder anders ausgedrückt: Die Mortalitätsrate im schlechtesten Perzentil der Krankenhäuser lag fast doppelt so hoch wie in den besten 25% der Krankenhäuser. Diese immensen Qualitätsunterschiede bleiben auch bei umfassender Risikoadjustierung bestehen.

22 Defizite des deutschen Gesundheitssystems

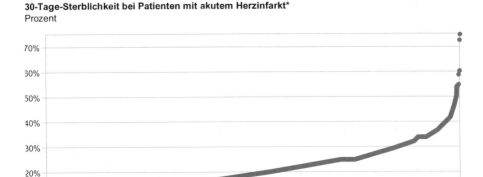

Abb. 7. 30-Tage-Sterblichkeit bei akutem Herzinfarkt in deutschen Krankenhäusern (absolute Sterblichkeit)[40]

* Nur Krankenhäuser mit mehr als 10 Fällen pro Jahr wurden bei der Auswertung berücksichtigt.

Ähnliche Probleme zeigen sich bei der Mortalitätsrate von Patienten mit kolorektalem Karzinom. In 2003 führte ein Drittel aller deutschen Krankenhäuser kolorektale Eingriffe an 15.875 AOK-Patienten durch, was etwa einem Viertel aller derartigen Eingriffe pro Jahr in Deutschland entspricht. Die durchschnittliche absolute Mortalitätsrate betrug für diese Patienten nach 90 Tagen 9,4%, mit einem Medianwert von 8,3%, einem 25. Perzentil von 3,8% und einem 75. Perzentil von 13,3%.[41] Die großen Abweichungen bei diesen Resultaten konnten nicht durch unterschiedliche Patientengruppen erklärt werden. Die standardisierten, risikoadjustierten Mortalitätsraten (SMR – standardized morbidity/mortality ratio) für Kolonkarzinom sind in Abbildung 8 zu sehen.c Eine SMR < 1 steht dabei für eine

---

c Bei der Risikoadjustierung wurden die folgenden Variablen berücksichtigt: Alter, Geschlecht, kardiogener Schock, AV-Block 2. Grades, ventrikuläre Tachykardie, Vorhofflimmern, ältere Herzinfarkte, Hirnschlag, intercerebrale Blutung, Ateriosklerose, Herzversagen, Asthma, COPD, schwere Niereninsuffizienz, Diabetes, Ateriosklerose der Extremitäten,

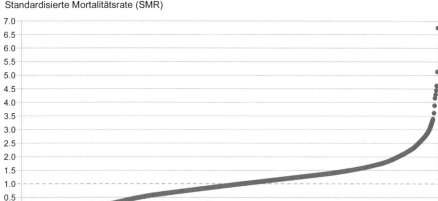

Abb. 8. Verteilung der standardisierten 90-Tage-Mortalitäts-Ratio bei Patienten mit Kolon-Operation bei kolorektalem Karzinom (risikoadjustiert)[42]

* Nur Krankenhäuser mit mehr als zehn Fällen pro Jahr wurden bei der Auswertung berücksichtigt.

besser als erwarte 90-Tage-Sterblichkeit für Patienten nach kolorektaler Operation, eine SMR > 1 für ein Ergebnis schlechter als bei der Patientenpopulation erwartet. Die Unterschiede in der Ergebnisqualität bleiben zwischen den Leistungserbringern trotz extensiver Risikoadjustierung beträchtlich.

Wie die Autoren der Studie betonten, ist die Ergebnisqualität nicht allein Resultante der Operation, sondern könnte vielmehr durch verbesserte perioperative Prozesse mit einer engeren Koordination zwischen Chirurgen, Anästhesisten, Intensiv- und Allgemeinmedizinern signifikant gesteigert werden.[43] Die Studie verdeutlicht nicht nur die Aussagekraft von Ergebnismessungen, sondern demonstriert auch, wie notwendig es ist, die Versorgung neu nach Krankheitsbildern anstatt nach Einzelabteilungen zu organisieren und

chronische ischämische Herzerkrankung, Herzklappenfehler, Metastasen, Herzrhythmusstörung, teilweise Darmentfernung, komplette Darmentfernung, Enddarmentfernung und Darmverschluss. Die Details der Methodologie werden in Kapitel 9 erklärt.

entsprechend zu messen. Wir werden auf dieses Thema in einem späteren Abschnitt noch umfassender eingehen.

Adjuvante Chemotherapie ist ein anderer aussagekräftiger Bestimmungsfaktor für Behandlungsergebnisse bei Patienten mit Stadium-III-Kolokarzinom. Von wenigen Kontraindikationen abgesehen sollten, so die übereinstimmende Empfehlung der klinischen Leitlinien, ca. 80% aller Patienten mit Kolokarzinom zusätzlich zur chirurgischen Behandlung eine unterstützende Chemotherapie erhalten.[44] In Deutschland ist man von dieser Zielvorgabe noch weit entfernt. Wie sich anhand der wichtigsten Krankheitsregister auf diesem Gebiet, „Korporationsverbund Qualitätssicherung durch klinische Krebsregister" (KoQK) sowie „Arbeitsgemeinschaft Deutscher Tumorzentren" (ADT), die 196.000 Patienten umfassen, nachweisen lässt, variiert die durchschnittliche Einsatzrate unterstützender Chemotherapie – über die erfassten 21 Register betrachtet – zwischen 31% und 78%. Das deutet darauf hin, dass in manchen Registern weniger als die Hälfte der Patienten die empfohlene Standardbehandlung erhält oder dass dies zumindest nicht dokumentiert ist (siehe Abbildung 9).

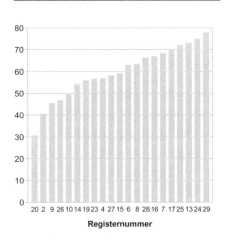
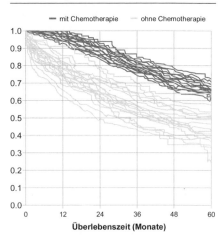

Abb. 9. Einsatzrate adjuvanter Chemotherapie nach Behandlungszentren/-registern sowie Überlebensraten von Patienten mit operiertem Stadium-III-Kolonkarzinom[45]

Die Kaplan-Meier-Überlebenskurven in Abbildung 9 zeigen, welche Unterschiede sich daraus für die kumulierten Überlebenszeiten der Patienten ergeben. Zwei Punkte werden dabei deutlich. Erstens: Patienten mit Chemotherapie haben eine höhere Überlebenschance als Patienten ohne Chemotherapie. Zweitens: Die Überlebenszeiten für Patienten ohne Chemotherapie differieren signifikant zwischen den verschiedenen Registern. Der kontinuierlichen Ergebnismessung ist es zu verdanken, dass die Einsatzrate unterstützender Chemotherapie jetzt über alle Register anzusteigen beginnt[46]

Die in der AOK-Studie beobachtete Heterogenität bei der Krankenhausversorgung wird durch die obligatorische externe BQS/AQUA-Qualitätssicherung aller Krankenhäuser bestätigt. Diese Initiative, auf deren Methoden und Ergebnisse wir in Kapitel 9 im Detail eingehen, macht deutlich, welches Ausmaß die Qualitätsprobleme in deutschen Akutkrankenhäusern haben. Im BQS-Bericht von 2008 zeigten sich bei 15 von 204 Qualitätsindikatoren, die eine gewisse Bandbreite von Krankheiten und Verfahren abdecken, erhebliche Defizite bei allen Krankenhäusern. Bei fast allen anderen Indikatoren ergab sich ein akzeptables Gesamtniveau, wenn auch mit deutlichen Schwankungen zwischen den einzelnen Häusern.[47]

Die Qualitätsmängel sind weder auf seltene Krankheiten, noch auf kleine, ländliche Krankenhäuser beschränkt. Oft sind es bekannte Krankheitsbilder mit klar definierten Leitlinien, bei denen es den Anbietern nicht gelingt, eine angemessene Behandlungsleistung zu erbringen. Insgesamt schätzt man, dass jedes Jahr über 40.000 Leben in deutschen Krankenhäusern gerettet werden könnten.[48] Einer anderen Studie zufolge werden – konservativ geschätzt – 17.000 Todesfälle allein durch vermeidbare Fehler verursacht, ganz davon abgesehen, was möglich wäre, wenn man alle Anbieter auf das Niveau der besten bringen könnte.[49] Zum Vergleich: Bei Verkehrsunfällen kamen in Deutschland 2009 4.050 Menschen ums Leben.[50] Trotz dieser Probleme beginnen die deutschen Krankenhäuser erst jetzt Critical-Incidence-Reporting-Systeme (CIRS) einzuführen. In einer aktuellen Erhebung danach befragt, antworteten 21%, dass sie sich damit überhaupt noch nicht beschäftigt hätten, bei 40% sind Programme in Planung.[51]

Für viele Krankenhäuser hat Qualitätsmanagement nicht die oberste Priorität, für einige hat es sogar einen negativen Beigeschmack. Zwar ist es vorgeschrieben, aber es hat noch keine Auswirkungen auf den alltäglichen Klinikbetrieb. In einer Krankenhausumfrage wurden jüngst über 900 Krankenhausmanager nach der Zielsetzung für ihre Krankenhäuser befragt. Die Manager nannten hohe Patientenzufriedenheit als oberstes, die Qualität medizinischer Betreuung als zweithöchstes Betriebsziel. Bei der Frage, was entscheidend sei für den Erfolg ihres Hauses, belegten diese Faktoren jedoch nur die unteren Ränge. Ganz oben rangierten wirtschaftliche Faktoren wie hohe Einnahmen. Nur für einige private Betreiber stand die „hohe Qualität der medizinischen Versorgung" an der Spitze der von ihnen selbst identifizierten Erfolgsfaktoren.[52] Die meisten Krankenhäuser scheinen mithin über Qualität zu reden, aber nur wenige halten sie für den Hauptfaktor ihres Erfolgs.

Daten zur ambulanten Versorgung sind zwar noch rarer als zur stationären, doch gibt es auch hier Hinweise auf signifikante Heterogenität bei der Ergebnisqualität, sowie erhebliche Möglichkeiten für Verbesserungen. Einer Studie des Commonwealth Fund von 2005 zufolge, berichteten 13% aller befragten deutschen Patienten von ärztlichen Fehlern bei der Behandlung, 10% von Fehlern bei der Medikation. Von denjenigen, die von ärztlichen Fehlern oder falscher Medikation berichteten, erklärten 41%, dass ihnen daraus ernsthafte Gesundheitsprobleme entstanden seien. In 63% der Fälle traten die Fehler außerhalb des Krankenhauses auf, d.h. in der ambulanten Versorgung oder in einer Rehabilitationsklinik. In 83% der Fälle wurden die Patienten nicht von ihrem Arzt über den Fehler informiert.[53]

Die Umfrage des Commonwealth Fund beschäftigte sich auch mit der Versorgung chronisch kranker Menschen und wies auf weitere Qualitätsdefizite hin. Bei über der Hälfte der Patienten wurde die Medikation nicht jährlich überprüft, und zu jeweils gleichen Anteilen wurden Patienten gelegentlich, selten oder überhaupt nie über mögliche Nebenwirkungen der Medikamente aufgeklärt. Nur 37% der Patienten erhielten einen Behandlungsplan für die Versorgung zu Hause, trotz der erwiesenen Vorteile. Nur bei 47% wurde die ambulante Pflege in die Versorgung mit einbezogen.[54] Eine weitere Studie bestätigte diese Ergebnisse für die Behandlung von Diabetes in Deutschland. Den Ergebnissen zufolge erhielten nur 40% der Diabetiker jährlich die empfohlenen HbA1c-Screenings, Fuß- und Augenuntersuchungen sowie Cholesterintests.[55] Auch eine umfassende Studie des Sachverständigenrats im Gesundheitswesen wies in 2001 auf erhebliche Qualitätsdefizite bei der Versorgung chronisch Kranker hin, ohne jedoch Zahlen zu nennen.[56] Diese Probleme führten schlussendlich zur Einführung von strukturierten Behandlungsprogrammen für chronische Erkrankungen, wie sie in Kapitel 6 beschrieben werden.

Basierend auf Pflichtberichten der Dialysezentren, wie sie 2007 eingeführt wurden, untersuchte eine weitere Studie 727 deutsche Dialysezentren hinsichtlich vier zentraler Parameter für Prozessqualität: Hämoglobinspiegel, Dauer der Dialyse, Häufigkeit der Dialyse sowie Kt/v, eine Messung der Effektivität der Dialyse. Diese Parameter korrelieren stark mit der Ergebnisqualität – erhoben anhand von Lebensqualität und Überlebensrate.[57] Wie in Abbildung 10 zu

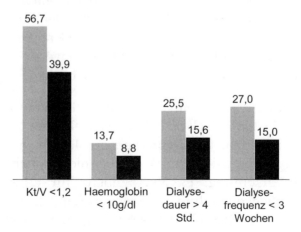

Abb. 10. Prozessqualitätsmessung in Dialysezentren[58]

sehen ist, bestehen über alle Zentren betrachtet bei den vier Parametern erhebliche Defizite. Positiv zu vermerken ist, dass sich die Werte dank der regelmäßigen Messungen von 2007 bis 2008 deutlich verbessert haben.

In Deutschland lassen sich viele Leben retten – wenn bewährte Behandlungsverfahren wirklich konsistent zum Einsatz kommen. Bis heute sind die beschriebenen Qualitätsunterschiede den Patienten, Krankenkassen und oft selbst den Leistungserbringern weitgehend unbekannt. Wenn es gelingt, die Leistungen der schlechtesten Anbieter zu verbessern und die der besten weiterzuentwickeln, könnte Deutschland den Nutzen für Patienten signifikant steigern und zum Vorbild für andere Länder werden. Dabei ist die Verbesserung der Ergebnisqualität der einzige Weg, um die Kosten nachhaltig zu kontrollieren. Denn gute Gesundheit ist naturgemäß kostengünstiger als schlechte Gesundheit.

Fazit

Nach dem Zweiten Weltkrieg hat Deutschland innerhalb kürzester Zeit ein umfassendes Netz zur Gesundheitsversorgung geschaffen: Das Netz ist für alle zugänglich, die Patienten können die Leistungserbringer ohne Restriktionen frei wählen und am Ort der Leistungserbringung ist die Versorgung praktisch kostenfrei. Das Solidaritätsprinzip der GKV verschafft vielen Patienten eine Versorgung, die weit über deren finanziellen Möglichkeiten hinausgeht. Nur weniger als 0,2% der Deutschen haben keine Krankenversicherung. Es besteht freie Wahl unter über 160 Krankenversicherungen. All dies sind nach internationalen Standards erhebliche Errungenschaften.

Trotzdem ist das derzeitige System nicht darauf ausgerichtet, seinen wichtigsten Zweck zu erfüllen: exzellenten Nutzen für die Patienten zu stiften. Die Deutschen erhalten mehr Behandlung als Bürger in vielen Teilen der Welt, aber nicht notwendigerweise eine bessere Versorgung. Es gibt Evidenz für erhebliche Verbesserungsmöglichkeiten. In den folgenden Kapiteln werden wir diskutieren, wie das deutsche System neu gestaltet werden könnte, um den Status quo zu verändern.

KAPITEL 3

Leitlinien eines nutzenorientierten Gesundheitssystems

Ansätze zu einer nationalen Gesundheitsreform haben in Deutschland wie in vielen anderen Ländern die Probleme bislang nur fallweise je nach Dringlichkeit thematisiert. Jedes Reformvorhaben konzentrierte sich darauf, Einzelprobleme zu lösen wie z.B. Kostensteigerungen, die Beschränkung der Risikoselektion seitens der Versicherer oder verzerrte Anreize bei der Vergütung von Leistungen. Auch wenn viele dieser Bemühungen durchaus wünschenswerte Maßnahmen mit einschlossen, fehlte ihnen doch ein umfassendes strategisches Gesamtkonzept.

Das Konzept eines *value-based health care*-Systems, wie von Michael Porter und Elizabeth Olmsted Teisberg in *Redefining Health Care* beschrieben, gibt einen Gesamtrahmen vor für das Design und die Organisation von Gesundheitssystemen, wie er in jedem Land angewendet werden kann.[59] Das Konzept stützt sich auf die Prämisse, dass es das grundlegendes Ziel eines Gesundheitssystems ist, den Nutzen für die Patienten zu maximieren. *Patientennutzen (patient value)* wird dabei definiert als erzielte Behandlungsergebnisse – für jeden einzelnen Patienten – je entstandener Kosteneinheit. Mit seiner Ausrichtung auf den Patientennutzen bietet das Konzept allgemeine Prinzipien dafür, wie Leistungserbringer, Patienten, Kostenträger und Arbeitgeber, aber auch die öffentliche Hand, den Nutzen maximieren können, was nicht nur den Patienten zugute kommt, sondern das Gesundheitssystem selbst finanziell tragfähiger macht.

Die Nutzensteigerung durch höhere Ergebnisqualität und effizientere Versorgung ist zwar Ziel eines jeden Gesundheitssystems, doch ist bis jetzt kein nationales System konsequent auf den Patientennutzen ausgerichtet. Zurückführen lässt sich diese mangelnde Fokussierung auf den Irrglauben, dass Gesundheits*versorgung* und nicht *Gesundheit* selbst der Zweck von Gesundheitssystemen sei. Wird Gesundheitsversorgung fälschlicherweise als Produkt verstanden, so ist es geradezu natürlich, dass sich die Zielsetzung darauf verengt, für alle Bürger einen gleichberechtigten Zugang zur Versorgung sicherzustellen. Hauptaugenmerk ist dann der Umfang der Gesundheitsleistungen und nicht mehr ihr Nutzen. Kein Wunder, dass Debatten über den Versicherungsschutz und die Frage „Wer zahlt für was?" seit langem den Diskurs über die Gesundheitsreform in allen Ländern bestimmen.

Aus Patientensicht ist jedoch klar, dass nicht die Behandlung das Ziel ist. Vielmehr ist die Gesundheitsversorgung lediglich das Mittel, um Gesundheit zu erreichen und aufrechtzuerhalten. Vor die Alternative gestellt, sich für mehr Versorgung oder bessere Gesundheit zu entscheiden, fällt die Wahl des Patienten eindeutig aus.

Wie könnte für Deutschland und andere Länder der Weg hin zu einem Gesundheitssystem aussehen, dass den Patientennutzen kontinuierlich steigert? In jedem Land hat das Gesundheitssystem seine ureigene, spezifische Vorgeschichte und Ausgangslage, die unterschiedliche Stärken und Schwächen aufweist. Jedoch haben viele nationale Gesundheitssysteme eine Reihe von Problemen gemeinsam; sie rühren von der gemeinschaftlichen Entwicklung der Medizin her sowie von den traditionellen Organisationsformen der medizinischen Praxis, wie sie in fast allen Ländern gemeinsam benutzt werden.

Für den Weg hin zu einem nutzenorientierten System gibt es eine Reihe von universell anwendbaren Leitlinien. Ausgehend von einer gemeinsamen Zielsetzung für alle am System Beteiligten, geben sie den Rahmen dafür vor, wie die Leistungserbringer Versorgung organisieren, erbringen und messen sollten. Zudem etablieren sie neue Rollen für Patienten, Arbeitgeber und staatliche Institutionen. In diesem Kapitel beschreiben wir die wesentlichen Leitlinien eines am Patientennutzen ausgerichtetem Gesundheitssystems. In den darauffolgenden Kapiteln analysieren wir dann das deutsche Gesundheitssystem im Licht dieser Prinzipien.

Patientennutzen als Leitziel

Bessere Ergebnisse und höhere Effizienz – in jeder Industrie hängt beides davon ab, ob es ein gemeinsames Ziel gibt, das die Interessen und Aktivitäten aller Akteure vereinigt. Im Gesundheitswesen haben die Interessengruppen traditionell vielerlei, oft im Widerspruch miteinander stehende Ziele verfolgt. Angestrebte Ziele einzelner Akteure sind unter anderem ein breiter Zugang zur Versorgung, die Kostendämpfung und -kontrolle, die Erwirtschaftung eines unternehmerischen Gewinns, hohe Qualität und Patientenzufriedenheit oder die Schaffung von Arbeitsplätzen. Mangelnde Klarheit bei den „Zielen" hat zu unterschiedlichen Herangehensweisen und zu einem Nullsummen-Wettbewerb geführt, bei dem Vor- und Nachteile zwischen den Akteuren hin- und hergeschoben werden und nur langsame Fortschritte bei der Effizienz erzielt werden.[60]

Das einzige Ziel, das den wahren Zweck jedes Gesundheitssystems wiedergibt, ist die Maximierung des Nutzens für die Patienten; Nutzen wird dabei definiert als erreichte Behandlungsergebnisse je ausgegebenem Euro.[61] Ziel eines jeden Gesundheitssystems muss es sein, möglichst viele Leute gesund zu machen oder zu halten, und zwar zu möglichst niedrigen Kosten. Dieses Ziel ist das einzig relevante für Patienten, es ist das einzige Ziel, das die Interessen aller Akteure vereint.

Patientennutzen ist mehr als umfassender Versicherungsschutz oder Zugang zu medizinischer Versorgung. Sicherlich lässt sich ein hochwertiges System nicht ohne umfassenden Versicherungsschutz verwirklichen. Wie negativ sich ein hoher Bevölkerungsanteil von Nicht-Versicherten auf die medizinische Erst- und Weiterversorgung sowie auf die Prävention auswirkt, zeigt sich deutlich in den

USA. Der Zugang zur Gesundheitsversorgung ist in einem nutzenorientierten System jedoch nur der Ausgangspunkt. Was wirklich zählt, ist, welche Ergebnisqualität erreicht, welcher Nutzen gestiftet wird. So unterschiedlich die Ausgangslage auch sein mag – alle Länder, einschließlich Deutschland, haben beachtliche Möglichkeiten, den Patientennutzen für ihre Bürger weiter zu verbessern.

Wie wird in einem Gesundheitssystem Nutzen geschaffen? Messen lässt sich dieser Nutzen, indem man die Behandlungsergebnisse in ihrer Gesamtheit, so wie sie über die gesamte Behandlung des Krankheitsbildes des Patienten erzielt wurden, in Bezug setzt zu den Gesamtkosten der ganzen Behandlungskette. Die Nutzenrechnung erfasst daher auch die Effizienz. Gleichwohl muss es, im Gegensatz zur Gesundheitspolitik in vielen Ländern, übergreifendes Ziel des Gesundheitssystems sein, den Nutzen zu erhöhen und nicht, die Kosten einzudämmen. Eine am Patientennutzen ausgerichtete Gesundheitsversorgung ist bestrebt, die Qualität der Behandlungsergebnisse in ihrer Gesamtheit zu maximieren und nicht nur das Ergebnis eines Einzeleingriffs oder eines Teilaspekts der Behandlung. Ebenso zielt nutzenorientierte Versorgung darauf ab, die Gesamtkosten der Behandlung zu minimieren und nicht so sehr die Kosten einzelner Eingriffe oder Leistungen innerhalb bestimmter Versorgungssektoren. In einem nutzenorientierten System wird *mehr* ausgegeben für wirksame Leistungen – mit dem Ziel, durch frühe Intervention, durch weniger Fehler, durch die Minimierung von Komplikationen sowie durch ein Verhindern von Rezidiverkrankungen in der Summe Geld zu sparen. Die Kosten zu senken, ohne Rücksicht auf die erzielten Behandlungsergebnisse, ist gefährlich und sinnlos, führt zu illusorischen „Ersparnissen" und verhindert möglicherweise eine wirksame Behandlung.

Behandlungsergebnisse und -kosten müssen auf der Ebene konkreter Krankheitsbilder gemessen werden wie z.B. Diabetes, Schilddrüsenerkrankungen, Asthma, Schlaganfall oder Brustkrebs – und nicht für Einzelleistungen oder -interventionen. *Das einzelne Krankheitsbild des Patienten ist die grundlegende Einheit für Nutzenstiftung im Gesundheitssystem.* In der Primärversorgung und Prävention ist die grundlegende Einheit der Nutzenstiftung eine Patientenpopulation mit gleichartigen Primärversorgungs- bzw. Präventionsbedürfnissen, z.B. gesunde Erwachsene, ältere Menschen mit krankheitsbedingten Behinderungen oder auch chronisch Kranke. Aus Sicht der Patienten ist die Frage, ob die Behandlung ambulant oder stationär erfolgt, welche medizinische Fachrichtung federführend die Behandlung übernimmt oder ob die Behandlung durch einen privaten oder öffentlichen Anbieter durchgeführt wird, von sekundärer Bedeutung. Was für die Patienten zählt, ist das Gesamtergebnis der Behandlung ihres jeweiligen Krankheitsbildes. Hier entsteht der eigentliche Nutzen für Patienten. Dieses Grundprinzip wird oft außer Acht gelassen, wenn es um Diskussionen über Reformvorhaben oder um die tägliche Umsetzung der Gesundheitsversorgung geht.

Ein Krankheitsbild wird aus Patientensicht definiert und schließt die am häufigsten auftretenden Begleiterkrankungen mit ein. Diabetes als Krankheitsbild umfasst z.B. diabetische Nieren- und Augenkrankheiten und andere makro- und mikrovaskuläre Komplikationen. Anders ausgedrückt: Für einen Diabetiker bedeutet Ergebnisqualität, nicht nur hypo- und hyperglykämische Schocks durch strikte Blutzuckerkontrolle zu vermeiden, sondern ebenso Langzeitkomplikationen wie Erblindung, Gefäßerkrankungen und Nierenversagen im fortgeschrittenen Stadium zu verhindern. Was für Patienten zählt, ist das Gesamtergebnis der Behandlung unter Einbeziehung aller Begleiterkrankungen, nicht nur die Behandlung der Indexerkrankung. Nutzen für Patienten wird durch ein ganzes Bündel von Maßnahmen und Aktivitäten geschaffen, die erforderlich sind, um das Krankheitsbild des Patienten holistisch zu behandeln. Es ist die Summe aller Maßnahmen, die Nutzen schafft, nicht die Einzeldisziplin oder Einzelleistung.

Nutzen für Patienten wird für das jeweilige Krankheitsbild über die gesamte *Behandlungskette* geschaffen – von der Prävention über Voruntersuchungen, Diagnose und Behandlung bis hin zur Rehabilitation oder der Aufnahme in Chroniker-Programme. *Die Behandlungskette erstreckt sich transsektoral über ambulante Einrichtungen, Krankenhäuser und Rehabilitationskliniken.* Nicht wo Patienten behandelt werden, bestimmt den Nutzen, sondern vielmehr, welche Behandlungsergebnisse über die ganze Behandlungskette insgesamt erreicht werden.

Für jedes Gesundheitssystem muss der Patientennutzen das übergeordnete, gemeinsame Ziel sein. Damit ist es möglich, alle Akteure im System auf einen Zweck auszurichten: die Patienten optimal zu behandeln und ihnen ein Maximum an Gesundheit zu ermöglichen.

Die Verbesserung der Behandlungsergebnisse als bester Weg, den Nutzen für Patienten zu steigern und die Kosten einzudämmen

Eine konsequente Ausrichtung auf Qualität, gemessen anhand der erzielten Behandlungsergebnisse, ist der einzige Weg, um die Kosten auf lange Sicht einzudämmen. Wie lassen sich über bessere Qualität die Kosten senken? Ausgangspunkt sind Strategien zur Prävention von Krankheiten in Risikopopulationen, um über die Vermittlung gesünderer Lebensweisen den Behandlungsbedarf zu drosseln. Dann, die Früherkennung von Krankheiten verbessern. Eine frühe Diagnostik steigert die Wahrscheinlichkeit, gute Behandlungsergebnisse zu erreichen, während sich gleichzeitig beträchtliche Einsparungen erzielen lassen. Eine korrekte Diagnostik macht gute Behandlungsergebnisse wahrscheinlicher und minimiert zugleich unnötigen Aufwand. Schnellere Behandlung verbessert die Genesung und reduziert die Belastung durch die Krankheit insgesamt, wie sie auch die Kosten für sich hinziehende Behandlungen minimiert. Und so weiter, und so fort. Hervorragende Versorgung ist billiger, nicht teurer. Die Maxime „Qualität kostet nichts" gilt für das Gesundheitswesen wohl mehr als für jeden anderen Wirtschaftszweig.

Umgekehrt gilt auch: Auf Kostenreduzierung zu setzen, statt den Nutzen zu verbessern, ist im Gesundheitswesen einer der sichersten Wege, um die Kosten auf lange Sicht nach oben zu treiben. „Kann"-Aktivitäten und -Programme, wie sie bei der Kostenkontrolle ins Visier genommen werden, haben ihrer Natur nach oft einen hohen Wert. Kostenkontrolle hat bislang großenteils darin bestanden, Kosten zu verschieben oder über die Zeit zu strecken, statt sie wirklich zu reduzieren. Nur ein Beispiel: Versucht man die Ausgaben im System zu verringern, so geht es häufig darum, Einsparungen zu erzielen bei Praxisbesuchen und bei ärztlicher Beratung oder bei Unterstützungsleistungen wie verhaltensmedizinischer oder sozialpädagogischer Betreuung, also bei Leistungen, die zu besseren Diagnose – und insbesondere Therapierergebnissen führen können und die Patienten stärker in den Behandlungsprozess einbeziehen. Deutschland war in der Vergangenheit nicht frei von derartigen Ansätzen. Ebenso auf der Versichererseite: Höhere Zuzahlungen für eine teure Medikation bei chronischen Krankheiten schwächen die Einnahmedisziplin der Patienten und schaffen kostspielige Komplikationen. Oder: Willkürliche Budgetierungen schränken die Bilddiagnostik ein, die eine frühere Erkennung von Problemen und bessere Diagnosen ermöglicht. Oder: Leistungskürzungen bei der ambulanten psychologischen oder sozialen Betreuung führen zu erhöhtem Bedarf für akutstationäre oder institutionelle Versorgung. Kurzfristig mag ein Fokus auf Kostendämpfung dazu führen, dass einige Kosten sinken. Längerfristig sind die Kosten jedoch höher und die Ergebnisqualität ist schlechter.

Auf mittlere und längere Sicht besteht der beste Weg zur Kostendämpfung darin, die Ergebnisqualität, und das heißt: die Behandlungsergebnisse, zu verbessern.[62,63,64] Bessere Gesundheit ist billiger als schlechte Gesundheit. Diese einfache Wahrheit wird vollends deutlich, wenn man berücksichtigt, was schlechte Gesundheit an gesellschaftlichen Kosten schafft (z.B. aufgrund niedrigerer Arbeitsproduktivität oder aufgrund des Verlustes des Arbeitsplatzes oder der Fähigkeit, selbstständig zu leben).

In der Gesundheitsversorgung sollte die Verbesserung der Ergebnisqualität die treibende Kraft sein – unterstützt durch die Aktivitäten der Krankenversicherungen, Arbeitgeber und anderer Akteure. Unglücklicherweise ist das Design der Gesundheitsversorgung oft nicht darauf ausgelegt. Was noch schlimmer ist: Viele Gesundheitsexperten glauben, dass Qualitätsverbesserung mehr, nicht weniger kostet.

Organisation und Integration der Versorgung im Blick auf Krankheitsbilder

In fast allen Gesundheitssystemen, auch in Deutschland, ist die Versorgung nach Fachdisziplinen oder nach Arten der Intervention organisiert. Ambulante Versorgung, stationäre Versorge and Rehabilitation sind separate Instanzen, häufig mit konkurrierenden Interessen. Innerhalb des gleichen Krankenhauses sind die Ärzte in der Regel Fachabteilungen zugeordnet. Patienten sehen eine Reihe von Spezialisten, von denen jeder für sich alleine agiert. Jedes Mal, wenn ein Patient von einem Spezialisten oder einem Leistungsanbieter an den anderen weitergereicht wird, bedeutet das: Verwaltungskosten, Verzögerungen und unnötige Möglichkeiten für Fehlkommunikation. Eine Koordination der gesamten Behandlung ist die Ausnahme, nicht die Regel. All diese Defizite sind markant im deutschen Gesundheitssystem. Wir werden sie in den Kapiteln 6 und 7 im Detail diskutieren.

Was die Gesundheitsversorgung hauptsächlich braucht, ist eine *Neuausrichtung der Leistungserbringung auf die Einheit der Wertschöpfung, das einzelne Krankheitsbild des Patienten*. Wie zuvor beschrieben, ist das Krankheitsbild nichts anderes als eine Reihe von miteinander verbundenen Patientenbeschwerden, die am besten integriert behandelt werden sollten. In der Primärversorgung ist die relevante Einheit der Wertschöpfung jeweils eine definierte Patientenpopulation mit gemeinsamen Grundbedürfnissen, wie oben beschrieben.

Nutzen für Patienten wird geschaffen durch die Gesamtheit der Aktivitäten, die zur Behandlung der jeweiligen Krankheitsbilder erforderlich sind – nicht durch eine einzelne Intervention oder einzelne Fachdisziplinen. Die Behandlung sollte in interdisziplinären Teams erfolgen. Integration der Behandlung bedeutet dabei, die Fähigkeiten und Fachkenntnisse, die zur Behandlung des Krankheitsbildes benötigt werden, in einem teambasierten Prozess zusammenzubringen; dieser umspannt die gesamte Behandlungskette. Die Behandlungskette selbst erstreckt sich oft über ambulante, stationäre sowie Rehabilitationsleistungen.

Um eine integrierte Versorgung anzubieten, sollten Leistungserbringer in integrierten Behandlungseinheiten (*IPUs – Integrated Practice Units*) organisiert werden. Als eigenständige Organisationseinheit fasst eine IPU jeweils diejenigen Fachdisziplinen und Leistungen zusammen, die über die gesamte Behandlungskette des Krankheitsbilds benötigt werden. Dazu gehören auch jene Leistungen, die erforderlich sind, um typische Begleiterkrankungen behandeln zu können, ggf. auch antizipativ. Bei Diabetes sollten z.B. Kardiologen, Nephrologen und Ophthalmologen Teil der IPU sein. Im IPU-Modell wird die Behandlung integriert erbracht – sowohl über die Fachdisziplinen als auch über den Zeitverlauf hinweg. Die Leistungserbringer, die an der Behandlung eines Krankheitsbildes teilnehmen, werden zu einem echten Team. Die beteiligten Mitarbeiter konzentrieren sich auf das jeweilige Krankheitsbild und besitzen das entsprechende Spezialwissen. In einer Diabetes-IPU zum Beispiel sind die Nephrologen ausgewiesene Experten für Diabetes-Komplikationen (diabetische Nephropathien) und nicht einfach „nur" Nierenfachärzte. Ebenso werden aus Sozialarbeitern Experten für alle Fragen der Diabetes-Kontrolle. Je nach Patientenaufkommen können Spezialisten auch in Teilzeit in einer IPU arbeiten, sie müssen jedoch gewillt sein, sich umfassende Kompetenz und Erfahrung in der Behandlung des jeweiligen Krankheitsbildes anzueignen.

IPUs bündeln die Behandlung als dedizierte Einheiten mit gemeinschaftlichem Management und allen erforderlichen Dienstleistungen, die hier praktischerweise angesiedelt sind. IPUs sollten eine einheitliche Verwaltungsstruktur haben, um multipel zu koordinierende Behandlungstermine zu arrangieren, die Unterlagen zusammenzustellen, die Patientenkommunikation zu übernehmen sowie die Nachbetreuung sicherzustellen. Weniger komplexe Leistungen innerhalb der Behandlungskette können ggf. an getrennten, für den Patienten leicht zu erreichenden Standorten angeboten werden, Diese Standorte sollten als Zweigniederlassungen der IPU fungieren. Eine IPU-Struktur mit mehreren Niederlassungen und Standorten ermöglicht eine leicht zugängliche fachärztliche Versorgung. Eine Diabetes-IPU könnte z.B. wöchentliche Sprechstunden an verschiedenen Orten anbieten.

Für die Primär- und Präventivversorgung bedeutet integrierte Behandlung, dass Teams um spezielle Patientensegmente herum organisiert werden, z.B. Erwachsene mit multiplen chronischen Erkrankungen, ältere Personen oder gesunde Kinder. Derzeit versucht man in der Primärversorgung, Patienten mit allen möglichen Beschwerden und entsprechend unterschiedlichen Bedürfnissen mit der gleichen, einheitlichen Behandlungsstruktur gerecht zu werden. Damit ist es schwer, maximalen Nutzen zu stiften. Stattdessen sollten Hausärzte, Fachkräfte und Therapeuten in Subteams organisiert werden – mit einer entsprechenden Ausstattung, Testmöglichkeiten sowie Ressourcen für Patientenaufklärung und -einbeziehung, wie sie den Bedürfnissen der Patienten-Zielgruppen entspricht. So könnte eine Primärversorgungs-IPU, die gesunde erwachsene Frauen betreut, Gynäkologen, Geburtshelfer, Ernährungsberater, Psychologen und Physiotherapeuten beschäftigen, zusätzlich zu Hausärzten und Arzthelfern. Im Vergleich zu heute werden Primärversorgungs-IPUs ebenso unvermeidlicher- wie konsequenterweise in Großpraxen angesiedelt sein – mit mehreren Ärzten sowie anderen medizinischen Fachkräften –, was eine Segmentierung und eine stärker spezialisierte Behandlung der Patienten erlaubt.

Die Primärversorgung verliert durch das IPU-Modell nicht an Bedeutung, vielmehr wird sie effektiver gestaltet. Damit wird sie in ihrer Rolle gestärkt: Die Primärversorgung wird zum Mittelpunkt für Prävention, Früherkennung sowie Behandlung von alltäglichen Gesundheitsproblemen. Sie wird weiterhin die Anlaufstelle für Erstdiagnosen bleiben und die Patienten zu den jeweils geeigneten, krankheitsspezifischen IPUs weiterleiten. In einem nutzenorientierten Versorgungssystem sollte sie mit exzellenten, krankheitsspezifischen IPUs verbunden oder sogar an sie angegliedert sein – ob nun formell oder informell. Durch Partnerschaften und gemeinsame elektronische Krankenakten können IPUs der Primärversorgung und krankheitsspezifische IPUs Überleitungen in beide Richtungen wirkungsvoll unterstützen. Damit sichern sie die Kontinuität der Behandlung auf die kostengünstigste Weise und erreichen gleichzeitig maximale Therapietreue auf der Patientenseite.

Insgesamt macht das Design des IPU-Modells es möglich, das Fachwissen für das jeweilige Krankheitsbild zusammenzuführen und die Behandlung nahtlos so zu integrieren, wie es den Bedürfnissen der meisten, wenn nicht aller Patienten mit diesem Krankheitsbild entspricht. In einem nutzenorientierten System werden Patienten mit multiplen, nicht zusammenhängenden Krankheitsbildern von *mehr als einer* IPU behandelt. Bei multimorbiden Patienten kann die Koordination der Behandlung durch den jeweiligen IPU-Teamleiter erfolgen. Im Kontrast dazu ist es bei der heutigen Struktur der Leistungserbringung erforderlich, dass jeder Arzt, der einen multimorbiden Patienten betreut, sich individuell um die Abstimmung mit allen anderen bemüht, die an der Behandlung beteiligt sind. Und das ist weder zweckmäßig noch wirksam.

Gesundheit als Koproduktion von Patient und Leistungserbringern

Die Gesundheit zu erhalten oder wiederherzustellen, ist eine Koproduktion von Medizinern und Patienten – und nicht der Mediziner allein. Therapietreue bei der Medikation oder anderen Therapieschemata, Einhaltung von Behandlungsterminen, Anpassungen in den Lebensgewohnheiten – schon an diesen Möglichkeiten wird deutlich, welch großen Einfluss die Einbeziehung der Patienten auf die Nutzenstiftung hat. Die Einbeziehung des Patienten ist zudem essenziell für den Erfolg von Vorsorge- sowie Disease-Management-Programmen. Patienten müssen Mitglieder im eigenen Behandlungsteam werden und die Leistungserbringer müssen das ermöglichen.

Die heutigen fragmentierten Systeme, die auf voneinander unabhängigen Einzelleistungen und Fachrichtungen basieren, behindern die Einbeziehung der Patienten. Die Gründe hierfür sind offensichtlich: Wenn Patienten eine Vielzahl von Ärzten in einer Vielzahl von Einrichtungen für die Behandlung ihres Krankheitsbildes aufsuchen müssen, so hat der einzelne Leistungserbringer weder die Zeit noch die Zuständigkeit, sicherzustellen, dass die Patienten auch verstehen, was von ihnen erwartet wird. Weil jeder Leistungserbringer selbst vielerlei Patienten mit unterschiedlichen Krankheiten zu versorgen hat, reduziert sich die Aufmerksamkeitsspanne für die Einbeziehung der Patienten noch weiter. Aus der Komplexität und den Verzögerungen, wie sie durch eine Vielzahl unkoordinierter Arztkontakte heraufbeschworen werden, resultieren: Konfusion, was die Verantwortlichkeiten von Patienten und Leistungserbringern anbelangt, verpasste Behandlungstermine sowie Unsicherheit, wen man fragen soll in Sachen Medikation oder Behandlung. Umfassende Aufklärung und Therapietreue der Patienten haben keine Priorität in einem fragmentierten Gesundheitssystem, das sich gleichgültig gibt gegenüber der Qualität von Behandlungsergebnissen.

Im Vergleich zu den heutigen Strukturen macht es die IPU-Struktur deutlich leichter, die Patienten einzubeziehen. Insbesondere fällt es leichter, Fallmanager, Sozialarbeiter oder andere Schnittstellen zum Patienten in die Teamstrukturen der Gesundheitsversorgung einzugliedern. Diese Mitarbeiter sind imstande, mit den Patienten, aber auch allen relevanten Leistungserbringern eng zusammenzuarbeiten, Therapietreue oder sonstige Probleme der Patienten zu erkennen und darauf entsprechend einzugehen. Im IPU-Modell gestaltet sich die Einbeziehung der Patienten wesentlich effizienter, gleichzeitig werden die Kosten über die gesamte Behandlungskette aufgeteilt und nicht einzelnen auferlegt.

„Positivkreislauf" von Erfahrungsaufbau, Skalenvorteilen und Lerneffekten

In den heutigen, fragmentierten Gesundheitsversorgungssystemen bieten die Leistungserbringer zumeist ein breites Spektrum an Behandlungen an: Damit versuchen sie das Gros der Bedürfnisse ihrer Zielpopulation abzudecken, die sich meist mit den Bewohnern in ihrer unmittelbaren Umgebung deckt. Angeboten werden Behandlungen für fast jedes Krankheitsbild. Selten haben die Anbieter aber die Ressourcen und Fähigkeiten, um wirklich exzellent in allen Bereichen zu sein. Je angebotener Behandlungsleistung sind die Fallzahlen häufig nur gering. Dies ist, wie wir noch darlegen werden, ein Hauptproblem bei deutschen Leistungserbringern.

In dem Maß, indem Ärzte ein höheres Patientenaufkommen für ein Krankheitsbild erreichen, steigern sie ihre Erfahrungen, erzielen Skaleneffekte und steigern weiter ihre fachlichen Fähigkeiten, was wiederum zu besseren Behandlungsergebnissen für ihre Patienten führt.[65,66] Auf diese Weise wird ein sich selbst verstärkender „Positivkreislauf" (siehe Abbildung 11) geschaffen: Die Fallzahlen erlauben es dedizierte medizinische und nicht-medizinische Unterstützungsteams einzurichten. Zugleich lässt sich die Infrastruktur so umgestalten, dass das jeweilige Krankheitsbild effektiv und effizient behandelt werden kann.[67] Dedizierte Teams erleichtern die Kommunikation und ermöglichen einen schnelleren Erfahrungs-

Abb. 11. Der Positivkreislauf in der Gesundheitsversorgung[68]

aufbau, als es bei Ad-hoc-Teams möglich ist. Denn sie behandeln kontinuierlich ein einziges oder eine kleine Gruppe von Krankheitsbildern. Ein höheres Patientenaufkommen erlaubt es den Leistungserbringern zudem einen größeren Teil der Behandlungskette je Krankheitsbild abzudecken. In dem Maß, in dem sich der Kenntnisstand verbessert, beschleunigt sich auch die medizinische Innovation. Erkenntnisse über multidisziplinäre Lösungen bilden sich aus und die Ärzte tun sich leichter ihre Behandlungsmethoden zu modifizieren und zu verbessern, da sie bereits eine Vielzahl vergleichbarer Patienten behandelt haben. Erfahrungsaufbau, Skalenvorteile und Lernkurveneffekte führen am Ende zu besseren Behandlungsergebnissen bei den Patienten. Das wiederum erhöht die Attraktivität für die Patienten und steigert die Fallzahlen – so setzt sich der Positivkreislauf fort.

Die Patienten, aber auch die Leistungserbringer wären besser dran, wenn die Leistungserbringer strategischer vorgingen bei der Auswahl ihrer Behandlungsangebote, d.h., wenn sie nur noch die Leistungen anböten, für die sie am besten ausgestattet sind und bei denen sie, gemessen an anderen Organisationen, den höchste Nutzen erzielen. Die Überlegungen zu einer nutzenorientierten Gesundheitsversorgung dürfte viele Leistungserbringer dazu bringen, das Spektrum der Krankheitsbilder, die sie behandeln, *einzugrenzen*. Damit wird jedoch noch keine Entwicklung hin zu Spezialkliniken oder Praxen mit nur einer einzigen Fachrichtung impliziert (auch wenn Spezialkliniken auf komplexen Gebieten wie Tumorerkrankungen sinnvoll sind). Die meisten größeren Leistungserbringer werden auch weiterhin ein größeres Spektrum an Leistungen vorhalten. Gleichwohl wird die Behandlung vorzugsweise an integrierten Praxiseinheiten für jedes Krankheitsbild ausgerichtet sein, anstatt an Fachabteilungen oder Funktionsbereichen. Bieten weniger Leistungserbringer die Behandlung für einzelne Krankheitsbilder an, werden sich für die meisten Leistungserbringer die Fallzahlen auf der Ebene „ihrer" Krankheitsbilder erhöhen. Manche Patienten werden gezwungen sein, Behandlung künftig eher in der Region als in der nächstgelegenen Einrichtung vor Ort zu suchen. Als Gegenleistung erhalten sie dafür aber eine bessere Versorgung.

Messung und Veröffentlichung von Behandlungsergebnissen und Kosten für jeden Patienten

Um den Nutzen zu erhöhen, muss er gemessen werden. Diese Erfahrung bestätigt sich immer wieder, fast bei jedem Vorhaben. Im Gesundheitswesen beginnt die Nutzenmessung mit der Messung der *Ergebnisse* der Behandlung.[69,70] Um die Nutzenrelation zu vervollständigen, müssen die Leistungserbringer jedoch auch lernen, die vollständigen Kosten der Behandlung je Patient zu bestimmen. Das Verständnis der Kosten aller zur Patientenbehandlung genutzten Ressourcen ist wesentlich, um die Effizienz zu steigern. Zugleich ist die Messung der Ergebnisqualität unerlässlich, wenn es um wirkliche Kostenreduzierung geht: Sie muss sicherstellen, dass Kosteneinsparungen nicht zulasten der Ergebnisqualität erfolgen. Überdies sind, wie bereits angemerkt, Verbesserungen bei den Behandlungsergebnissen das beste Mittel, die Kosten zu reduzieren.

Das Messen und veröffentlichen von Behandlungsergebnissen und Kosten ist ebenso unerlässlich um Neuerungen voranzutreiben und Wettbewerb zu ermöglichen. Der Positivkreislauf der Nutzenstiftung beruht auf der Fähigkeit von Leistungserbringern mit hoher Nutzenstiftung, mehr Patienten anzuziehen, Erfahrungswissen aufzubauen sowie die Leistungsangebote auch geografisch auszuweiten, um einen noch leichteren Zugang für betroffene Patienten zu ermöglichen. Das Messen und Berichten von Behandlungsergebnissen und Kosten wird so zur treibenden Kraft dieses Positivkreislaufs.

Umfassende Messungen der Behandlungsergebnisse auf der Ebene der Leistungserbringer sind in allen Ländern noch eine Seltenheit – auch Deutschland macht da keine Ausnahme. Ergebnismessungen werden normalerweise beschränkt auf eine begrenzte Anzahl von Krankheitsbildern sowie eine kleine Anzahl von Maßnahmen. Die Folge ist, dass Leistungserbringer häufiger aufgrund von Reputation und Behandlungskomfort als aufgrund von messbaren Behandlungsergebnissen ausgewählt werden. Die Möglichkeit, die Kosten der gesamten Behandlung je Patient exakt zu bestimmen, ist im Gesundheitswesen bisher fast nirgendwo gegeben.

Messung der Ergebnisqualität. Auch wenn Bemühungen, die „Qualität" zu messen, im Gesundheitswesen immer üblicher werden, so konzentrieren sie sich doch überwiegend auf die Behandlungsprozesse, weniger auf die tatsächlichen Behandlungsergebnisse.[71,72] Behandlungsqualität zu dokumentieren sowie Evidenz-basierten Behandlungsleitlinien zu folgen, ist nützlich, besonders bei Interventionen, bei denen Prozess- und Ergebnisqualität eng verbunden sind. Aber dies reicht nicht aus, um nachhaltig einen Mehrwert zu stiften.

Die Messung der Prozessqualität kann die Messung der tatsächlichen Behandlungsergebnisse nicht ersetzen – und zwar hauptsächlich aus drei Gründen: Erstens berücksichtigen Evidenz-basierte Behandlungsleitlinien weder alle Aspekte der Behandlung noch alle möglichen Patientenvariationen und sie können das auch gar nicht. Prozessstandards sind stets unvollständig und decken häufig nicht einmal alle wichtigsten Interventionen ab.

Zweitens sind die Umstände von Patient zu Patient verschieden. Obgleich bestimmte Behandlungsformen eng mit bestimmten Behandlungsergebnissen verknüpft sind, sind die Resultate von Patient zu Patient unterschiedlich – bei gleicher Art der Behandlung. Für manche Patienten können sich die Richtlinien als verkehrt erweisen. Sollten Leistungserbringer, die einen Patienten vor einer gesundheitsschädlichen Behandlung bewahren, bestraft werden, weil sie die vorgeschriebenen Behandlungsleitlinien nicht eingehalten haben?

Drittens: Sich völlig unabhängig von der Messung der Behandlungsergebnisse auf Leitlinien zu verlassen, kann Innovation abwürgen. Klinische Forschung ist ein ständig fortschreitender Prozess. Leitlinien ändern sich dagegen nur langsam, bedürfen der Konsentierung durch verschiedenste Fachgesellschaften, was sich als schwierig erweisen kann. Wie eine Studie belegt, ist rund die Hälfte der publizierten Leitlinien nach fünf Jahren obsolet, denn unser medizinisches Wissen entwickelt sich ständig weiter.[73] Leistungserbringer zu verpflichten, Medizin nur auf eine bestimmte Art zu praktizieren, kann die Gesundheitsversorgung tatsächlich auf dem Status quo einfrieren und die Innovationsgeschwindigkeit auf das Tempo reduzieren, in dem Behandlungsleitlinien novelliert werden.

Messung der Ergebnisqualität heißt zunächst einmal, dass man die Kausalkette erkennt, die zu Behandlungsergebnissen führt (siehe Abbildung 12). Links außen platziert das Diagramm den Ausgangszustand eines Patienten, oft auch als Vorerkrankungen oder Risikofaktoren bezeichnet. Der Ausgangszustand bestimmt, welches der passende Behandlungsprozess ist; zudem beeinflusst er welche Behandlungsergebnisse überhaupt erreichbar sind. Die Behandlungsprozesse oder Interventionen sind die Grundlage der Versorgung. Der gewählte Behandlungsprozess wurde hoffentlich auf der Basis der Vorerkrankungen und Risikofaktoren gewählt; er beeinflusst maßgeblich die erzielte Ergebnisqualität.[d,74]

Zwischen Behandlungsprozessen und -ergebnissen sind die *Behandlungsindikatoren* angesiedelt. Dabei handelt es sich um patientenbezogene Parameter, von denen man erwartet, dass sie Prediktoren

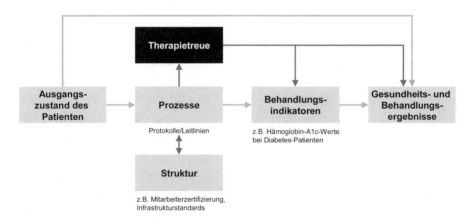

Abb. 12. Die Kausalkette von Gesundheit- und Behandlungsergebnissen[75][76]

---

[d] Sogenannte „Struktur"-Aspekte, wie von Donabedian betont, sind einen Schritt von den Prozessen entfernt. Sie verweisen auf Aspekte wie die vorhandene Ausstattung oder den Ausbildungsstand des eingesetzten Personals.

für Behandlungsergebnisse sind. Im Zeitverlauf können sie stark korrelieren mit den tatsächlichen Behandlungsergebnissen, etwa der Auftretenshäufigkeit von akuten Episoden sowie Komplikationen.[77] Zum Beispiel können Hämoglobin-A1c-Werte, welche die Blutzuckerkontrolle bei Patienten mit Diabetes messen, hoch korreliert sein mit tatsächlichen Ereignissen wie der Inzidenz von Anfällen und Komplikationen.[78] Jedoch sind Behandlungsindikatoren, selbst wenn sie hoch korreliert sind mit Ereignissen, stets nur Prediktoren für Resultate und nicht die Resultate selbst. Üblicherweise dienen Behandlungsindikatoren auch nicht als Prediktoren für *alle* relevanten Behandlungsergebnisse je Krankheitsbild. Daher ist zur Verbesserung des Patientennutzens die Messung der gesamten Behandlungsergebnisse erforderlich, nicht nur die von Behandlungsindikatoren.

Ein umfassender Ansatz zur Nutzenmessung sollte auch die *Therapietreue* der Patienten (Patienten-Compliance) in den Behandlungsprozessen messen. Wie sich deutlich nachweisen lässt, hat die Therapietreue bei empfohlenen Präventivmaßnahmen, Vorbereitungen auf die Behandlung (z.B. Gewichtskontrolle, Muskelaufbau), Behandlungsschritten sowie Maßnahmen zur Wiedergenesung einen großen Einfluss auf die Behandlungsergebnisse. Gleichwohl gibt es einen eklatanten Mangel an systematischen Messungen der Therapietreue. Beschränkt man sich darauf, die Einhaltung der Leitlinien durch die Leistungserbringer zu erheben, ohne gleichzeitig die Therapietreue zu messen, so verschleiert das nur die Verkettung von Behandlungsprozessen und -ergebnissen. Unterlässt man es, die Therapietreue zu messen, so bedeutet dies in der Tendenz auch, dass man Leistungserbringer (und Versicherer) von der Anforderung befreit, die Patienten einzubeziehen und Verantwortung für die Therapietreue als integralen Bestandteil der Gesundheitsversorgung zu übernehmen.

Viele Ansätze zur Qualitätsmessung im Gesundheitswesen schließen den Aspekt der Patientenzufriedenheit mit ein und Umfragen zur Patientenzufriedenheit werden immer häufiger. Welche Rolle die Patientenzufriedenheit spielen kann, hängt jedoch entscheidend davon ab, welche Art von Zufriedenheit überhaupt gemessen wird. Die Zufriedenheit der Patienten mit den Behandlungsergebnissen hat oft eine essentielle Bedeutung, da viele Ergebnisse auch Körperfunktionen, Schmerzen und andere Faktoren umfassen, die der Patient am besten selbst beurteilen kann. Befragungen zur Ergebnisqualität werden zunehmend üblicher, manchmal werden sie direkt in den Behandlungsprozess einbezogen, um Ärzten gegenüber den Behandlungsfortschritt zu dokumentieren. In ihrer großen Mehrheit beschränken sich die Ansätze jedoch darauf, zu messen wie die Patienten den Behandlungsprozess sowie die Behandlung, selbst wahrnehmen. Häufig geht es dabei auch um nicht-medizinische Aspekte wie angebotene Hotel- und Komfortleistungen. Die Zufriedenheit des Patienten mit seinen Erfahrungen während der Behandlung ist wünschenswert, gleichwohl noch kein Befund zur Ergebnisqualität.

Es gibt mithin keine Alternative zur Messung der tatsächlichen *Behandlungsergebnisse und -kosten*, wenn ein maximaler Patientennutzen im Gesundheitswesen erreicht werden soll. Die Ergebnisse sollten gemessen werden auf der Ebene der Krankheitsbilder und nicht für einzelne Fachdisziplinen oder Interventionen. Sie sollten die gesamte transsektorale Behandlungskette erfassen, nicht eine Einzelepisode. Aktuell liegt der Schwerpunkt der Bemühungen auf der Messung der unmittelbaren Resultate eines bestimmten Verfahrens oder einer Intervention, z.B. einer Operation, ohne die Langzeitergebnisse der Behandlung zu verfolgen.

Für jedes Krankheitsbild gibt es stets ein breites Spektrum an Behandlungsergebnissen: Sie reichen vom bloßen Überleben über das Wiederherstellung von Körperfunktionen bis hin zu nachhaltiger Genesung. Als Resultat tendieren die Messbemühungen dazu, nur ein oder zwei Kriterien zu verfolgen, am häufigsten das Überleben des Patienten. Was fehlt, ist ein umfassendes Rahmenkonzept, um für ein gegebenes Krankheitsbild die Gesamtheit der relevanten Behandlungsergebnisse zu ermitteln. Da Langzeitgesundheit und -wohlbefinden der Patienten nicht gemessen werden, fehlt es systembedingt an Investitionen in Behandlungen, die langfristig hohe

Gesundheitsdividenden abwerfen – indem sie über die Zeit eine gute Ergebnisqualität aufrechterhalten und Kosten einsparen. Beschränkt man sich darauf, nur ein unvollständiges, limitiertes Set an Behandlungsergebnissen zu betrachten, kann dies unter Leistungserbringern zu einem „Teach to the Test"-Effekt führen, d.h. die Leistungserbringer werden verleitet, ihre eigenen Behandlungsergebnisse zulasten der anderen zu verbessern.

Das ganze Spektrum der Behandlungsergebnisse für ein Krankheitsbild kann in eine Hierarchie gebracht werden, wie in Abbildung 13 zu sehen ist. Am oberen Ende der Hierarchie (Ebene 1) steht der erreichte oder erhaltene Gesundheitszustand. Ebene 2 erfasst den Genesungsprozess einschließlich der Zeitdauer bis zur Wiederherstellung sowie das Ausmaß der entstandenen Beschwerden und Komplikationen. Ebene 3 erfasst die Nachhaltigkeit von Gesundheit und Genesung, einschließlich der Langfristfolgen der Therapie.

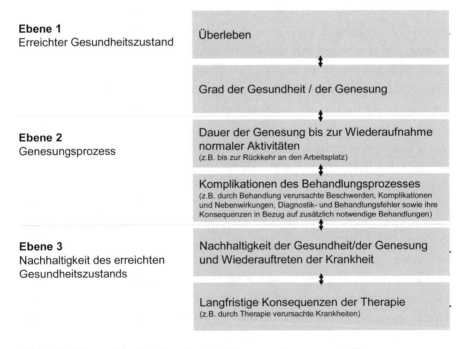

Abb. 13. Hierarchie der Ergebnisindikatoren/-parameter[79]

Jedes Krankheitsbild hat ein spezielles Set an möglichen Behandlungsergebnissen. Auf jeder Ebene gibt es mehrere Ergebnisdimensionen, jede mit einer oder mehreren spezifischen Messungen. Zum Beispiel kann der Gesundheitszustand (Ebene 1) in mehrere Dimensionen unterteilt werden und oft werden mehrere Metriken oder Skalen (z.B. SF-36) benutzt, um sie zu messen.

Die Bedeutung jeder Ebene und jeder Dimension der Ergebnisse wird quer durch die Krankheitsbilder und Patientenpopulationen variieren. In manchen Fällen können sich auch die Patientenpräferenzen unterscheiden, was die Bedeutung bestimmter Behandlungsergebnisse anbelangt.

Die Behandlungsergebnisse hängen bis zu einem gewissen Grad von dem Ausgangszustand eines Patienten ab. Bei Brustkrebs zum Beispiel gehören zu den relevanten Ausgangsbedingungen, die Einfluss auf die Behandlungsergebnisse haben das Krankheitsstadium, die Krebsart (z.B. tubulär, medullär, lobulär, usw.), der Rezeptorstatus für Östrogen und Progesteron (positiv oder negativ), die Lage der Metastasen, der Status der Menopause, der allgemeine Gesundheitszustand und vorhandene Komorbiditäten, psychologische und soziale Faktoren sowie das Alter. Um vergleichbare Ergebnisse über die Zeit und die Leistungserbringer hinweg zu erhalten, müssen daher die Behandlungsergebnisse stratifiziert oder *risikoadjustiert* werden. Risikoadjustierung mildert zudem das Risiko ab, dass Leistungserbringer oder Versicherer sich gezielt die gesünderen Patienten „herauspicken", um so die Messergebnisse zu verbessern. Strikte Risikoadjustierung, verbunden mit entsprechenden Reformen bei der Vergütung, wird es möglich machen, sich vom derzeitigen System „profitabler" und „nicht profitabler" Eingriffe und Patientenpopulationen abzuwenden – hin zu einem System, das Leistungserbringer und Versicherer ermutigt, sich auf ihre jeweiligen Exzellenzbereiche zu konzentrieren.

Ergebnisse sollten kontinuierlich und für jeden Patienten gemessen werden, nicht nur im Nachhinein. Bei aktuellen Ergebnismessungen besteht eine Tendenz hin zu retrospektiven klinischen Studien, die sich üblicherweise auf nur einen Endpunkt konzentrieren. In Zukunft sollten Behandlungsergebnisse erhoben werden, wo immer es während der Behandlung möglich ist. Die Verfolgung der Ergebnisse erlaubt ein kontinuierliches Lernen und Verbessern der Gesundheitsversorgung. Dies wird konventionelle klinische Studien nicht ersetzen, wohl aber in hohem Maße ergänzen und inspirieren.

Ergebnismessungen sollten *national* – langfristig auch international – einheitlich sein. Heute verfolgen zahlreiche freiwillige und obligatorische Programme in Deutschland und anderen Ländern unterschiedliche Messungen für verschiedene Gruppen von Kostenträgern, Anbietern und Patientenpopulationen. Aus diesem Grund können sich Leistungserbringer sogar in Bereichen, in denen Messungen vorliegen, nicht mit anderen aus ihrer Peergroup vergleichen, und den Patienten fehlen standardisierte Informationen, die ihnen helfen, Leistungserbringer und Versicherer zu vergleichen und auszuwählen.

In einem nutzenorientierten System muss die Messung und Berichterstattung von Ergebnisqualität *verpflichtend* sein für jeden Leistungserbringer und jede Krankenversicherung. Die vollständige Teilnahme aller Leistungserbringer ist nötig, um faire und statistisch valide Vergleiche sicherzustellen. Die Krankenversicherungen sollten die Behandlungsergebnisse ihrer Mitglieder nach Krankheitsbildern berichten, was den Fokus von den Beitragssätzen auf die Gesundheit der Mitglieder verlagern würde.

Die größte Wirkung hat die Ergebnismessung jedoch auf die Leistungserbringer selbst. Die Berichterstattung nach außen muss nicht unverzüglich erfolgen; so können Leistungserbringer und Versicherer feststellen, wo sie stehen, und Verbesserungen vornehmen. Gleichwohl wird die schrittweise Veröffentlichung der Daten zum Vorteil von Patienten, überweisenden Ärzten sowie den anderen Akteuren sein. Umfassende, öffentliche Berichterstattung ist dabei das endgültige Ziel.

Kostenmessung.[80] Eine präzise Kostenmessung auf Patientenebene ist ebenfalls essentiell für die Nutzenstiftung. Kosten sollten nach Krankheitsbildern gemessen und über die gesamte Behandlungskette hinweg kumuliert werden, unter Einbeziehung aller Leistungen aller beteiligten Leistungserbringer. Die Kosten jeder Leistung sollten den spezifischen Zeit- und Ressourcenaufwand je Patient wiedergeben.[81]

Die aktuellen Verfahren zur Kostenrechnung im Gesundheitswesen sind allerdings noch weit davon entfernt, diese Grundsätze anzuwenden. Viele im Gesundheitswesen verwechseln Kosten mit Preisen, d.h. mit dem, was in Rechnung gestellt wird. Nur wenige Leistungserbringer können die Gesamtkosten nach Krankheitsbildern kalkulieren, geschweige denn nach Patienten. Die heutigen Ansätze zur Kostenmessung haben nicht nur das Verständnis von Kosten erschwert, sondern sie haben auch zu wirkungslosen, manchmal kontraproduktiven Bemühungen um Kostendämpfung geführt. Zusätzlich akzentuiert werden diese Probleme durch fehlende Informationen zur Ergebnisqualität, die uns sagen könnten, welche Ausgaben zu guten Behandlungsergebnissen führen und welche nicht.

Das Kostenverständnis in der Gesundheitsversorgung leidet an zwei Hauptmängeln. Erstens besteht ein *Problem bei der Aggregation von Kosten*. Heute messen und aggregieren Leistungserbringer ihre Kosten für Abteilungen, Fachrichtungen, Funktionsbereiche und Einzelpositionen (z.B. Verbrauchsmaterialen oder Medikamente). Jeder Bereich, jede Abteilung wird typischerweise als separates Profit- oder Cost-Center gesehen. Wie bei den aktuellen Bemühungen um Qualitätsmessung spiegelt sich in dieser Praxis wider, wie derzeit die Gesundheitsversorgung organisiert und vergütet wird. Die Fragmentierung der an der Behandlung beteiligten Organisationseinheiten macht die Kostenaggregation extrem schwierig.

In den früheren Bemühungen um Kostenreduzierung spiegelt sich wider, wie Kosten bislang gemessen worden sind, nämlich mit einem Fokus auf inkrementelle Maßnahmen und kurzfristige Lösungen. Die Kostenträger verhandeln intensiv über die Vergütungssätze für Einzelleistungen. Damit geht es um Effizienzsteigerungen für Einzelleistungen, anstatt zu untersuchen, ob diese Leistungen tatsächlich die richtigen sind. Betrachtet man z.B. Medikamente als separate Kostenposition, so verschleiert das nur den Nutzen, der insgesamt gestiftet wird. Das kann zu unangebrachten Bemühungen führen, den Medikamentenverbrauch zu verringern, statt die Gesamtkosten der Behandlung zu reduzieren. Als Nettoergebnis fallen dann im besten Fall marginale Einsparungen an, manchmal sogar noch höhere Kosten, da „Effizienzen" in einem Bereich oft die Kosten in einem anderen in die Höhe treiben.

Damit man die Kosten wirklich verstehen kann, müssen sie im Blick auf den Patienten und nicht nach Einzelleistungen aggregiert werden – so wie dies auch bei den Behandlungsergebnissen der Fall ist. Was für die Nutzenstiftung zählt, sind die Gesamtkosten, wie sie auf Seiten der Leistungserbringer bei der Behandlung des Krankheitsbildes eines Patienten (oder bei einem entsprechenden Set von Leistungen in Primärversorgung und Vorsorge) anfallen, nicht die Kosten einer Einzelleistung bzw. -intervention. Alle im Zuge der Behandlung des Krankheitsbildes eines Patienten entstehenden Kosten – stationäre und ambulante Behandlung, Kosten für Rehabilitation, Medikamente, Arztleistungen oder für Ausstattung und Räumlichkeiten – müssen zusammengeführt werden, um einen Vergleich der Kosten mit den erzielten Behandlungsergebnissen zu ermöglichen.

Werden die Kosten im Blick auf Patienten und ihre Krankheitsbilder aggregiert, so stößt man auf den zweiten Mangel der aktuellen Kostenmessung, das *Problem der Kostenallokation*. Viele, ja die meisten Kosten der Gesundheitsversorgung sind „geteilte Kosten": Sie rühren her aus der gemeinsamen Nutzung von Ressourcen wie Ärzten, Personal, Einrichtungen, Ausstattung sowie Unterstützungsfunktionen, die alle an der Behandlung einer Vielzahl von Patienten beteiligt sind. Sogar Kosten, die sich direkt einem Patienten zuordnen lassen, wie Medikamente oder Verbrauchsmaterialien, sind oft auch verbunden mit einer geteilten Nutzung von Ressourcen wie z.B. von gemeinsamen Lagern oder Apotheken. Heute werden solche Gemeinkosten normalerweise über die Durchschnittskosten aller Patienten alloziert, beispielsweise als Stundensatz für einen Operationsraum, in dem vielerlei Arten chirurgischer

Eingriffe erfolgen. Gleichwohl sind es Einzelpatienten mit unterschiedlichen Krankheitsbildern und Beschwerden, welche die Kapazitäten solcher gemeinsamer Ressourcen ganz unterschiedlich in Anspruch nehmen.

Das Problem bei der Kostenrechnung besteht darin, die Gemeinkosten den Einzelpatienten auf der Basis des tatsächlichen individuellen Ressourcenkonsums zuzurechnen, nicht auf der Grundlage des Durchschnittsverbrauchs. Dies ist eine Herausforderung, die wie geschaffen ist für *Time-Driven Activity-Based Costing (TDABC)*, wie es in anderen Branchen längst etabliert ist, in der Gesundheitsversorgung jedoch nur selten zur Anwendung kommt. Berechnet werden hier die Kosten je Aktivität, indem man die Zeit bestimmt, die zur Durchführung einer Aktivität erforderlich ist, und sie mit den anteiligen Bereitstellungskosten jeder Ressource multipliziert, d.h. mit den Kosten pro verfügbare Minute für jede Ressource. Bei den anteiligen Bereitstellungskosten werden im Zähler alle Kosten aggregiert, die bei der Bereitstellung einer Ressource anfallen. Im Nenner steht der Zeitumfang, in dem jede Ressource monatlich verfügbar ist für mit der Patientenbetreuung zusammenhängende Arbeiten. Die anteiligen Bereitstellungskosten, z.B. für eine Krankenschwester, umfassen im Zähler ihren Lohn, Zusatzleistungen und Lohnsteuer sowie die Kosten aller anderen damit verbundenen Ressourcen wie der jeweils proportionale Kostenanteil für Vorgesetzte, Räumlichkeiten, Diagnoseausstattung und IT. Im Nenner sind die tariflichen Arbeitsstunden der Krankenschwester erfasst, abzüglich der Tage, in der sie für produktive Arbeit am Patienten nicht zur Verfügung steht, also z.B. Urlaub, Feiertage, Freistellungen, Krankentage oder Verwaltungszeiten.[82]

Die Anwendung von Time-Driven Activity-Based Costing gewährt wichtige Einblicke in die tatsächlichen Kapazitätskosten von Ärzten, Mitarbeitern und Einrichtungen, ebenso in Kostenschwankungen quer über Patienten und Krankheitsbilder. Werden die Kosten korrekt alloziert, so wird diese Transparenz erlauben, die wirklichen Kosten für die Patientenversorgung zu verstehen.

Eine Kostenaggregation, die auf den Patienten ausgerichtet ist, sowie eine korrekte Zuordnung der Kosten von Einzelressourcen und -leistungen ermöglichen eine klare Trennung von Kosten und Vergütungssätzen. Ebenso wird es möglich, die einzelnen Kostenkomponenten und die Ursachen für Kostenunterschiede zwischen den Patienten zu verstehen. Dabei wird auch deutlich werden, wie riesig – auf der Ebene der Vergütungen – die Quersubventionen über Fachbereiche und Krankheitsbilder hinweg sind. Denn die Vergütungen reflektieren häufig nicht die tatsächlichen Kosten. Ausgestattet mit korrekten Kosteninformationen sind die Leistungserbringer imstande ihre Kostenstrukturen zu reduzieren. Die Schritte dazu sind: die Elimination von Angeboten, die keinen Mehrwert stiften, eine Verkürzung der Durchlaufzeiten, eine Verbesserung der Infrastrukturauslastung, die Verlagerung einzelner Leistungen an kostengünstigere Standorte, die Gewinnung von Patienten, für die die Einrichtung komparative Vorteile in Sachen Behandlungseffizienz aufweist usw. (siehe Empfehlungen im letzten Kapitel).

Auch wenn die Arbeit an neuen Methoden der Kostenrechnung gerade erst anfängt, so zeichnen sich doch bereits einige wesentliche Befunde ab: Die Gesundheitsversorgung wird großteils in Einrichtungen mit übermäßiger Ressourcenausstattung erbracht. Routinebehandlungen zum Beispiel erfolgen in teuren Krankenhäusern. Teure Räumlichkeiten und Geräte werden nicht genügend ausgelastet, weil die Einrichtungen häufig Leerlauf haben und die verfügbare Ausstattung nur selten genutzt wird. Hochqualifizierte Ärzte und Mitarbeiter verbringen viel Zeit mit Tätigkeiten, die nicht ihren Fähigkeiten und ihrer Ausbildung entsprechen. Die derzeitige Organisation nach Fachdisziplinen und Funktionen führt zu überflüssigen Verwaltungskosten, unnötigen und teuren Verzögerungen bei Diagnosestellungen und Therapie sowie Leerlaufzeiten für Ärzte. Es gibt zu hohe Lagerbestände von medizinischem Verbrauchsmaterial, medizinischen Geräten sowie vielen anderen Sachgütern. Letztendlich sind sich die meisten Ärzte und Verwaltungsmitarbeiter der Behandlungskosten für ihre Patienten nicht bewusst, ganz zu schweigen von den Gesamtkosten der Behandlung bestimmter Krankheitsbilder.

Es besteht ein begründeter Optimismus, dass die Kosten im Gesundheitswesen erheblich reduziert werden können, ohne Einbußen bei der Ergebnisqualität. Tatsächlich könnte die Kostenreduzierung häufig mit besseren Behandlungsergebnissen verbunden sein. Die Einführung moderner Kostenrechnung im Gesundheitswesen könnte sich als großer Durchbruch erweisen, so wie vor Jahrzehnten in anderen Branchen.

Eine weitere Gelegenheit zur Nutzenverbesserung zeichnet sich auf längere Sicht ab: Sie ergibt sich aus dem Umstand, dass Nutzenstiftung nicht allein von jenen Kosten abhängt, die innerhalb des Gesundheitssystems internalisiert sind, sondern auch von den Kosten schlechter Gesundheit, die externalisiert und von anderen getragen werden, u.a. von Arbeitgebern, Familien und sowie den Patienten selbst. Alle Kosten, die von den Patienten und ihren Familien in Ergänzung zur Behandlung getragen werden, sollten in die Nutzengleichung insgesamt eingehen. Ebenso sollten jene Kosten berücksichtigt werden, die zurzeit noch von den Arbeitgebern der Patienten getragen werden, z.B. verlorene Arbeitszeit und Krankentage. Langfristig sollten all diese Kosten in die Nutzenrechnung mit einbezogen werden.

Bündelung der Vergütung im Blick auf Krankheitsbilder und Behandlungsketten

Behandlung wird heute normalerweise so vergütet, wie sie organisiert ist. In der Praxis findet dies auf zwei Arten statt, abhängig vom jeweiligen Land.

Im einen Fall gibt es ein Globalbudget, also eine fixe Vergütung an eine Leistungserbringerorganisation unabhängig von den tatsächlichen medizinischen Bedürfnissen des Patienten. Dies verlagert das Versicherungsrisiko für schwer kontrollierbare Fälle auf die Leistungserbringer, gleichzeitig werden fast unüberwindbare Anreize geschaffen, die Versorgung zu rationieren. Globale Budgetierung führt außerdem eher zur Proliferation von Angeboten als zu einem hochwertigen Versorgungsangebot für jedes Krankheitsbild.

Das andere verbreitete Zahlungsmodell ist eine Einzelleistungsvergütung. Da Behandlungen jeweils individuell vergütet werden, schafft das Anreize, *mehr* Leistungen zu erbringen – egal, ob sie nun wirklich Nutzen stiften. Da zudem komplexe Verfahren häufig am besten vergütet werden, schafft dieses Vergütungssystem finanzielle Anreize für komplexere Behandlungsformen zulasten von Angeboten mit potenziell hoher Nutzenstiftung, wie z.B. Prävention, Edukation oder Beratung, die oft schlecht oder gar nicht vergütet werden. In Deutschland finden beide Vergütungsansätze Verwendung, globale Budgetierung ebenso wie Einzelleistungsvergütung.

Die Risiken aus globaler Budgetierung und Einzelleistungsvergütung können abgemildert, aber nie gänzlich beseitigt werden. Dies liegt daran, dass beide Ansätze nicht auf den Nutzen für den Patienten ausgerichtet sind. Der Patientennutzen ergibt sich aus der Gesamtheit der Behandlungsleistungen für das jeweilige Krankheitsbild bzw. aus der Primärversorgung für eine definierte Patientenpopulation. Wie die Organisation und Ergebnismessung der Gesundheitsversorgung muss auch die Vergütung korrekterweise auf der Ebene der Krankheitsbilder erfolgen, nicht aber für individuelle Leistungen oder für eine Leistungserbringerorganisation als Ganzes.

Um die Vergütung am Patientennutzen auszurichten, bedarf es einer Verlagerung hin zu Formen gebündelter Vergütung oder Gesamtpauschalen, welche alle Leistungen abdecken, die zur Behandlung eines Krankheitsbildes nötig sind, einschließlich der Verantwortung für vermeidbare Komplikationen. Gebündelte Vergütung gibt es in drei Formen: Die erste besteht in gebündelten Zahlungen für die Behandlung eines Krankheitsbildes oder, anders ausgedrückt: in *Pauschalen für Krankheitsbilder* (*medical condition capitation*). Die Pauschale findet Anwendung z.B. auf die Vergütung von akuten Krankheitsbildern, etwa auf die Versorgung einer Hüftarthrose, die einen Hüftersatz erfordert, oder auf die Versorgung bei einem akutem Schlaganfall. Die Pauschalen sollten die gesamte Behandlungskette inklusive aller notwendigen ambulanten, akutstationären und rehabilitativen Leistungen über alle Leistungsererbringer abdecken. Die zweite Form besteht in gebündelten Zahlungen für chronische Krankheitsbilder, *Episodenpauschalen (time-based bundles)*. Sie sollten die Behandlung des Patienten für einen definierten Zeitraum abdecken (z.B. alle Behandlungsleistungen für einen Diabetespatienten für ein Jahr). Die Leistungserbringer sollten die finanzielle Verantwortung für vermeidbare Komplikationen tragen. Die dritte Form der gebündelten Vergütungen sind *Primär- und Präventivversorgungspauschalen (primary and prevention care bundles)*: Damit soll ein Komplettangebot an Primärversorgungs- und Präventivleistungen abgedeckt werden, das die Übernahme des gesamten Gesundheitsmanagements für eine definierten Patientengruppe über einen gewissen Zeitraum – z.B. bei jährlichem oder mehrjährlichem Zahlungsmodus – vergütet.

Die Vergütung nach diagnosebezogenen Fallgruppenstrukturen (DRGs – Diagnosis Related Groups) ist ein Schritt in die Richtung gebündelter Vergütung, da ein einziger Preis für einen bestimmten Behandlungszeitraum festgesetzt wird. Doch sind in den meisten Ländern DRGs verfahrensbasiert und zu eng definiert und finden zudem nur in einem begrenzten Versorgungssektor Anwendung. Auch in Deutschland gibt es diese Probleme überall dort, wo DRGs eingeführt worden sind. Es gibt jedoch Beispiele, bei denen DRGs so erweitert worden sind, dass sie einen größeren Teil der Behandlungskette umfassen und die Bezahlung von Ärzten und Einrichtungen zusammenführen.

Eine gebündelte Vergütung ist darauf fokussiert, den Gesamtnutzen der Behandlung zu maximieren; in diesem Sinne fördert sie auch die Koordination und Integration der Versorgung. Gebündelte Zahlungen überlassen den Leistungserbringerteams die Auswahl der passenden Versorgungsleistungen, der notwendigen Spezialisten und der notwendigen Verfahren und Tests, anstatt die Vergütung an das Volumen der erbrachten Einzelleistungen zu koppeln. Sie überlassen es auch den Leistungserbringerteams, die Einzelleistungen zu bewerten, da die internen Preise weder von Aufsichtsbehörden noch von Verhandlungspartnern festgesetzt werden. Gebündelte Vergütung belohnt Verbesserungen und Innovation, indem sie den Leistungserbringern erlaubt die Gewinne zu behalten. Sie unterscheidet sich damit wesentlich von bisherigen Einzelleistungsvergütungen, die oftmals diejenigen bestrafen, die weniger oder effizientere Leistungen anbieten.

Gebündelte oder pauschale Vergütungslösungen sollten *nach Patientenrisiken oder Fallschwere adjustiert* werden, denn dies belohnt die Leistungserbringer für gutes Management in schwierigen Behandlungsfällen. Ebenso sollte die Verantwortung für vermeidbare Komplikationen entweder dem Leistungserbringer übertragen werden oder es sollte entsprechende Behandlungsgarantien geben, um den gleichen Effekt zu erreichen. Gebündelte Vergütungsmodelle sollten zudem Zusatzvergütungen einschließen, die bei ungewöhnlichen oder unvorhersehbare Komplikationen („Outliers") fällig werden, jedoch nur unter außergewöhnlichen Umständen.

Gebündelte Vergütung ist am effektivsten, wenn Behandlungsergebnisse universell gemessen, risikoadjustiert und veröffentlicht werden. Dies reduziert den Anreiz für die Leistungserbringer, an heilsamer Behandlung zu sparen oder bei Patienten mit weniger komplexen Erkrankungen zu viel zu berechnen. Die Entwicklung von gebündelten Vergütungslösungen wird deutlich erleichtert durch IPU-Strukturen und Kostenrechnungssysteme, die imstande sind, die Kosten der Behandlungskette je Einzelpatient zu aggregieren. Der Übergang zu gebündelter Vergütung ist mithin auch ein starker Anreiz für einen Übergang zu multidisziplinären IPU-Strukturen. Auf diesem wie auch auf vielen anderen Wegen verstärken sich die Komponenten einer nutzenorientierten Gesundheitsversorgung wechselseitig.

In einem idealen System haben gebündelte Preise jeweils die Funktion von Preisobergrenzen, die es herausragenden Leistungserbringern erlauben, ihre Preise zu reduzieren, um so mehr Patienten anzuziehen. Damit steigen die Fallzahlen und es wächst die Erfahrung – was den Positivkreislauf weiter in Schwung hält.

Wahlfreiheit für Patienten und nutzenorientierter Wettbewerb um Patienten

Richtig strukturiert können Wettbewerb und Wahlfreiheit der Patienten eine mächtige Antriebskraft sein, um kontinuierlich den Patientennutzen zu steigern und die Neustrukturierung der Gesundheitsversorgung voranzutreiben. Viele Entscheidungsträger auf der ganzen Welt sind verständlicherweise skeptisch gegenüber dem Marktmodell, da sie verschiedentlich die schädlichen Effekte von Wettbewerb beobachten konnten, speziell in den USA. In Deutschland verhalten sich die Entscheidungsträger ambivalent, was die Einführung von Wettbewerb in das System anbelangt. Doch im Gesundheitswesen, sind nicht alle Formen von Wettbewerb gleich. In vielen Ländern sind die Akteure in einen „Nullsummen-Wettbewerb" verwickelt. Dies ist ein Wettbewerb, der Einnahmen und Kosten von einer Interessengruppe zur anderen verschiebt bzw. Leistungen eher einschränkt, anstatt Nutzen für die Patienten zu schaffen. Ein Nullsummen-Wettbewerb manifestiert sich im Pochen auf Verhandlungsmacht, in selektivem Kontrahieren, in der Jagd nach Rabatten und in der Beschränkung von Wahlfreiheit, anstatt auf informierte Entscheidungen zu setzen, die die Ergebnisqualität und Effizienz der Behandlung zu verbessern.

Nutzenorientierter Wettbewerb bringt den Erfolg eines jeden Akteurs in Einklang mit dem Nutzen für die Patienten. Es ist ein „Positivsummen-Wettbewerb". Bei dieser Form von Wettbewerb werden Leistungserbringer, die großen Nutzen stiften, damit belohnt, dass sie mehr Patienten erhalten. Der Erfolg von Leistungserbringern gereicht daher zum Vorteil, nicht zum Nachteil des Patienten. In einem nutzenorientierten Wettbewerb sind es exzellente Leistungen, mit denen jeder Leistungserbringer um seine Patienten und jede Krankenversicherung um ihre Mitglieder konkurriert. Die Messung der Ergebnisqualität und gebündelte Vergütungen tragen dazu bei, den unternehmerischen Gewinn und die erfolgreiche Behandlung der Patienten in Einklang zu bringen.

In einem nutzenorientierten System ist es von nachrangiger Bedeutung, ob ein Leistungserbringer gewinnorientiert, gemeinnützig oder staatlich ist. In dem Maß, in dem Patienten Behandlung bei hervorragenden Leistungserbringern suchen oder bei Versicherungen, die Mehrwert bieten, Mitglied werden, werden solche Organisationen wachsen und geografisch neue Märkte erschließen. Auf diese Weise erhalten letztendlich immer mehr Patienten Zugang zur besten Versorgung.

Nutzenorientierter Wettbewerb sollte geografische Grenzen überschreiten. In den meisten Ländern ist die Gesundheitsversorgung derzeit stark ortsgebunden und die wahrgenommenen Wahlmöglichkeiten beschränken sich häufig auf lokale oder regionale Anbieter. Auch wenn ein Großteil der Versorgung auch weiterhin in der Region erfolgt, erhöht sich der Patientennutzen, wenn komplexere Fälle in Zentren mit höheren Fallzahlen behandelt werden. Im heutigen System gestaltet sich die kurze Anreise von Patienten oft angenehmer, doch sorgt die wachsende Spezialisierung bei der Behandlung dafür, dass Erfahrungsvorsprünge noch mehr belohnt werden als je zuvor. Der Patientennutzen steigt, wenn hervorragende Leistungserbringer in andere Regionen expandieren, um mehr Patienten eine komfortable – weil lokal besser verfügbare – Behandlung zu ermöglichen. Leistungserbringer, die echten Mehrwert stiften, sollten ihr Versorgungsangebot über alle Einrichtungen und Regionen hinweg integrieren, anstatt nur „Stand-alone"-Einheiten zu duplizieren. Auf diese Weise wird der Erfolgskreislauf der Nutzenstiftung weiter gestärkt.

Auch wenn Leistungserbringer und Versicherer in einem nutzenorientierten System um Patienten konkurrieren sollten, kann nicht erwartet werden, dass die Patienten das Gesundheitssystem allein steuern oder gar die Neustrukturierung der Versorgung vorantreiben. Patienten sind keine Gesundheitsexperten und sie sollten sich auch weiterhin darauf verlassen können, dass die überweisenden Ärzte und Versicherer sie dorthin lenken, wo sie eine hochwertige Behandlung erhalten. Die universelle Messung von Kompetenz und letztendlich auch Behandlungsergebnissen wird ihre Entscheidungen deutlich verbessern. Während der einzelne, informierte Konsument allein das Gesundheitswesen nicht neu gestalten kann, können die Konsumenten zusammen eine wichtige Kraft für zukünftige Verbesserungen darstellen.

Umfassende und interoperable IT zur Integration der Leistungserbringung und Ergebnismessung

Die Informationstechnologie hat die Wertschöpfung in vielen Branchen ermöglicht, doch hat sie lange gebraucht um ins Gesundheitswesen vorzudringen. Auch wenn elektronische Krankenakten, Auftragserfassungen und Verwaltungssysteme in vielen Ländern, auch in Deutschland, zunehmend üblich sind, reicht der volle Nutzen der IT jedoch weit über die reine Automatisierung der auf Papier basierenden Methoden hinaus. Die heutigen IT-Systeme im Gesundheitswesen bestehen aus zahlreichen, miteinander nicht kompatiblen Anwendungen für einzelne Abteilungen, Funktionsbereiche und Verwaltungseinheiten; die Folge ist nicht-standardisiertes Datenmaterial. Letztendlich muss die IT jedoch die Restrukturierung der Gesundheitsversorgung unterstützen, indem sie Daten nach Patienten anstatt nach einzelnen Fachdisziplinen, Interventionen oder administrativen Funktionen organisiert. IT erlaubt es, Krankengeschichten, Testergebnisse, Diagnosen, Notizen und Eingriffe nach Patienten geordnet zu aggregieren. Zudem ermöglicht sie allen an der Behandlung Beteiligten, einschließlich des Patienten, untereinander relevante Informationen auszutauschen.

Eine hochwertige elektronische Patientenakte umfasst eine Reihe von Komponenten. Erstens werden klinische, finanz- und verwaltungstechnische Daten in einem integrierten System erfasst. Zweitens aggregiert eine elektronische Patientenakte alle Arten von Patientendaten über die gesamte Behandlungskette, d.h. über alle Sektoren. Drittens gibt es gemeinsame, nationale Standards für alle Datendefinitionen und -architekturen, sodass alle Informationen in einheitlicher Form erfasst werden können. Mit der Zeit werden die nationalen Standards auch mit internationalen Standards kompatibel werden, was internationale Vergleiche ermöglicht. Viertens erlauben Vorlagen für jedes Krankheitsbild unterschiedliche Darstellungen von Daten, wie sie der klinischen Praxis beim jeweiligen Krankheitsbild entsprechen und die Arbeiten an der Schnittstelle zum Anwender deutlich vereinfachen. Auf diese Weise verbessert die elektronische Patientenakte die Effizienz der Arbeitsabläufe sowohl von Ärzten wie auch der Pflege. Fünftens ist die Patientenakte für alle Beteiligten in der Behandlungskette zugänglich, einschließlich der überweisenden Ärzte und der Patienten. Ein solches System ermöglicht eine effiziente und sichere Kommunikation zwischen Leistungserbringer und Patient, was die Kosten von Konsultationen senken kann. Sechstens ist die elektronische Patientenakte so gestaltet, dass sie eine einfache Extraktion und Verfolgung von Prozessen, Behandlungsergebnissen sowie Kostenmetriken über die gesamte Behandlungskette erlaubt. Eine wesentliche Funktion der Informationstechnologie im Gesundheitswesen ist dabei die Fähigkeit, Resultate zu sammeln, zu analysieren und darzustellen. Letztendlich müssen alle IT-Systeme im Gesundheitswesen strengen Kommunikationsstandards entsprechen, um Datenaustausch und eine sichere Kommunikation zu erlauben. Auch wenn IT alleine die Gesundheitsversorgung nicht verändern kann, so spielt sie doch eine wichtige Rolle bei der Unterstützung von IPUs, der Integration von Einrichtungen und Organisationen sowie bei der Ergebnismessung.

Wandel der Krankenversicherer von passiven Kostenträgern zum Gesundheitspartner der Versicherten

Krankenversicherungen können eine wichtige Rolle spielen, wenn es darum geht, in der Gesundheitsversorgung Mehrwert zu stiften. Dazu gehören z.B. die Aggregierung und Verfolgung der allgemeinen Gesundheitsbeschwerden der Versicherten, die Ermöglichung von Vorsorgemaßnahmen und Disease Management, die Unterstützung der Patienten bei der Suche nach hervorragenden Leistungserbringern für ihre individuellen Gesundheitsprobleme, die Überwachung der Therapietreue der Mitglieder und Beratungsangebote. Die Kostenträger sollten ebenso eine führende Rolle übernehmen, wenn es darum geht, die Messung der Ergebnisqualität voranzutreiben, den Weg für eine gebündelte Vergütung zu bereiten und den Wechsel zu IPUs und integrierten Behandlungsmodellen zu unterstützen.

Unglücklicherweise agieren die meisten Versicherer – und auch die Regierungsbehörden – immer noch wie passive Bezahler und verpassen dabei die Gelegenheit, Nutzen zu stiften. Ihren Mitarbeitern fehlen die medizinische Erfahrung und die Instrumente, um zum Patientennutzen beizutragen. Stattdessen sind die Kostenträger in vielen Ländern weiterhin damit beschäftigt, Kontrahierungsverträge abzuschließen, Kosten zu dämpfen, Rabatte auszuhandeln, gesündere Mitglieder zu selektieren sowie Verwaltungsprozesse abzuwickeln. Allzu oft verstärken sie damit noch den Nullsummen-Wettbewerb unter den Akteuren, anstatt einen Positivsummen-Wettbewerb um Patientennutzen zu schaffen, der die Gesundheit der Mitglieder verbessern und die Kosten mittel- und langfristig senken würde.

Jede Krankenversicherung und jeder Kostenträger sollte verpflichtet sein, risikobereinigte, nach Krankheitsbild geordnete Behandlungsergebnisse für ihre Mitglieder zusammenzustellen und darüber Bericht zu erstatten. Nur so lassen sich die Kostenträger in die Pflicht nehmen für ihre wichtigste Rolle und nur so werden die Bürger nachvollziehen können, ob die Krankenversicherungsbeiträge oder die für die Gesundheitsversorgung aufgewendeten Steuergelder gerechtfertigt sind oder nicht.

Fazit

Jede dieser Leitlinien einer nutzenorientierter Gesundheitsversorgung ist für sich genommen wichtig, aber in ihrer Wirkung verstärken sie sich gegenseitig. Die Präsenz von IPUs erleichtert die Messung von Ergebnisqualität und Kosten, die Implementierung gebündelter Vergütung und die Integration der Versorgung über die verschiedenen Einrichtungen hinweg. Die Messung der Ergebnisqualität und Kosten auf der Ebene der Krankheitsbilder ist jedoch gleichzeitig ein großer Motivator für die Reorganisation und Verbesserung der Versorgung. Dies gilt auch für den Wechsel zu gebündelter Vergütung: Diese macht es für eine Vielzahl von Fachdisziplinen erforderlich zusammenzuarbeiten und die Einnahmen zu teilen. Die Öffnung des Systems für Wettbewerb und Wahlmöglichkeiten führt zu höheren Fallzahlen und zum Erfahrungsaufbau auf der Anbieterseite, und sie unterstützt wiederum die Einrichtung von IPU-Strukturen. Richtig umgesetzt unterstützt eine elektronische Patientenakte all diese Schritte und ermöglicht die Integration und Messung von Behandlungsleistungen zu weit geringeren Kosten. Für ein nationales Gesundheitsversorgungssystem sollte gelten, dass es um Fortschritt in jedem Bereich bemüht ist. Mit der Zeit wird sich der Fortschritt beschleunigen, da Verbesserungen in einem Bereich schnellere Veränderungen in anderen Bereichen ermöglichen.

Wie wir in den folgenden Kapiteln diskutieren werden, sind viele Prinzipien nutzenorientierter Gesundheitsversorgung deutlich verschieden von der Art, wie Gesundheitsversorgung derzeit in Deutschland erbracht wird. Gleichwohl gehen fortschrittliche Organisationen in Deutschland wie auch auf der ganzen Welt bereits immer mehr zu nutzenorientierten Ansätzen über, ohne darauf zu warten, dass die Regierung den Anfang macht. Führende Leistungserbringer konzentrieren ihr Leistungsangebot, reorganisieren die Behandlung in multidisziplinären Teams und messen freiwillig ihre Behandlungsergebnisse. Manche Krankenversicherer sind dabei, die Nutzenstiftung in den Mittelpunkt zu stellen, da sie einsehen, dass dies in ihrem eigenen Interesse ist. Andere Akteure wie Arbeitgeber und Zulieferer haben ebenfalls begonnen, sich nutzenorientierte Prinzipien zu Eigen zu machen. Manche Regierungen sind dabei, politische Richtlinien zu implementieren, um nutzenorientierte Prinzipien wie gebündelte Vergütung, Messung der Ergebnisqualität, Öffnung des Systems für Wettbewerb und Wahlmöglichkeiten zu unterstützen und überflüssige, kontraproduktive Regulierungen und Strukturen abzuschaffen. Diese und viele weitere Beispiele liefern deutliche Hinweise darauf, dass der Wechsel zu einem am Patientennutzen ausgerichteten System in Deutschland wie auch in jedem anderen Land möglich ist. In den folgenden Kapiteln werden wir Deutschlands Stärken und Schwächen im Lichte der beschriebenen Leitlinien aufzeigen. Deutschland hat wichtige Stärken, auf die es aufbauen kann. Aber wichtige Aspekte des Systems müssen sich ändern. Wir zeigen die dazu nötigen Schritte für Deutschland in Kapitel 10 zusammenfassend auf.

KAPITEL 4

Das deutsche Gesundheitssystem: Überblick und historische Entwicklung

Das deutsche Gesundheitssystem ist so umfassend und ausdifferenziert wie kaum ein anderes in der Welt. In diesem Kapitel bieten wir einen Überblick über das System, wie es heute besteht, und verfolgen, wie es sich historisch entwickelt hat: Auf eine Phase stürmischer Expansion nach dem Zweiten Weltkrieg folgte eine Phase wachsender Konzentration auf Kostendämpfung. Sie begann Mitte der 70er Jahre und hält bis heute an. Viele Probleme des deutschen Systems gründen, wie wir sehen werden, auf Entscheidungen aus der Vergangenheit.

Das deutsche System ist ein gemischtes öffentliches und privates Gesundheitssystem. 2010 gab es in Deutschland 169 gesetzliche Krankenkassen, die 89,7% der Bürger versicherten.[83,84] Gesetzliche Krankenversicherungen (GKV) sind rechtlich dazu verpflichtet, jeden Antragsteller zu versichern; umgekehrt muss jeder Bürger Mitglied einer gesetzlichen Versicherung sein, sofern er nicht im privaten System versichert ist. Seit 1996 hat jeder Einzelne die freie Wahl unter nahezu allen GKV-Versicherungen. Die Beiträge in der GKV richten sich nur nach dem Einkommen, nicht nach dem medizinischen Risiko oder der Inanspruchnahme medizinischer Leistungen. Die Beiträge werden gemeinsam von Arbeitgebern und Arbeitnehmern aufgebracht, Familienangehörige sind jeweils mitversichert. Die Leistungserbringer erhalten ihre Vergütungen direkt von den GKV-Versicherungen, mit Ausnahme begrenzter Selbstbeteiligungen der Patienten, die auf 1–2% des Bruttoeinkommens beschränkt sind. Im GKV-System erfolgt die Finanzierung nach dem Umlageverfahren, es werden keine größeren Kapitalrücklagen gebildet.

2010 gab es in Deutschland 46 private Krankenversicherungen, die 10,2% der Bürger versicherten. Der Zugang zu privaten Krankenversicherungen (PKV) ist auf gut verdienende Angestellte mit über 4.162 Euro Monatseinkommen, Beamte sowie Selbstständige beschränkt.[85,86] Die Beiträge im privaten System orientieren sich an den jeweiligen individuellen Risiken. Sie werden berechnet anhand aktuarischer Prinzipien auf Basis der erwarteten Inanspruchnahme medizinischer Versorgungsleistungen. Private Krankenversicherungen können Antragsteller ablehnen.[87] In der PKV bezahlen die Mitglieder – im Prinzip – die Leistungserbringer direkt und lassen sich dann ihre Ausgaben vom Versicherer rückerstatten. Anders als die gesetzlichen verfügen die privaten Krankenversicherungen über große Kapitalreserven.

In der GKV wie PKV haben die Versicherten normalerweise Zugang zu einem breiten Angebot an Leistungen. Bei den gesetzlichen Krankenkassen sind die abgedeckten Leistungen zu 95% identisch. Das Leistungsspektrum wird vom Gesetzgeber und dem Gemeinsamen Bundesausschuss (G-BA) – dem gemeinschaftlichen Aufsichtsgremium von Krankenkassen, Ärzten und Leistungserbringern – festgelegt. Weder in der gesetzlichen noch in der privaten Krankenversicherung gibt es Netzwerkbeschränkungen. Von stationären Rehabilitationseinrichtungen abgesehen können die einzelnen Versicherungsnehmer ihren Leistungserbringer frei wählen aus über 2.000 Krankenhäusern, 120.000 ambulanten Ärzten und Tausenden weiterer Anbieter wie Physiotherapeuten, Sprachtherapeuten oder Ergotherapeuten. Im Fall der 1.200 Rehabilitationseinrichtungen können die Krankenkassen Wahlempfehlungen geben, doch meist folgen sie den Präferenzen der Patienten. Stationäre Aufenthalte in Rehabilitationseinrichtungen bedürfen, anders als sonstige Versorgungsleistungen, der vorherigen Genehmigung durch die Krankenkassen.

Deutschland hat eines der dichtesten Leistungserbringer-Netzwerke der Welt, mit beispiellosem Zugang zur Versorgung unabhängig von der eigenen finanziellen Situation der Versicherten. Wie bereits in Kapitel 2 dargestellt, korreliert damit auch eine der höchsten Inanspruchnahmen der Welt. Bei einer Bevölkerung von 82 Millionen fallen pro Jahr über 17 Millionen Krankenhausfälle und über 1,3 Milliarden ambulanter Arztkontakte an.[88] Fachärzte sind im ambulanten wie auch im stationären Bereich verfügbar. Kardiologen und Gastroenterologen beispielsweise finden sich in Krankenhäusern wie in niedergelassenen Fachpraxen. Anders als in vielen anderen Ländern arbeiten diese Fachärzte jedoch völlig unabhängig voneinander; es gibt keinen Überschneidungsbereich zwischen niedergelassenen und stationären Fachärzten. Facharztbesuche sind im ambulanten Bereich bei Überweisung durch den Hausarzt kostenlos; ansonsten fällt eine Zuzahlung von 10 Euro im Quartal an.

Das deutsche System beruht anders als zentral administrierte Gesundheitssysteme wie das National Health System in Großbritannien auf dem Prinzip der Selbstverwaltung. Bundestag und Gesundheitsministerium geben lediglich den Ordnungsrahmen für das System vor. Den Selbstverwaltungsstrukturen bleibt es überlassen, die Details auszuarbeiten und umzusetzen. Für gewöhnlich behält sich das Gesundheitsministerium dabei ein Vetorecht vor. Wichtigstes Gremium der Selbstverwaltung ist der Gemeinsame Bundesausschuss (G-BA). Er wurde 2004 durch Zusammenschluss der vorher unabhängigen Kontrollgremien für ambulante Versorgung, Krankenhausversorgung und Koordination geschaffen.[89] Der G-BA besteht aus fünf Vertretern der Krankenkassen, fünf der Leistungserbringer sowie drei unabhängigen Mitgliedern, von denen eines den Vorsitz hat. Alle Mitglieder haben gleiches Stimmrecht. Eine Reihe akkreditierter Patientenorganisationen kann ebenfalls an den Sitzungen teilnehmen, allerdings ohne Stimmrecht. Entscheidungen des G-BA sind bindend für alle Beteiligten im Gesundheitssystem.

Der G-BA ist verantwortlich für alle Entscheidungen zum Leistungskatalog des GKV-Systems. Dazu gehören Behandlungsleistungen, Verfahren und pharmazeutische Produkte. Bei der Entscheidungsfindung erhält der G-BA analytische Unterstützung vom Institut für Qualität und Wirtschaftlichkeit im Gesundheitswesen (IQWIG), einem unabhängigen Forschungsinstitut. Der G-BA ist auch daran beteiligt, den zukünftigen Leistungsbedarf im Gesundheitswesen zu planen und die Anforderungen an das Qualitätsmanagement für Leistungserbringer festzulegen.[90]

2007 erreichten die Gesundheitsausgaben für 82 Millionen Deutsche ein Volumen von 253 Milliarden Euro oder 10,4% des BIP.[91] Etwa 66,8% der Gesamtausgaben im Gesundheitswesen wurden dabei von den Krankenversicherungen aufgebracht, 7,3% von der Pflegeversicherung, 13,5% von Privathaushalten selbst; den Rest steuerten andere Parteien bei (siehe Tabelle 1).

Tabelle 1. Finanzierungsquellen des deutschen Gesundheitssystems[92]

Finanzierungsquelle	2007 absolut (in Mrd. Euro)	In Prozent
Gesetzliche Krankenversicherung	145,4	57,5
Private Krankenversicherung	23,5	9,3
Soziale Pflegeversicherung	18,4	7,3
Gesetzliche Rentenversicherung	3,7	1,5
Gesetzliche Unfallversicherung	4,1	1,7
Arbeitgeber	10,7	4,2
Öffentliche Haushalte	13,1	5,2
Privathaushalte/private Organisationen	34,1	13,5
Gesamtsumme	252,8	100,0

Die historischen Entwicklung des deutschen Gesundheitssystems

Die Anfänge des deutschen Gesundheitssystems gehen auf das Jahr 1883 zurück, als das Parlament – unter der Führung von Kanzler Bismarck – die gesetzliche Krankenversicherung im ganzen Land verpflichtend machte. Frühe Vorgänger waren die Versorgungsgemeinschaften der Zünfte und Gilden, die seit dem Mittelalter entstanden waren und auf dem Gegenseitigkeitsprinzip beruhten. 1883 erweiterte Bismarck den Wirkungsbereich dieser Gemeinschaften und führte verpflichtende Krankenversicherungen ein. Dies war die Geburtsstunde von Deutschlands umfangreichem Sozialversicherungssystem, das oft als Bismarck-System bezeichnet wird. In den folgenden Jahren wurden weitere Sozialversicherungssysteme geschaffen: 1884 die Betriebsunfallversicherung, 1889 die Rentenversicherung und 1927 die Arbeitslosenversicherung. Die Pflegeversicherung, erst 1994 eingerichtet, gründet auf den gleichen Prinzipien.[93] Parallel zur gesetzlichen Krankenversicherung bildete sich zu Beginn des 20. Jahrhunderts das System der privaten Krankenversicherung.

Die neuere Geschichte des deutschen Gesundheitssystems kann in zwei Phasen beschrieben werden: Den Anfang bildete eine Periode der Expansion nach dem Zweiten Weltkrieg, die bis in die 70er Jahre andauerte. Darauf folgte eine zweite Phase mit zunehmender Konzentration auf Kostendämpfung, die bis heute anhält.

Nach dem Ende des Zweiten Weltkriegs 1945 und im Zuge des Wirtschaftswunders, das bis in die frühen 70er Jahre andauerte, erlebte das deutsche Gesundheitssystem eine erhebliche Expansion. Angetrieben vom zunehmenden Wohlstand wuchsen sowohl die Anzahl der Leistungserbringer wie auch die angebotenen Behandlungsleistungen jeweils deutlich (siehe Abbildung 14). 1955 gab es 85.000 Ärzte (bei einer Versorgungsquote von 832 Bürgern je Arzt), 1990 waren es 238.000 (bei 335 Bürgern je Arzt) und 2007 schließlich 315.000 (bei 261 Bürgern je Arzt).[94] Gleichzeitig führten das ständig wachsende medizinische Wissen und die Einführung immer neuer medizinischer Technologien zu einer wachsenden Spezialisierung

Überblick und historische Entwicklung

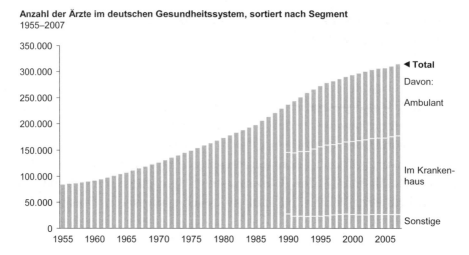

Abb. 14. Anzahl der Ärzte im deutschen Gesundheitssystem, 1955–2007[95]

der Versorgung. Bis 2009 bildeten sich 45 Fachdisziplinen heraus, die zusammen den stationären und ambulanten Bereich abdecken.

Handelte ursprünglich jeder niedergelassene Arzt individuell Verträge mit den Krankenversicherungen aus, so organisierten sich die niedergelassenen Ärzte ab 1931 in regionalen Gruppenstrukturen. Aus diesen entwickelten sich 1955 die regionalen Kassenärztlichen Vereinigungen (KVen). Die KVen schlossen mit den Krankenversicherungen Gruppenverträge ab, die ihnen die Zuständigkeit einräumten, die ambulante Versorgung in ihrer Region zu organisieren. Für alle niedergelassenen Ärzte, die gesetzlich versicherte Patienten behandelten, wurde die Mitgliedschaft in der KV verpflichtend. Seit 1955 haben die KVen das alleinige Recht, Zulassungen an niedergelassene Ärzte zu vergeben. Damit schützen sie ihre Mitglieder zugleich vor dem offenen Wettbewerb.[96] Erst die Reformen von 2004 und 2007 eröffneten den niedergelassenen Ärzten einige Optionen, außerhalb der regionalen KVen eigene Verträge mit Krankenversicherungen abzuschließen.

1955 wurde eine weitere Reform durchgeführt, die den ambulanten Sektor seither stark beeinflusst hat: die Einführung der Einzelleistungsvergütung. Bis dahin erhielten die niedergelassenen Ärzte eine Vergütung nach dem Prinzip der Kopfpauschale. Sie bestand in einem Festbetrag für jeden behandelten Patienten, unabhängig von der tatsächlichen Ressourcennutzung. Ab 1955 wurde das Vergütungssystem Schritt für Schritt auf das Modell der Vergütung nach Einzelleistungen umgestellt, was den einzelnen Ärzten einen Anreiz bot, ihre Leistungsangebote auszuweiten.[97]

In den Expansionsjahren nach dem Zweiten Weltkrieg beschränkten sich die gesetzlichen Krankenversicherungen auf eine weitgehend passive Rolle. Sie konzentrierten sich auf das Beitragsinkasso und die Verwaltung, während sie gleichzeitig eine wachsende Zahl von Mitgliedern verzeichneten. Waren 1925 nur 51% aller Bürger in der gesetzlichen Krankenversicherung eingeschrieben, so waren es 1960 83% und im Jahr 2000 wurde die 90%-Schwelle erreicht. Während die Anzahl der Versicherten zunahm, schrumpfte die Zahl der Krankenkassen infolge einer Marktkonsolidierung. 1960 gab es über 2.000 Krankenkassen mit durchschnittlich nur 13.383 Versicherungsnehmern je Versicherung. 2003 waren es noch 319 mit durchschnittlich 160.000 Versicherten je Versicherung. Dieser Trend setzt sich bis heute fort: Bis 2010 ist die Anzahl der Krankenkassen auf 169 abgesunken (siehe Tabelle 2).

Der wachsende Zugang zu Leistungserbringern und Behandlungsleistungen fiel zusammen mit einem deutlichen Anstieg der deutschen Gesundheitsausgaben. Die Gesamtausgaben erhöhten sich

Tabelle 2. Anzahl der gesetzlichen Krankenkassen, 1855–2010[98]

	1885	1913	1925	1938	1950	1960	1987	1997	2003	2010
	Deutsches Reich				Westdeutschland			Vereintes Deutschland		
Anzahl der Krankenkassen	18.776	21.342	7.777	4.625	1.992	2.028	1.182	476	319	169
Durchschnittliche Mitgliederzahl pro Kasse	229	636	2.345	4.832	10.141	13.383	30.917	91.782	159.780	237.069

von 22,3 Mrd. Euro oder 6,2% des BIP in 1970 auf 253 Mrd. Euro oder 10,4% des BIP in 2007 (siehe Abbildung 15). Wie aus Tabelle 1 zu ersehen ist, werden etwa 60% der gesamten Ausgaben im Gesundheitswesen von den gesetzlichen Krankenkassen abgedeckt, die restlichen 40% von privaten Krankenversicherungen, den Konsumenten, dem Staat und anderen Sozialversicherungen. Während die Gesamtausgaben im Gesundheitswesen stetig stiegen, schwächte sich der Anstieg der GKV-Ausgaben seit Mitte der 70er Jahre deutlich ab: Sie erhöhten sich von 5,6% des BIP in 1975 auf lediglich 6,3% des BIP in 2007. Zeitgleich wuchs der Anteil der privaten Krankenversicherungen, der Konsumenten und der anderen Sozialversicherungen an den Gesundheitsausgaben überproportional.[99] Die Gesundheitsreformen, wie sie unten zusammenfassend beschrieben werden, reduzierten mithin nicht nur den Anstieg der Gesamtkosten, vielmehr verlagerten sie auch die Kosten von den gesetzlichen Krankenkassen auf die anderen Akteure im System.

Seit den 70er Jahren verschob sich der Blickpunkt dann von der Expansion zur Kostendämpfung – ein Trend, der bis heute anhält. Der rapide Kostenanstieg in den 70ern, damals „Kostenexplosion"

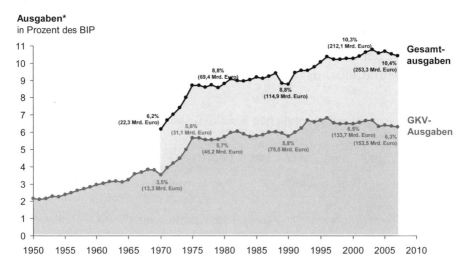

Abb. 15. Gesamtausgaben des Gesundheitswesens und der gesetzlichen Krankenversicherungen in Prozent des BIP, 1950–2007[100]

Ab 1991 einschließlich Ausgaben der neuen Bundesländer (erstes verfügbares Jahr)

genannt, stellte eine Bedrohung für das umlagebasierte GKV-System dar. In nur zehn Jahren verdreifachten sich die nominalen Ausgaben der GKV von 13 Milliarden Euro auf 45 Milliarden Euro, der Anteil am BIP wuchs dabei von 3,5% (1970) auf 5,7% (1980), da das BIP per capita zeitgleich ebenfalls rapide anstieg. Getrieben wurde die „Kostenexplosion" durch verschiedene Trends, u.a. wachsende Krankenhauskapazitäten und neue Vergütungsregeln im stationären Bereich sowie immer mehr Arztpraxen und Apotheken im ambulanten Bereich.

Die „Kostenexplosion" löste eine Reihe von Reformen aus: Das Krankenversicherungs-Kostendämpfungsgesetz von 1977 und das Krankenhaus-Kostendämpfungsgesetz von 1981. Ihre Dämpfungswirkung war jeweils begrenzt, was weitere Reformen zur Folge hatte. Von 1977 bis 2010 gab es insgesamt 15 Reformgesetze – also etwa alle zwei Jahre eine Reform.[101]

Wie in Tabelle 3 dargestellt, adressierte jede Reform spezielle Teilbereiche des Systems und erzielte dabei weitgehend inkrementelle Veränderungen. Die Vorgehensweisen schwankten zwischen Top-down-Kostenkontrollmaßnahmen und Bemühungen, einen verstärkten Wettbewerb zu induzieren, je nach dem, welche Partei an der Macht war. Die übergeordneten Ziele waren jedoch praktisch immer die gleichen: erstens Ausgabenkürzungen über Zwangsrabatte, Preiskontrollen oder Festbudgets, zweitens Kostenverlagerungen hin zu den Konsumenten über Zuzahlungen und Leistungsausschlüsse, drittens Einnahmesteigerungen durch erhöhte Selbstbeteiligungen oder höhere öffentlichen Zuschüsse zum System.[102] Im Endergebnis führte diese Reihe aufeinanderfolgender Teilreformen mit ihrer Fixierung auf Kostendämpfung zu höchst komplexen und aufwändigen Regulierungen. Eine weitere Folge war, dass sich die einzelnen Akteure immer tiefer verschanzten um ihre eigenen Besitzstände zu wahren.

Seit den 1970er Jahren sind die prozentualen GKV-Beitragssätze zum zentralen Richtwert für die Leistungsfähigkeit des Systems geworden. Dieser Prozentsatz der Löhne wurde zur am meisten beachteten Kennziffer. Krankenkassenmanager und Politiker waren seither geradezu versessen darauf, seine Steigerungsraten zu begrenzen. 1996 nahm die Sensibilität für den Beitragssatz noch weiter zu, als die Versicherten erstmals frei zwischen den Krankenversicherungen wechseln konnten, was zu einem noch erbitterteren Preiskampf führte. Dabei wurden und werden, wie im folgenden Kapitel diskutiert wird, alle gesetzlichen Krankenversicherungen in der Öffentlichkeit als praktisch austauschbar betrachtet, was ihr Leistungsangebot anbelangt. Auch wenn die Öffnung der Krankenkassen anders intendiert war, so blieb doch die Fixierung auf die Höhe der Beitragssätze bestehen. Mit der Reform von 2007, die seit 2009 in Kraft ist, wurde für alle Krankenkassen ein einheitlicher Beitragssatz in Höhe von 15,5% des Bruttolohns eingeführt. Die Idee war, damit den Wettbewerb neu auf das Leistungsangebot und die Qualität der Krankenkassen auszurichten. Diese blieben jedoch weiterhin berechtigt, zusätzliche Beiträge zu erheben, wenn ihre Kosten über dem Durchschnitt anderer Versicherungen lagen, oder Rückerstattungen an die Mitglieder vorzunehmen, wenn ihre Kosten darunter lagen. Heute konkurrieren die Krankenkassen im Wesentlichen über die Höhe der Zusatzbeiträge miteinander – ob sie nun erhoben oder erstattet werden (siehe Kapitel 5 für Einzelheiten). Damit dreht sich der Wettbewerb immer noch um den Preis, nicht aber um den Nutzen für die Patienten.

Das eigentlich Paradoxe an der Fixierung auf die Beiträge ist: Die Beitragssätze waren und sind der falsche Maßstab für Kosten. Wie Abbildung 3 verdeutlicht, sind die prozentualen Beitragssätze der GKV, jeweils gemessen am BIP, stets schneller gestiegen als ihre Ausgaben. Der Grund dafür besteht darin, dass der Anstieg der durchschnittlichen beitragspflichtigen Lohnsummen mit dem durchschnittlichen Wachstum des BIP zunehmend weniger Schritt halten konnte. Wie Abbildung 16 zeigt, haben sich die für die Kassenbeiträge relevanten beitragspflichtigen Einnahmen je Mitglied von 1984 bis 2000 nur um 84% erhöht, während das von ihm durchschnittlich erwirtschaftete BIP um 115% anstieg.[103] Verantwortlich für die Erosion der Finanzierungsbasis der GKV sind höhere Arbeitslosigkeitsraten, immer mehr Rentner mit geringerem Einkommen, die wachsende Zahl Selbstständiger sowie eine Vielzahl weiterer Faktoren.

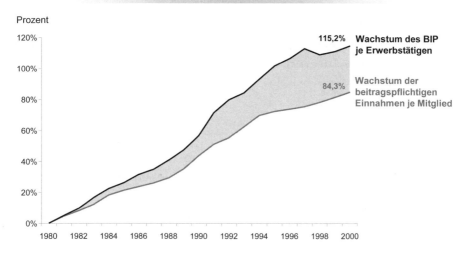

Abb. 16. Wachstum der beitragspflichtigen Einnahmen je Mitglied und des BIP je Erwerbstätigem, 1980–2000 (alte Bundesländer)[104]

Der finanzielle Druck auf die GKV führte so zu einem Teufelskreis der Kostendämpfung. Zwar haben die Krankenkassen seit den 70ern große Anstrengungen zur Kostendämpfung unternommen, sei es durch eine Verbesserung der Effizienz, sei es durch eine Verlagerung von Kosten auf die Konsumenten und andere Sozialversicherungskassen. Dennoch sind die lohnabhängigen Beitragssätze stets weiter angestiegen. Im Grunde haben die erreichten Einsparungen nie ausgereicht, um die Erosion der Finanzierungsbasis zu kompensieren. Ohne die Reformen wären jedoch die Steigerungen bei den Gesamtkosten und Beiträgen noch höher ausgefallen.

Seit den 70er Jahren haben die Krankenkassen eine Kostenkontrolle auf Seiten der Leistungserbringer ausgeübt – und zwar durch mehrere aufeinander folgende Reformen der Vergütungsstrukturen, durch Budgetbegrenzungen, Zwangsrabatte, sowie eine Beschränkung des angebotenen Leistungsumfangs. Beim Versuch, die Kosten in den Griff zu bekommen, waren dies naheliegende Entscheidungen. Erst mit den Reformen von 2004 und – in geringerem Maße – von 2007 wurde die eigentliche Neuorganisation der Gesundheitsversorgung in Angriff genommen. Wie in den Kapiteln 6 und 7 näher ausgeführt wird, gab es dabei erste Bemühungen, die Integration der Versorgung zu fördern, auf der Leistungserbringerseite Wettbewerb um Verträge mit den Krankenkassen zu induzieren sowie Standards für verpflichtende Qualitätsmanagementsysteme zu etablieren.

Fazit

Insgesamt wurden in Deutschland viele Reformen verabschiedet, die Probleme des Gesundheitssystems blieben jedoch ungelöst. Mehrere aufeinander folgende Reformen haben sich auf Kostendämpfung und Preiskontrollen auf der Leistungserbringerseite sowie auf strukturelle Veränderungen im Krankenversicherungssystem konzentriert. Gefördert wurde dabei ein System, das vollauf mit Kostenthemen beschäftigt ist, aber den Nutzen für die Patienten ignoriert. Die Fixierung auf die Höhe der Beitragssätze hat die Aufmerksamkeit von dem drängenden Erfordernis abgelenkt, die Gesundheitsversorgung selbst neu zu gestalten. Wettbewerb über Kosten ist nicht das Gleiche wie Wettbewerb über Patientennutzen.

Um den Nutzen für die Patienten zu erhöhen, muss Deutschland seine Bemühungen jetzt darauf richten, die Qualität der Behandlungsergebnisse zu verbessern. Die Struktur der Gesundheitsversorgung muss sich grundlegend ändern. Heute werden die Leistungserbringer noch gegen notwendige Veränderungen geschützt – durch die Struktur der Zulassungsregelungen, die etablierten Anbietern ein Quasimonopol einräumen, aber auch durch das Fehlen einer umfassenden Messung der Ergebnisqualität. Welches Ausmaß die in Kapitel 2 beschriebenen Qualitätsschwankungen haben, ist für Patienten, Krankenkassen, den Staat und auch die Ärzte selbst noch nicht voll ersichtlich. Seiner Struktur nach schützt das deutsche System die schwachen Anbieter und hindert die guten daran, zu expandieren. Die strikte Trennung zwischen stationärer und ambulanter Versorgung treibt die Kosten in die Höhe – durch unnötige Besuche bei den Leistungserbringern, durch Duplikation von Infrastruktur und vor allem durch suboptimale Behandlungsergebnisse. Schlechte Koordination bedeutet mehr Arztkontakte und mehr Kosten durch Komplikationen. Fragmentierte Leistungserbringerstrukturen haben zusammen mit dem an Einzelleistungen orientierten Vergütungsmodell ein System mit sehr hohen Fallzahlen und sehr vielen Besuchen bei den Leistungserbringern geschaffen. Sie haben ein System mit zu vielen Anbietern gefördert, die zu viele unterschiedliche Behandlungsleistungen vorhalten. Die Versorgung ist viel zu lokal ausgerichtet, als dass sie Anreize schaffen könnte, komplexere Fälle in regionalen Zentren zu behandeln. Auch wenn das Patientenaufkommen insgesamt groß ist, so fehlt den Leistungserbringern doch das nötige Volumen und die damit einhergehende Erfahrung auf der Ebene der einzelnen Krankheitsbilder.

Deutschland wird seine Aufmerksamkeit insbesondere darauf richten müssen, die Gesundheitsversorgung zu restrukturieren. Eine Konsolidierung auf der Anbieterseite ist nötig – mit weniger, aber fokussierteren Leistungserbringern und mit höheren Fallzahlen je behandeltem Krankheitsbild. Die Behandlung muss quer über die stationäre, ambulante und rehabilitative Versorgung integriert werden und die Ergebnisse müssen gemessen werden. Dabei kommt es, wie wir darlegen werden, auf die richtige Art von Wettbewerb an, um diese Veränderungen herbeizuführen.

Tabelle 3. Zusammenfassung bedeutender Gesundheitsreformen, 1977–2010

Reform	Jahr	Leistungserbringer	Pharmazeutika	Versicherungen
Krankenversicherungs-Kostendämpfungsgesetz	1977	• Einführung eines Bewertungsausschusses für den ambulanten Bereich; Festlegung der Kriterien für die Gesamtvergütung und Vorschriften zur Vergütungsverordnung durch den Ausschuss.	• Änderung der Zuzahlung auf 1 DM pro Medikament, anstatt einer Rezeptblattgebühr in Höhe von 20% der Kosten der verordneten Arzneimittel (max. 2,50 DM pro Rezept)	• Einführung von Zuzahlungen für Krankentransporte (3,50 DM pro Transport), Begrenzung des Zuschusses für Zahnersatz und 20% Eigenbeteiligung an den Kosten kieferorthopädischer Behandlungen • Aufhebung der Zuzahlungsbefreiung für Rentner und Behinderte • Einschränkung der beitragsfreien Familienversicherung
Kostendämpfungs-Ergänzungsgesetz	1982	• Verpflichtende Reduzierung der Krankenhausverweildauer nach Entbindung auf sechs Tage (vormals zehn Tage)	• Erhöhung der Zuzahlung auf 1,50 DM pro Verordnung auf dem Rezept	• Einführung einer Zuzahlung von 4 DM für Brillen und andere medizinische Produkte • Erhöhte Zuzahlungen für zahnärztliche Leistungen • Erhöhung der Zuzahlung für Krankentransporte auf 5 DM pro Transport
Haushaltsbegleitgesetz	1983		• Erhöhung der Zuzahlung auf 2 DM pro Verordnung auf dem Rezept • Ausschluss einiger frei verkäuflicher Medikamente von der Liste der gesetzlichen Krankenkassen	• Einführung von Zuzahlungen für Krankenhausaufenthalte (5 DM pro Tag, max. 14 Tage) • Einführung von 10 DM Zuzahlung für stationäre Rehabilitation (max. 30 Tage) • Beitragserhöhung für Rentner

Tabelle 3 (Fortsetzung)

Reform	Jahr	Leistungserbringer	Pharmazeutika	Versicherungen
Haushaltsbegleitgesetz	1984			• Einbeziehung von Lohnzusatzzahlungen (z.B. Weihnachts- und Urlaubsgeld) in die Beitragspflicht der gesetzlichen Krankenversicherung
Gesundheitsreformgesetz (GRG)	1989	• Erweiterte Abdeckung für Krankenpflege von Sterbenskranken	• Einführung von Preisgrenzen für Medikamente und Produkte der häuslichen Krankenpflege • Erhöhung der Zuzahlungen auf 3 DM pro Produkt auf dem Rezept • Einführung einer Negativliste für Medikamente, die nicht von gesetzlichen Krankenkassen abgedeckt sind	• Einführung/Erhöhung der Zuzahlung für Produkte der häuslichen Krankenpflege, für zahnärztliche Leistungen, für Krankenhausaufenthalte (10 DM pro Tag) und Krankentransporte (erhöht auf 20 DM) • Einführung von Härtefallregelungen für Haushalte, die die Zuzahlungen nicht aufbringen können • Reduzierung des Sterbegelds
Gesundheitsstrukturgesetz (GSG)	1993	• Einführung strikter Budgets für Leistungserbringer (nur zwischen 1993 und 1995); zukünftige Budgeterhöhungen sind an Erhöhungen der Grundlohnsumme gebunden • Reduzierung der Vergütungsraten für zahnärztliche Leistungen; Begrenzung der Lizenzen für Zahnärzte	• Erzwungene Rabatte von 2-5% auf Medikamentenpreise • Erhöhung der Zuzahlungen für Medikamente auf 3, 5 oder 7 DM pro Produkt, abhängig von der Art des Rezepts • Einführung eines Ärztebudgets für Medikamente und Produkte der häuslichen Krankenpflege	• Erhöhung der Krankenhauszuzahlungen auf 12 DM in Westdeutschland und 9 DM in Ostdeutschland • Reduzierte Abdeckung für Zahnprothesen und zahnärztliche Leistungen • Einführung des Risikostrukturausgleichs zwischen gesetzlichen Krankenkassen für alle Mitglieder (1996)
Gesetz zur Stabilisierung der Krankenhausausgaben	1996	• Begrenzung des Wachstums der Krankenhausbudgets auf weniger als 1%		

Tabelle 3 (Fortsetzung)

Reform	Jahr	Leistungserbringer	Pharmazeutika	Versicherungen
Beitragsentlastungsgesetz (BeitrEntlG)	1997	Reduzierter Abdeckungskatalog für Kuren; Kürzung der maximalen Länge von Kuraufenthalten von vier auf drei Wochen und Ausschluss wiederholter Aufenthalte innerhalb von vier Jahren nach dem ersten Aufenthalt	Erhöhung der Zuzahlungen für Medikamente auf 4, 6 oder 8 DM pro Produkt, abhängig von der Art des Rezepts	• Verpflichtende Senkung der Krankenversicherungsbeiträge um 0,4% • Reduzierung des Krankengelds auf 70% des Gehalts (vormals 80%) • Ausschluss der Abdeckung von Brillengestellen • Zuzahlungen für Behandlungen in Kurorten auf 25 DM pro Tag erhöht
1. und 2. GKV Neuordnungsgesetz	1997	• Leistungserbringer müssen Patienten über die Kosten von Behandlungen informieren	• Erhöhung der Zuzahlungen für Medikamente auf 9, 11 oder 13 DM pro Produkt, abhängig von der Art des Rezepts • Wechsel von festen Medikamentenbudgets zu variableren Budgets, die auf dem Fachgebiet des Arztes basieren	• Zuzahlungen auf maximal 2% des Jahreseinkommens begrenzt; für chronische Patienten sind die gesamten Zuzahlungen auf 1% des Jahreseinkommens begrenzt • Erhöhung der Zuzahlungen für Krankenhäuser (in Westdeutschland auf 17 DM, in Ostdeutschland auf 14 DM), Krankentransporte (auf 25 DM), Produkte der Krankenpflege (erhöht auf 15% der Gesamtkosten) und zahnärztliche Leistungen • Zusätzliche Zahlungen von 20 DM pro Jahr von Krankenkassenmitgliedern, um die Kosten der Infrastruktur von Krankenhäusern abzudecken (1997-1999)
Gesetz zur Stärkung der Solidarität in der gesetzlichen Krankenversicherung (GKV-SolG)	1999	• Begrenzung von Budgeterhöhungen für Krankenhäuser und ambulante Behandlungen auf den Gesamtanstieg des auf die Beiträge gesetzlicher Krankenkassen anwendbaren Lohnniveaus	• Reduzierung der Zuzahlungen zu Medikamenten auf 8, 9 oder 10 DM pro Produkt, abhängig von der Art des Rezepts	• Zusatzversicherungen der Krankenkassen sind auf freiwillige Mitglieder gesetzlicher Krankenkassen beschränkt (Mitglieder, die mehr als den Schwellenwert verdienen)

Tabelle 3 (Fortsetzung)

Reform	Jahr	Leistungserbringer	Pharmazeutika	Versicherungen
Gesundheitsreform 2000	2000	• Einführung der DRGs (2003) • Strengere Budgetkontrollen mit Geldstrafen bei Überschreitung des Budgets • Erweiterte Möglichkeiten für Krankenkassen, Krankenhausbudgets in jährlichen Budgetverhandlungen zu reduzieren • Verpflichtende Qualitätsmanagementsysteme in Krankenhäusern • Verbesserte Rehabilitation: reduzierte Zuzahlungen, flexiblere Aufenthaltslängen		• Einführung von integrierten Pflegeverträgen; Krankenkassen haben nun die Möglichkeit, gezielt Verträge mit Leistungserbringern abzuschließen
Gesetz zur Reform des Risikostrukturausgleichs in der GKV	2002			• Verbesserung des Risikostrukturausgleichs zwischen den Krankenkassen, indem ein Pool für hohe Risiken für Patienten mit einem Jahreseinkommen von über 20.450 Euro eingeführt wird; Patienten, die in Disease-Management-Programme eingeschrieben sind, werden auch in den Risikostrukturausgleich miteinbezogen; Einführung eines risikobereinigten Morbiditätsausgleichs bis 2007 (schließlich 2009 eingeführt)
Beitragssatzsicherungsgesetz	2003	• Straffere Budgets und Einfrieren des Vergütungsniveaus: Erhöhungen per Gesetz verboten	• Verpflichtender Preisnachlass auf Preise pharmazeutischer Produkte von 6%	• Verbot von Beitragserhöhungen • Verbot für Krankenkassen, die Beitragssätze zu erhöhen (2002–2003) • Reduzierung des Sterbegelds auf 525 Euro (vormals 1.050 Euro)

Tabelle 3 (Fortsetzung)

Reform	Jahr	Leistungserbringer	Pharmazeutika	Versicherungen
Gesetz zur Modernisierung der gesetzlichen Krankenversicherung (GMG)	2004	• Krankenhäusern ist es gestattet, für eine Handvoll komplexer Krankheiten ambulante Leistungen anzubieten • Modifikation der im Jahr 2000 eingeführten integrierten Pflegevertragsoptionen • Einführung eines Instituts für Qualität und Wirtschaftlichkeit im Gesundheitswesen • Verpflichtende Realisierung von Qualitätsmanagementsystemen in ambulanten Kliniken	• Erhöhung der Zuzahlungen auf 10% des Einzelhandelspreises mit einem Minimum von 5 und einem Maximum von 10 Euro pro Produkt • Erhöhter Preisnachlass auf Preise von verpflichtender Pharmazeutika	• Erhöhung der Beiträge um 0,9% – anders als alle anderen Beitragserhöhungen, die zwischen Arbeitgeber und Arbeitnehmer aufgeteilt werden, werden die 0,9% vom Arbeitnehmer allein getragen • Erhöhte Beiträge für Rentner, indem betriebliche Leistungen und andere Einkommen in die Bemessung der Krankenkassenbeiträge einbezogen werden • Ausschluss von Leistungen (Sterbegeld, Fruchtbarkeitsbehandlung, Brillen und Krankentransportkosten) • Erhöhte Zuzahlungen für Krankenhäuser (10 Euro pro Tag), stationäre Rehabilitation (10 Euro pro Tag) und Pflegedienste (10% der Gesamtkosten); Einführung der Zuzahlung von 10 Euro pro Quartal für Arztbesuche; Gesamtzuzahlungen werden auf 2% des jährlichen Bruttoeinkommens begrenzt, für chronisch Kranke auf 1% • Vorher eingeschränkte Zusatzversicherungen werden für alle Mitglieder geöffnet • Einführung einer Obergrenze für Verwaltungsausgaben von Krankenkassen • Genehmigung der Steuerfinanzierung gesetzlicher Krankenkassen: 1,4 Mrd. Euro in 2004, 2,5 Mrd. in 2005 und 4,2 Mrd. Euro in 2006

Tabelle 3 (Fortsetzung)

Reform	Jahr	Leistungserbringer	Pharmazeutika	Versicherungen
Gesetz zu Stärkung des Wettbewerbs in den gesetzlichen Krankenversicherungen (GKV-WSG)	2007	• Erhöhte Abdeckung für Rehabilitation, Impfungen und einige Mutter-Kind-Behandlungen in Kurorten	• Erhöhungen der Apothekenrabatte	• Einführung eines allgemeinen Finanzierungsfonds mit allgemeinen Beitragssätzen; Krankenkassen dürfen individuelle Zusatzbeiträge von bis zu 1 % des Bruttoeinkommens der Mitglieder verlangen oder erstatten (max. 37,5 Euro pro Monat) • Genehmigung weiterer Steuergelder zur Finanzierung von gesetzlichen Krankenversicherungen • Verbesserte Möglichkeiten für Zusatzversicherungen für Krankenversicherungen • Änderungen am privaten Krankenversicherungssystem: Einführung von grundlegenden Tarifen und Transfers für Gesundheitssparkonten • Reduzierte Abdeckung von Komplikationen von medizinisch nicht notwendigen Eingriffen wie plastischer Chirurgie
GKV-Finanzierungsgesetz (GKV-FinG)	2010	• Erhöhungen der stationären Fallvolumen; 2011 werden im Vergleich zu 2010 nur 70% der normalen Rate vergütet • Preiserhöhungen für Krankenhäuser werden auf 50 % der Ursprungsrate festgesetzt • Budgetobergrenzen für ambulante Behandlungen für 2011 und 2012; Deckelung der Vergütung von Hausarztverträgen		• Erhöhung des allgemeinen Beitragssatzes auf 15,5% des Einkommens; Abschaffung der Obergrenze für Zusatzbeiträge; Krankenversicherungen dürfen ihren Mitgliedern beliebige Sätze berechnen oder erstatten; wenn die zusätzliche Belastung 2% des Bruttoeinkommens der Mitglieder überschreitet, werden die darüber hinausgehende Kosten durch Steuergelder finanziert • Fixierung der Verwaltungsausgaben der Krankenkassen für zwei Jahre

KAPITEL 5

Krankenversicherung in Deutschland

In diesem Kapitel befassen wir uns mit dem heutigen deutschen Krankenversicherungssystem, in dem neben den gesetzlichen Krankenkassen ein kleineres privates System existiert. Deutschlands Versicherungssystem hat einen fast lückenlosen Versicherungsschutz geschaffen und besitzt im Vergleich zu anderen Ländern viele Vorzüge. Dazu gehört eines der umfassendsten Systeme zum Risikoausgleich zwischen den gesetzlichen Krankenversicherungen, um die Risikoselektion von Versicherten für die Kassen unattraktiv zu machen. Dennoch ist der Wettbewerb der Versicherer noch nicht voll auf den Patientennutzen ausgerichtet. Zudem muss Deutschland wichtige Entscheidungen treffen, was die Anzahl der gesetzlichen Krankenversicherungen, deren Finanzierung sowie das Verhältnis von gesetzlicher und privater Krankenversicherung anbelangt. In diesem Kapitel widmen wir uns dem Zugang zu Versicherungsschutz und dem Wettbewerb zwischen den Krankenkassen – Themen, auf die sich in Deutschland und anderen Ländern die meisten Diskussionen in punkto Versicherung konzentrieren. In Kapitel 8 werden wir dann die Rolle der Versicherer in der Gesundheitsversorgung untersuchen. Auch wenn die deutschen Krankenversicherungen bislang eine passive Rolle gespielt und ein geringes Engagement bei der eigentlichen Gesundheitsversorgung gezeigt haben, so besteht hier die Chance, die Rolle der Krankenversicherungen im Sinne des Nutzens für die Patienten neu zu gestalten.

Gesetzliche Krankenversicherungen

Die gesetzliche Krankenversicherung in Deutschland weist eine Reihe von Merkmalen auf, an denen sich seit ihrer Gründung 1883 wenig geändert hat:[105]

- *Verpflichtende Teilnahme*: Alle Angestellten müssen generell gesetzlich versichert sein. Arbeitnehmer können aus der GKV nur austreten, wenn sie über 4.125 Euro im Monat verdienen (sog. Pflichtversicherungsgrenze). Heute deckt das GKV-System 90% der deutschen Bevölkerung ab.

- *Mitversicherung von Familienangehörigen:* Der Beitrag eines einzigen Erwerbstätigen in der Familie versichert die direkten Angehörigen mit, und zwar sowohl Ehe- als auch Lebensgefährten und Kinder. Einzelpersonen subventionieren somit Mitversicherte in Familien.

- *Einkommensabhängige Beiträge*: Die Beitragssätze werden als Prozentsatz des Gehaltes berechnet, was höhere Beiträge für die besser Situierten und niedrigere Beiträge für Geringverdiener bedeutet. Die einkommensabhängigen Beiträge führen mithin zu einem Wohlstandstransfer zwischen Arm und Reich.

- *Gemeinschaftliche Finanzierung der Beiträge durch Arbeitgeber und Arbeitnehmer:* Die Beiträge werden zwischen Arbeitgeber und Arbeitnehmer geteilt. Bei Arbeitslosigkeit zahlt der Staat den Arbeitgeberanteil, im Ruhestand übernehmen diesen Anteil die Rentenkassen.

- *Gleicher Zugang zu Versorgung und Behandlungsleistungen unabhängig von der individuellen Zahlungsfähigkeit:* Das System basiert auf dem Solidaritätsprinzip, d.h. der Vorstellung, dass alle Bürger einen gleichberechtigten Zugang zu einem angemessenen Spektrum und Standard der Versorgung und der Leistungen haben sollten, unabhängig von ihren finanziellen Ressourcen.[106] Jeder erhält die gleiche Leistung, unabhängig von der Höhe seiner Beiträge.

- *Verpflichtung, jeden Antragsteller zu versichern (Kontrahierungszwang):* Die gesetzlichen Krankenkassen müssen – im Prinzip –

jeden Antragsteller in ihre Versicherung aufnehmen, sogar bei bestehenden Erkrankungen. Die Beitragshöhe bemisst sich dabei allein nach dem Gehalt. Der Risikoausgleich für den Versicherer erfolgt durch den gemeinsamen GKV-Risikostrukturausgleich und nicht über risikoabhängige Versichertenbeiträge.

- *Selbstverwaltung:* Alle Krankenkassen sind Gesellschaften des öffentlichen Rechts. Sie verwalten sich selbst unter der Aufsicht von Bund und Ländern.

Traditionell gibt es verschiedene Arten von gesetzlichen Krankenkassen: hauptsächlich Ortskrankenkassen, Ersatzkassen, Innungskrankenkassen und Betriebskrankenkassen. Wer jeweils Mitglied werden konnte, hing z.B. vom Ausbildungsniveau – Arbeiter vs. Angestellter – und der Berufszugehörigkeit ab. Seit der Gesundheitsreform von 1993 (Gesundheitsstrukturgesetz) sind die meisten dieser Einschränkungen aufgehoben. Die gesetzlichen Krankenkassen haben nun die Möglichkeit, jedem Versicherungsschutz anbieten zu können, und die Versicherten wiederum können frei wählen, welcher Versicherung sie beitreten wollen. Entscheidet sich eine Krankenkasse sich zu öffnen, so ist sie verpflichtet, jedem Antragsteller unabhängig von seinem Gesundheitszustand Versicherungsschutz zu gewähren. Die Einführung der Wahlfreiheit – gekoppelt an einkommens-, nicht risikoabhängige Beiträge – ging einher mit der Etablierung des Risikostrukturausgleichs zwischen den gesetzlichen Krankenkassen (siehe unten). Bis 2010 haben sich 122 der bestehenden 169 Krankenkassen dafür entschieden, die Mitgliedschaft für alle Bewerber freizugeben.[107]

Die Öffnung der Kassenkrankenkassen, 1996 in Kraft getreten, löste erhebliche Wanderbewegungen der Versicherungsnehmer zwischen den Krankenkassen aus. Kostengünstigere Versicherungen, hauptsächlich Betriebskrankenkassen, konnten ihre Marktanteile zulasten der teureren Ortskrankenkassen ausweiten. Seit 1998 verloren die Ortskrankenkassen über 4,7 Millionen Versicherungsnehmer, wobei sich ihre Versichertenstruktur kaum veränderte.[108]

Alle gesetzlichen Krankenkassen haben die gleiche Rechtsform als Körperschaften des öffentlichen Rechtes oder als gemeinnützige

Körperschaften, die staatliche Verantwortung ausüben – während private Versicherungen hauptsächlich privatwirtschaftliche, gewinnorientierte Unternehmen sind, die im Besitz von Aktionären oder anderen Gesellschaftern sind. An der Spitze der Krankenkassen stehen professionelle Manager, die einem Verwaltungsrat unterstehen, der paritätisch besetzt ist mit Vertretern von Arbeitnehmern und Arbeitgebern. Die Verwaltungsratsmitglieder sind ehrenamtlich tätig und oftmals keine Fachleute aus dem Gesundheitswesen.

Nach Kassenarten gliedern sich die gesetzlichen Krankenversicherungen wie folgt (Stand 2010):[109]

- *Ortskrankenkassen:* Insgesamt gibt es 14 Ortskrankenkassen unter dem Verbundnamen „Allgemeine Ortskrankenkassen" (AOK). Sie sind regional organisiert; fast jedes Bundesland hat dabei seine eigene AOK. In der Vergangenheit hatten die AOKs den Status einer Regelversicherung für alle. Arbeiter sind nach wie vor ihre bedeutendste Versichertengruppe. 2010 hatten die Ortskrankenkassen 23,7 Millionen Mitglieder (inklusive Angehöriger), was einem Marktanteil von 33,9% entspricht.

- *Ersatzkassen:* Es gibt sechs Ersatzkassen, die sich in der Vergangenheit auf die Berufsgruppe der Angestellten konzentrierten. Anders als die Ortskrankenkassen sind die Ersatzkassen jeweils bundesweit organisiert. 2010 hatten sie zusammen 24,7 Millionen Mitglieder und einen Marktanteil von 35,5%.

- *Betriebskrankenkassen:* Aktuell gibt es mehr als 130 Betriebskrankenkassen für Unternehmen mit über 1.000 Mitarbeitern. Früher war die Mitgliedschaft auf die Beschäftigten des jeweiligen Unternehmens beschränkt, unabhängig davon, ob es nun Arbeiter oder Angestellte waren. 2010 waren 13,3 Millionen Mitglieder in Betriebskrankenkassen eingeschrieben, was einem Marktanteil von 19,1% entspricht.

- *Innungskrankenkassen*: Aktuell gibt es noch sieben Innungskrankenkassen. Historisch gehen sie zurück auf Gesellenbruderschaften in Handwerksberufen und ihre Mitglieder sind immer noch meist Handwerker. 2010 hatten sie 5,5 Millionen Mitglieder und einen Marktanteil von 7,2%.

- *Sonstige:* Zu dieser Gruppe kleinerer, dedizierter Versicherer gehören unter anderem die landwirtschaftlichen Krankenkassen für Landwirte und ihre Familien, außerdem die Kranken- und Pflegeversicherung der Knappschaft Bahn See, in der Bahnmitarbeiter, Seeleute und Bergarbeiter nebst Angehörigen versichert sind. Insgesamt haben diese Krankenkassen etwa 2,5 Millionen Versicherte.

Leistungsumfang und Zuzahlungen

Der Umfang der durch die gesetzlichen Krankenkassen finanzierten Leistungen ist nach internationalen Standards großzügig, obwohl durch die Reformen über die Jahre hinweg Einschränkungen und Ausschlüsse erfolgt sind. Alle Mitglieder gesetzlicher Krankenkassen haben das Recht auf die gleichen Leistungen, unabhängig von der Höhe ihres Beitrags, der Dauer ihrer Mitgliedschaft oder ihres Mitgliedsstatus (z.B. Pflichtversicherte oder Familienversicherte).[110]

Abgedeckt werden die meisten ambulanten und stationären Behandlungen sowie Rehabilitationsbehandlungen.[111] Die GKV-Versicherten haben die freie Wahl unter allen Krankenhäusern der Akutversorgung sowie unter allen niedergelassenen Ärzten, die Mitglieder der Kassenärztlichen Vereinigung (KV) sind, der Dachorganisation aller niedergelassenen Ärzte. Damit haben sie freien Zugang zu den weitaus meisten Krankenhäusern und Arztpraxen in Deutschland. Nur für Rehabilitationen müssen sie die Genehmigung ihrer Krankenkasse einholen, doch folgt diese üblicherweise den Wünschen der Patienten.

Rezeptpflichtige Medikamente sowie Heil- und Hilfsmittel sind ebenfalls durch die Kassen abgedeckt. Zu den Heilmitteln gehören unter anderem Physiotherapie, medizinische Bäder und Logotherapie. Beispiele für Hilfsmittel sind Rollstühle, Hörgeräte, aber auch Verbrauchsgüter wie z.B. Inkontinenzprodukte. Die Zahnbehandlung ist für alle Routineuntersuchungen und -behandlungen abgedeckt, jedoch gibt es Einschränkungen, was z.B. die Materialien für Zahnfüllungen (Gold oder Keramik) anbelangt. Abgedeckt sind auch sämtliche Notfalltransporte ins Krankenhaus, ebenso teilweise Transporte zu ambulanten Behandlungen in Krankenhäusern oder ambulanten Einrichtungen, insbesondere für Dialysepatienten. Von einigen Einschränkungen abgesehen, decken die Krankenkassen zudem die häusliche Pflege ab, wenn sich damit Krankenaufenthalte vermeiden oder ihre Länge verkürzen lässt, ebenso, wenn die Pflegeleistung als notwendig für den weiteren Behandlungserfolg erachtet wird.

Die gesetzlichen Krankenversicherungen sind auch für die Zahlung von Krankengeld bei Langzeiterkrankungen zuständig. Nach deutschem Recht zahlt der Arbeitgeber während der ersten sechs Wochen der krankheitsbedingten Abwesenheit 100% des Gehalts. Nach sechs Wochen geht die Verantwortung auf die jeweilige Krankenkasse über: Abgedeckt werden bis zu 70% des Bruttogehalts oder 90% des Nettoeinkommens.

Von den Patienten wird eine Praxisgebühr von 10 Euro pro Quartal für Arztbesuche und 10 Euro pro Krankenhaustag erhoben. Selbstbeteiligungen für nicht-ärztliche Leistungen wie Haushaltshilfen oder Krankenpflege sind auf 10% der tatsächlichen Kosten festgelegt, bei einem Minimum von 5 Euro und einem Maximum von 10 Euro. Auch für Medikamente sind Zuzahlungen üblich: der Mindestbetrag liegt bei 5 Euro, die Obergrenze bei 10 Euro je Medikament. Alle Zuzahlungen sind gedeckelt. Krankenhauszuzahlungen sind auf 280 Euro im Jahr beschränkt und die Gesamtsumme der jährlichen Zuzahlungen ist auf 2% des Bruttogehalts begrenzt. Für chronisch kranke Menschen liegt die maximale Zuzahlung bei 1% des Bruttogehalts.[112] Nach internationalen Standards liegen die Zuzahlungen in Deutschland im Durchschnitt, sie steigen jedoch.[113]

Leistungen außerhalb der GKV-Abdeckung sind von den Versicherten selbst zu bezahlen. Das Gros machen dabei *Individuelle Gesundheitsleistungen (IGeL)* aus. Dazu gehören: Vorsorgeuntersuchungen und Screenings, z.B. diagnostische Krebs-Screenings für Patientengruppen mit geringem Risiko, aber auch allgemeine Gesundheitschecks, Belastungs-EKGs oder Augenuntersuchungen auf Grünen Star. Ferner gehören dazu alternative Therapien wie chinesische Medizin, kosmetische Behandlungen, Sportmedizin und Reisevorsorgeimpfungen. Die häufigsten IGeL-Leistungen sind Krebsvorsorgeuntersuchungen und alternative Therapien.[114] Da hier privat liquidiert wird, stellen sie eine zusätzliche Einnahmequelle für die Ärzte dar. Die Einnahmen daraus liegen auch außerhalb der KV-Budgets (siehe unten), was sie für die Ärzte besonders attraktiv macht. 2010 lagen die Gesamtnahmen aus solchen Leistungen bei annähernd einer Milliarde Euro und sie steigen weiter an.[115]

Mitglieder einer gesetzlichen Krankenkasse können private Zusatzversicherungen abschließen, um Selbstbeteiligungen und Leistungen abzudecken, die von den gesetzlichen Krankenkassen nicht abgedeckt werden.[116] 2005 hatten fünf Millionen Bürger Versicherungen für die ambulante Versorgung, um die Kosten für Medikamente, Brillen und Hörgeräte sowie für Vorsorge- und Kontrolluntersuchungen abzudecken. Weitere 7,8 Millionen Menschen erwarben Versicherungsprodukte, um Selbstbeteiligungen für zahnärztliche Leistungen abzudecken.[117] Mit dem steigenden Druck auf den Leistungskatalog der gesetzlichen Krankenkassen erhöhen sich auch die Zuwachsraten bei privaten Zusatzversicherungen.

Leistungsumfang einzelner Versicherungstarife

In der Vergangenheit boten die gesetzlichen Krankenkassen wenig Produktdifferenzierung an. Alle Versicherungen sind an die Entscheidungen des Gemeinsamen Bundesausschusses zum Leistungskatalog der gesetzlichen Krankenkassen gebunden, was zu einer Übereinstimmung in 95% der finanzierten Leistungen führt. Unterschiede gibt es hauptsächlich bei Nebenleistungen wie der Vergütung von Akupunktur und Homöopathie oder bei Zuschüssen für Mitgliedschaften in Fitnesscentern (sog. Satzungsleistungen). Ein anderer Differenzierungsfaktor ist z.B. die Anzahl der lokalen Geschäftsstellen einer Krankenkasse.

Da alle Krankenkassen nahezu identische Produktportfolien aufweisen, ist die Beitragshöhe zum wichtigsten Differenzierungsmerkmal geworden, besonders für jüngere Mitglieder. Die meisten Versicherungsnehmer treten im Alter von 26 Jahren einer Krankenversicherung bei oder bei Beginn ihrer Ausbildung. Zu diesem Zeitpunkt gelten sie nicht mehr als abhängig von ihren Eltern und verlieren ihren Versicherungsschutz im Rahmen der Familienversicherung. Wie verschiedene Studien zeigen, spielt die Beitragshöhe eine zentrale Rolle bei der Wahl einer Krankenkasse.[118] Es gibt diverse Internetseiten und Publikationen, die Versicherungsnehmern dabei helfen, die Ersparungen beim Wechsel der Krankenkasse zu vergleichen, und entsprechend lebhaft ist auch der Preiswettbewerb unter den Kassen.[119]

Seit 1996, als die freie Wahl zwischen den Krankenkassen möglich wurde, hat etwa die Hälfte aller Versicherten mindestens einmal die Krankenkasse gewechselt. Wichtigstes Motiv waren dabei niedrigere Beiträge.[120] Einer Studie zufolge, die untersuchte, warum Versicherte ihrer Krankenversicherung trotz möglicher Beitragseinsparungen treu blieben, gab es dafür drei Hauptgründe: Zufriedenheit mit der aktuellen Krankenversicherung, vermutete Sanktionen bei einem Kassenwechsel (obwohl großteils nicht zutreffend) sowie Unterschätzung der potenziellen Einsparungen.[121]

Die Versicherten können nach einem Minimum von 18 Monaten und einer zweimonatigen Kündigungsfrist frei zwischen den Krankenkassen wechseln. Familienangehörige können dabei nicht unabhängig vom Beitragszahler wechseln. Im Fall einer Beitragserhöhung kann jedes Mitglied seine Mitgliedschaft innerhalb von zwei Monaten nach erfolgter Erhöhung kündigen. Die jährliche Wechselrate liegt GKV-weit bei ungefähr 5% pro Jahr.[122]

In einem Versuch, den Wettbewerb weg von den Beiträgen hin zu mehr Service- und Produktvielfalt zu verlagern, führte der Gesetzgeber 1999 Wahltarife ein, die Krankenkassen ihren Mitgliedern anbieten können. Diese waren anfangs nach Leistungsumfang und Berechtigtenkreis begrenzt und nur zugänglich für freiwillig gesetzlich Versicherte. Bei letzteren handelt es sich um Versicherungsnehmer mit hohem Einkommen, die sich auch privat versichern könnten; sie repräsentieren weniger als 6% der GKV-Versicherten. Mit der Reform von 2007 wurden diese bestehenden Beschränkungen aufgehoben. Damit erhielten die Krankenkassen die Möglichkeit, allen Mitgliedern ein Spektrum an Wahltarifen anzubieten. Inzwischen ist gesetzlich vorgeschrieben, dass bestimmte Typen von Tarifoptionen allen Mitgliedern offen stehen müssen.

In der gesetzlichen Krankenversicherung sind heute folgende Wahltarife verfügbar:

- *Selbstbehalttarife*: Bei dieser Tarifoption zahlen Mitglieder die ersten 660–1.200 Euro der Behandlungskosten als Eigenanteil aus der eigenen Tasche. Die Mitglieder erhalten eine Prämienzahlung in Höhe von 1/5 der Jahresbeiträge oder 600 Euro pro Jahr für die Teilnahme an diesem Tarif. Der Selbstbehalttarif ist insbesondere für gesunde Mitglieder attraktiv.

- *Beitragsrückerstattungstarife*: Bei dieser Tarifoption erhalten Mitglieder eine Prämie, wenn sie während des Jahres keine medizinischen Leistungen nutzen. Einige vorsorgliche Kontrolluntersuchungen sind von der Leistungsdefinition ausgeschlossen. Die Bonuszahlungen sind auf 600 Euro im Jahr beschränkt.

- *Kostenerstattungstarife*: Hier erhalten Versicherte von ihrer Krankenversicherung Geld anstatt von Leistungen. Wie in der PKV zahlen sie die Leistungserbringer direkt und fordern dann von ihrem Versicherer die Rückerstattung ihrer Auslagen.

- *Hausarzttarife*: Bei dieser Tarifoption verpflichten sich die Versicherten, Fachärzte nur nach einer Überweisung durch den Hausarzt aufzusuchen. Der Hausarzt agiert als zentraler Gatekeeper und soll die Versorgung unter den Fachärzten koordinieren. Die Anreize für Patienten sind das Versprechen einer höherwertigen Versorgung und oftmals die Erstattung von Zuzahlungen für ambulante Arztbesuche. Alle Krankenkassen sind verpflichtet, einen solchen Wahltarif anzubieten.

- *Wahltarif für besondere Versorgungsformen*: Hier werden den Versicherten optional die Einbeziehung in integrierte Versorgungsmodelle oder die Teilnahme an Disease-Management-Programmen (siehe den Abschnitt über Leistungserbringer) angeboten. So könnte beispielsweise ein Versicherungsprodukt für eine spezifische Erkrankung angeboten werden, das die Behandlung durch ein multidisziplinäres Team von Leistungserbringern mit einschließt.

Für derartige Wahltarife gelten ein paar allgemeine Bestimmungen: Die Mitglieder müssen sich für ein Minimum von drei Jahren binden (mit Ausnahme des Tarifes für besondere Versorgungsformen). Jeder Tariftyp muss sich finanziell selbst tragen; Beitragsnachlässe oder Bonuszahlungen dürfen keinesfalls aus anderen Tariftypen subventioniert werden.

Auch wenn sie zu Differenzierung und Innovation ermutigen sollten, so konnten die Wahltarife doch nicht die erhoffte Wirkung erzielen: Über die obligatorisch anzubietenden Hausarzttarife hinaus haben nur Selbstbehalttarife und Beitragsrückerstattungstarife einen nennenswerten Zuspruch bei den Mitgliedern gefunden. Gegen solche Tarife wird allerdings der Vorwurf erhoben, dass sie die GKV finanziell austrocknen, da dadurch eine Risikoselektion seitens der Mitglieder ermöglicht wird und das Solidaritätsprinzip verletzt wird. Von Seiten der Versicherer werden sie vor allem der kleinen Gruppe der freiwillig gesetzlich versicherten Mitgliedern offeriert, die sonst zu günstigeren Privatversicherungen wechseln könnten (siehe unten). Auch Hausarzttarife sind in die Kritik geraten, weil sie durch höhere Aufwendungen für den Hausarzt wie Kostentreiber wirken, ohne dass sich bei der Gesundheitsversorgung oder bei Qualität und Kosten wirklich etwas verbessert. Die zusätzlichen Kosten dieser Wahltarife wurden für 2009 auf 1,7 Milliarden Euro geschätzt.[123] Ebenso beschränkt war die Innovationswirkung bei Tarifen für besondere Versorgungsformen. So hat bisher fast keine Krankenkasse Tarife für spezifische Krankheiten angeboten. Als Gründe hierfür werden genannt: die Neuheit solcher Versicherungen, das Risiko, kostenintensive Versicherungsnehmer anzuziehen, sowie Trägheitseffekte.

Beitragssätze und der Gesundheitsfond

Das gesetzliche Krankenversicherungssystem basiert auf lohn- bzw. gehaltsabhängigen Beiträgen. Zur Finanzierung der Beiträge herangezogen wird das Arbeitseinkommen („Bruttoarbeitsentgelt") dabei nur bis zu einer Höchstgrenze, der *Beitragsbemessungsgrenze,* auch wenn es tatsächlich darüber liegt. 2010 lag die Beitragsbemessungsgrenze bei 3.750 Euro im Monat. Damit besteht für besser verdienende Einzelpersonen ein Anreiz, in der GKV zu bleiben, anstatt sich für das private System zu entscheiden. Diese Personen repräsentierten in 2008 6,3% aller Mitglieder, sie sind sogenannte „freiwillig Versicherte". Personen, deren Gehalt niedriger liegt, sind dagegen pflichtversichert in der GKV.

Die Beiträge werden von Arbeitgebern und Arbeitnehmern gemeinsam aufgebracht. Bis Juni 2005 waren die Anteile beider gleich hoch. Seither zahlen die Arbeitnehmer 0,9% mehr als die Arbeitgeber. Bei einer Krankenkasse mit einem Beitragssatz von z.B. 15,5% entfallen jetzt 8,2% auf den Arbeitnehmer und 7,3% auf den Arbeitgeber, anstatt je 7,75% wie früher. Diese Veränderung wurde vorgenommen, um die Kostenlast des Gesundheitswesens für die Arbeitgeber zu senken. Im Fall von Arbeitslosigkeit übernimmt die Bundesagentur für Arbeit die Beitragsfinanzierung. Für Rentner übernimmt die Rentenversicherung den Arbeitgeberanteil.

Abhängige Familienangehörige sind über die Beiträge des Hauptverdieners ohne Zusatzkosten mitversichert. Hausfrau und Kinder sind beispielsweise ebenfalls GKV-Mitglieder, wenn der erwerbtätige Partner und Vater in der GKV ist. Wie im Fall der einkommensabhängigen Beiträge ist dies eine der Maßnahmen, um dem Solidaritätsprinzip in der gesetzlichen Krankenversicherung Geltung zu verschaffen.

Die einkommensabhängige Beitragsgestaltung führt, anders als im Falle risikoabhängiger Beiträge, zu Einkommenstransfers zwischen den Versichertengruppen. Kinder werden über die Krankenversicherung der Eltern mitversichert, wobei die medizinischen Versorgungskosten für sie vergleichsweise niedrig sind. Im Erwachsenenalter werden dann Beiträge als Prozentsatz des Einkommens eingezahlt. Im Normalfall liegen die Kosten, die für die Versicherten während des Erwerbslebens anfallen, deutlich unter den Beitragszahlungen; damit steuern die Erwerbstätigen einen Nettoüberschuss zum System bei. Im Ruhestand verändert sich die Situation wieder, da die Beiträge nun hinter den medizinischen Ausgaben

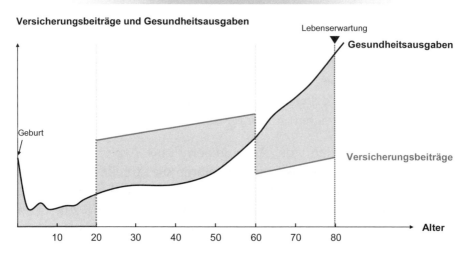

Abb. 17. Deckungsbeiträge über den Lebenszyklus eines Versicherten in der Gesetzlichen Krankenversicherung[124]

zurückbleiben. Im Prinzip zahlen so die Jungen für die Alten und die Gesunden für die Kranken (siehe Abbildung 17).

Wie alle anderen Teilsysteme des deutschen Sozialversicherungssystems beruht auch die GKV auf der Prämisse der *Globaläquivalenz*, d.h. die Ausgaben sind generell aus Beitragseinnahmen zu finanzieren und nicht über Schuldenaufnahme. Umgekehrt müssen Einnahmeüberschüsse dazu verwendet werden, die Beiträge zu senken.

Bis Dezember 2008 legten die Krankenkassen ihre Beitragssätze selbst fest. Wie in Tabelle 4 zu sehen, gab es erhebliche Schwankungen der Beitragssätze von 11,3% bis 16,5% des Einkommens. Diese Unterschiede entstanden durch eine Vielzahl von Faktoren. Besonders zu Buch schlugen unterschiedlich hohe Durchschnittseinkommen in der Mitgliederpopulation, was sich angesichts der gehaltsabhängigen Beiträge bemerkbar machte, und Schwankungen bei der Ausgabenkontrolle zwischen verschiedenen Krankenkassen und Regionen. Hinzu kam die unvollständige Risikoadjustierung im Rahmen des Risikostrukturausgleichs (siehe unten).

Mit der Gesundheitsreform von 2007 hat das Gesundheitsministerium einen einheitlichen Beitragssatz für alle Krankenkassen festge-

Tabelle 4. Krankenkassenbeiträge pro Kassenart, 2008[125]

Gesetzliche Krankenkassengruppe	Ortskrankenkassen		Ersatzkassen		Betriebskrankenkassen		Innungskrankenkassen	
	Min	Max	Min	Max	Min	Max	Min	Max
Beitragsunterschiede	12,9%	15,8%	13,2%	15,5%	11,3%	16,5%	11,8%	15,3%
Durchschnittlicher Beitragssatz	14,3%		14,2%		13,9%		13,0%	

Quelle: Bundesgesundheitsministerium, Tabelle KF07 Bund, August 2008

setzt der ab Januar 2009 gültig ist.[126] Ziel der Reform war es, die Beiträge über einen gemeinsamen Gesundheitsfonds sowie einen verbesserten Risikostrukturausgleich anzugleichen. Wie vorher bei der Einführung der Wahltarife sollte mit den Einheitsprämien der Kassenwettbewerb hin zu Service und Qualität verlagert werden – und weg vom Preis, der bisher den Wettbewerb dominierte.

Zur Finanzierung wurde der gemeinsame Gesundheitsfonds geschaffen und unter die Aufsicht des Bundesversicherungsamtes (BVA) gestellt. Seit 2010 sammelt der Fonds alle Beiträge der Versicherten zentral ein und verteilt das Geld anschließend auf alle 169 Krankenkassen. Neben den Beiträgen der Versicherten sammelt der Fond auch sämtliche Steuerzuschüsse des Bundes zentral ein, die 2010 eine Gesamtsumme von 15,7 Milliarden Euro erreichten.[127] Seit 2004 wird das gesetzliche System zusätzlich durch Steuergelder des Bundes unterstützt. Bis 2008 bewegten sich die jährlichen Zuschüsse aus Steuermitteln bei 2,5 Milliarden Euro. 2009 und 2010 nahmen sie exponentiell zu und verhinderten damit einen Anstieg des für die Öffentlichkeit höchst sichtbaren Beitragssatzes auf über 15,5%. Wie hoch die Steuerzuschüsse jeweils ausfallen, wird dabei wie der Beitragssatz selbst von der Regierung festgelegt.

Alle Krankenkassen erhalten monatliche Zuweisungen aus dem gemeinsamen Gesundheitsfonds. Das BVA verteilt die Gelder an jede Krankenkasse entsprechend dem Risikostrukturausgleich

(RSA), der jeweils die aktuelle Versichertenpopulation der Kasse berücksichtigt. Die Zahlungen sind nach drei Komponenten gegliedert: Zahlungen, um die Kosten des vorgeschriebenen Leistungskatalogs abzudecken, Zahlungen für Disease-Management-Programme und Zahlungen für Verwaltungskosten der Kasse. Die erste Komponente ist die bedeutendste und repräsentiert 90% der Zahlungen aus dem Fonds.

Zentraler Mechanismus für die Verteilung ist der morbiditätsorientierte Risikostrukturausgleich (morbi-RSA). Für jede Krankenkasse passt er die Zahlungen an die jeweilige Morbiditätsstruktur in ihrer Versichertenpopulation an. Versicherungen mit mehr kranken Mitgliedern erhalten so über das Jahr höhere Zahlungen aus dem Fonds als Versicherungen mit gesünderen Mitgliedern. Die Details des Risikostrukturausgleichs werden weiter unten erklärt.

Falls die Kosten nicht vollständig aus Fondsmitteln gedeckt werden können, muss die jeweilige Krankenkasse monatliche Zusatzbeiträge von ihren Mitgliedern erheben. Fällt umgekehrt ein Überschuss an, kann dieser zur Beitragsrückerstattung genutzt werden. Solche Gebühren oder Rückerstattungen werden auch „Mini-Beiträge" genannt, denn im Prinzip erlauben sie es jeder Kasse, trotz des einheitlichen Beitragssatzes (aktuell 15,5%) unterschiedliche Preise in Rechnung zu stellen. Ursprünglich durften die Zusatzbeiträge 1% des Bruttoeinkommens der Mitglieder nicht überschreiten, also einen maximalen Betrag von monatlich 37,50 Euro je Versicherungsnehmer. Inzwischen wurde diese Regelung mit dem GKV-Finanzierungsgesetz (GKV-FinG) von 2010 geändert.[128] Seit Januar 2011 ist es den Krankenkassen freigestellt zu entscheiden, welche Zusatzbeiträge sie bei Bedarf erheben – womit eine größere Preisdifferenzierung zwischen den Krankenversicherungen ermöglicht wird. Um Härtefälle auszuschließen, legt das Gesetz fest, dass Zusatzbeiträge, die 2% des Bruttoeinkommens der Mitglieder übersteigen, aus Steuermitteln des Bundes finanziert werden.[129]

Trotz der Einführung des gemeinsamen Gesundheitsfonds, der den Preiswettbewerb zwischen den Krankenkassen begrenzen sollte, konkurrieren die Krankenkassen weiterhin in erster Linie über den

Preis. Sie können das, indem sie ihren Wettbewerb einfach über Zusatzbeiträge oder Beitragsrückerstattungen austragen.

Risikostrukturausgleich

Von zentraler Bedeutung für das deutsche GKV-System ist ein Risikostrukturausgleich, der alle gesetzlichen Krankenkassen einbezieht. Ein solcher RSA ist unabdingbar für ein Versicherungssystem, das zum einen freie Kassenwahl unabhängig von Einkommen und Gesundheitszustand offeriert und zum anderen die Kassen verpflichtet, jedem Antragsteller Versicherungsschutz zu gewähren. Ein wirksamer RSA ist ebenso unerlässlich für einen Wettbewerb im Blick auf den Patientennutzen. Denn er eliminiert einen Nullsummen-Wettbewerb, der lediglich auf dem Hin- und Herschieben von Kosten beruht – ermöglicht durch die gezielte Selektion gesünderer oder besser verdienender Versicherungsnehmer.

Deutschland hat im internationalen Vergleich einen der am umfassendsten und entwickeltsten Risikostrukturausgleiche. Der deutsche RSA wurde 1996 eingeführt und immer wieder reformiert, zuletzt im Jahre 2009. Wie er sich über die Jahre entwickelt hat, zeigt Abbildung 18 im Überblick.

Bis 1996 hatten die Versicherungsnehmer keinerlei Entscheidungsfreiheit bei der Kassenwahl. Ihre Mitgliedschaft beruhte auf ihrem

Abb. 18. Entwicklung des Risikostrukturausgleichs der gesetzlichen Krankenkassen in Deutschland[130]

Wohnort und Beschäftigungsverhältnis. Im Zuge der Einführung der freien Krankenversicherungswahl seit 1996 drohten Versicherer mit höheren Beiträgen – traditionell die AOKs und Ersatzkassen – in einen Teufelskreis zu geraten. Jüngere Patienten mit geringeren Risiken, die vorher andere Versicherte subventionierten, erhielten jetzt die Möglichkeit, zu günstigeren Versicherern abzuwandern. Krankenkassen, die auf diese Weise Mitglieder eingebüßt hätten, wären dann gezwungen gewesen, ihre Beiträge noch weiter zu erhöhen, um die Kosten zu decken, was wiederum noch mehr Mitglieder zur Abwanderung veranlasst hätte.

Um dieses Problem zu beheben, wurde 1994 ein zentraler Fonds eingeführt, um die Risiken gemeinsam untereinander zu teilen – der *Risikostrukturausgleich (RSA)*. Mit dem RSA wurde der Versuch unternommen, die Tendenz, wohlhabende und gesündere Versicherte zu selektieren, dadurch abzuschwächen, dass man Geld zwischen den Krankenkassen transferierte, jeweils abhängig vom Versichertenmix. Bei einkommensabhängigen Beiträgen sind Versicherte mit höherem Einkommen vergleichsweise attraktiver für die Kassen. Statistisch fallen bei Mitgliedern mit höherem Einkommen zudem niedrigere medizinische Kosten an, bedingt durch Ausbildungsstand und gesündere Lebensweisen.[131]

Die RSA-Mechanismen wurden über drei Stufen verfeinert. Auf jeder Stufe wurde dabei der Grad des Risikoausgleichs zwischen den Krankenkassen erhöht (siehe Abbildung 18). Der ursprüngliche Risikoausgleich von 1994 berücksichtigte lediglich den jeweiligen Mix von Einkommen, Alter, Geschlecht und der Verbreitung von Berufsunfähigkeit in den unterschiedlichen Mitgliederpopulationen der Krankenkassen. In 2002 wurde auch das unterschiedlich häufige Vorkommen von Patienten, die an einem der fünf Disease-Management-Programme für chronische Erkrankungen teilnahmen, sowie von Mitgliedern mit Gesundheitsausgaben von über 20.450 Euro jährlich berücksichtigt. 2009 wurde der Risikoausgleich ausgeweitet, um auch die unterschiedlichen Prävalenzen von 128 chronischen Erkrankungen in den Mitgliederpopulationen einzubeziehen. Mit jedem Schritt erhöhte sich die Summe der Gelder, die zwischen den Krankenkassen umverteilt wurden. Wurden 1994 nur 2,4 Milliarden Euro im Zuge des Risikoausgleichs transferiert, so erhöhte sich diese Summe bis 2008 auf 19,7 Milliarden Euro – was 12% der gesamten Krankenkassenausgaben entsprach.[132,133]

Bis zur Einführung des gemeinsamen Gesundheitsfonds im Januar 2009 bewegten sich die Beitragssätze der Krankenkassen, wie bereits beschrieben, in einer Bandbreite von 11,3% bis 16,5% des Arbeitseinkommens. Rund 93% aller erhobenen Beitragseinnahmen wurden dabei in den RSA transferiert. Der genaue Transferbetrag je Krankenkasse, ihre *Finanzkraft*, wurde berechnet, indem man das kumulierte Einkommen der Versicherungsnehmer mit dem durchschnittlichen Beitragssatz aller gesetzlichen Krankenkassen, bereinigt um die Verwaltungskosten, multiplizierte. Krankenkassen mit hohen Durchschnittseinkommen unter ihren Versicherungsnehmern – und folglich mit hohen Gesamteinnahmen – transferierten mehr Geld in den Risikostrukturausgleich als solche mit einkommensschwächeren Versicherungsnehmern. Das milderte den Selektionsanreiz für gut verdienende Versicherungsnehmer weitgehend ab. Da nur 93% der Beitragseinnahmen übertragen wurden, blieb gleichwohl ein kleiner Anreiz bestehen, Besserverdienende als Mitglieder zu gewinnen.

Auszahlungen aus dem RSA-Pool an die Krankenkassen erfolgten auf Basis der jeweils für die Mitgliederpopulation erwarteten Kosten. Ursprünglich wurden dazu alle Mitglieder einer Krankenkasse in eine von insgesamt 732 Klassen eingeteilt, basierend auf Alter, Geschlecht, Erwerbsfähigkeit sowie Ansprüche auf Krankengeld. Jeder Kategorie wurde ein erwarteter Kostenaufwand pro Jahr und Mitglied zugeschrieben und jede Kasse erhielt eine entsprechende Zahlung für jede Versichertengruppe innerhalb ihrer Mitgliederpopulation.

Die Summe all dieser Zahlungen bildete den *Beitragsbedarf* der jeweiligen Krankenkasse bzw. die Summe der erwarteten Kosten für ihre Mitgliederpopulation. Überstiegen die tatsächlich anfallenden medizinischen Ausgaben den erwarteten *Beitragsbedarf*, musste die jeweilige Krankenkasse ihre Beiträge anheben. Blieben die tatsächlichen Ausgaben unter dem Beitragsbedarf, musste die jeweilige Krankenkasse ihre Beiträge senken.

Im ursprünglichen Ansatz führte der RSA zwar zu einer Abmilderung der Selektion jüngerer Versicherungsmitglieder, die volle Adjustierung des medizinischen Risikos konnte damit aber nicht erreicht werden. So erhielten Krankenkassen z.B. den gleichen Betrag für einen 55-jährigen Mann, ob er nun herzkrank war oder nicht. Um dies zu korrigieren, wurden im Zuge der RSA-Reform von 2002 Disease-Management-Programme (DMP) einbezogen und ein Risikopool für kostenintensive Versicherte eingeführt. Mit den DMPs erhielten Krankenkassen zusätzliche Finanzmittel für Patienten, die an Programmen für Diabetes, chronisch obstruktive Lungenerkrankung, Asthma, Koronarversorgung oder Brustkrebs teilnahmen (siehe Kapitel 6). Über den Risikopool wurden den Krankenkassen 60% der Kosten für Versicherte erstattet, deren Versorgungsbedarf 20.450 Euro im Jahr überstieg.

Um den Effekt des Risikostrukturausgleichs zu illustrieren, werden in Tabelle 5 GKV-Daten aus 2005 vorgelegt. Ohne Risikostrukturausgleich hätten die Durchschnittsbeiträge der AOKs 18,56% anstatt 14,35% betragen. Die AOKs waren Nettoempfänger im Rahmen des RSA. Das erklärt sich aus dem höheren Durchschnittsalter ihrer Mitglieder, der höheren Anzahl an Mitgliedern mit Berufsunfähigkeit und an Mitgliedern, die an Disease-Management-Programmen teilnehmen – was die höhere Prävalenz chronischer Krankheitsbilder innerhalb ihrer Versichertenpopulation widerspiegelt. Im Gegensatz dazu waren die Betriebskrankenkassen (BKKs) die bedeutendsten Nettoeinzahlzahler in den RSA. Ihr durchschnittlicher Beitragssatz erhöhte sich durch den RSA von 10,21% auf 13,89%, d.h. um 3,68 Prozentpunkte – entsprechend ihrem höheren Anteil an jüngeren und gesunden Mitgliedern.

2009 wurde die letzte Stufe der RSA-Reform implementiert: Mit der Einführung eines morbiditätsorientierten Risikostrukturausgleichs (morbi-RSA) wird dem Volumen nach eine noch größere Beitragsumverteilung zwischen den Krankenkassen erreicht. Vor 2009 berücksichtigte der RSA nur einen Bruchteil der Morbiditätsabwei-

Tabelle 5. Auswirkung des Risikostrukturausgleichs auf Beitragssätze nach Kassenart, 2005[134]

	Ortskrankenkassen (AOK)	Betriebskrankenkassen (BKK)	Innungskrankenkassen (IKK)	Ersatzkassen
Beitragssatz 2005 mit Risikostrukturausgleich	14,35%	13,89%	13,95%	14,35%
Geschätzter Beitragssatz 2005 ohne Risikostrukturausgleich	18,56%	10,21%	13,03%	13,13%
Veränderung des Beitragssatzes durch den Risikostrukturausgleich	–4,21%	+3,68%	+0,92%	+1,22%

chungen unter den Versicherungsnehmern. Beispielsweise gab es immer noch einen Anreiz für die Krankenkassen, eher einen 30-jährigen Mann ohne multiple Sklerose als einen 30-jährigen Mann mit multipler Sklerose zu versichern. Der morbi-RSA alloziert nun das Geld auf Basis von Alter, Geschlecht, (eventueller) Erwerbsunfähigkeit sowie dem Vorhandensein von 128 kostenintensiven und chronischen Krankheiten. Für Mitglieder mit einer dieser Erkrankungen wird eine höhere Summe aus dem morbi-RSA zugeteilt, basierend auf den durchschnittlichen Kosten der Behandlung der jeweiligen Krankheit. Versicherte mit einer dieser 128 Krankheiten werden anhand von Krankenhausdiagnosen, ambulanten Diagnosen sowie Medikamentenverschreibungen identifiziert; dazu benutzt man die Abrechnungsdaten, die von Seiten der Leistungserbringer bei den Kassen eingehen.[135] Manche Versicherer haben inzwischen begonnen systematisch niedergelassene Ärzte aufzusuchen, um sie bei der Kodierung des Morbiditätsstatus zu „unterstützen". Ziel ist dabei, die Ausgleichzahlungen aus dem RSA zu maximieren – was Anlass zur Besorgnis gibt, dass sich damit neue Formen des Nullsummen-Wettbewerbs ins System einschleichen.

Auch wenn er nicht perfekt ist, ist der morbi-RSA doch ein großer Schritt, um einen positiven, am Patientennutzen orientierten Wettbewerb unter den Krankenkassen zu ermöglichen; denn er schwächt die Vorteile aus einer Risikoselektion weiter ab. Der morbi-RSA kann es für Krankenkassen sogar lukrativ machen, sich auf bestimmte Krankheiten zu konzentrieren, falls sie es schaffen, bei der einen oder anderen der 128 erfassten Krankheiten unter den durchschnittlichen Behandlungskosten des RSA zu bleiben. Bisher haben sich jedoch nur wenige Versicherer für einen solchen Weg entschieden.

Anzumerken ist, dass der morbi-RSA und der gemeinsame Gesundheitsfonds separate Konzepte sind. Obwohl beide 2009 eingeführt wurden, sind ihre Mechanismen und Effekte voneinander unabhängig. Aufgabe des RSA ist, die unterschiedlichen Risikoprofile zwischen den Krankenkassen auszugleichen, während der Gesundheitsfonds darauf abzielt, einen einheitlichen Beitragssatz für alle Krankenkassen zentral festzulegen.

Kostenkontrolle auf Seiten der Krankenkassen

Angesichts der Bedeutung der Beitragssätze haben die Krankenkassen ihren Fokus auf die Kontrolle der Kosten weiter gestärkt. In 2009 verteilten sich die wichtigsten Kostenblöcke in der gesetzlichen Krankenversicherung wie in Tabelle 6 dargestellt:[136]

Wie in den folgenden Kapiteln näher ausgeführt wird, schließen die Krankenkassen Kollektivverträge mit niedergelassenen Ärzten, Krankenhäusern und Rehabilitationskliniken ab. Dabei benutzen sie ihre Verhandlungsmacht, um niedrigere Sätze für jede Behandlungsleistung und jeden Eingriff auszuhandeln. Für die meisten Leistungen sind die deutschen Preisniveaus im internationalen Vergleich inzwischen relativ niedrig (siehe Kapitel 2). Seit 2003 haben die Krankenkassen bei Lieferverträgen für Arzneimittel, aber auch für medizinische Hilfsmittel wie Rollstühle, Inkontinenz- oder Stoma-Produkte erhebliche Rabatte ausgehandelt. Zudem setzen sie

Tabelle 6. Ausgaben der gesetzlichen Krankenkassen, 2009

Kostenkategorie	Kosten (in Milliarden Euro)	Anteil
Krankenhausbehandlung	55,9	34,9%
Arzneimittel	30,7	19,1%
Ambulante Behandlung	27,6	17,2%
Zahnärztliche Behandlung (inkl. Zahnersatz)	11,2	7,0%
Heil- und Hilfsmittel	9,6	5,9%
Häusliche Krankenpflege	2,9	1,8%
Vorsorge- und Rehabilitationsleistungen	2,4	1,5%
Schwangerschaft und Mutterschaft	3,3	2,1%
Fahrkosten	3,6	2,3%
Krankengeld	7,3	4,5%
Andere	5,9	3,7%
Gesamtsumme	**160,4**	**100%**

in unterschiedlichem Umfang Rechnungsprüfungsverfahren ein, um ihre Kosten zu kontrollieren.

Über die Preiskontrolle bei Einzelleistungen hinaus haben die Krankenversicherungen versucht, die Kosten durch Leistungsausschlüsse oder erhöhte Zuzahlungen zu senken. Im Zuge der jüngsten Reformen haben sich die Kosten dabei zunehmend von den Kassen auf die Patienten verlagert. 2007 zahlten die Patienten 14,9% der gesamten Ausgaben im Gesundheitswesen direkt; in 2000 waren es noch 11,2%.[137] Beispiele für Leistungsausschlüsse finden sich bei Zahnersatz, Kuraufenthalten sowie Krankengeldregelungen. Höhere Zuzahlungen wurden im Zuge aufeinander folgender Reformen bei Medikamenten sowie bei stationärer und ambulanter Versorgung eingeführt (siehe Kapitel 4).

Ebenso versuchen die Krankenkassen Kosten auf die Pflegeversicherungen, Berufsunfallversicherungen und die Rentenversicherung abzuwälzen. Im Allgemeinen sind Pflegeleistungen in Deutschland durch Pflegeversicherungen und Berufsunfälle durch branchenspezifische Berufsunfallversicherungen abgedeckt. Für Rehabilitationsmaßnahmen sind die Krankenkassen oder die Rentenversicherung zuständig, je nach Alter und Beschäftigungsstatus des Betroffenen. Gleichwohl haben die Krankenkassen in der Vergangenheit nach Wegen gesucht, ihre Kosten auf die anderen Kostenträger zu verlagern.

Private Krankenversicherungen

In 2010 gab es 46 private Krankenversicherungen (PKV) in Deutschland. Sie bieten primären Versicherungsschutz für 10% aller deutschen Bürger. Die PKV hat sich parallel zur GKV entwickelt. 1883, als die ersten gesetzlichen Krankenkassen gegründet wurden, waren einige Patientengruppen, darunter die Beamtenschaft, davon ausgeschlossen. Private Krankenversicherungen entstanden um diese Lücke zu schließen. Heute unterscheiden sich PKV und GKV deutlich voneinander. In 2010 war der Zugang zur PKV nach wie vor auf Besserverdienende, Staatsbedienstete und Selbstständige beschränkt, während das gesetzliche System für alle offen stand. Die Beitragsbemessung in der PKV erfolgt risikoadjustiert, nicht gehaltsbezogen.

Charakteristisch für die PKV sind folgende Merkmale:

- *Eingeschränkter Zugang*: Das private System steht nur drei Gruppen von Versicherungsnehmern offen: Abhängig Erwerbstätige, die über 4.125 Euro im Monat verdienen (Pflichtversicherungsgrenze), können sich nach eigenem Ermessen für eine private Krankenversicherung entscheiden. Ebenso haben Beamte Zugang zur PKV. Sie erhalten vom Staat einen Zuschuss von 50% zu ihren medizinischen Ausgaben (Beihilfe). Für Ehepartner liegt der Zuschuss bei 70% und für Kinder bei 80% der Kosten.[138] Beamte können private Krankenversicherungsprodukte kaufen, um auch die verbleibenden Kosten abzudecken. 2007 waren 49% aller PKV-Mitglieder Beamte.[139] Als letzte Gruppe sind Selbstständige und Freiberufler zu einer Mitgliedschaft in der PKV berechtigt.

- *Gemeinschaftliche Finanzierung der Beiträge durch Arbeitnehmer und Arbeitgeber*: Ähnlich wie im gesetzlichen System kommt der Arbeitgeber bei Angestellten für 50% des Beitrags auf.

- *Keine Abdeckung für Familienangehörige*: Anders als im gesetzlichen System sind Familienangehörige nicht über die Beiträge des Hauptverdieners mitversichert. Für jedes Familienmitglied muss eine separate Versicherung abgeschlossen werden.

- *Risikobezogene Beiträge*: Die Beiträge für private Krankenversicherungen werden für jedes Mitglied individuell festgelegt. Ihre Höhe bemisst sich nach den jeweiligen Risiken. Berechnet werden diese unter Berücksichtigung von Alter, Geschlecht, Krankengeschichte sowie Eintrittsdatum in die PKV. Hinzu kommen als weitere Faktoren der Umfang der gewählten Leistungen und die Höhe der Selbstbeteiligung. Damit unterscheiden sich PKV-Beiträge deutlich von den lohn- bzw. gehaltsabhängigen GKV-Beiträgen.

- *Keine Verpflichtung, jeden Bewerber zu versichern*: Private Krankenversicherer sind nicht verpflichtet, jeden Antragsteller aufzunehmen. Hochrisikopatienten schließen sie üblicherweise aus.

- *Bildung von Kapitalrücklagen*: Anders als die über das Umlageverfahren finanzierten gesetzlichen Krankenkassen operieren die privaten Krankenversicherer nach dem Kapitaldeckungsprinzip. Ein Teil der Prämieneinnahmen dient dazu, für jedes Mitglied eine Kapitalrücklage aufzubauen, um für spätere Versorgungsausgaben aufzukommen. Private Krankenversicherungen hatten bis 2007 106 Milliarden Euro an Rücklagen angesammelt.[140] Im gleichen Jahr wurden 41,8% aller Beiträge für den Aufbau der Kapitalreserven für zukünftige Ausgaben verwendet.[141]

- *Kein Risikostrukturausgleich*: Anders als in der GKV gibt es keinen Risikoausgleich zwischen den privaten Krankenversicherern. Da Privatversicherungen risikobezogene Beiträge erheben, besteht kein Bedarf, Ausgabenrisiken zwischen den einzelnen Versicherungen auszugleichen. Hochrisikopatienten müssen einfach entsprechend höhere Beiträge zahlen. Wichtiger ist jedoch, dass private Krankenversicherungen auch nicht verpflichtet sind, zum Risikostrukturausgleich im gesetzlichen System beizutragen – trotz der Tatsache, dass sie im Durchschnitt jüngere und gesündere Versicherte anziehen.

Leistungsumfang und Tarifarten

Private Krankenversicherungen in Deutschland bieten zwei Versicherungstypen an: eine Vollversicherung sowie eine Zusatzversicherung für GKV-Mitglieder, um Selbstbeteiligungen oder -Leistungsausschlüsse innerhalb der gesetzlichen Krankenversicherung aufzufangen. Unser Interesse gilt hier der Krankenvollversicherung.

Private Krankenversicherungen bieten traditionell eine große Bandbreite unterschiedlicher Versicherungstarife an. Die Grundversicherung deckt einen Leistungskatalog ab, der über die Abdeckung des gesetzlichen Systems hinaus geht. Beispielsweise werden in erweitertem Umfang homöopathische und andere alternative Behandlungen abgedeckt. Private Versicherungen variieren in ihrer Abdeckung von zusätzlichen Komfortleistungen wie der Unterbringung im Einzelzimmer, Behandlung durch den Chefarzt sowie in der Höhe der Zuzahlungen für Arzneimittel, Zahnersatz sowie Heil- und Hilfsmittel.

Mit der Gesundheitsreform 2007 wurden die privaten Krankenversicherungen verpflichtet, einen kostengünstigen Basistarif einzuführen. Der neue Basistarif muss identisch sein mit dem GKV-Angebot, was das abgedeckte Leistungsspektrum und die Kosten anbelangt. Dieser „PKV Basistarif" bricht dabei mit den bisherigen Grundprinzipien der PKV: Er muss offen für alle PKV-Versicherungsnehmer sein, ohne dass die Möglichkeit besteht, Versicherte aufgrund ihrer bisherigen Krankengeschichte auszuschließen. Dazu sind die Beiträge auf den durchschnittlichen Höchstbeitrag in der GKV begrenzt, womit die Möglichkeit eingeschränkt wird, für die

Versicherten jeweils risikobezogene Prämien festzusetzen. Die Absicht des Gesetzgebers bestand darin, auf diese Weise Privatversicherte mit größeren Erkrankungen sowie eine kleine Gruppe vorher nicht versicherter Bürger davor zu schützen, unangemessen hohe Versicherungsbeiträge aufbringen zu müssen.

Der PKV-Basistarif war einer der kontroversesten Streitpunkte der Reform von 2007. Das Gesetz trat nur unter großen Protesten der Branche in Kraft. Von den Versicherten wurde er bisher kaum angenommen, bis Juni 2010 haben sich lediglich 18.200 Personen dafür entschieden.[142] Aus naheliegenden Gründen haben die privaten Versicherer auch nicht aktiv für den Basistarif geworben. Tatsächlich gibt es vereinzelt Hinweise darauf, dass sie den Antragsprozess sehr mühselig gestaltet haben.

Die Gesundheitsreform 2007 brachte eine weitere substanzielle Änderung für die private Krankenversicherung: Der Transfer von angesparten Kapitalrücklagen zwischen den privaten Krankenkassen wurde ermöglicht. Bis zur dieser Reform war für PKV-Versicherte der Wechsel zu einem anderen Privatversicherer prohibitiv teuer.[143] Gerade in den frühen Jahren ihrer Mitgliedschaft bauen die Versicherten mit ihren Beiträgen Kapitalrücklagen auf, die später für die erwarteten höheren medizinischen Kosten im Alter verwendet werden. Traditionell waren diese Reserven nicht zwischen den Versicherungen übertragbar, so dass ein Wechsel prohibitiv teuer war. Mit der Reform wurde ein Teil der Rücklagen übertragbar, was den Wettbewerb zwischen den privaten Versicherern in einem gewissen Maß belebte.

Beitragssätze und Leistungsvergütung

Während die GKV für Beamte letztlich keine Option darstellt, da sie keine 50%-Versicherung anbietet, ist es besser verdienenden Arbeitnehmern freigestellt, eine private Versicherung abzuschließen. Für jüngere Versicherungsnehmer ist die PKV kostengünstiger als die GKV.[144] Speziell bei jungen Männern mit hohem Einkommen sind die Beitragssätze privater Versicherungen etwa halb so hoch wie diejenigen in der GKV. Für sie bedeutet beispielsweise ein GKV-Beitragssatz von 15,5% monatliche Kosten von 569 Euro, während bei einer privaten Versicherung weniger als 250 Euro anfallen. In beiden Fällen zahlt der Arbeitgeber dabei ungefähr die Hälfte der Kosten. Für Frauen ist die Situation weniger eindeutig, da ihre PKV-Beiträge aufgrund einkalkulierter Schwangerschaftskosten höher ausfallen. Überdies benötigen Kinder, da sie nicht mitversichert sind, eine separate Versicherung, was die PKV für Familien teurer macht.

Die Frage bei privaten Versicherungen ist, ob die Beiträge auf das ganze Leben des Versicherten gerechnet tatsächlich niedriger sind.[145] Auch wenn es noch keine eindeutige Evidenz in dieser Hinsicht gibt, sind doch die Beiträge in der PKV inzwischen schneller gestiegen als diejenigen in der GKV.[146,147] Besonders ältere Versicherte sind hier gefährdet, da sie angesichts der Beschränkungen des Transfer von Kapitalrücklagen zwischen den Versicherern und einer erneuten Gesundheitsprüfung hohen Beitragssteigerungen im Alter weitestgehend wehrlos ausgeliefert sind.[148]

Ähnlich wie GKV-Versicherte haben auch die Mitglieder privater Krankenversicherungen einen breiten und uneingeschränkten Zugang zu den Leistungserbringern. Privatpatienten werden jedoch meist schneller behandelt, denn das Vergütungsniveau ist für die Leistungserbringer bei Privatpatienten höher und es gibt auch keine Budgetdeckelungen in der PKV.[149,150]

Im stationären Bereich zahlen Privatpatienten die regulären DRG-Gebühren, Komfortleistungszuschläge sowie Zusatzkosten für die Behandlung durch den Chefarzt. Diese Leistungen werden dabei separat abgerechnet. Im ambulanten Bereich gilt für Privatpatienten ein anderer Vergütungskatalog, der für dieselben Behandlungsleistungen deutlich höhere Preise als in der GKV vorsieht. Außerdem fallen Zahlungen für Privatpatienten nicht unter die strengen Budgetregulierungen, die für GKV-Patienten gelten. Separate Vergütungskataloge für GKV und PKV haben dazu geführt, dass sich Leistungserbringer in der Tendenz deutlich intensiver um Privatpatienten bemühen (siehe Kapitel 6).

Neben dem schnelleren Zugang zur Versorgung haben die Privatpatienten im Vergleich zu GKV-Patienten auch besseren Zugang zu neuen Medikamenten. Neue Medikamente machen 7,3% der verschriebenen Medikamente in der PKV aus, gegenüber 5,3% in der GKV. Der wahrscheinlichste Grund dafür liegt darin, dass es in der PKV keine Richtgrößen für Medikamentenausgaben gibt. Gleichwohl gibt es keinerlei Beweise dafür, dass diese Verschreibungspraxis bei PKV-Patienten auch zu besseren Behandlungsergebnissen führt. Viele neue Medikamente sind „me-too"-Produkte, die statt höherer Wirksamkeit nur marginal bessere Nebenwirkungsprofile bieten.[151]

Geht man vom Nutzen für den Patienten aus, so sollten die Vergütungsniveaus vom Ressourceneinsatz bei der Behandlung sowie der erzielten Ergebnisqualität abhängig sein, nicht aber vom Versicherungsstatus des Patienten. Gleiche Leistungen für Patienten mit ähnlichen medizinischen Beschwerden sollten jeweils auf gleichem Niveau vergütet werden. Das private System in Deutschland verstößt gegen diese Prinzipien.

Bewertung des deutschen Krankenversicherungssystems

Stärken

Seit seiner Gründung weist das deutsche GKV-System wichtige Stärken auf, die als Grundlagen für ein nutzenorientiertes Gesundheitssystem dienen können. Der Versicherungsschutz ist universell und seit 1996 können die Deutschen frei zwischen über 160 Krankenkassen wählen. Die Wahl der Versicherung ist weder durch die Einkommenshöhe oder die Art der Beschäftigung noch durch den Gesundheitszustand eingeschränkt – denn die Krankenkassen sind dazu verpflichtet sind, jedem Antragsteller Versicherungsschutz zu gewähren. Außerdem ist die Versicherung nicht an einzelne Arbeitgeber oder an ein bestehendes Beschäftigungsverhältnis gekoppelt. Die Mitglieder können ihren Versicherungsschutz ein Leben lang in unterschiedlichen Beschäftigungen und selbst in Phasen von

Arbeitslosigkeit behalten. Im internationalen Vergleich ist die jährliche Abwanderungsquote bei den Krankenversicherungen gering, was Langzeitinvestitionen in die Gesundheit der Mitglieder noch attraktiver macht.

Die einkommensabhängigen Beiträge in der GKV sind an die jeweils verfügbaren Mittel, nicht an Risiken geknüpft. Damit erhalten Personen aus allen sozialen Klassen Zugang zu gleichwertiger Versorgung. Die Beitragsgestaltung in der GKV stellt einen Mechanismus dar, der es erlaubt, die Kosten des Gesundheitswesens gemeinschaftlich zu teilen. Die PKV verstößt in ihrer heutigen Form gegen das Solidaritätsprinzip – was zu Verwerfungen im System geführt hat (siehe unten).

Eine weitere Stärke des gesetzlichen Systems ist sein umfassender Risikoausgleich. Kein anderes Land hat einen so weitreichenden Ansatz entwickelt, um einen Mehrwert stiftenden Wettbewerb zwischen den Krankenkassen zu ermöglichen. Auch wenn der Risikoausgleich nicht perfekt ist, trägt er viel dazu bei, die Selektion von gesunden und wohlhabenden Versicherten abzumildern. Zudem ist er eine wesentliche Vorbedingung für einen nutzenorientierten Wettbewerb in einem System mit einkommens- statt risikoabhängigen Beiträgen.

Der Versicherungsschutz der GKV eröffnet den Zugang zu einem der differenziertesten Leistungserbringersysteme und einer der umfassendsten Angebotspaletten der Welt. Die Wahl des Leistungserbringers ist nicht wie in anderen Ländern beschränkt, was ein Potenzial für den offenen Wettbewerb unter den Leistungserbringern schafft. Rechnungen für gesetzlich versicherte Patienten werden direkt zwischen den Leistungserbringern und den Krankenkassen abgewickelt und erfordern keine Vorauszahlung durch die Patienten. Die Eigenleistungen sind moderat.

Gemessen an internationalen Standards stellen diese Systemmerkmale der GKV enorme Errungenschaften dar. Deutschland sieht sich nicht konfrontiert mit einer Vielzahl nicht versicherter Bürger, einer mangelnden Auswahl an Krankenversicherungen, hohen Wechselraten auf Seiten der Versicherten, signifikanten Leistungsausschlüssen oder hohen Zuzahlungen – all dies ist in vielen anderen hochentwickelten Ländern gang und gäbe.

Schwächen

Trotz ihrer Erfolge zählen die Krankenversicherungen zu den am wenigsten geschätzten Akteuren im deutschen Gesundheitssystem. Deutschland hat eines der teuersten Gesundheitssysteme der Welt (siehe Kapitel 2) und Politiker wie Arbeitgeber werfen den Krankenkassen vor die Kosten nicht in den Griff zu bekommen. Inzwischen ist der Beitragssatz zur Messlatte für die Bewertung des Systems geworden; entsprechend intensiv beobachten denn auch Kassen, Politiker, Lobbyisten und Konsumenten seine weitere Entwicklung. Welchen Erfolg die laufenden Gesundheitsreformen haben, bemisst sich in der politischen Diskussion jeweils an ihrer Auswirkung auf den Beitragssatz. Wie die Arbeitgeber monieren, zerstören steigende Beiträge jährlich Tausende von Arbeitsplätzen und gefährden dabei auch die Wettbewerbsposition der deutschen Industrie. Die finanziellen Defizite des Systems sind chronisch geworden und es bestehen keinerlei Kapitalreserven. Einer Umfrage der Bertelsmann-Stiftung zufolge glauben 62% der befragten Bundesbürger, dass die medizinische Behandlung rationiert wird. 71% erwarten, dass die Qualität der Behandlung über die nächsten fünf Jahre sinken wird.[152]

Wir glauben, dass das eigentliche Problem und auch der Grund für den mangelnden Fortschritt im System auf Seiten der Versicherer darin besteht, dass die Krankenversicherungen das falsche Ziel verfolgen. Ihr Ziel ist stets gewesen, die kurzfristigen Kosten zu minimieren, anstatt den Nutzen für die Versicherten auf längere Sicht zu maximieren. Indem sie sich darauf kaprizierten, die Kosten zu kontrollieren, anstatt die Qualität der Behandlungsergebnisse zu verbessern, haben sich die Krankenversicherungen in einer Falle verfangen. Sie jagten nach „Effizienz", indem sie die Vergütung für Behandlungsleistungen drückten und die Leistungsumfänge beschnitten, doch sie verkannten dabei, dass mangelnde Qualität und mangelnde Integration der Versorgung über die Zeit die bei weitem wichtigsten Kostentreiber sind.

Die Krankenversicherungen müssen ihre Denkweise radikal ändern, wenn sie als Akteure Mehrwert stiften wollen. Sie müssen zur Gesundheit ihrer Versicherten beitragen und die Ärzte bei der Verbesserung der Behandlungsergebnisse unterstützen. Sie müssen auch die Restrukturierung der Gesundheitsversorgung ermöglichen, um die Ergebnisqualität zu verbessern und die tatsächlichen Kosten zu kontrollieren. Mit diesen Schritten können sie ein riesiges Nutzenpotenzial für ihre Patienten erschließen und zugleich eine herausragende Position in einem an Patientennutzen ausgerichteten Wettbewerb einnehmen. Einige vorausschauende Krankenversicherungen sind dabei, diesen Weg einzuschlagen, doch die meisten verharren in alten Denkweisen.

Fixierung auf kurzfristige Kostenoptimierung

In jeder Branche ist es entscheidend, Ziel und Zweck klar zu definieren, wenn es darum geht, Leistungsverbesserungen zu erzielen. Ein klares Ziel hilft die Bemühungen abzustimmen und die Ressourcen zu bündeln. In Deutschland allerdings haben sich die Krankenversicherungen das falsche Ziel gesetzt. Ihr zentrales Ziel war und ist, die Beiträge und die Beitragssteigerungen zu minimieren, anstatt den Nutzen für ihre Mitglieder zu maximieren. Auch die Reform von 2009 mit der Einführung des gemeinsamen Gesundheitsfonds hat an diesem Status quo nichts verändert.

Die Minimierung von Kosten ist allerdings das falsche Ziel. Wichtigster Erfolgsmaßstab sollte der Nutzen für die Patienten sein, die letztendlich die Konsumenten wie auch die Finanziers des Gesundheitswesens sind. Im Fall der Krankenversicherungen bedeutet Patientennutzen eine gerechte Finanzierung, breiten Zugang zu Leistungserbringern, ein weites Spektrum an finanzierten Leistungen und, am wichtigsten, exzellente Behandlungsergebnisse im Verhältnis zu den Bereitstellungskosten. Mit anderen Worten: Was letztlich zählt, sind die Gesundheitsergebnisse je Versicherungsnehmer, bezogen auf die dabei anfallenden Kosten. Nur die Kosten zu reduzieren kann nicht das Ziel sein.

Nutzen zu stiften über eine sachgerechte Finanzierung ist dem deutschen System inhärent. Einkommensbezogene Beiträge verteilen in der GKV – anders als in der PKV – die finanzielle Last der Krankenversicherung entsprechend den finanziellen Möglichkeiten der Versicherungsnehmer. Breiter Zugang und eine breite Angebotspalette werden jedem Versicherten garantiert und sie gelten auch als selbstverständlich im deutschen System. Indem sie eine passive Rolle bei der Gesundheitsversorgung eingenommen haben, haben die Krankenversicherer vermutlich ihre größte Chance verpasst, für ihre Mitglieder Nutzen zu stiften. Denn die Gesundheitsversorgung ist der gegebene Ort, um im Gesundheitswesen Nutzen zu stiften.

Die Krankenversicherungen nehmen eine originäre Rolle in der Gesundheitsversorgung wahr: Sie erwerben für ihre Mitglieder Behandlungsleistungen, indem sie die Leistungserbringer vertraglich verpflichten und entsprechend vergüten. Versicherungen und Versicherte haben sich von der Annahme verleiten lassen, dass die Qualität der Versorgung im Allgemeinen hoch sei. Dies ist nicht der Fall. Wie wir in den vorausgehenden Kapiteln bereits angemerkt haben und im Kapitel über die Ergebnismessung näher herausarbeiten werden, gibt es unter den Leistungserbringern erhebliche Qualitätsunterschiede. Die Krankenversicherungen haben es nicht geschafft, diese zu identifizieren und entsprechend zum Thema zu machen. Für sie ist der Zugang zur Medizin bereits gute Medizin. Mögen sie noch so sehr versuchen die Kosten jedes Eingriffs in der Behandlungskette herunterzuhandeln – die wirklichen Kostenquellen im Gesundheitswesen sind die suboptimalen Behandlungsergebnisse, wie sie im heutigen System erzielt werden. Mit ihrer Fixierung auf die Kosten ist es den Versicherern nicht gelungen, die Gesundheitsversorgung so zu restrukturieren, dass sie wirklich patientenzentriert erfolgt. Die Krankenversicherungen werden begreifen müssen, dass der einzige Weg, das Gesundheitswesen auf längere Sicht in Ordnung zu bringen, darin besteht, die Gesundheitsversorgung in Ordnung zu bringen. Ein Versorgungssystem mit hohem Patientennutzen wird sich deutlich vom heutigen System unterscheiden. Es wird weniger, aber stärker fokussierte Leistungserbringer aufweisen, die Behandlung in integrierter Weise anbieten.

Wettbewerb über Kosten, nicht Patientennutzen

Der Markt für GKV-Versicherungen unterliegt einem intensiven Wettbewerb. Während Wettbewerb normalerweise positive Verbesserungen vorantreibt, ist der Wettbewerb zwischen den Krankenkassen mit einem grundlegenden Problem behaftet. Der Wettbewerb wird primär ausgetragen auf dem Feld der Kosten, nicht aber auf dem Feld des Patientennutzens. Trotz guter Absichten ist es den letzten Reformen nicht gelungen, das zu ändern. Während die Einführung der Wahltarife dazu gedacht war, den Wettbewerb in Richtung innovativerer Versicherungstarife zu verlagern, haben sich die Krankenkassen stattdessen auf Versicherungen mit Selbstbehalt konzentriert, um rentable und gesunde Versicherte mit höheren Einkommen als Kunden zu binden. Mit Einführung eines einheitlichen Beitragssatzes konzentrieren die Krankenkassen ihre Wettbewerbsanstrengungen jetzt darauf, Zusatzbeiträge zu vermeiden oder Prämien auszuschütten. Alles in allem ist der Gegenstand des Wettbewerbs das gleiche geblieben: Es geht weiterhin um kurzfristige Kostenminimierung, anstatt die Gesundheit der Mitglieder zu verbessern und so langfristig Kosten einzusparen.

Seit der Öffnung der Krankenkassen 1996 gab es auf dem Krankenversicherungsmarkt in Deutschland einen regen Wettbewerb, was eine gute Sache ist. Der Wettbewerb manifestierte sich in erheblichen Wechselbewegungen zwischen den Krankenkassen und einer branchenweiten Konsolidierung. Von über 476 Krankenkassen in 1997 waren 2010 nur noch 169 übrig. Konsolidierung an sich ist positiv zu sehen, da viele Krankenkassen nach wie vor zu klein sind, um sich nennenswert für die Weiterentwicklung der Gesundheitsversorgung engagieren zu können. Dies treibt die Verwaltungskosten in die Höhe und bietet keinen Vorteil für die Versicherten.

Während Wettbewerb an sich positiv ist, führt nur die richtige Art von Wettbewerb zu besseren Produkten und niedrigeren Preisen und damit zum Nutzen für die Konsumenten. Dies hat sich in vielen Branchen gezeigt. Unglücklicherweise konzentriert sich der Wettbewerb zwischen den Krankenkassen auf den Preis und nicht auf bessere Versicherungstarife oder Nutzen stiftende Dienstleistungen. Krankenversicherungen wurden und werden trotz der aktuellen Reformen als austauschbare Massenware betrachtet.

Warum haben Krankenversicherungen den Status einer Massenware? Warum sind die Versicherungsnehmer bereit, ihre Kasse aufgrund einer Beitragsdifferenz von weniger als zehn Euro pro Monat zu wechseln? Im Grunde ist es den Krankenkassen nicht gelungen, ihre Kunden davon zu überzeugen, dass sie echten Mehrwert stiften. In ihren Produkten und Leistungen differenzieren sie sich nicht nachhaltig von ihren Mitbewerbern. Aus Sicht der Konsumenten offerieren die 169 Krankenkassen eine nahezu identische Angebotspalette – mit gleichem Versorgungszugang, mit gleichem Leistungskatalog sowie ähnlichen Zusatzleistungen.

Der Gesetzgeber hatte die Homogenität der Krankenkassen als Problem erkannt und eröffnete den Kassen Wege, wie sie sich untereinander differenzieren können. Die wichtigsten sind Wahltarife für die Versicherungsnehmer sowie selektive Vertragsmodelle mit Leistungserbringern. Unglücklicherweise führten sie bisher nicht zum erhofften Erfolg.

Die neuen Waltarife generierten kaum Volumen, von einigen Selbstbehalttarifen abgesehen. Im Wesentlichen stellen die neuen Tarife eine Fortsetzung des bekannten Preiswettbewerbs dar. Gesünderen Versicherten bieten sie die Gelegenheit, ein paar Monatsbeiträge über Selbstbehalte und Rückerstattungsregelungen zurückzufordern. Auch die vorgeschriebenen Hausarzttarife haben am Status quo nichts geändert. Für die meisten Versicherungsnehmer besteht der Anreiz zur Wahl eines solchen Tarifs hauptsächlich darin, dass Zuzahlungen entfallen, und nicht darin, dass sie eine veränderte Versorgung im Hausarztbereich erhalten.[153] Am wenigsten in Anspruch genommen wurde – bezeichnenderweise – die Tarifoption „Besondere Versorgungsformen", die unter den Gesichtspunkten eines nutzenorientierten Wettbewerbs eigentlich die größten Möglichkeiten bietet. Bei richtiger Nutzung dieser Tarifoptionen könnten die Krankenkassen Versicherungstarife für spezifische Erkrankungen entwickeln, gekoppelt an selektive Vertragsmodelle mit Leistungserbringern, Disease-Management-Organisationen und

Pharmakonzernen. Im Rahmen unserer Empfehlungen werden wir die Vorzüge solcher Tarife diskutieren.

Die andere von der Politik angebotene Differenzierungsmöglichkeit besteht in der Option der Krankenkassen, mit Leistungserbringern selektive Verträge abzuschließen – im Gegensatz zu den bisher vorherrschenden Kollektivverträgen. Wie wir in Kapitel 8 diskutieren werden, waren auch hier die Auswirkungen kaum nennenswert. Nur wenige Krankenversicherungen haben bisher diese Gelegenheit in einem signifikanten Umfang genutzt. Die Gründe dafür sind wohl hauptsächlich organisatorische Trägheit, Risikoaversion sowie mangelndes medizinisches Fachwissen auf Kassenseite. Damit haben die Krankenkassen die Chance verpasst, nachhaltigen Nutzen für ihre Mitglieder zu stiften, und im Endeffekt auch für sich selbst.

Konfrontiert mit allen – dem Anschein nach identischen – Versicherungsprodukten wählen die Versicherungsnehmer ihre Krankenkasse weiterhin nach der Beitragshöhe aus. Daran haben die Reformen von 2007 und 2010 nichts ändern können, obwohl die Preisunterschiede zwischen den Kassen kleiner geworden sind (siehe unten). Für die Versicherten sind Krankenversicherungen nach wie vor ein Massenprodukt, dessen Kosten es zu minimieren gilt. Damit halten sie einen Teufelskreis in Gang, der die Manager von Krankenkassen weiterhin nötigt, sich auf Kosten statt auf den Patientennutzen zu konzentrieren. Paradoxerweise hat die Kostenobsession die Kosten nur weiter steigen lassen. Zieht man die Konsequenz daraus, so müssen die Krankenkassen ihr Rollenverständnis ändern. Sie sollten sich darauf konzentrieren, in Dienstleistungen zu investieren, die wirklich Mehrwert stiften. Stichworte sind hier: Vertragsmodelle mit innovativen Leistungserbringernetzwerken, Messung und Veröffentlichung der Ergebnisqualität von Leistungserbringern, stärkeres Engagement bei Disease-Management-Aktivitäten und die Entwicklung von Angeboten, auf deren Basis Patienten wohlinformierte Entscheidungen treffen können. Nehmen die Krankenkassen diese neuen Rollen an, haben die Patienten davon Nutzen, aber auch die Kassen selbst. Denn sie müssen dringend ihre Berechtigung unter Beweis stellen (siehe den Kasten „Braucht Deutschland konkurrierende Krankenkassen?)"

Braucht Deutschland konkurrierende Krankenkassen?

Wie viele Krankenkassen sollen es künftig noch sein? Die Debatte darüber hat weiter an Aktualität gewonnen, vor allem seit der Einführung eines gemeinsamen Gesundheitsfonds im Jahr 2009. Die einen wollen die Anzahl der Krankenkassen auf weniger als 20 zu reduzieren. Die anderen möchten sogar eine Einheitsversicherung schaffen, eine Art „NHS light" nach dem Vorbild des britischen National Health Service. Wie die Befürworter monieren, verursachen Krankenkassen unnötige Verwaltungskosten, während sie zugleich nur identische Leistungen anbieten. Einer aktuellen Umfrage zufolge betrachten die Bundesbürger den Stellenabbau bei den Krankenkassen als primären Stellhebel, um Einsparungen im Gesundheitssystem zu erreichen.[154] Für viele stiften Krankenversicherungen keinen Nutzen – manche würden sogar behaupten, dass sie den Nutzen mindern.

Wir sind der Überzeugung, dass die Krankenkassen für ihre Patienten signifikant Mehrwert stiften können, indem sie eine bessere Gesundheitsversorgung möglich machen. Der Wettbewerb der Krankenkassen ist zudem unerlässlich, um Effizienz und Service im System voranzutreiben. Im Jahr 2007 machten die Verwaltungskosten bei den Krankenkassen gerade mal 5,3% der Gesamtausgaben aus.[155] Um das Gesundheitswesen in Ordnung zu bringen, reicht es nicht aus, ein paar Prozentpunkte Verwaltungskosten zu sparen. Das eigentliche Problem sind die Kosten der Gesundheitsversorgung. Ob eine Monopolversicherung wirklich niedrigere Verwaltungsausgaben hätte, ist keineswegs ausgemacht. Ganz zu schweigen davon, ob sie imstande wäre, effizient zu agieren und guten Service anzubieten.

Maßgeblicher Kostentreiber im Gesundheitswesen sind die suboptimalen Behandlungsergebnisse, wie sie im heutigen System erzielt werden, sowie die schlechte Organisation und ineffektive Integration der Gesundheitsversorgung. Wie wir in späteren Kapiteln darlegen werden, können Krankenkassen eine bedeutsame Rolle spielen bei der Verbesserung der Behandlungsergebnisse. Nur über die Verbesserung der Behandlungsergebnisse wird es möglich, die Kosten nachhaltig zu kontrollieren und den Patientennutzen auf lange Sicht zu verbessern.

Allerdings müssen die Krankenkassen die erforderliche kritische Masse haben, um als Organisationen Nutzen stiften zu können. Heute haben

> nur 10% aller Kassen über 500.000 Versicherte.[156] Damit ist eine weitere Konsolidierung unter den Kassen notwendig und sie wird wohl auch eintreten. Der Wettbewerb unter den Krankenkassen muss dabei erhalten bleiben, doch das Feld des Wettbewerbs muss sich verändern. Konkurrieren Krankenkassen darum, Nutzen zu stiften, so wird schon allein durch die Existenz konkurrierender Kostenträger eine gewaltige Kraft zum Vorteil der Versicherten freigesetzt.

Versuche, über Risikoselektion, Kostenverlagerung und Rationierung die Beiträge niedrig zu halten

Krankenkassen verwenden ihre ganze Energie darauf, niedrige Beitragssätze zu erreichen. Seit 2009 konzentrieren sie sich – in diesem Sinne – auf Zusatzbeiträge oder Rückerstattungen vom einheitlichen Beitragssatz, anstatt auf den Patientennutzen. Niedrige Beiträge tragen jedoch nur dann zur Nutzenstiftung bei, wenn die Kosteneinsparungen aus Effizienzgewinnen oder besserer medizinischer Betreuung der Mitglieder herrühren. Anstatt dessen versuchen die Krankenkassen häufig ihre Kosten durch Selektion gesünderer Patienten zu senken, durch die Rationierung der Versorgung oder die Kostenverlagerung auf die Versicherungsnehmer sowie andere Sozialversicherer.

Wie bereits dargelegt werden die erhobenen Beiträge wesentlich bestimmt durch das Verhältnis der Einkommen der Versicherungsnehmer zu den Behandlungskosten der Versicherten. Oder mit anderen Worten: Die Krankenkassen können ihre Beiträge absenken, wenn es ihnen gelingt, höhere Einnahmen von ihren Versicherungsnehmern oder aus dem Risikostrukturausgleich zu erhalten, als sie selbst für medizinische Leistungen aufbringen müssen. Wenn sie umgekehrt mehr ausgeben, als sie einnehmen, müssen sie die Preise erhöhen. Mag dieses Prinzip auch auf der Hand liegen und sich nicht von den Gepflogenheiten in anderen Branchen unterscheiden, so widerspricht ein Wettbewerb auf der Basis des Verhältnisses von Risiko und Einnahmen doch dem Solidaritätsprinzip im Gesundheitswesen und schafft keinen Nutzen für das Gesamtsystem.

In der Vergangenheit richteten die Krankenkassen mindestens so viel Aufmerksamkeit auf die Selektion ihrer Versicherten wie auf das Management ihrer Ausgaben. Auch wenn der gemeinsame Gesundheitsfonds und der morbi-RSA die Anreize gemindert haben, bestehen diese Praktiken doch fort.

Bis 2008 war es die Strategie der Krankenversicherer, gezielt wohlhabendere, gesündere Versicherte zu sich zu lenken. Der ursprüngliche Risikostrukturausgleich minderte die Einkommensunterschiede zwischen den Krankenkassen nicht vollständig ab – was es den Krankenkassen mit einem höheren durchschnittlichen Versicherteneinkommen ermöglichte, niedrigere Beitragssätze in Rechnung zu stellen, da die Beitragssätze Prozentsätze vom Einkommen sind. Ersatzkassen, deren Mitgliederbasis traditionell aus Büroangestellten bestand, haben hiervon in der Vergangenheit besonders profitiert. Ebenso ist die Selektion gesünderer Mitgliedern nach wie vor ein Paradebeispiel für Risikoselektion. Bis 2008 erfolgten auch im Risikostrukturausgleich Transferzahlungen zwischen Krankenkassen allein auf der Basis von Alter, Geschlecht, Erwerbsfähigkeit sowie der Einschreibung in Disease-Management-Programme. Einen Korrekturfaktor für die Inzidenz von Krankheiten unter den Versicherten außerhalb der Disease-Management-Programme gab es nicht – was dazu führte, dass die Krankenkassen ihre Wettbewerbsanstrengungen vorzugsweise auf die Akquise von gesunden Versicherungsnehmern konzentrierten. Trickserei beim Risikostrukturausgleich ist nach wie vor eines der prominentesten Beispiele für Risikoselektion. Im Jahr 2002 wurden erstmals Disease-Management-Programme etabliert. Die damit verbundene Absicht bestand darin, die Versorgung bei einer Reihe ausgewählter chronischer Krankheiten zu verbessern. Gelang es einer Kasse, Patienten für DMP-Programme gewinnen, so wurde dies mit zusätzlichen Zahlungen aus dem Risikostrukturausgleich belohnt. Die Zahlungen waren beachtlich, was dazu führte, dass die Krankenkassen Ärzte massiv unter Druck setzten, ihre Patienten zur Teilnahme an diesen Programmen zu bewegen. Häufig erhielten die Ärzte dafür sogar Prämien. So gut die Idee mit den DMP-Programmen war, die Krankenkassen sind dabei zu weit gegangen. Es gibt Hinweise darauf, dass sich an der tatsächlichen Gesundheitsversorgung teilweise wenig verändert hat, während der Dokumentationsaufwand deutlich gestiegen ist.

Mit der Reform von 2009 wurde – über die Einführung von morbi-RSA und des gemeinsamen Gesundheitsfonds – der Versuch unternommen, den oben beschriebenen Selektionsanreiz zugunsten der wohlhabenderen und gesünderen Mitglieder zu reduzieren. Auch wenn damit bedeutende Fortschritte erzielt wurden, so haben einige Krankenkassen doch bereits erhebliche Ressourcen investiert, um neue Schlupflöcher im morbi-RSA zu entdecken und Patienten mit bestimmten chronischen Erkrankungen ausfindig zu machen, bei denen die Kosten die zusätzlichen Erstattungen aus dem RSA unterschreiten. Dies ist enttäuschend und trägt nicht zum Patientennutzen bei.

Unter den Gesichtspunkten eines nutzenorientierten Wettbewerbs war die Einführung eines morbiditätsangepassten Risikostrukturausgleichs ein großer Schritt nach vorne. Mochte Deutschland auch bereits über einen differenzierten Risikostrukturausgleich verfügen, so konnten einige der Beitragsunterschiede doch auf die unzureichende Risikoadjustierung der Ausgleichszahlungen zwischen den Krankenkassen zurückgeführt werden. Diese Anreize zur Risikoselektion wurden durch den morbiditätsorientierten Risikostrukturausgleich weiter vermindert; die Krankenkassen können sich damit auf die Gesundheitsversorgung konzentrieren. Würde der morbi-RSA völlig perfekt funktionieren, könnten Beitragsunterschiede zwischen Krankenkassen künftig sogar als Indiz für eine effizientere und besser organisierte medizinische Versorgung der Versicherten einzelner Kassen dienen, statt wie bisher teilweise als Indiz für eine geschickte Risikoselektion. Dies zeigt, welche Bedeutung dem morbi-RSA zukommt, wenn es darum geht, einen nutzenorientierten Wettbewerb unter den Krankenkassen zu induzieren.

Mag es auch einen völlig perfekten Risikostrukturausgleich nie geben, so ist der deutsche morbi-RSA doch vielleicht der ausgereifteste der Welt und er wird sich noch weiter entwickeln. Vor diesem

Hintergrund sollten sich die Krankenkassen darauf konzentrieren, finanziellen Nutzen aus der Verbesserung der Gesundheit ihrer Versicherten zu ziehen, anstatt zu versuchen, Schlupflöcher im RSA zu finden oder Kodierexperten in die Arztpraxen zu schicken, um die Erstattungen aus dem RSA zu „optimieren". Ändern die Kassen hier ihre Einstellung nicht, stellt sich zu Recht die Frage, welchen Sinn die Kassenvielfalt im deutschen System noch hat.

Besseres Management der Gesundheitsausgaben ist ein weiterer Weg, wie die Krankenkassen die Kosten für ihre Mitglieder senken können. Während Einsparungen durch besseres medizinisches Management und bessere Behandlungsergebnisse wirklich Mehrwert stiften können, versuchen Krankenkassen häufig die Kosten durch Aktivitäten zu senken, die keinen wirklichen Mehrwert stiften. Dazu gehören die Rabattverhandlungen. Mit dieser Methode lässt sich kaum noch etwas erreichen, da auch im internationalen Vergleich das Preisniveau bereits niedrig ist. Blickt man über den Tellerrand der Einzelleistungen, so liegen die eigentlichen Effizienzreserven des deutschen System in den Überkapazitäten auf Seiten der Leistungserbringer und in der Vielzahl der Arztbesuche auf Seiten der Patienten, wie wir im Kapitel über die Gesundheitsversorgung darlegen werden. Keinen Nutzen stiften auch der Ausschluss von Leistungen, höhere Selbstbeteiligungen oder die Verlagerung der Kosten auf die Pflegeversicherung, die Berufsgenossenschaften oder die Rentenversicherung.

Mit der Zeit werden die Krankenkassen erkennen, dass der einzige Weg, die Kosten nachhaltig zu kontrollieren, darin besteht, die Prozess- und Ergebnisqualität zu verbessern und die Gesundheitsversorgung im Blick auf den Patienten besser zu integrieren, nicht aber darin, noch weitere Preisnachlässe bei Einzelleistungen durchzusetzen. Nach wie vor sind die Qualitätsunterschiede zwischen den Leistungserbringern enorm und entsprechend sollten auch die Kosteneinsparungen ausfallen. Beispielsweise lassen sich Schätzungen zufolge durch bessere Therapietreue und vernünftigeren Umgang mit Medikamenten bereits Kosteneinsparungen von mindestens 14 Milliarden Euro oder 10% der GKV-Ausgaben erzielen.[157] Den

Krankenkassen fällt eine Schlüsselrolle zu, wenn es darum geht, notwendige Veränderungen in der Gesundheitsversorgung durchzusetzen.

Die Krankenkassen kontrollieren ihre Kosten nicht nur auf die falsche Art, sie haben sich auch für die falsche Art entschieden, ihre Kosten zu messen,. Prozentuale Beitragssätze spiegeln nicht die Gesamtkosten, sondern eher das Verhältnis der Kosten zum Einkommen der Versicherungsnehmer wider. Gleichwohl sind für viele die Beitragssätze immer noch synonym mit Kosten. Das ist falsch: Beitragssätze sind eben nicht gleichbedeutend mit Kosten und ein Anstieg der Beitragssätze gibt nicht automatisch auch steigende Kosten wieder. Wie wir in Kapitel 4 dargestellt haben, sind während der scheinbaren „Kostenexplosion" in den 80er Jahren die Kosten tatsächlich deutlich schwächer gestiegen als zeitgleich die Beitragssätze. Der Anstieg der Beitragssätze kann weitgehend auf sinkende Durchschnittslöhne und Beschäftigungsquoten zurückgeführt werden. Daraus resultierte für die Krankenkassen ein Einnahmeproblem zusätzlich zum Kostenproblem, und zwar deshalb, weil die Beitragssätze als Prozentsatz des Einkommens definiert sind. Umgekehrt verhält es sich bei einer boomenden Wirtschaft mit steigenden Löhnen und niedrigeren Arbeitslosenzahlen. In diesem Fall entwickeln sich die Durchschnittslöhne über alle Krankenkassenmitglieder betrachtet besser und damit können die prozentualen Beitragssätze sinken. Wenn sie den Patientennutzen verbessern wollen, müssen die Krankenkassen über den Tellerrand der prozentualen Beitragssätze hinausschauen und die absoluten Kosten betrachten, auf der Ebene der Krankheitsbilder wie auch der Versicherungsnehmer.

Unbeabsichtigte Folgen der Vereinheitlichung des Beitragssatzes

Mit der Einführung des gemeinsamen Gesundheitsfonds im Jahre 2009 wurde ein einheitlicher Beitragssatz festgelegt. Auch wenn ein Wettbewerb allein über den Preis falsch ist, so ist es genauso falsch, die Versicherungsbeiträge einheitlich festzusetzen, um jede Art von

Preiswettbewerb zu vermeiden. Bieten Krankenkassen ihren Mitgliedern einen unterschiedlichen Nutzen, sollten es ihnen auch erlaubt sein, unterschiedliche Beiträge zu erheben. Nutzen bemisst sich nach der Ergebnisqualität relativ zu den anfallenden Kosten; daher sollte sich der Wettbewerb auch auf beide Parameter erstrecken.

Mit dem gemeinsamen Gesundheitsfonds wurden alle Krankenkassen gezwungen, den gleichen Beitragssatz zu verlangen; zugleich verloren sie das Recht, ihren eigenen prozentualen Beitragssatz festzulegen. In der Vergangenheit variierten die Beitragssätze zwischen 11,3% und 16,5%, also um 5,2 Prozentpunkte. In absoluten Beträgen entspricht dies einem Preisunterschied von bis zu 195 Euro im Monat. Mit dem gemeinsamen Finanzierungsfonds wurde der Preiswettbewerb anfangs auf +/- 35 Euro im Monat begrenzt, also einen Bruchteil der vorherigen Preisunterschiede. Erst die Reform von 2010, seit Januar 2011 in Kraft, schaffte die Begrenzung der Zusatzbeiträge und Rückerstattungen ab und erlaubte so eine stärkere Preisdifferenzierung zwischen den Krankenkassen. Dies war ein positiver Schritt, denn nicht alle Beitragsunterschiede sind der Risikoselektion zugunsten jüngerer, gesünderer Versicherter geschuldet. Manche Beitragsunterschiede erklären sich auch aus vergleichsweise besserem Kosten- und Krankheitsmanagement sowie unterschiedlichen Produkt- und Dienstleistungsangeboten einzelner Krankenkassen. Die Krankenkassen sollten imstande sein, diese Differenzierungsaktivitäten auszuweiten. Welcher Erfolg ihnen bei ihren Anstrengungen insgesamt beschieden ist, wird sich ausdrücken im Gesundheitszustand ihrer Versichertenpopulation und den Kosten, die dafür aufgewendet wurden. Der Wettbewerb sollte auf beiden Feldern stattfinden: beim erreichten Gesundheitszustand der Mitglieder sowie bei den Gesamtkosten. Die Versicherungen werden jeweils eigene Strategien verfolgen, um den angestrebten Erfolg zu erreichen. Wenn dem so ist, sollte es den Krankenkassen – bei Beibehaltung des morbi-RSA – auch erlaubt sein, ihre eigenen Beiträge festzulegen.

Verfälschter Wettbewerb zwischen privater und gesetzlicher Krankenversicherung

Unter den Gesichtspunkten eines am Patientennutzen orientierten Wettbewerbs sollte der aktuelle Wettbewerb zwischen privater und gesetzlicher Krankenversicherung kritisch betrachtet werden.

Auch wenn nur wenige Daten bisher öffentlich vorliegen, zahlen, wie es scheint, manche Mitglieder privater Krankenversicherungen – über das ganze Leben betrachtet – weniger als Mitglieder der GKV.[158] Obwohl sie weniger bezahlen, werden sie bevorzugt behandelt. Manche der niedrigeren Beiträge mögen mit besserem Management bei privaten Krankenversicherungen zusammenhängen, manche sind aber eindeutig das Resultat von Risikoselektion.[159,160] Der Zugang zu privaten Versicherungen ist auf Besserverdienende beschränkt, die generell weniger krank sind als Angehörige niedrigerer sozialer Schichten. Auch Beamte sind generell weniger krank, einfach aufgrund der Tatsache, dass Menschen mit schweren Krankheiten in der Regel nicht verbeamtet werden. Die gleiche Verzerrung findet sich übrigens auch im GKV-System selbst. Betriebskrankenkassen hatten früher niedrigere Beitragssätze als Ortskrankenkassen, was in gewissen Umfang auch durch Risikoselektion erklärt werden kann. Ganz allgemein verstößt die Möglichkeit der Besserverdienenden, das GKV-System zu verlassen, gegen das Solidaritätsprinzip im deutschen Gesundheitssystem.

Verfechter des PKV-Systems behaupten dennoch, das Solidaritätsprinzip gelte nach wie vor. Wie das Wissenschaftliche Institut der PKV (WIP) ausführt, stellen die höheren Vergütungsniveaus für Privatpatienten eigentlich eine Subvention für die Kassenpatienten dar. Laut WIP ist dies vor allem bei den höheren Vergütungsniveaus für niedergelassene Ärzte der Fall. Das WIP kommt auf insgesamt 8,5 Milliarden Euro Quersubventionen pro Jahr, von denen 3,6 Milliarden Euro durch höhere ambulante Kosten bedingt sind.[161]

Vom Standpunkt eines nutzenorientierten Wettbewerbs aus ist die Koexistenz der beiden Systeme im Prinzip gut. Wenn es ein gerechter Wettbewerb wäre, könnte dieser den Patientennutzen steigern.

Der jetzige Wettbewerb ist allerdings, wie oben dargelegt wurde, nicht fair. Er basiert zum Teil auf Risikoselektion und nicht auf dem besseren Management der privaten Versicherer. Um gleiche Wettbewerbsbedingungen sicherzustellen und einen Positivsummen-Wettbewerb zu schaffen, sollten private Versicherungen risikoadjustiert Beiträge zum gemeinsamen Risikostrukturausgleich der Gesetzlichen Krankenversicherungen leisten. Damit würden sie das GKV-System transparenter unterstützen, als dies mit undurchsichtigen Quersubventionen über höhere Vergütungen möglich ist. Schätzungsweise müssten die privaten Krankenversicherungen jährlich 9,1 Milliarden Euro zum Risikoverteilungsfonds beisteuern, wenn sie voll am morbi-RSA beteiligt wären.[162] Im Gegenzug dafür müssten die Vergütungssysteme für gesetzliche und privat versicherte Patienten angeglichen werden.

Fazit

Seit der Gründung des organisierten Gesundheitswesens in Deutschland 1883 haben GKV und PKV bedeutende Wegmarken gesetzt. Sie unterstützten den eindrucksvollen Wiederaufschwung des Gesundheitwesens nach dem Zweiten Weltkrieg und schafften dabei einen nahezu vollständigen Versicherungsschutz für alle Bundesbürger bei einer breiten Abdeckung von Behandlungsleistungen und Wahlfreiheit für die Versicherungsnehmer.

Seit den 80ern haben sich die Krankenversicherungen jedoch zunehmend in eine Ecke manövriert. Indem sie die Kostendämpfung zu ihrem zentralen Ziel gemacht haben, verknüpften sie ihr Schicksal unweigerlich mit der Vorrangstellung von Beiträgen und Beitragssätzen. Da sie es zudem verpassten, andere Differenzierungsmerkmale zu entwickeln, trat der Wettbewerb über den Preis immer mehr in den Vordergrund, womit die Ressourcen für etwaige zusätzliche, Nutzen stiftende Dienstleistungen noch weiter beschnitten wurden. Neue Geschäftsmöglichkeiten, wie sie der Gesetzgeber eröffnete, wurden weitgehend ignoriert. Dazu gehören die Wahltarife und die selektiven Vertragsmodelle mit Leistungserbringern. Als Resultat werden heute Krankenversicherungen als Massenware gesehen, bei denen die Mitglieder schon für minimale Preisunterschiede den Versicherer wechseln.

Um das System wirklich zu reformieren, werden die Krankenversicherungen nicht umhin können, ihre Rolle drastisch zu verändern. Sie müssen ihre Perspektive über den normalen Verwaltungs- und Versicherungsakt hinaus ausweiten. Sie müssen Gesundheitsorganisationen werden, die sich der Patienten- und Arztinformation, dem Prinzip von Support- und Serviceleistung verschreiben. Sie müssen dabei ihren Fokus auf die Gesundheitsversorgung verlagern. Krankenkassen sollten die Leistungserbringer nicht in jeder Kleinigkeit kontrollieren, vielmehr sollten sie Leistungserbringer und Patienten aktiv darin unterstützen, maximale Behandlungsergebnisse zu den günstigsten Kosten zu erreichen.

Wir sind der Meinung, dass die Krankenkassen möglicherweise einer der meistunterschätzten Akteure im Gesundheitswesen sind. Welche Schritte für die Krankenversicherer unsers Erachtens nötig sind, werden wir im letzten Kapitel, unseren Empfehlungen, darlegen.

KAPITEL 6

Leistungserbringer im Gesundheitswesen

Deutschland verfügt über ein umfassendes System von Leistungserbringern mit Expertise auf jedem medizinischen Fachgebiet und einer Anbieterdichte, die zu den höchsten der Welt gehört. Anders als in vielen anderen Ländern besteht eine strikte Trennung zwischen *stationärer Versorgung*, die in Krankenhäusern erbracht wird, *ambulanter Versorgung*, die in niedergelassenen Arztpraxen erbracht wird, und *Rehabilitation*, die in separaten Einrichtungen erbracht wird. Um die verschiedenen Teilsysteme zu einem nutzenorientierten Versorgungssystem zusammenzuführen, bedarf es einer signifikanten Strukturreform.

Krankenhaussektor

In 2008 hatte Deutschland 2.083 Krankenhäuser. Davon waren 1.781 Häuser der Allgemeinversorgung, den Rest bildeten Tageskliniken sowie psychiatrische und neurologische Fachkliniken. 38% der Allgemeinkrankenhäuser befinden sich in frei-gemeinnütziger, 32% in öffentlicher und 30% in privater Trägerschaft. Von den 34 Universitätskliniken sind 32 in öffentlich-rechtlicher Hand, zwei wurden privatisiert. Die Hälfte aller Krankenhäuser hat weniger als 200 Betten. Im OECD-Vergleich weist Deutschland eine sehr hohe Krankenhausdichte und -auslastung auf, mit 570 Betten pro 100.000 Einwohner und jährlichen Entlasszahlen von 22.700 pro 100.000 Einwohner, im Vergleich zu 270 Betten und 12.600 Entlassungen in den USA.[163]

Tabelle 7. Größe und Trägerschaft der deutschen Krankenhäuser, 2008[164]

Anzahl der Betten	Allgemeine Krankenhäuser				Krankenhäuser ausschließlich für psychiatrische oder neurologische Krankheitsbilder	Ausschließlich Tages- oder Nachtkliniken*	Gesamt
	Öffentlich	Wohltätige Stiftungen und Kirchen	Privat	Gesamt			
Weniger als 99 Betten	77	116	335	528	103		613
100–199 Betten	137	195	95	427	64		491
200–499 Betten	209	300	79	588	72		660
Mehr als 500 Betten	148	62	28	238	4		242
Total	571	673	537	1,781	243	59	2,083

*Tageskliniken sind Einrichtungen, die Patienten an aufeinanderfolgenden Tagen aufsuchen, dort aber nicht über Nacht bleiben. Schwerpunktbereiche sind u.a. Schmerztherapie, psychosomatische und geriatrische Versorgung. Nachtkliniken sind selten und kommen am häufigsten im Bereich der psychiatrischen Behandlungen vor, wobei die Patienten tagsüber arbeiten und die Nacht im Krankenhaus verbringen.

Seit den frühen 90er Jahren hat der deutsche Krankenhaussektor eine beträchtliche Konsolidierung erlebt, mit 307 Krankenhausschließungen in den letzten 15 Jahren. Während die Anzahl der Krankenhausfälle pro Bürger von 1991 bis 2010 um 20% anstieg, sank die durchschnittliche Verweildauer von 14,0 auf 8,1 Tage.[165] Durch die Verkürzung der Krankenhausaufenthalte wurden erhebliche Kapazitäten freigesetzt, und die Anzahl der Betten pro 100.000 Bürger ging von 830 auf 570 zurück.[166,167] Trotz dieser Konsolidierungstendenzen sind die Gesamtzahlen von Betten und Krankenhäusern, die durchschnittliche Verweildauer, aber auch die durchschnittliche Anzahl der Entlassungen nach internationalen Maßstäben weiterhin hoch.

Ungeachtet der Überkapazitäten im Krankenhausbereich ist es nach wie vor schwierig, Krankenhäuser zu schließen. Das gilt besonders für öffentliche Krankenhäuser. Die Mitarbeiter kämpfen um ihren Arbeitsplatz, die Bürger wollen „ihr" lokales Krankenhaus behalten und die Politik hat Angst vor negativer Berichterstattung. Auf die gleiche Argumentationslinie stößt man auch, wenn es um die Verteidigung übermäßig breiter Spektren an angebotenen Behandlungsleistungen geht, wie wir später noch ausführen werden.

Krankenhäuser benötigen zur Zulassung die Aufnahme in den jeweiligen Landeskrankenhausplan. Nur so sind sie berechtigt, Verträge mit den gesetzlichen Krankenkassen abzuschließen, und haben Anspruch auf Infrastrukturinvestitionen aus dem Haushalt des zuständigen Bundeslandes. Der Landeskrankenhausplan wird von der jeweiligen Landesregierung erstellt und basiert auf dem geplanten Bedarf an Krankenhausleistungen in jedem Einzelbereich. Neue Krankenhäuser können nur errichtet werden, wenn sie im Plan berücksichtigt sind, oder sie müssen darauf beschränken, exklusiv Privatpatienten zu behandeln. Einzige Ausnahme hierbei sind Vertragskrankenhäuser – Häuser, bei denen zwischen Krankenhausträger und Krankenkassen ein Versorgungsvertrag geschlossen wird. Die Anzahl der Vertragskrankenhäuser in Deutschland ist gering.

Die Methoden zur Kapazitätsplanung im Rahmen des Landeskrankenhausplans variieren von Bundesland zu Bundesland, was teilweise zu beachtlichen Abweichungen in der Bettendichte führt.[168] Ebenso variiert der Grad an Regulierung zwischen den einzelnen Ländern. Meistens werden in den Zulassungsbescheiden nur die Hauptabteilungen im Detail festgelegt, z.B. die Chirurgie oder Innere Medizin. In einigen Ländern werden allerdings auch die Unterdisziplinen spezifiziert, die ein Krankenhaus anbieten darf bzw. muss, wie etwa Neurochirurgie oder Gefäßchirurgie.[169] Jede relevante Veränderung in der Abteilungsstruktur eines Krankenhauses muss mit den Landesministerien abgestimmt werden.

Qualitätsaspekte spielen beim Zulassungsprozess keine wesentliche Rolle. Von den 16 Landeskrankenhausplänen weisen sechs überhaupt keine und zehn nur einige Qualitätsanforderungen auf. Wenn es sie gibt, beziehen sie sich auf die Struktur- und Prozessqualität, z.B. für die Geburtshilfe und die perinatale Versorgung, für Schlaganfallstationen und Onkologie.[170] Eine verpflichtende Messung der Ergebnisqualität ist nicht vorgesehen.

Ist die Aufnahme in den Landeskrankenhausplan einmal erfolgt, ist keine weitere Erneuerung der Zulassung erforderlich. Zulassungen werden in aller Regel nicht entzogen, auch nicht bei schlechten Behandlungsergebnissen. Ein Zulassungsentzug erfolgt nur, wenn ein Krankenhaus gegen Basisauflagen verstößt. Daher sind die enormen Qualitätsunterschiede, wie sie in Kapitel 2 beschrieben wurden, im Rahmen der Landeskrankenhauspläne ohne jeden Belang – sowohl bei der Zulassung wie auch bei der Aufsichtsführung. Für die Patienten sind sie erst recht nicht erkennbar.

Alle Krankenhäuser eines Landeskrankenhausplans stützen sich auf zwei Finanzierungsquellen (duale Finanzierung): Die jährlichen Betriebsbudgets sowie Investitionen in Anlagen mit einer Abschreibungsdauer von unter drei Jahren werden von den Krankenkassen aufgebracht. Parallel dazu sind die Landesregierungen verantwortlich für Investitionen in Anlagen mit einer Nutzungszeit von mehr als drei Jahren, d.h. zum Beispiel für die Errichtung von Gebäuden oder für größere Sanierungsmaßnahmen. Die Investitionen durch die öffentliche Hand erfolgen auf zweierlei Weise: erstens über jährliche Investitionspauschalen für jedes zugelassene Bett, um laufende Infrastruktur- und Instandhaltungsmaßnahmen abzudecken, zweitens über projektbezogene Zahlungen für größere Infrastrukturinvestitionen. In beiden Fällen agieren die Länder als Träger, und zwar im Rahmen eines formalen Antragsbewilligungsverfahrens. Die Entscheidungen erfolgen abhängig vom projektierten Kapazitätsbedarf. Volumenmäßig übersteigen die Anträge auf Investitionen bei weitem die verfügbaren Budgets. Hinzu kommt, dass die Investitionsbudgets der Länder bedingt durch die öffentliche Mittelverknappung stark geschrumpft sind. Der entstandene Investitionsstau wird bundesweit mittlerweile auf 30 bis 50 Milliarden Euro geschätzt.[171,172] Ob die duale Finanzierung abgeschafft werden sollte, wird weiterhin diskutiert.

Im Zuge der Konsolidierung hat sich die Anzahl der privat geführten Krankenhäuser fast verdoppelt – oft handelt es sich dabei um ursprünglich öffentlich-rechtliche Krankenhäuser, die nach und nach privatisiert wurden. Begünstigt wurde die Privatisierungswelle durch den Umstand, dass jedes fünfte Krankenhaus in Deutschland im Jahr 2009 rote Zahlen schrieb, bei insgesamt beschränkten staatlichen Zuschussmöglichkeiten.[173] Mit der Privatisierung versuchen sich die Länder, Landkreise und Kommunen nicht nur von der Finanzierung anhaltender Verluste, sondern auch von der Notwendigkeit notwendiger Investitionen zu befreien. Private Krankenhausbetreiber haben in der Regel einen besseren Zugang zu den Kapitalmärkten und es wird erwartet, dass die Privatisierungswelle anhält.

Organisationsstrukturen innerhalb der Krankenhäuser

Krankenhäuser sind üblicherweise nach Fachabteilungen organisiert. An der Spitze jeder Abteilung steht ein Chefarzt. Je nach Größe der Abteilung unterstehen ihm bis zu sechs Oberärzte und drei bis fünfzehn Assistenzärzte. Die Oberärzte und Assistenzärzte organisieren das Tagesgeschäft, während sich die Beteiligung der Chefärzte oft auf zweimal wöchentliche Visiten beschränkt. Die Chefärzte verantworten die Abteilung, behandeln Privatpatienten und sind teilweise in Forschungsarbeit involviert. Im Allgemeinen werden die klinischen Abteilungen sehr hierarchisch geführt; Teamkultur und offene Diskussion von Problemen sind weniger verbreitet.

Deutsche Krankenhausärzte sind normalerweise fest angestellt. Ihr Durchschnittseinkommen lag 2007 bei 72.000 Euro pro Jahr, was nach internationalen Maßstäben eher niedrig ist.[174] In der Vergangenheit konnten Chefärzte bis zu einer halben Million Euro im Jahr verdienen, vor allem, indem sie Privatpatienten behandelten. Die Privatliquidation macht oft über 50% des Gesamteinkommens eines Chefarztes aus, obwohl Privatpatienten nur 10–20% aller Patienten repräsentieren (siehe „Leistungsvergütung bei Privatpatienten"). Dies führt oft zu einer Fehlallokation von Ressourcen und Expertise, da sich Chefärzte tendenziell mehr auf Privatpatienten konzentrieren. Die neuen Chefarztverträge wurden in den letzten Jahren dahingehend abgeändert, dass Einkünfte aus Privatliquidationen direkt an das Krankenhaus fließen. Chefärzte verdienen damit jetzt etwa 160.000 bis 250.000 Euro. Ihr Gesamteinkommen setzt sich dabei stets zusammen aus Grundgehalt und Bonus. Der Bonusanteil liegt bei 30–40% des Gesamteinkommens. Er wird üblicherweise errechnet ausgehend von der Gesamtzahl der in der Abteilung behandelten Patienten, den Einnahmen der Abteilung sowie den Einkünften aus Privatliquidationen – mit unterschiedlicher Gewichtung je nach Krankenhaus und Abteilung.

Die meisten Abteilungen haben ihre eigenen dedizierten Betten. Große Abteilungen haben jeweils ihre eigene Bettenstation, auch wenn manche Abteilungen sich fallweise Betten teilen, um eine bessere Auslastung zu erreichen. Das Pflegepersonal ist nach Stationen organisiert und untersteht der Pflegedienstleitung, nicht dem Chefarzt.

Zwischen den Abteilungen kommt es oft zu einem beachtlichen Wettbewerb um Patienten. So werden Schlaganfallpatienten beispielsweise von der Abteilung für Innere Medizin einbehalten, anstatt an die Neurologieabteilung zur fachärztlichen Behandlung weitergeleitet zu werden. In ähnlicher Weise lassen sich Überweisungen an Palliativstationen hinauszögern oder gar umgehen. Verstärkt wird das Problem durch eine Anreizstruktur, die den Fokus auf die Patientenanzahl legt.

Leistungsspektrum von Krankenhäusern

Die meisten deutschen Krankenhäuser und ihre Abteilungen bieten ein breites Spektrum an Behandlungsleistungen an, oftmals mit sehr geringen Fallzahlen je Krankheitsbild. Im Jahr 2010 umfasste das deutsche DRG-System insgesamt 1.154 DRGs, in 2007 waren es noch 1.035. Alle Krankenhausbehandlungen außer den psychiatrischen werden über DRGs vergütet. Im Jahr 2007 behandelten deutsche Krankenhäuser im Durchschnitt Patienten aus 43% aller überhaupt bestehenden DRGs, d.h. aus 445 der damals verfügbaren 1.035 DRGs. Die Top 30 der behandelten DRGs repräsentierten dabei im Durchschnitt 49,5% aller Behandlungsfälle eines deutschen Krankenhauses; auf die restlichen 1.005 DRGs entfielen insgesamt nur 50,5% aller Behandlungsfälle. Im Durchschnitt behandelten deutsche Krankenhäuser nur 28 Patienten pro Jahr pro vertraglich vereinbarter DRG (siehe Abbildung 19).[175] Wie wir darlegen werden, ist ein derart breites Leistungsspektrum, bei gleichzeitigem Mangel an Behandlungserfahrung und Fallzahlen je Krankheitsbild, eine beträchtliche Barriere auf dem Weg zu einem System mit hoher Nutzenstiftung.

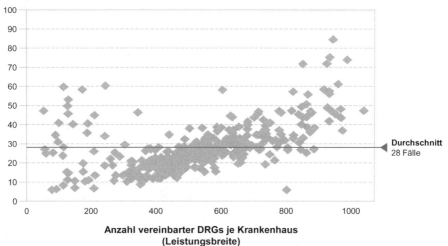

Abb. 19. Leistungsbreite und -tiefe deutscher Krankenhäuser, 2007[176]

Treibende Kraft hinter der Ausweitung der angebotenen Behandlungsleistungen sind die Interessen der verschiedenen Akteure: Das Management möchte die Auslastung und damit die Einnahmen erhöhen. Die Chefärzte wollen ein breites Spektrum an Krankheitsbildern behandeln und die Kommunalpolitiker wollen ein Krankenhaus mit komplettem Leistungsangebot in ihrer Gemeinde haben. Bei einzelnen Behandlungsleistungen führen auch die vergleichsweise generösen Vergütungen dazu, dass jedes Krankenhaus sie anbieten will. Wir werden diese Hemmnisse auf dem Weg zu mehr Patientennutzen am Ende des Kapitels diskutieren.

Die Patientennachfrage nach lokaler Versorgung dient oft ebenfalls als Begründung, warum Krankenhäuser eine so große Bandbreite an Leistungsangeboten vorhalten. Unterstellt wird dabei, dass die Patienten eine lokale Versorgung präferieren und für medizinische Behandlung nur ungern reisen wollen. Wäre die Qualität der Versorgung durchgängig hoch, könnte man dagegen unter Nutzenaspekten nichts einwenden. Dies ist jedoch nicht der Fall. Die Behandlungsergebnisse sind von Krankenhaus zu Krankenhaus überaus unterschiedlich und höhere Fallzahlen sind gemeinhin verbunden mit höherer Qualität der Behandlungsergebnisse. Dazu im Folgenden ein paar Beispiele:

Zur Implantation von Herzschrittmachern haben die 72 großen Herzchirurgie-Zentren bundesweit im Vergleichsjahr 2005 12.042 Operationen durchgeführt, bei einer In-Hospital-Mortalität von 0,37%. Die 950 kleineren Zentren führten 93.583 Herzschrittmacher-Operationen durch und bei ihnen lag die Mortalität fast dreimal höher, nämlich bei 1,04%.[177]

Eine Studie in Baden-Württemberg hat die Mortalität von Frühgeborenen in den fünf größten Zentren und allen anderen an der Versorgung teilnehmenden Krankenhäusern verglichen. Bei Säuglingen, die vor der 26. Woche geboren wurde, lag die Sterblichkeit in den fünf größten Zentren bei 15%, in den anderen Krankenhäusern bei 33%. Für Säuglinge, die zwischen der 26. und der 27. Woche geboren wurden, betragen die jeweiligen Vergleichszahlen 8,9% und 11,4%.[178] Eine Bestätigung fanden diese Befunde in einer separaten Studie des Forschungsinstituts der AOK. Der AOK-Studie zufolge war das Sterberisiko für Neugeborene mit sehr geringem Geburtsgewicht in Zentren mit niedrigen Fallzahlen um 53% höher als in Zentren mit hohen Fallzahlen.[179] Während über 200 Krankenhäuser sich an der Versorgung von Frühgeborenen beteiligen, würden gerade mal 70–80 die entsprechenden Mindestfallzahlen erreichen. Da sich 90% der Frühgeburten bereits im Voraus absehen lassen, bestünde genügend Zeit, die Patientinnen innerhalb eines akzeptablen Transportradius in ein Zentrum mit entsprechender Erfahrung und entsprechenden Fallzahlen zu verlegen.[180] Aufgrund hoher Vergütungssätze halten aber nach wie vor kleinere Einrichtungen an der Versorgung dieser komplexen Fälle fest.

Mögen auch die Vorteile von Erfahrungsaufbau und Mindestmengen inzwischen öffentlich diskutiert werden, so gibt es doch im deutschen Gesundheitssystem noch keinen klaren Trend hin zu mehr Spezialisierung und höheren Fallzahlen pro DRG. Nur wenige Leistungserbringer haben ihr Leistungsspektrum systematisch neuorganisiert. Seit 2004 haben statistisch gesehen 4,5% der Krankenhäuser gerade mal eine Abteilung geschlossen, lediglich 1,3% haben mehr als eine geschlossen. Umgekehrt haben 14,5% der Krankenhäuser eine neue Abteilung eingerichtet und 5,4% sogar mindestens zwei.[181] Etwa 25% aller befragten Krankenhäuser behaupten, dass sie das Portfolio ihrer stationären Versorgungsangebote mit anderen Krankenhäusern abstimmen, indem sie sich jeweils auf komplementäre medizinische Fachdisziplinen konzentrieren. 10% behaupten, dass sie stationäre und ambulante Versorgung koordinieren. Vergleicht man Anspruch und Wirklichkeit, so gibt es wenig Evidenz für eine nennenswerte Koordination.

Im Gegensatz zu frei-gemeinnützigen oder öffentlich-rechtlichen tendieren die privaten Krankenhäuser dazu, sich stärker zu spezialisieren. Top 10-Diagnosen machen 67% aller Fälle in privaten Krankenhäusern aus, in öffentlichen Krankenhäusern dagegen nur 34%.[182] Wie wir später darlegen werden, haben private Krankenhäuser besser erkannt, welche Vorteile eine Fokussierung bietet, wenn es darum geht, einen hohen Patientennutzen zu erreichen. Vor allem in den USA werden private Krankenhäuser oft beschuldigt sich gezielt die gesünderen Patienten herauszupicken. In Deutschland dagegen scheinen sie sich nach den vorliegenden Daten nicht auf die einfacheren Fälle zu kaprizieren. Im Gegenteil: In Deutschland ist der Case Mix Index – ein Indikator für die Fallschwere – bei den privaten Krankenhausbetreibern höher als bei den öffentlich-rechtlichen.[183] Ob innerhalb der höher bewerteten DRGs leichtere Fälle behandelt werden, ist allerdings aus den Daten nicht ersichtlich.

Inzwischen wächst bei Krankenkassen und Krankenhäusern das Bewusstsein dafür, wie wichtig der Zusammenhang zwischen der

Höhe der Fallzahlen und der Qualität der Behandlungsergebnissen ist. Seit 2004 hat sich der Gemeinsame Bundesausschuss (G-BA) – das oberste Beschlussgremium der Selbstverwaltung von Krankenkassen, Krankenhäusern, Ärzten und Psychotherapeuten – auf Mindestfallzahlen für sechs medizinische Theraphiemaßnahmen verständigt: Leber- und Nierentransplantationen, komplexe Speiseröhren- und Bauchspeicheldrüsenoperationen, Knochenmarktransplantationen und Kniegelenksersatz. Diese sechs Maßnahmen repräsentieren 143.000 der 17 Millionen Krankenhausfälle pro Jahr. Allein auf Kniegelenksersatzoperationen entfallen 120.000 Fälle, der Rest verteilt sich auf die fünf anderen Operationen.[184] Für den Kniegelenksersatz ist die Mindestanzahl auf 50 Operationen pro Jahr festgelegt, für die anderen Maßnahmen liegen die Mindestfallzahlen zwischen 10 und 25 Operationen pro Jahr. Diese Mindestzahlen gelten auf der Ebene der jeweiligen Institutionen anstatt auf der Ebene der einzelnen Operateure oder Teams. In kleineren Krankenhäusern mag der Unterschied belanglos sein, doch in größeren Krankenhäusern, in denen mehrere Chirurgen die gleichen Operationen durchführen, ist er es keineswegs. Nach internationalen Maßstäben sind die Mindestvorgaben zudem eher niedrig.

So niedrig diese Mindeststandards sind – bislang wurden sie noch nicht einmal verbindlich in Kraft gesetzt. 2006 führten von den Krankenhäusern, die unter der jeweiligen Mindestfallzahl geblieben waren, 80 auch weiterhin Operationen an der Speiseröhre durch, zwei Drittel nahmen Eingriffe an der Bauchspeicheldrüse vor. Ebenso war kein einziges der Krankenhäuser mit unzureichenden Fallzahlen bei Organtransplantationen aus dem Markt ausgeschieden.[185]

Noch vor der Verabschiedung der Mindestmengenanforderungen führte das Deutschen Krankenhausinstitut – eine unabhängige Einrichtung, die hauptsächlich von der Deutschen Krankenhausgesellschaft finanziert wird – eine Studie zu Kniegelenksersatzoperationen durch. Nach ihren Feststellungen konnte jedes dritte Krankenhaus, das solche Operationen anbot, die Mindestvorgabe von lediglich 50 Operationen pro Jahr nicht erfüllen.[186] In ländlichen Gebieten wies sogar jedes zweite Krankenhaus unzureichende Fallzahlen auf. Insgesamt hätten sich 8% aller Patienten ggf. einen anderen Leistungserbringer suchen müssen. Die gleiche Studie untersuchte auch die Fallzahlen elektiver Eingriffe bei Aortenaneurysmen sowie perkutane transluminale koronare Angioplastie (PTCA). Schon bei einer Vorgabe von lediglich 30 Operationen pro Jahr hätten 85% aller Krankenhäuser, die zurzeit Eingriffe bei Aortenaneurysmen anbieten, die Mindestanforderungen nicht erfüllen können. Um diese Standards durchzusetzen wäre es nötig die operative Versorgung auf 75 Zentren zu konzentrieren, und entsprechend müssten auch 40% aller Patienten zu einem anderen Leistungserbringer wechseln. Bei der PTCA, einem häufigeren Eingriff, würde ein Mindestvolumen von nur 150 Eingriffen pro Jahr bedeuten, dass jedes siebte Krankenhaus diese Leistung nicht mehr anbieten dürfte. Allerdings müsste nur 1% aller PTCA- Patienten den Behandlungsort wechseln. Bis heute sind denn auch keine Mindestfallzahlen für Aortenaneurysmen und PTCA eingeführt worden.

Wenn sie den Nutzen für die Patienten verbessern wollen, werden die deutschen Leistungserbringer nicht umhin kommen ihre Leistungsumfänge zu reduzieren. Umgekehrt sollten Patienten bei Elektiveingriffen zunehmend bereit sein für eine bessere Behandlung auch weitere Anreisen auf sich zu nehmen. Diese Bereitschaft wird freilich im Einzelnen abhängig sein von der Art der Erkrankung, dem Bildungsgrad des Patienten und der Art und Weise, wie die Informationen präsentiert werden. Wir werden diesen Kernfragen in späteren Kapiteln nachgehen.

Sektorübergreifende Integration der Versorgung

In Deutschland gibt es keine oder kaum eine wirklich integrierte Versorgung. Von wenigen Ausnahmen abgesehen sind stationäre, ambulante und rehabilitative Versorgung jeweils strikt voneinander getrennt. Das Gleiche gilt für die Budgets zur Finanzierung. Krankenhausärzte sind so gut wie überhaupt nicht an der ambulanten Versorgung beteiligt, weder direkt noch indirekt. Häufig gibt es kein Follow-up nach der Entlassung eines Patienten aus dem Krankenhaus, denn die Weiterbehandlung ist allein Sache der niedergelassenen Ärzte. Niedergelassene Ärzte finden sich oft nicht in unmittelbarer Nähe von Krankenhäusern, was die Versorgung weiter fragmentiert. Bislang hat sich die Kassenärztliche Vereinigung als Standesorganisation der niedergelassenen Ärzte jeder nennenswerten Einbeziehung der Krankenhäuser in die ambulante Versorgung widersetzt – auch wenn dies die Auslastung von Personal und Einrichtungen nachhaltig steigern und zugleich die Integration der Versorgung verbessern würde. Als Ergebnis hat Deutschland eine Ansiedlungsdichte von niedergelassenen Ärzten, insbesondere von Fachärzten, wie sie sonst kaum irgendwo auf der Welt existiert.

Die strenge Trennung zwischen stationärer und ambulanter Versorgung hat negative Auswirkungen auf das Entlassungsmanagement in den Krankenhäusern. Wie eine Umfrage unter 300 Krankenhäusern ergab, beziehen nur knapp 60 % der Häuser den nächstfolgenden Leistungserbringer routinemäßig in die Behandlung ein, sei es über Fallbesprechungen oder eine detaillierte Falldokumentation.

Dass das Entlassungsmanagement der Krankenhäuser durchaus Anlass zu Besorgnis gibt, bestätigt auch eine Umfrage unter Hausärzten. Wie die Hausärzte berichteten, dauerte es bei 53 % aller Einweisungsfälle mehr als 15 Tage, bis sie einen vollständigen Bericht über die Entlassung des Patienten aus dem Krankenhaus erhielten.[187] Niedergelassene Ärzte haben zudem keinerlei Zugang zu Kranken-

Tabelle 8. Maß der Einbindung der Leistungserbringer nach der Entlassung aus dem Krankenhaus[188]

Bei Entlassung aus dem Krankenhaus	Routinemäßig eingebunden	Relativ oft eingebunden	Selten eingebunden	Nie eingebunden
Ambulante Ärzte	28,0 %	33,2 %	23,2 %	6,0 %
Ambulante Krankenpflege	43,4 %	34,7 %	11,9 %	5,6 %
Reha-Kliniken	51,8 %	32,6 %	7,8 %	2,0 %
Altenpflegeeinrichtungen	46,5 %	28,3 %	12,3 %	6,4 %

hausakten oder Testergebnissen. Gegebenenfalls müssen sie sich selbst zusammenreimen, welche Behandlungsschritte ihre Krankenhauskollegen wohl unternommen haben, die zu selten mit ihnen kommunizieren.

In Einzelfällen beginnt die strikte Trennung zwischen den verschiedenen Typen von Leistungserbringern zunehmend zu verwischen. Manche niedergelassenen Ärzte, so genannte Belegärzte, haben Verträge mit Krankenhäusern, die es ihnen erlauben, dort Betten mit eigenen Patienten zu belegen und auch Behandlungen durchzuführen.[189] Bislang sind die 6.000 Belegärzte in Deutschland allerdings vorwiegend auf kleinere chirurgische Gebiete wie HNO und Gynäkologie beschränkt, die in Allgemeinkrankenhäusern eher sporadisch vertreten sind. Weitere Möglichkeiten für niedergelassene Ärzte, im stationären, wie auch für Krankenhausärzte, im ambulanten Bereich zu arbeiten, eröffnet das Vertragsarztrechtsänderungsgesetz (VÄndG), das seit 2007 in Kraft ist. Das neue Gesetz bietet beachtliche Ansatzpunkte, um die Fragmentierung der Behandlungskette zu reduzieren. Seine praktische Wirkung ist allerdings begrenzt, da bisher nur wenige niedergelassene und Krankenhausärzte davon Gebrauch machen.

Einige wenige Krankenhausärzte haben eine Zulassung der Kassenärztlichen Vereinigung (KV), die es ihnen ermöglicht, bestimmte ambulante Leistungen im Krankenhaus anzubieten und abzurechnen. Die weitaus meisten haben indes keine kassenärztliche Zulassung. Solche Ermächtigungen sind rar und werden nur erteilt, wenn eine Fachdisziplin oder die Behandlung bestimmter Krankheiten von den niedergelassenen Ärzten nicht abgedeckt wird. Die niedergelassenen Ärzte vor Ort werden dazu jeweils befragt und haben die Möglichkeit, Einspruch einzulegen. Falls die Ermächtigung erfolgt, werden die erbrachten Leistungen über die KV abgerechnet und aus der vertragsärztlichen Gesamtvergütung bezahlt.

Aus Frustration haben einige Krankenhäuser begonnen ambulante Kliniken auf eigene Kosten zu betreiben. Häufig werden diese als Überweisungskliniken eingerichtet mit dem Ziel, Patienten für die stationäre Versorgung zu gewinnen. Das Recht der Krankenhäuser, solche Praxen zu eröffnen, wird von der KV bestritten, denn es ist illegal, kostenlos medizinische Leistungen anzubieten.

Mit der Gesundheitsreform von 2004, die 2007 novelliert wurde, hat der Gesetzgeber den Krankenhäusern weitere Möglichkeiten eröffnet, ein kleines Spektrum komplexer Krankheiten wie multiple Sklerose, Hämophilie oder HIV ambulant zu behandeln (siehe unten). Viele Krankenhäuser haben Interesse bekundet, doch wurden bislang nur wenige Ambulanzen in den Krankhäusern eingerichtet. Widerstand der niedergelassenen Einweiser und große Hindernisse struktureller Art – dies sind nach Aussagen von Krankenhausmanagern die Hauptgründe, warum sie keine ambulante Versorgung aufbauen.[190] Die gleichen Gesetze ermöglichen es den Krankenhäusern überdies, ambulante Medizinische Versorgungszentren (MVZ) einzurichten und damit de facto niedergelassene Ärzte zu beschäftigen. Diese Bestimmung wird von den Niedergelassenen als massive Bedrohung betrachtet. Entsprechend groß ist der Widerstand, auf den Krankenhäuser stoßen, die MVZs eröffnen.

Ambulante Operationen sind die große Ausnahme, wenn es um Restriktionen für die Krankenhäuser in der ambulanten Versorgung geht. Krankenhäusern ist es gemäß §115b SGB V gestattet, ambulante Operationen durchzuführen, damit stationäre durch ambulante Behandlungen ersetzt werden. Die Spitzenverbände der Krankenkassen, der Krankenhausträger und der Kassenärztlichen Vereinigungen haben dazu eigens einen Vertrag geschlossen, der einen Katalog ambulanter bzw. stationsersetzender Eingriffe sowie die entsprechenden Vergütungssätze dafür festlegt. Damit gelten gleiche Regeln für alle ambulanten Operationen, ob sie nun bei niedergelassenen Ärzten oder im Krankenhausbereich erfolgen.

Nach Auffassung der Krankenkassen lassen sich mindestens 3–5% aller stationären Behandlungsfälle in den ambulanten Bereich verlagern. Manche Krankenhäuser haben angefangen ihre Infrastruktur um spezielle ambulante OPs zu erweitern. Im Vergleich zu konventionellen OPs, die für kompliziertere Behandlungsfälle ausgelegt sind, erlauben sie einen schnelleren Durchlauf der Patienten zu geringeren Kosten. Auch wenn ambulante Operationen an Bedeutung gewinnen, so wird ihre Expansion doch durch vergleichsweise niedrige Vergütungssätze behindert. Die durchschnittliche Vergütung für einen Behandlungsfall lag 2006 bei 303 Euro – gemessen daran sind Kurzaufenthalte auf Station vier- bis fünfmal teurer.[191] Insgesamt gibt es bislang noch keine groß angelegte Initiative der Krankenhäuser, zu ambulanten Operationen überzugehen und stationäre Behandlungsfälle durch ambulante zu ersetzen.

Ambulante Operationen, wie sie durch den Vertrag zum §115b SG V zugelassen worden sind, werden außerhalb der regulären ambulanten Budgets vergütet. Niedergelassene Leistungserbringer haben sich dies zunutze gemacht. Im Vergleichsjahr 2006 wurden 75% aller Erlöse aus ambulanten Operationen im niedergelassenen Bereich erwirtschaftet, nur 25% der Erlöse entfielen auf Krankenhäuser.[192]

IT-Nutzung in Krankenhäusern

Fast alle deutschen Krankenhäuser nutzen IT für administrative Funktionen wie Abrechnung und Controlling. In der klinischen Versorgung wird IT dagegen deutlich weniger genutzt. Ungefähr 70% der Krankenhäuser nutzen sie für OP-Dokumentationen und Übermittlung von Laborwerten (nach Daten von 2006), 50% nutzen die elektronische medizinische Dokumentation für Follow-up-Besuche und nur 30% verwenden IT, um Röntgenbilder digital zu archivieren. Die IT-Infrastruktur in deutschen Krankenhäusern ist dabei, sich zu verbessern, allerdings nur langsam. Bislang gibt es nur in wenigen Krankenhäusern ein vollständiges System zur Führung elektronischer Patientenakten. Von den 2006 befragten Krankenhäusern hatten nur 8,6% eine vollständige elektronische Patientenakte etabliert, 33,6% hatten mit der Einführung begonnen. In den USA nutzten in 2006 schon 24,2% EMR (Electronic Medical Recording), und weitere 36% waren gerade dabei, ein entsprechendes System einzuführen.[193]

Auch im Blick auf die gesamte Leistungserbringerseite ist die IT-Integration begrenzt. Einer Studie von 2006 zufolge benutzten nur 57% der integrierten Versorgungsnetzwerke IT, um Patientendaten auszutauschen. 27% benutzten IT in größerem Umfang, während sich 17% ganz darauf stützten. Die mit einer Einführung verbundenen Kosten sind natürlich eine Hürde für den Einsatz integrierter IT-Systeme, doch sind fehlende gemeinsame Standards für stationäre und ambulante IT-Systeme ebenfalls ein signifikanter Stolperstein für die Optimierung der Behandlung über den gesamten Behandlungsprozess.

Vergütung stationärer Leistungen

Vor 2004 erhielten die Krankenhäuser ihre Vergütungen je Patient im Wesentlichen auf der Basis abteilungsspezifischer Tagessätze. 2004 wurde dann ein System mit pauschalierter Leistungsabgeltung nach DRGs eingeführt;[e] damit werden mittlerweile alle stationären Behandlungen abgedeckt, bis auf diejenigen in der Psychiatrie (diese werden weiterhin nach Tagessätzen vergütet). 2010 umfasste das deutsche DRG-System 1.154 einzelne DRGs. Im Unterschied zu anderen Ländern vergütet eine deutsche DRG-Pauschale die *gesamte* stationäre Versorgung, einschließlich aller Gehälter, Serviceleistungen und Medikamente. Auch Wiedereinweisungen bei gleichem Krankheitsbild werden innerhalb einer 30-Tage-Frist durch die ursprüngliche Vergütung abgedeckt. Das schwächt den Anreiz ab, Patienten zu früh zu entlassen, um einen neuen DRG-Fall zu generieren. Wie lange eine Behandlung dauert, hat keinen Einfluss auf die Höhe der Pauschale, abgesehen von außergewöhnlich kurzen oder langen Verweildauern. Bei einem Patienten mit Herzinfarkt ohne Komplikationen (DRG F60B) bleibt beispielsweise die Vergütung für eine beliebige Aufenthaltsdauer zwischen drei und 16 Tagen gleich.[194] Für jeden Patienten, der weniger als drei Tage bleibt, erhalten die Krankenhäuser eine niedrigere Vergütung. Für jeden Tag über 16 Tagen erhalten sie einen Zuschuss. Je nach DRG sind unterschiedliche Zeitspannen für den Krankenhausaufenthalt vorgesehen.

---

[e] Das DRG-System ist seit 2004 für alle Krankenhäuser verpflichtend. Krankenhäuser hatten jedoch 2003 bereits die Möglichkeit, es einzuführen.

Das deutsche DRG-System ist adjustiert nach der jeweiligen *Fallschwere*. Es gibt 557 Basis-DRGs, die verschiedene Krankheiten und Verfahren erfassen. Die verbleibenden DRGs repräsentieren die verschiedenen Morbiditätsniveaus der gleichen Krankheitsbilder. Bei manchen Basis-DRGs wird nur ein Krankheitsbild vergütet, z.B. ein akuter Myokardinfarkt (F60A und F60B), während andere eine ganze Gruppe ähnlicher Krankheiten und entsprechender Behandlungen abdecken (I75A – Schulter-, Arm-, Knie- und Sprunggelenksverletzungen).

Das DRG-System wird ständig weiterentwickelt. Jedes Jahr wird ein neuer DRG-Katalog erstellt, um die Vergütungsniveaus anzupassen und neue DRGs einzuführen. Was die erfassten Krankheiten und Verfahren anbelangt, hat sich nur noch wenig verändert. Die Einführung zusätzlicher DRGs dient im Wesentlichen dazu, Krankheiten und Therapiemaßnahmen konsistenter im Hinblick auf den erforderlichen Ressourceneinsatz zu gruppieren.

Jeder DRG ist – im Sinne einer *Bewertungsrelation* – ein Relativgewicht zugeordnet, das für ganz Deutschland einheitlich gilt. Multipliziert man dieses mit dem jeweiligen Landesbasisfallwert, so erhält man den genauen Betrag der DRG-Fallpauschale. Jedes der 16 Bundesländer hat dabei einen eigenen Landesbasisfallwert (siehe unten). DRG F60B beispielsweise ist der Code für die Vergütung bei Patienten mit Herzinfarkten ohne Komplikationen; das entsprechende Relativgewicht ist 0,941. Wenn der Landesbasisfallwert 2.935 Euro beträgt (wie z.B. in Bayern), beläuft sich die gesamte Vergütung auf 2.762 Euro. Im DRG-Katalog wird das Relativgewicht für jede DRG bundesweit verbindlich festgelegt. Von Seiten der Krankenhäuser gibt es Klagen, dass manche DRG-Vergütungsniveaus unter der Kostengrenze liegen. Einer alljährlichen Umfrage zufolge behaupteten 2007 25,7% aller Krankenhäuser, dass sie mindestens eine medizinische Abteilung mit negativem Deckungsbeitrag haben. Bei größeren Krankenhäusern fällt das Problem noch stärker ins Gewicht. 40% aller Krankenhäuser mit über 600 Betten weisen nach eigenen Angaben mindestens eine Abteilung auf, die aufgrund der unzureichenden Vergütungsniveaus rote Zahlen schreibt.[195] Universitätskliniken argumentieren oft, dass auch sie weiterhin einfache Fälle behandeln müssen (und daher zwangsläufig ein breites Leistungsspektren vorhalten), um komplexe Fälle querzusubventionieren.

In der Vergangenheit variierten die Preise stationärer Versorgung stark nach Krankenhaus und Region. Die Kosten pro Krankheitsbild waren kaum transparent, da die Krankenhäuser im Wesentlichen nach abteilungsspezifischen Tagessätzen abrechneten – anstatt nach Pauschalen pro Krankheitsbild. Die Tagessätze beruhten in hohem Maße auf den historisch gewachsenen Kostenstrukturen. Noch bis 1993 bekamen die Krankenhäuser 100% ihrer jeweiligen Ist-Kosten vergütet, was für ineffiziente Krankenhäusern mit höheren Vergütungssätzen geradezu eine Belohnung darstellte. Die Einführung von Abteilungspflegesätzen 1996 war demgegenüber schon ein Schritt nach vorne.

Ziel der Einführung des DRG-Systems im Jahr 2004 war es, bundesweit einheitliche Vergütungsniveaus für alle Krankenhäusern zu schaffen, für jede Krankheit bzw. jede Prozedur. Für zwei x-beliebige Krankenhäuser bedeutete das, dass sie für einen bestimmten Fall oder eine bestimmte Prozedur unterschiedslos den gleichen Vergütungssatz erhalten sollten. Von 2004 bis 2010 konvergierten in allen 16 Bundesländern die Vergütungen gegen den jeweiligen Landesbasisfallwert. Über einen Zeitraum von sechs Jahren sahen sich Krankenhäuser, die über dem Landesdurchschnitt lagen, mit stetig sinkenden Vergütungssätzen konfrontiert – und das galt natürlich auch umgekehrt. Insgesamt musste sich in der Konvergenzphase ein Drittel der Krankenhäuser, häufig die größeren Einrichtungen, mit rückläufigen Vergütungen abfinden, während die anderen zwei Drittel von steigenden Vergütungsniveaus profitierten.[196]

In 2010 schwankten die durchschnittlichen regionalen Landesbasisfallwerte immer noch zwischen 2.864 Euro und 3.120 Euro, was einer Differenz von 9% entspricht. Inzwischen steht eine zweite Konvergenzphase an, in der die regionalen Landesbasisfallwerte durch einen einheitlichen Bundesbasisfallwert ersetzt werden sollen – die Details sind allerdings noch zu klären. Unterschiede bei den

Lohnkosten in West- und Ostdeutschland etwa könnten sich in unterschiedlichen Vergütungssätzen niederschlagen, was Zusatzzahlungen für die Krankenhäuser in Westdeutschland bedeuten würde. Was die Struktur des Bundesbasisfallwerts anbelangt, käme nach der Empfehlung von Experten statt eines Fixpreises auch eine Preisobergrenze oder ein maximales Vergütungsniveau in Betracht, um es Krankenhäusern zu ermöglichen, ihren Wettbewerb auch über den Preis von Behandlungsleistungen auszutragen.

Zusätzlich zum DRG-System gibt es noch verschiedene andere Vergütungsformen. Insbesondere zu nennen sind Zusatzentgelte für Spezialbehandlungen, die zusammen mit der DRG abgerechnet werden, Zuschläge zur Verbesserung der Pflegesituation, Zahlungen oder Abzüge für die Teilnahme an Notdiensten und viele andere mehr. Psychiatrische Behandlungen werden wie oben beschrieben nicht vom DRG-System erfasst. Während DRG-Vergütungen weitestgehend unabhängig von der Verweildauer im Krankenhaus sind, so gelten für psychiatrische Patienten jeweils Tagessätze, da die Verweildauern sehr unterschiedlich und oft völlig unvorhersehbar sind. Heute variieren die Vergütungssätze für identische psychische Erkrankungen noch je nach Krankenhaus und Bundesland. Ab 2013 kommt in ganz Deutschland jedoch ein Katalog einheitlicher Vergütungssätze zum Einsatz. Für unterschiedliche psychiatrische Krankheitsbilder wird es weiterhin unterschiedliche Tagessätze geben. Jedes Krankheitsbild für sich wird aber bundesweit gleich vergütet werden.[197]

Mit der Einführung des DRG-Systems hat Deutschland einen wichtigen Schritt hin zu einem nutzenorientierten System unternommen. Das DRG-System überlässt jedem Krankenhaus die volle wirtschaftliche Verantwortung für jeden Behandlungsfall und motiviert damit zu Prozessverbesserungen und kürzeren Verweildauern. Ebenso sinnvoll war es, die willkürlichen Kostenunterschiede zwischen den Krankenhäusern durch die Verpflichtung auf den jeweiligen Landesbasisfallwert auszugleichen. Die DRG-Fallpauschalen werden jedoch weder nach der Güte der Behandlungsergebnisse bemessen, noch nach der Patientenzufriedenheit, noch nach der

Einhaltung von Behandlungsrichtlinien. Auch deckt die Vergütung nicht die gesamte Behandlungskette ab. Wie wir in unseren Empfehlungen darlegen werden, sollte Deutschland jetzt transsektorale DRGs entwickeln, die die Behandlung eines Krankheitsbildes über die gesamte Behandlungskette vergüten (ambulant, stationär und rehabilitativ). Eine gemeinsame Vergütung aller Bereiche wird die Integration der Versorgung über die Sektoren hinweg deutlich erleichtern.

Vergütung stationärer Leistungen bei Privatpatienten

Die Vergütung für die 10% Bundesbürger mit privater Krankenversicherung fällt in aller Regel höher aus als bei den 90% Bundesbürgern mit gesetzlicher Krankenversicherung. Für Privatpatienten erhalten die Krankenhäuser die gleiche DRG-Fallpauschale wie für Kassenpatienten – zuzüglich zusätzlicher Vergütungen für ärztliche Leistungen sowie für Wahlleistungen wie Einzelzimmerunterbringung. Die zusätzlichen Vergütungen stellen eine beträchtliche Zusatzeinnahme für Krankenhausträger wie auch für Ärzte dar, was Privatpatienten finanziell attraktiv macht.

Die DRG-Fallpauschale wird für Privatpatienten in gleicher Weise in Rechnung gestellt wie für Kassenpatienten. Die Zahlungsabwicklung erfolgt direkt zwischen der Krankenversicherung und dem Krankenhaus. Anstatt ihr Zimmer mit mehreren Patienten zu teilen, können sich Privatpatienten für Einzel- oder Doppelzimmerunterbringung entscheiden, was ihnen vom Krankenhaus entsprechend berechnet wird. Außerdem haben Krankenhausärzte die Möglichkeit, ihren Privatpatienten Behandlungsleistungen direkt in Rechnung zu stellen. Basis dafür ist die Gebührenordnung für Ärzte (GOÄ). Die GOÄ enthält über tausend Leistungen, die zu einem festgelegten Gebührensatz abgerechnet werden, z.B. 22,80 Euro für eine abdominale Ultraschalluntersuchung (GOÄ 410) oder 547,20 Euro für eine Magenresektion (GOÄ 3147). Eine Vielzahl von Regeln legt fest, welche Leistungen gemeinsam abrechnet werden können und welche nicht, welche Bedingungen und strukturellen Voraussetzungen nötig sind, um bestimmte Ziffern abzurechnen, und welche Ziffern auf bestimmte medizinische Fachdisziplinen beschränkt sind. Manche Labortests beispielsweise kann jeder Arzt in Rechnung stellen, während andere nur von Internisten oder Labormedizinern in Rechnung gestellt werden können. Ebenso können manche Röntgenaufnahmen von orthopädischen Chirurgen abgerechnet werden, andere hingegen nur von Radiologen.[198]

Leistungen nach GÖA werden den Patienten von den behandelnden Ärzten jeweils direkt in Rechnung gestellt, womit für den gleichen Krankenhausaufenthalt unterschiedlichste Rechnungen anfallen können. Um ein Beispiel zu nennen: Nach einer Hüftgelenksersatzoperation wird ein Privatpatient normalerweise Rechnungen vom Orthopäden, Anästhesisten, Internisten, Labormediziner und Radiologen erhalten. Jeder Arzt stellt seine eigene Rechnung.

Das Recht, Privatpatienten Rechnungen zu stellen, ist gewöhnlich den Chefärzten vorbehalten. Ihr Anstellungsvertrag enthält normalerweise eine Gewinnbeteiligungsregelung, nach der die zusätzlichen Einnahmen aus Privatliquidationen zwischen ihnen, den nachgeordneten Ärzten und dem Krankenhaus aufgeteilt werden. Typische Abmachungen überlassen dem Chefarzt 65% der Einnahmen, dem Krankenhaus 25%, und die restlichen 10% verteilen sich auf die nachgeordneten Ärzte der Abteilung. Auch wenn häufig nur 10–20% der Krankenhauspatienten privat versichert sind, machen Privatliquidationen doch über 50% der Einkünfte von Chefärzten aus – was dazu führt, dass diese Privatpatienten bevorzugen und auch den Klinikbetrieb nach ihnen ausrichten. Zum Beispiel werden Privatpatienten bei der OP-Belegung vorzugsweise für den Vormittag eingeplant, so dass Verschiebungen im OP-Programm, wie sie aufgrund von Notfällen häufig vorkommen, vermieden werden. Medizinischer sinnvoller wäre es, die komplexesten Patienten morgens zu operieren, da eine intensive postoperative Versorgung tagsüber einfacher zu arrangieren ist.

Inzwischen haben die Krankenhausträger erkannt, wie sehr sie sich durch die vertraglich garantierte Privatliquidation selbst beschränken. In den neuen Chefarztverträgen gehen sie dazu über, das Recht auf Privatliquidation für das Krankenhaus selbst zu reservieren. Als Kompensation erhalten die Chefärzte Bonuszahlungen, die sich teilweise nach den Einnahmen aus der Privatliquidation bemessen. In dem Maß, in dem der wirtschaftliche Druck auf die Krankenhäuser steigt, beanspruchen sie jetzt auch einen größeren Anteil aus den Privatliquidationen für sich. Allerdings gelten in vielen Krankenhäusern weiterhin die traditionellen Chefarztverträge.

Verhandlung der Krankenhausbudgets

Durch das DRG-System werden einheitliche Bewertungsrelationen für jede Krankheit festgelegt. Entsprechend konzentrieren sich die Verhandlungen zwischen den Krankenkassen und Krankenhäusern auf zwei andere Bereiche. Im ersten Fall geht es um den Landesbasisfallwert, der jeweils ausgehandelt wird zwischen den Landesverbänden der Krankenkassen und den Krankenhäusern und der für alle Krankenhäuser landesweit gilt. Im zweiten Fall geht es um die Kollektivverträge zur stationären Versorgung, wie sie alle Krankenkassen gemeinsam – jeweils auf regionaler Ebene – pro Jahr mit jedem einzelnen Krankenhaus abschließen. Die Verhandlungen darüber werden oft von einer der großen Krankenkassen, wie der AOK, stellvertretend geführt. Die anderen Krankenkassen schließen sich dem Ergebnis an. Die Verhandlungen sollten prospektiv erfolgen, doch in der Praxis werden die meisten Budgets erst im jeweils laufenden Jahr vereinbart.

Bei den Verhandlungen zu den Kollektivverträgen mit den einzelnen Krankenhäusern gibt es eine Vielzahl von Diskussionspunkten. Praktisch stehen jedoch die Fallzahlen und die Patientenzahlen pro DRG, die ein Krankenhaus voraussichtlich über das Jahr behandeln wird, im Mittelpunkt der Verhandlungen. Die Krankenkassen verhalten sich dabei, mit Blick auf die bundesweit hohen Fallzahlen in der stationären Versorgung, sehr zögerlich, wenn es um mögliche Volumensteigerungen geht.

Welches Jahresbudget das jeweilige Krankenhaus erwarten kann, errechnet sich durch die Multiplikation der vereinbarten Fallzahlen mit dem aktuellen Landesbasisfallwert. Auf dieser Basis wird dem einzelnen Krankenhaus im Verlauf des Jahres jeder Behandlungsfall vergütet. Am Ende des Jahres ermitteln die Krankenkassen die gesamte Anzahl an behandelten Patienten sowie die Vergütungssumme, die das Krankenhaus erhalten hat. Überschreitet das Krankenhaus das vereinbarte Fallvolumen und Budget, muss es die Mehrerlöse jeweils zu 65% im Verlauf des folgenden Jahres zurückerstatten. Mit diesem Budgetierungsmechanismus will man die Krankenhäuser davon abhalten, mehr Volumen zu generieren als ursprünglich vereinbart, und so die „angebotsinduzierte Nachfrage" beschränken. Umgekehrt bietet der Mechanismus auch Schutz vor zu niedrigen Zahlen. Unterschreitet ein Krankenhaus am Jahresende sein Budget – aufgrund fehlender Fälle oder einfacherer Fälle als erwartet – so wird dem Krankenhaus der entstandene Einnahmeausfall zu 20% vergütet, wobei die Auszahlung im Verlauf des folgenden Jahres erfolgt.[199]

Dank der Fortschritte in der Medizin ist es möglich, eigentlich immer mehr Behandlungsfälle in den ambulanten Bereich zu verlagern. Dennoch hat das bestehende Kontrahierungssystem dazu geführt, dass die Behandlungsfälle in der stationären Versorgung ständig weiter zunehmen. Zwar sind die Grenzkosten der Krankenhäuser, wie viele von ihnen inzwischen erkannt haben, höher als der reduzierte Vergütungssatz von 35% bei Budgetüberschreitung, doch gelingt es ihnen, über das Jahr die vereinbarten Zahlen zu überschreiten, so erwerben sie damit faktisch das Anrecht, diesen Volumenüberschuss in das Budget für das kommende Jahr aufzunehmen. Als Folge nehmen die Krankenhäuser ein Jahr mit reduzierter Vergütung bewusst in Kauf, um das Budget für das nächste Jahr und die Folgejahre entsprechend ausweiten zu können. Mit der letzten Gesundheitsreform, dem GKV-Finanzierungsgesetz, hat der Gesetzgeber versucht, die Mengenausweitung weiter abzuschwächen, indem ein zusätzlicher Vergütungsabschlag von 30% auf alle Volumensteigerungen festgeschrieben wurde (siehe Tabelle 3 in Kapitel 4).

Bei den Budgetverhandlungen gibt es kaum oder überhaupt keine Diskussionen über die Qualität der Behandlungsergebnisse oder die

Strategie der Leistungserbringer. Für die Krankenkassen besteht oft wenig Transparenz, was die Leistungsumfänge und erst recht die Ergebnisqualität auf der Anbieterseite anbelangt. Üblicherweise finden sich auf Seiten der Kassen keine Ärzte, so dass sich die Vertragsverhandlungen zwangsläufig auf das Volumen und den Preis beschränken. Ebenso wenig werden in aller Regel die strategischen Ziele der Leistungserbringer besprochen. Häufig fehlt den Leistungserbringern eine klare Strategie, die sie den Krankenkassen vorstellen können; stattdessen offerieren sie ein breites Leistungsspektrum. Umgekehrt versäumen es die Krankenkassen nach wie vor, den Krankenhäusern eine klare Fokussierung auf bestimmte Leistungsbereiche abzuverlangen – ganz zu schweigen von einer vollständigen Umsetzung der Mindestfallzahlenregelungen.

Das derzeitige Kontrahierungssystem beruht auf der Grundannahme, dass jedes Krankenhaus den gleichen Nutzen für Patienten schafft. Wie wir in Kapitel 2 („Defizite des deutschen Gesundheitssystems") bereits gezeigt haben und in Kapitel 9 („Messung von Behandlungsergebnissen und -kosten") noch weiter darlegen werden, ist dies gewiss nicht der Fall. Gemessen an den Behandlungsergebnissen variiert die Leistungsfähigkeit von Krankenhaus zu Krankenhaus enorm. Vor diesem Hintergrund könnten die Krankenkassen erheblichen Nutzen für ihre Versicherten stiften. Dazu müssten sie zum einen die Ergebnisqualität messen und die Unterschiede verdeutlichen, zum anderen müssten sie ihre Mitglieder gezielt zu exzellenten Leistungserbringern hinlenken.

Alltägliche Zusammenarbeit von Krankenhäusern und Krankenkassen

Von den jährlichen Budgetgesprächen abgesehen gibt es nur sehr wenig Interaktion zwischen Krankenkassen und Krankenhäusern. Ihre Kommunikation beschränkt sich im Wesentlichen auf Fragen der Abrechnung, Erstattungs- und Leistungsmanagement sowie administrative Angelegenheiten.

Für die DRG-Vergütung haben die Krankenkassen inzwischen ausgeklügelte Rechnungsprüfungssysteme entwickelt. In Fällen, die zwischen Kostenträgern und Leistungserbringern strittig sind, fordern die Krankenkassen jeweils schriftliche Begründungen von den behandelnden Ärzten ein. Gegebenenfalls können sie auch den *Medizinischen Dienst der Krankenversicherung* (MDK) einschalten. Der MDK ist ein Beratungs- und Begutachtungsdienst der gesetzlichen Kranken- und Pflegekassen mit gesetzlich geregelten Aufgabengebieten und Kompetenzen. Er ist dazu berechtigt, Patientenunterlagen einzusehen und auch vor Ort Besuche durchzuführen. Für viele Krankenhausärzte sind dies die einzigen Berührungspunkte, an denen sie mit den Krankenkassen bzw. ihren Diensten zu tun haben.

Ganz allgemein besteht zwischen Ärzten und Krankenkassen wenig Vertrauen. Aus Sicht der Ärzte sind Krankenkassen nur selten hilfreich, wen es um die Versorgung ihrer Patienten geht. Krankenhaus- und Krankenkassenmitarbeiter agieren teilweise, als ob sie nicht wahrhaben wollen, dass sie ein gemeinsames Ziel haben: überlegenen Nutzen für Patienten zu stiften.

Ambulanter Sektor

Im Jahr 2008 gab es 138.300 ambulant tätige Ärzte in Deutschland: 119.800 hatten eine Zulassung zur Behandlung von GKV-Patienten, 12.600 waren bei einem Kollegen mit einer Zulassung angestellt und 5.900 waren ausschließlich berechtigt Privatpatienten zu behandeln. Von 119.800 niedergelassenen Ärzten mit GKV-Zulassung waren 58.500 Hausärzte und 61.300 ambulant tätige Fachärzte.[200]

Etwa 93% aller Deutschen haben einen Hausarzt.[201] Hausärzte sind normalerweise die erste Anlaufstelle im Gesundheitssystem. Zwei Drittel von ihnen sind in eigenständigen Praxen tätig, die mit ihren Leistungen die ganze Bandbreite der Primärversorgung und Präventivmedizin abdecken.[202] Die Praxen von Hausärzten sind gewöhnlich eigenständig und nicht direkt an Unternehmen, Schulen oder kommunalen Einrichtungen angesiedelt. Bei speziellen Fragestellungen und Behandlungsleistungen überweisen die Hausärzte ihre Patienten an niedergelassene Fachärzte. Die Patienten können auch direkt einen Facharzt aufsuchen. Tun sie das ohne Überweisung eines anderen Arztes, sind sie allerdings zu einer Selbstbeteiligung von 10 Euro pro Quartal verpflichtet. 2006 hatten die Patienten beim Gang zum Facharzt in 77% der Fälle eine Hausarztüberweisung. Nur 23% suchten ihn direkt ohne Hausarztüberweisung auf.[203]

Gemessen an internationalen Standards verfügt Deutschland über ein sehr dichtes Netzwerk von niedergelassenen Fachärzten. In Deutschland gibt es statistisch 2,3 niedergelassene Fachärzte pro 1.000 Bürger – im Vergleich dazu liegt der Median für die USA bei 1,4.[204] Abgedeckt werden alle Fachgebiete. Normalerweise finden sich deutsche Facharztpraxen weder auf dem Gelände noch in unmittelbarer Nähe von Krankenhäusern. Häufig sind sie umfassend ausgestattet, z.B. mit Linksherzkathetermessplätzen und CT-Scannern. Nur in Ausnahmefällen teilen sich niedergelassene Fachärzte und Krankenhäuser die gleiche Infrastruktur. 2006 verdiente ein niedergelassener Arzt im Durchschnitt 126.000 Euro.[205] Um ihre Einnahmen zu erhöhen, können die Niedergelassenen zudem PKV-Patienten behandeln und individuelle Zusatzleistungen (IGeL) für Selbstzahler anbieten.

Anders als Krankenhausärzte sind die meisten ambulant tätigen Ärzte Freiberufler. Jede Arztpraxis ist im Prinzip ein kleines Unternehmen mit angestellten Arzthelfern und Verwaltungsmitarbeitern, um die Patientenversorgung zu unterstützen und Büroaufgaben zu erledigen. Nur wenige Praxisinhaber beschäftigen andere Ärzte als Angestellte, auch wenn dies durch die jüngste Gesetzgebung deutlich erleichtert wurde. Als wichtigster Grund, selbständig zu bleiben, wird immer wieder der Wunsch nach Autonomie angeführt. Jüngere Ärzte indes neigen dazu, sich Gemeinschaftspraxen anzuschließen.

Wie in Kapitel 2 dargelegt, ist die Anzahl ambulanter Arztbesuche in Deutschland im internationalen Vergleich sehr hoch. Neuere Studien zeigen, dass im Durchschnitt auf jeden Bürger pro Jahr zwischen 16 und 17,7 Arztkontakte entfallen.[206,207] Allerdings sind die Arztkontakte in Deutschland weitaus kürzer als in vielen anderen Industrieländern. Im Durchschnitt wendet ein deutscher Arzt nur acht Minuten pro Konsultation auf.[208]

Zulassung und Vertragsgestaltung im ambulanten Sektor

Ambulant tätige Ärzte mit der Berechtigung, GKV-Patienten zu behandeln, sind allesamt Mitglieder der Kassenärztlichen Vereinigung (KV), der Standesorganisation der niedergelassenen Ärzte. Insgesamt gibt es 17 Einzel-KVen, von denen jede eine geografische Region in Deutschland abdeckt. Die KV ist für die Krankenkassen der exklusive Vertragspartner in Sachen ambulante Versorgung; sie schließt Gruppenverträge für jeweils alle Einzelmitglieder ab. Im Zuge der jüngsten Reformen wurden inzwischen jedoch Ausnahmeregelungen geschaffen (siehe unten). Kaum eine hat jedoch ein nennenswertes Geschäftsvolumen erreicht. Anders als im stationären Bereich ist der Staat im ambulanten Bereich weder an der Vergabe von Zulassungen noch an der Finanzierung der Infrastruktur beteiligt.

Jede regionale KV plant selbst den Bedarf an ambulanter Versorgung in ihrer Region und vergibt, ausgehend von einem Sollwert von Einwohnern pro praktizierenden Arzt, Zulassungen für kassenärztliche Praxen. Dieser Zulassungsprozess entspricht in etwa dem Verfahren der „Certificates of Need Laws" (CON) in den USA. Ohne KV-Zulassung können Ärzte in Deutschland keine Praxis eröffnen, es sei denn, sie wollen exklusiv Privatpatienten behandeln. Ist die KV-Zulassungsquote ausgeschöpft, können keine neuen Arztpraxen eröffnet, sondern nur alte ersetzt werden. Umgekehrt ist es jedem Arzt, sobald er einmal in einer Region zugelassen ist, freigestellt, bis zum Ruhestand als Kassenarzt zu praktizieren. Bei der Vergabe von Zulassungen differenzieren die KVen jeweils nach Fachdisziplinen sowie nach Raumtypen wie Innenstadt, Stadtrand oder ländlichen Gebieten. Zielvorgaben der KV sind z.B. 14.188 Einwohner je Kinderarzt in der Innenstadt sowie 24.460 je Kinderarzt in ländlichen Gegenden.

Wenn eine Arztpraxis ersetzt werden muss, wählt die KV aus ihrem Bewerberpool einen angemessenen Kandidaten aus. Üblich ist allerdings auch, dass man KV-Zulassungen von den Vorbesitzern käuflich erwirbt. 2008 gab es in Deutschland 2.030 offene Praxen für

Hausärzte, 1.490 für Psychotherapeuten und weniger als 400 für alle anderen Fachdisziplinen.[209]

Bis vor kurzem waren die regionalen KVen die einzigen Vertragspartner für die ambulante Versorgung von GKV-Versicherten. Noch 2008 handelte jede Kassenart – AOKs, Ersatzkassen, BKKs sowie IKKs – mit der jeweiligen regionalen KV separate Verträge für ihre Versicherten aus, mit leicht unterschiedlicher Preisgestaltung je nach Kassenart. Seit 2009 verhandeln alle Krankenkassen gemeinsam mit der regionalen KV und zahlen analog zum stationären Sektor die gleichen Preise.

Dank des traditionellen Kontrahierungsmodells war es den Krankenkassen möglich, ihren „Sicherstellungsauftrag" zu erfüllen, d.h. ihren Mitgliedern einen breiten Zugang zu ambulanter Versorgung zu sichern. Den KVen oblag es dabei, das ambulante Netzwerk zu managen – durch Zulassungsvergaben, Vergütungsregelungen sowie Qualitätsanforderungen. Daraus erwuchs den KVen jedoch eine Monopolstellung bei ambulanten Versorgungsleistungen, denn alle gesetzlichen Krankenkassen waren verpflichtet mit den KVen entsprechende Verträge abzuschließen. Diese Monopolstellung stieß auf heftige Kritik. In den Reformen von 2004 und 2007 wurde den Krankenkassen die direkte Kontrahierung von ambulanten Leistungserbringern durch *integrierte Versorgungsverträge* nach §140 SGB V, *hausarztzentrierte Versorgung* nach §73b SGB V und *besondere ambulante Versorgung* nach §73c SGB V ermöglicht. Vertragspartner können jeweils Gruppen von Leistungserbringern, Management-Gesellschaften oder auch eine KV selbst sein.

Mit der Ausnahme von Hausarztverträgen nach §73b SGB V haben jedoch wenige dieser neuen Vertragsformen signifikante Volumina erreicht. Hausarztverträge werden entweder direkt mit der KV abgeschlossen – wobei der Status quo erhalten bleibt – oder mit Gruppen von Hausärzten. In beiden Fällen sichert der Vertragsabschluss den Leistungserbringern zusätzliche Finanzmittel der Krankenkassen. Je nach Region können die Vertragsinhalte erheblich variieren. Beispiele sind finanzielle Anreize für Hausärzte, wenn sie eine erweiterte Lotsenfunktion übernehmen und helfen

Facharztbesuche zu reduzieren, wenn sie Pflichtleistungen wie Screenings und Check-ups anbieten, Verbesserungen in der medizinischen Dokumentation oder bessere Servicelevels, was Öffnungs- und Wartezeiten betrifft.[210] Wie kritische Stimmen monieren, ist durch derartige Verträge zwar das Einkommen der Hausärzte gestiegen, an der tatsächlichen Versorgung hat sich jedoch nichts geändert.[211] In Gebieten, in denen Hausarztversorgungsverträge implementiert wurden, sind denn auch die Besuche bei niedergelassenen Fachärzten nicht zurückgegangen.

Vertragsmodelle zur „besonderen ambulanten Versorgung" nach §73c erlauben es, insbesondere in Kombination mit §140 (integrierte Versorgung), ambulante Versorgungsleistungen für spezifische Patientenpopulationen oder auch Krankheitsbilder zu kontrahieren.[212]. Beide Novellierungen sind seit 2004 in Kraft. Die Regelungen sind bewusst weit gefasst und lassen Raum für erhebliche Innovationen. Gleichwohl kam es bisher nur zu wenigen innovativen Vertragsabschlüssen. Unterzeichnet wurden Verträge, die nicht so sehr auf Verbesserungen in der Versorgung sondern, vielmehr darauf abzielten, bestimmten Facharztgruppen bessere Vergütungssätze zu sichern. Vertragsmodelle zur integrierten Versorgung nach §140 verfolgen ähnliche Ziele wie die nach §73c, sie sind dabei jedoch nicht auf den ambulanten Bereich beschränkt. Vielmehr gestatten sie es, Versorgungsleistungen über die gesamte Behandlungskette einzukaufen, darunter auch Leistungen von anderen Anbietern, z.B. Krankenhäusern und Reha-Kliniken. Wir werden solche Verträge im Absatz zur Integration der Versorgung näher besprechen (siehe unten).

Auch wenn Vertragsmodelle nach §73 und §140 SGB V in den Medien viel Aufmerksamkeit gefunden haben, haben über die Hausarztverträge hinaus nur wenige Vertragsabschlüsse relevante Patientenvolumina generiert. Ambulante Versorgungsleistungen werden zum größten Teil weiterhin über traditionelle Kollektivverträge zwischen Krankenkassen und regionalen KVen abgewickelt. Weder die Reform von 2004 noch die von 2007 hat am Status quo wirklich etwas geändert.

Das Leistungsspektrum niedergelassener Ärzte

Welches Spektrum an Behandlungsleistungen niedergelassene Ärzte im Einzelnen anbieten, darüber gibt es anders als im Krankenhaussektor keine öffentlich zugänglichen Daten. Selbst rudimentäre Daten wie die Fallzahlen pro Behandlungsleistung oder Krankheitsbild sind einfach nicht verfügbar – auch wenn sie für überweisende Ärzte oder Krankenkassen hilfreich wären. Ebenso gibt es fast keine Daten zur Ergebnisqualität. Wenn Patienten einen Arzt für ihre jeweilige Krankheit auswählen, folgen sie der Mundpropaganda oder der eigenen Bequemlichkeit, was für einen Wettbewerb um Behandlungsqualität nicht förderlich ist.

Wie Einzelbeobachtungen nahe legen, versorgen niedergelassene Ärzte in ihrer Fachdisziplin jeweils ein breitgefächertes Spektrum an Patienten und beschränken auch ihr Behandlungsangebot nur selten auf spezifische Krankheitsbilder oder Patientengruppen. Entsprechend fragmentiert gestaltet sich denn auch das Angebot im niedergelassenen Bereich. Wie wir darlegen werden, limitiert ein übermäßig breites Leistungsspektrum sowohl die Fallzahlen als auch den Erfahrungsaufbau je Krankheitsbild – womit es schwerer wird, eine hohe Ergebnisqualität und Behandlungseffizienz zu erreichen.

Allerdings finden sich auch ermutigende Beispiele zur Spezialisierung ambulanter Einrichtungen. Für Onkologie, Diabetes, MS und HIV/AIDS gibt es inzwischen dedizierte Schwerpunktpraxen, auch wenn es bislang nur wenige mit zudem beschränkter Reichweite sind. So wurden 2005 in Berlin 40% der Krebspatienten und 20% der HIV/AIDS-Patienten in dedizierten Praxen behandelt.[213] Gleichwohl werden bei beiden Krankheitsbildern komplexe Fälle immer noch eher von Generalisten als von Spezialisten behandelt.

Einige regionale KVen lassen inzwischen für bestimmte Leistungen des EBM-Katalogs nur noch Leistungserbringer zu, die hohe Fallzahlen oder spezielle strukturelle Voraussetzungen nachweisen können. Ihr Ziel ist dabei solche Leistungen und Therapiemaßnahmen gezielt bei Ärzten zu konzentrieren, die am ehesten hervorragende Behandlungsergebnisse erreichen können. Ein Beispiel ist das Programm zur Qualitätssicherung in der Sonografie der KV Bayern. Wer als Kassenarzt Ultraschalluntersuchungen abrechnen will, muss dazu ein Gerät verwenden, das mehr als 256 Grauschattierungen darstellt oder weniger als zehn Jahre alt ist. In diesem Fall wird die Strukturqualität gemessen; nur 62% der zurzeit verwendeten Geräte erfüllen dieses Kriterium.[214] Eine weitere Qualitätsanforderung ist die Zertifizierung der ärztlichen Kompetenz: Um ihre Zulassung zu behalten, müssen die Ärzte Fragen zu 30 Sonogrammen beantworten. Die Bilder werden aus einer Fallbibliothek von 500 Fällen per Zufall ausgewählt. In der Vergangenheit bestanden im Durchschnitt 84% der teilnehmenden Ärzte diesen Test. Ein ähnliches Testprogramm gibt es auch für Mammografien. Die Ärzte müssen hier regelmäßig einen Test mit 50 Fällen bestehen. Nach der Einführung des Programms reduzierte sich die Zahl der Ärzte, die Mammografien anbieten, um 22%.[215] Weitere vergleichbare Zertifizierungen führt die KV Bayern für Koloskopien sowie für den Einsatz von Herzkathetern durch. In der Folge ergab sich eine gewisse Konzentration der Leistungsangebote bei den Kassenärzten – ein kleiner, aber positiver Schritt hin zu mehr Patientennutzen in der ambulanten Versorgung. Der Großteil der ambulanten Leistungen bleibt jedoch weiterhin fragmentiert und wird von niedergelassenen Ärzten erbracht, die auf der Ebene der Krankheitsbilder nur mit eher geringen Fallzahlen und eher begrenzten Erfahrungen aufwarten können.

Wie die Krankenhäuser berufen sich auch die niedergelassenen Ärzte häufig auf die Verbraucherfreundlichkeit einer Versorgung vor Ort, wenn sie begründen wollen, warum sie ein breites Leistungsspektrum anbieten. Laut einer Umfrage der KBV, der Kassenärztlichen Bundesvereinigung, können deutschlandweit zwei Drittel aller Bürger ihren Hausarzt in nur zehn Minuten erreichen, nur 3% der Befragten nannten eine Anfahrtszeit von mehr als 30 Minuten.[216] Diese Ergebnisse gelten auch für den ländlichen Raum. In Dörfern mit weniger als 5.000 Einwohnern ist der Zeitaufwand, der nötig ist um den Hausarzt zu erreichen, im Durchschnitt sogar geringer als in Städten mit über 100.000 Einwohnern.[217]

Festzuhalten bleibt: In Deutschland gibt es für Hausärzte und Fachärzte vielfältige Möglichkeiten, sich stärker zu spezialisieren um eine höhere Behandlungsqualität in der ambulanten Versorgung zu erreichen – dies gilt gleichermaßen für das Angebot von Behandlungsleistungen wie für das Ansprechen von Patientenzielgruppen. Die Patienten in Deutschland wären besser dran, wenn es weniger, aber stärker spezialisierte ambulante Leistungserbringer gäbe. Auch wenn sich damit die Anfahrtszeiten verlängerten, hätten die Patienten den Vorteil, von erfahreneren Ärzten behandelt zu werden.

Der Mangel an integrierter ambulanter Versorgung

Auch wenn systematische Studien noch ausstehen, so sind sich viele Beobachter einig: Die transsektorale Behandlungskette für Patienten ist unzureichend koordiniert – nicht nur zwischen den verschiedenen Typen von Leistungserbringern wie Kliniken, Krankenhäusern und Rehabilitationsanbietern. Noch unkoordinierter verläuft die Behandlungskette unter den niedergelassenen Ärzten selbst. Zwischen Hausärzten und niedergelassenen Fachärzten gibt es oft wenig Kontakt oder gar Zusammenarbeit. Ebenso wenig arbeiten die Fachärzte untereinander zusammen. Einzelbeobachtungen legen nahe, dass Hausärzte bei Krankheitsbildern wie Migräne oder Diabetes ihre Patienten manchmal zu spät an Fachärzte überweisen, in der Angst, die Patienten würden nicht zurückkehren.[218] Gelegentlich tritt auch der umgekehrte Fall ein: Unter den niedergelassenen Ärzten hat jede Fachdisziplin ihre eigene Zielvereinbarung für Arzneimittelausgaben, was die Ärzte dazu verleitet, Kosten für teure Medikamente einfach auf andere Fachdisziplinen abzuwälzen. So vermeiden es Allgemeinmediziner, zur Behandlung von Migräne teure Triptane zu verschreiben, eine hocheffektive Medikation. Stattdessen überweisen sie ihre Patienten zum Neurologen, um ihr eigenes Budget zu entlasten. Eine Barriere für die Integration ist auch der unzulängliche Informationsfluss zwischen den einzelnen Arztpraxen. Wie eine Studie ergab, erhielt der überweisende Arzt in 54% aller Überweisungsfälle kein Feedback.[219]

Wie sehr es an Integration mangelt, wird vor allem bei chronisch kranken Patienten erkennbar. Eine Studie von 2008 zeigte, dass in

Deutschland 50% aller Chroniker vier oder mehr Ärzte aufsuchen – das sind Zahlen, wie sie in keinem der sieben anderen Industrieländer erreicht wurden, die Teil der Studie waren.[220] Die Fragmentierung der Behandlung macht die hohe Anzahl der Arztbesuche plausibel und mag auch erklären, warum 43% der befragten Patienten von persönlich erlebter Verschwendung während des Behandlungsverlaufs berichteten.[221]

Auch wenn derzeit nur wenige systematisch erhobene Daten zum Stand der ambulanten Versorgung vorliegen, so gibt es doch eine wachsende öffentliche Debatte über die Separierung zwischen den ambulanten Fachdisziplinen. Wie weiter oben dargelegt eröffnen die jüngsten Reformen den Krankenkassen die Möglichkeit, unabhängig Verträge mit Untergruppen von Kassenärzten abzuschließen, insbesondere im Rahmen der besonderen ambulanten Versorgung nach §73c. Zwar finden sich bislang nur wenige Beispiele dafür, doch gibt es unter den Niedergelassenen einen Wettstreit um solche Verträge, um sich Einnahmen zu sichern und andere Anbieter auszustechen. Unglücklicherweise läuft der Wettbewerb um KV-unabhängige Vertragsabschlüsse, wie er heute stattfindet, eher auf ein Nullsummenspiel hinaus als darauf, die ambulante Versorgung zu integrieren und den Patientennutzen zu verbessern. Nutzen entsteht allein durch eine Integration der Fachdisziplinen über die Behandlungskette, nicht durch unabhängig agierende Fachdisziplinen, die einzelne Leistungen anbieten. Kommt es zu einer selektiven Kontrahierung einzelner Fachärzte, so wird dies die ambulante Versorgung weiter aufsplittern und die Integrationsprobleme nur noch verschärfen.

Disease-Management-Programme

2002 wurden in Deutschland erstmals Disease-Management-Programme (DMP) eingeführt. Grund dafür waren die unübersehbaren Qualitätsprobleme bei der Behandlung von chronisch kranken Patienten. Über die Jahre entstanden Programme für Diabetes, chronisch obstruktive Lungenerkrankung, koronare Herzkrankheit sowie für Brustkrebs. 2009 nahmen fast 6,2 Millionen Patienten daran teil.[222] Die niedergelassenen Ärzte melden die Patienten für die Programme an und verpflichten sich damit zu regelmäßigen Kontrolluntersuchungen, Patientenberatungen sowie einer Versorgung gemäß der gültigen Behandlungsrichtlinien. Dafür erhalten die Ärzte eine Zusatzvergütung pro Patient und Jahr, was ihnen einen Anreiz bieten soll, Patienten für die Programme zu gewinnen. In ähnlicher Weise erhalten die Krankenkassen Zusatzzahlungen aus dem RSA für die Durchführung solcher Disease-Management-Programme (siehe Kapitel 5), was die Teilnahme ihrer Versicherten an den Programmen auch für sie attraktiv macht.[223] Mit der Einführung des morbiditätsorientierten Risikostrukturausgleichs im Jahr 2009 ist der Anreizeffekt allerdings reduziert worden.

Bis vor kurzem gab es heftige Kritik an den DMP-Programmen. Moniert wurde, dass damit finanzielle Vorteile für Krankenkassen und Ärzte geschaffen werden, ohne dass sich an der Versorgung wirklich etwas ändert. Ende des Jahres 2007 konnten Studien zu Diabetes-Management-Programmen erstmals eine Reihe positiver Wirkungen bei den teilnehmenden Patienten nachweisen: Blutdruck und HbA1c, ein Maß für den durchschnittlichen Blutzuckerspiegel, waren bei DMP-Patienten niedriger als bei nicht teilnehmenden Patienten. Zudem zeigte sich bei DMP-Patienten auch eine höhere Patientenzufriedenheit.[224] Positive Ergebnisse wurden auch zwei Jahre nach dem Start des DMP-Programms zur koronaren Herzkrankheit gemeldet.[225] All diese Ergebnisse verdeutlichen, welche potenziellen Vorteile mit dem Wechsel zu einer nutzenorientierten Gesundheitsversorgung verbunden sind. Sie illustrieren allerdings auch, welche engen Beschränkungen bestehen, wenn man versucht, die Qualität der Behandlung zu verbessern, ohne das System in seiner Struktur zu verändern.

IT-Nutzung im ambulanten Sektor

Jede Arztpraxis hat ihre eigene, exklusive Patientenakte und es gibt kein gemeinsames IT-System, das alle niedergelassenen Ärzte, Krankenhäuser, Apotheken und Krankenkassen verbindet.

Mit der Gesundheitsreform von 2004 wurde die Einführung einer elektronischen Gesundheitskarte beschlossen, die Versicherungsinformationen und medizinische Daten kombinieren sollte. Verantwortlich für die Projektkoordination war die *Gesellschaft für Telematikanwendungen der Gesundheitskarte GmbH* (Gematik). Sie wurde 2005 von den Bundesverbänden der Krankenkassen, der Krankenhäuser, der niedergelassenen Ärzte und der Apotheken gegründet. Bislang hat sie leider nur wenige Fortschritte erzielt. Grund dafür waren Bedenken hinsichtlich der Datensicherheit und Kosten, aber auch ein fehlender Konsens unter den Akteuren. Vorgesehen war, dass die Mitglieder der Krankenkassen 2008 eine obligatorische *eCard* erhalten. Sie sollte die administrativen Daten sowie Daten zu ärztlichen Verordnungen enthalten, zusammen mit einem Lichtbild des Karteninhabers, um Missbrauchsmöglichkeiten einzuschränken. Die Einführung verzögerte sich jedoch. Inzwischen ist ein freiwilliges Programm geplant, um zu guter Letzt doch die Speicherung von medizinischen Daten für den Notfall zu ermöglichen und einen Zugang zu zentral gespeicherten elektronischen Patientendaten und Arztberichten zu schaffen. Doch in dieser Form ist die Umsetzung indes noch Jahre entfernt.

Gemessen an internationalen Standards liegt Deutschland weit zurück, was die Nutzung von IT im ambulanten Bereich anbelangt. Bei einer Umfrage des Commonwealth Fund unter Hausärzten in sieben Ländern gaben 42% der deutschen Ärzte an, eine Basisversion einer elektronischen Patientenakte (EMR – Electronic Medical Recording System) zu benutzen, verglichen mit 98% in den Niederlanden und 89% im Vereinigten Königreich (Daten von 2006).[226] Über eine elektronische Patientenakte mit erweiterten Funktionalitäten verfügen insgesamt nur 32% der Hausarztpraxen in Deutschland.[f] 9%

---

[f] Von einem erweiterten EMR spricht man, wenn 7 der folgenden 14 Funktionalitäten verfügbar sind: 1. das EMR-System selbst, 2.- 4. EMR-Zugang für andere Ärzte, Praxen und Patienten, 5. – 6. routinemäßige Online-Auftragsabwicklung bei Tests und Verschreibungen, 7. Online-Zugang zu Untersuchungsergebnissen, 8. Online-Zugang zu Krankenhausunterlagen, 9. IT-gestützter Versand von Erinnerungsschreiben an Patienten für Follow-up-Untersuchungen, 10. Online-Verschreibungs-Warnungen, 11. Echtzeit-Übermittlung von Untersuchungsergebnissen, 12. – 13. Easy-to-list-Diagnostik und -Medikationen, 14. automatische Memory-Funktion zur Erinnerung an Patienten, die zur Behandlung anstehen.

tauschen Patientenunterlagen elektronisch mit Ärzten außerhalb ihrer Praxis aus und 15% bieten ihren Patienten einen vereinfachten Zugang zu ihrer Krankenakte an.[227] Nur 28% aller deutschen Ärzte verschicken IT-gestützt Erinnerungsschreiben für Präventions- oder Follow-up-Maßnahmen an ihre Patienten. Nur 40% erhalten automatisch Warnungen zu möglichen Arzneimittelwechselwirkungen oder falschen Dosierungen, weitere 33% erhalten solche Warnungen immerhin über ein manuelles System. Über 25% der deutschen Ärzte erhalten jedoch überhaupt keine Warnungen über möglicherweise schädliche Wechselwirkungen von Medikamenten. Die begrenzte Nutzung von IT und die mangelnde Vernetzung der verschiedenen Leistungserbringer untereinander sind eine signifikante Hürde auf dem Weg zu mehr Patientennutzen, denn bislang werden Patienteninformationen nicht standardmäßig ausgetauscht und auch nicht fachlich diskutiert – weder auf der Ebene der Fachdisziplinen noch auf der Ebene des jeweiligen Leistungserbringers.

Vergütung ambulanter Leistungen bei Kassenpatienten

Bei Kassenpatienten werden alle ambulanten Versorgungsleistungen auf der Basis des *Einheitlichen Bewertungsmaßstabs* (EBM) vergütet. Der EBM wurde 1977 als Standardvergütungskatalog für die GKV-Versicherungen eingeführt. Seither benutzen alle Krankenkassen und Kassenärzte den EBM, der Tausende von Behandlungsleistungen und Therapiemaßnahmen jeweils in kodierter Form erfasst. Bis Ende 2008 war jeder EBM-Ziffer lediglich eine bestimmte Anzahl von Vergütungspunkten zugeordnet. Der Wert je Punkt errechnete sich aus dem Verhältnis des fixen GKV-Gesamthonorars zur Summe aller erbrachten Vergütungspunkte. Während eine höhere Inanspruchnahme von ambulanten Leistungen zu einem niedrigeren Punktwert führte, bedeute eine geringere Inanspruchnahme einen höheren Punktwert. Dieser Mechanismus erzielte immer ein ausgeglichenes Budget, unabhängig von der Inanspruchnahme ambulanter Leistungen.

Eine umfassende Reform in 2009 schaffte das bestehende System eines schwankenden Punktwerts ab und legte stattdessen feste Preise für jede Ziffer fest. Um jedoch die Gesamtkosten zu kontrollieren, wurden je Vertragsarzt Budgets festgelegt.

Der heutige Vergütungskatalog, der EBM 2008, ist eine Mischung aus Kopfpauschalen, Einzelleistungsvergütungen und einer Reihe gebündelter Vergütungen. Letztere decken die Diagnose und Therapie bestimmter Krankheitsbilder jeweils über einen definierten Zeitraum ab. Zwar enthielten auch frühere EBM-Kataloge bereits diese drei Elemente, doch setzt der EBM 2008 mehr denn je auf Pauschalen und gebündelte Zahlungen – ein Schritt in die richtige Richtung, wie wir noch darlegen werden. Gleichwohl werden auch im EBM 2008 weiterhin Hausärzte vorzugsweise über Kopfpauschalen, niedergelassene Fachärzte dagegen vorzugsweise nach Einzelleistungen entlohnt.

Auf Hausarztebene gibt es drei Kopfpauschalen für die Primärversorgung, basierend auf drei Altersgruppen: 0–5 Jahre, 6–59 Jahre und über 59 Jahre. Die Kopfpauschalen werden pro Quartal ausbezahlt: Hausärzte erhalten 42 Euro für jeden Patienten unter 5 Jahren, 31 Euro für Patienten zwischen 6 und 59 Jahren und 36 Euro für Patienten über 59 Jahren. Mit diesen Zahlungen werden jeweils alle Besuche über das gesamte Quartal abgedeckt. Für Patienten mit chronischen Krankheiten erhalten Hausärzte zusätzlich 17 Euro pro Patient und Quartal. Schätzungsweise erfüllen etwa 38% aller Hausarztpatienten die Anforderungen für diese Zusatzzahlung.[228] Hausärzte können zudem bestimmte Leistungen wie Belastungs-EKGs, Lungenfunktionsprüfungen oder Ultraschalluntersuchungen in Form von Einzelleistungsabrechnungen in Rechnung stellen. Der Umfang dieser Leistungen ist jedoch begrenzt (siehe unten).

Auf der Facharztebene gibt es ebenfalls eine Kopfpauschale je Patient und je Quartal, um die Grundkosten zu decken. Anders als bei den Hausärzten macht die Kopfpauschale bei den Fachärzten jedoch weniger als die Hälfte der Gesamtvergütung aus. Gängigste Form der Vergütung bleibt damit weiterhin das Honorar für Einzelleistungen, obwohl der aktuelle EBM in einigen Bereichen, z.B. für die Diagnostik und Behandlung degenerativer Erkrankungen der Wirbelsäule (EBM 18331), gebündelte Zahlungen vorsieht. Solche Zahlungen decken dabei jeweils einen Zeitraum von drei Monaten ab.[229]

Mit Blick auf die nach wie vor überragende Bedeutung der Einzelleistungsvergütung haben Regierung und Krankenkassen zur Kosteneindämmung eine Budgetierung durchgesetzt. Sowohl das Vergütungsbudget der Hausärzte als auch das der niedergelassenen Fachärzte setzt sich dabei aus zwei Komponenten zusammen: dem Regelleistungsvolumen (RLV) und dem qualifikationsbezogenen Zusatzvolumen (QZV). Mit dem RLV wird dem einzelnen Arzt jeweils ein Maximalbetrag vorgeben, den er bzw. sie für die Behandlungsleistungen in Rechnung stellen kann. Das RLV ist von den Fallzahlen der Fachdisziplin des Arztes (z.B. Allgemeinmedizin, Kardiologie oder Pädiatrie) sowie der Altersstruktur seiner Patienten abhängig.[230] Arztpraxen mit einer älteren Patientenpopulation haben mithin ein höheres RLV-Budget als Ärzte mit jüngeren Patientenpopulationen. Das jeweilige QZV-Budget bemisst sich demgegenüber allein nach der Fachdisziplin des Arztes.

Überschreitet der einzelne Arzt sein Vergütungsbudget, indem er mehr Leistungen in Rechnung stellt, so werden ihm diese zusätzlichen Leistungen jeweils niedriger vergütet. Wird der Fallzahlendurchschnitt seines Fachgebiets um 50% überschritten, so werden die zusätzlichen Leistungen mit 25% diskontiert. Bei einer Überschreitung um 70% werden die zusätzlichen Leistungen mit 50%, bei einer Überschreitung um über 100% mit bis zu 75% diskontiert.[231] Wie im Krankenhaussektor geht die erzielte Fallzahlensteigerung jedoch in die Planung des Budgets für das kommende Jahr ein.

Vergütung ambulanter Leistungen bei Privatpatienten

Für ambulante Privatpatienten gilt ein anderer Vergütungskatalog als für gesetzlich versicherte Patienten. Darüber hinaus gibt es für den einzelnen Arzt weder Budget- noch Fallzahlenrestriktionen. Anders als in der gesetzlichen Versicherung begleicht jeder Patient seine Rechnungen direkt beim jeweiligen Leistungserbringer und erhält anschließend von der Versicherung eine Rückerstattung seiner Auslagen.

Der Vergütungskatalog für ambulante Privatpatienten ist die Gebührenordnung für Ärzte (GOÄ). Die GOÄ hat tausende von Abrechnungsziffern, wobei jeder einzelnen ein fixer Grundbetrag in Euro zugewiesen ist. Die Abrechnungsziffern beziehen sich jeweils auf medizinische Tätigkeiten und Leistungen wie etwa eine gründliche körperliche Untersuchung, die Durchführung einer Blutuntersuchung oder eine kleinere Operation. Wenige Ziffern beziehen sich auf Patientenaufklärung oder Edukation.

Bei der Abrechnung sind die behandelnden Ärzte jeweils berechtigt den GOÄ-Grundbetrag multipliziert mit einem entsprechenden Steigerungsfaktor in Rechnung zu stellen. Der Steigerungsfaktor reicht vom 1,0-fachen bis zum 3,5-fachen, je nach Spezialisierungsgrad des Arztes und der Komplexität der Leistungserbringung. Die genaue Höhe wird vom einzelnen Arzt selbst festgelegt, wobei Obergrenzen je nach Art der Leistung vorgegeben sind. Vorteilhaft aus Arztsicht ist, dass es anders als in der GKV keinerlei Fallzahlenbegrenzungen oder Budgetierungen gibt. Dies und der höhere Vergütungssatz machen Privatpatienten für niedergelassene Ärzte besonders attraktiv. Privatpatienten erhalten daher auch meist deutlich schneller einen Behandlungstermin.

Aus Patientensicht bietet die direkte Abrechnung den Vorteil, dass sie mehr Kostentransparenz schafft und das Kostenbewusstsein erhöht. Inzwischen können sich auch GKV-Patienten zu Informationszwecken eine Kopie der Rechnung ausstellen lassen, die ihr Arzt bei der Krankenkasse einreicht. Nur wenige GKV-Patienten haben jedoch bisher von dieser Möglichkeit Gebrauch gemacht.

Rehabilitationskliniken und Pflegeheime

Deutschland weist auch außerhalb von akutstationären Krankenhäusern und dem ambulantem Bereich ein dichtes Netzwerk an Leistungserbringern auf. Zu erwähnen sind hier insbesondere die über

1.200 stationären Rehabilitationskliniken. Kein anderes Land der westlichen Welt hat ein vergleichbares Netzwerk an stationären Rehabilitationseinrichtungen. Hinzu kommen, neben ambulanten Leistungserbringern wie Physiotherapeuten, Sprachtherapeuten und Ergotherapeuten, über 10.000 Pflegeheime. Damit verfügt Deutschland auch über ein dichtes Netzwerk an Einrichtungen zur Betreuung einer immer älter werdenden Bevölkerung.

In diesem Abschnitt werden wir uns speziell mit Rehabilitationskliniken und Pflegeheimen beschäftigen. Beide spielen eine bedeutsame Rolle in der derzeitigen Versorgungsstruktur und beide haben ähnliche Probleme wie die stationäre und ambulante Versorgung: Es gibt keine umfassende Messung der Behandlungsergebnisse. Es wird immer noch eine gleichwertige Versorgung unterstellt, obwohl es Daten zu erheblichen Qualitätsunterschieden zwischen den Einrichtungen gibt. Zudem gibt es massive Anstrengungen, die Kosten zwischen den verschiedenen Sektoren hin und her zu verschieben, anstatt zu versuchen, die Kosten und Leistungserbringung über die *gesamte* Behandlungskette zu optimieren.

Rehabilitationskliniken

Eine Besonderheit des deutschen Gesundheitssystems sind die allgegenwärtigen stationären Rehabilitationskliniken. Im Jahr 2006 gab es 1.200 dieser Zentren mit 172.000 Betten, die insgesamt 1,8 Millionen Menschen behandelten. Die durchschnittliche Aufenthaltsdauer betrug 25,6 Tage (im Vergleich zu 8,1 Tagen in Krankenhäusern).[232] Im Unterschied zu Krankenhäusern sind die meisten Rehabilitationskliniken in privater Hand.

Anders als bei der Akutversorgung haben Krankenversicherungen das Recht, Patienten an ihre bevorzugte Rehabilitationsklinik zu verweisen. Zudem müssen Patienten die Genehmigung ihrer Krankenversicherung einholen, bevor sie mit einer stationären Rehabilitation beginnen. Normalerweise bezahlen die Krankenversicherungen die Rehabilitation. Ein Ausnahmefall sind Rehabilitationsmaßnahmen bei drohender Erwerbsunfähigkeit. Hier übernehmen gewöhnlich die Rentenversicherungsträger die Kosten. Unter bestimmten Umständen zahlen auch die Berufsgenossenschaften oder die Pflegeversicherung den stationären Aufenthalt.

Rehabilitationskliniken rechnen wie einst die Krankenhäuser vor der Einführung des DRG-Systems auf der Basis von Tagessätzen ab. Das Vergütungsniveau variiert zwischen den Bundesländern und Leistungserbringern; üblicherweise liegt es in einer Größenordnung von 100–200 Euro pro Patient und Tag. In Bayern wird geriatrische Rehabilitation z.B. mit 176 Euro pro Tag vergütet und orthopädische Rehabilitation mit 106 Euro pro Tag. Die Tagessätze decken den gesamten Aufenthalt ab einschließlich aller Therapieleistungen, Pflege, medizinischer Versorgung, Medikation und Unterkunft. Die Therapien sind häufig im Blick auf bestimmte Patientengruppen organisiert, um die Effizienz zu steigern. Einzeltherapien beschränken sich dabei oft auf ein bis drei Behandlungen am Tag. Privatpatienten erhalten meistens deutlich mehr Therapiemaßnahmen.

Ähnlich wie bei anderen deutschen Leistungserbringern gibt es auch für Rehabilitationskliniken auffallend wenig Daten zur Ergebnisqualität. Einzelbeobachtungen, aber auch eine aktuelle, von den Krankenversicherungen unterstützte Benchmarking-Studie weisen auf große Qualitätsunterschiede zwischen den einzelnen Kliniken hin.[233] Im Rahmen der Studie wurde der funktionelle Zustand von Patienten nach der Behandlung in 16 orthopädischen Reha-Zentren erhoben. Die Qualität der Behandlungsergebnisse schwankte signifikant zwischen den Zentren, und zwar auch bei einer Risikoadjustierung nach Alter, Geschlecht, Morbidität, funktionellem Ausgangszustand sowie Motivation der Patienten.

Über die Beobachtungen zu Qualitätsunterschieden zwischen Rehabilitationskliniken hinaus gibt es keine umfassenden Daten, die eine Überlegenheit der stationären Rehabilitation gegenüber dem Verzicht auf organisierte Nachsorge beziehungsweise gegenüber anderen Versorgungsmodellen zeigt. Nur wenige Länder besitzen ein ähnlich umfassendes Netzwerk stationärer Rehabilitationskliniken wie Deutschland – dies lässt vermuten, dass die günstigere ambulante Rehabilitation als Substitut genutzt werden könnte. Einer deutschen Studie zufolge ist bei Erkrankungen des Bewegungsapparates sowie bei Herzerkrankungen die ambulante Rehabilitation genauso effektiv wie eine stationäre, dafür aber deutlich kostengünstiger, um 37% im ersteren und um 25% im letzteren Fall.[234] Um die damit aufgeworfenen Fragen zu klären, benötigen wir dringend mehr Daten zur Ergebnisqualität, und zwar über ein breites Spektrum von Krankheitsbildern. Denn positive Ergebnisse bei einem Krankheitsbild beweisen noch nicht die Effektivität bei einem anderen. Bislang haben es die Krankenkassen nicht geschafft, diese Daten von den Leistungserbringern einzufordern.

Pflegeheime

Bundesweit gibt es etwa 10.400 Pflegeheime, die sich üblicherweise paritätisch aus Zahlungen der Pflegeversicherung und der Heimbewohner finanzieren. Vor der Einführung der obligatorischen Pflegeversicherung 1994 mussten die Bewohner für die gesamten Kosten allein aufkommen. Nur bei Härtefällen steuerte die jeweilige Kommune im Rahmen der Sozialhilfe einen Teil bei. 1991 machten Pflegeheimzuschüsse ein Drittel der Sozialhilfeleistungen aus und bedrohten damit ernsthaft die Stabilität des Systems. Diese Kostenbelastung für die Kommunen wurde 1994 auf Arbeitgeber, Arbeitnehmer und Rentner übertragen – im Zuge der Einführung der obligatorischen Pflegeversicherung, die sich am Modell der gesetzlichen Krankenversicherung orientierte. Ähnlich wie bei der Krankenversicherung ist als Versicherungsbetrag ein fester Prozentsatz des Bruttoarbeitseinkommens, zurzeit 1,95%, abzuführen; dieser wird gemeinsam von Arbeitgebern und Arbeitnehmern aufgebracht. Rentner müssen dagegen die Beiträge allein aufbringen. Anders als bei der Krankenversicherung übernimmt die Rentenversicherung hier keinen Anteil. 2007 betrugen die Gesamtbeiträge zur Pflegeversicherung 18,4 Milliarden Euro, im Vergleich zu 145,4 Milliarden für die gesetzliche Krankenversicherung.[235]

Die Bewohner eines Pflegeheims werden jeweils nach ihrem Pflegebedarf eingestuft. Bewohner mit Pflegestufe I brauchen mindestens einmal am Tag für mindestens 90 Minuten pflegerische Unterstützung. Bei Pflegestufe II sind es bei mindestens dreimal täglicher Hilfe insgesamt mindestens 120 Minuten. Bei Pflegestufe III sind es zusammen mindestens 300 Minuten am Tag für Unterstützungsleistungen, die sich auf alle Aktivitäten des täglichen Lebens erstrecken. Die Einstufung der Patienten erfolgt im Rahmen eines Begutachtungsverfahrens durch speziell ausgebildete Pflegefachkräfte. Die Preise für Pflegeleistungen können erheblich variieren, abhängig vom jeweiligen Pflegebedarf. Den Pflegeheimen steht es dabei frei, je Pflegestufe ihre eigenen Preise festzusetzen. Die nachstehenden Tagessätze mögen einen Eindruck von den Preisniveaus vermitteln (siehe Tabelle 9):

Tabelle 9. Preise für Pflegeheime nach Pflegestufe und Aufteilung der Kosten zwischen Pflegeversicherung und Bewohnern[236]

Pflegestufe	Kosten pro Tag (in Euro)	Täglicher Beitrag der Pflegeversicherung (in Euro)	Kosten pro Tag für die Bewohner (in Euro)
I	92	34	58
II	106	42	64
III	116	50	66

Wie erwähnt sind von den Kosten jeweils über 50% von den Bewohnern selbst oder von deren Angehörigen zu tragen. Falls dies nicht möglich ist, werden die Pflegebedürftigen in das jeweils günstigste Pflegeheim eingewiesen und die Restkosten werden vom Sozialamt getragen.

Mit ihren Tagessätzen decken die Pflegeheime Unterbringung, Verpflegung, Pflegeleistungen und manchmal auch Nebenleistungen wie Physiotherapie ab. Dagegen beschäftigen die Pflegeheime in aller Regel keine Ärzte. Die medizinische Versorgung der Heimbewohner (einschließlich der Medikation) liegt üblicherweise in den Händen der lokalen niedergelassenen Ärzte, die auch gelegentlich

Visiten im Pflegeheim durchführen. Vergütet wird die medizinische Versorgung über die gesetzliche oder private Krankenversicherung des Patienten.

Wie stark die Betreuungsqualität von Pflegeheim zu Pflegeheim variieren kann, macht eine aktuelle Studie deutlich: Bei vergleichbaren Patientenprofilen schwanken die monatlichen Krankenhauseinweisungen zwischen 4% und 13% der jeweiligen Bewohnerpopulation. Ähnlich auffällig sind die Abweichungen bei den Ausgaben für Medikamente: Hier gibt es eine Schwankungsbreite zwischen 71 und 184 Euro pro Patient und Monat.[237] Höhere medizinische Kosten sind dabei, so die Ergebnisse der Studie, keineswegs mit höherer Versorgungsqualität verbunden.

Erst in neuerer Zeit haben die Krankenversicherungen begonnen Pflegeheime einmal im Jahr einer Betriebsprüfung zu unterziehen. Dabei werden 83 Qualitätskriterien überprüft, zu denen verfügbare medizinische Leistungen, Pflege bei Demenz, Hygiene sowie die von den Bewohner wahrgenommene Betreuungsqualität gehören.[238] Die Pflegeheime erhalten eine Gesamtnote, aber auch Einzelnoten in vier Teilbereichen.[239] Diese Transparenz ist ein positiver Schritt hin zu mehr Patientennutzen, wobei die Bewertungskriterien sich zukünftig mehr auf die Ergebnis- und weniger auf die Prozessqualität konzentrieren sollten.

Dennoch gibt es im heutigen System wenig finanzielle Anreize, die Versorgung der Patienten konsequent zu optimieren, denn die Unterschiede in der Ergebnisqualität werden erst zunehmend transparent, die Vergütung erfolgt unabhängig von der Ergebnisqualität und die Pflegeheime müssen keine Kosten für Medikation oder für wiederholte Krankenhauseinweisungen tragen. Dies führt dazu, dass Pflegeheime schwierige Betreuungsfälle im Zweifel in ein Krankenhaus überweisen, um die Belastung ihrer Mitarbeiter zu reduzieren. Gleiches gilt für die betreuenden Ärzte: Angesichts der niedrigen Vergütung von Arztbesuchen in Pflegeheimen liegt es für sie nahe, kranke Heimbewohner möglichst früh ins Krankenhaus einzuweisen. All dies steigert nicht den Patientennutzen.

Reformbemühungen zur Integration der Versorgung

Kennzeichnend für die Gesundheitsversorgung in Deutschland sind, wie bereits dargestellt, ein hohes Maß an Fragmentierung sowie ein Mangel an Integration. Die meisten Krankenhäuser, niedergelassenen Ärzte, Rehabilitationskliniken, Pflegeheime und Therapeuten arbeiten völlig unabhängig voneinander. Der Mangel an Integration findet sich zwischen den unterschiedlichen Sektoren, aber auch innerhalb der Sektoren. So ist z.B. nicht nur die ambulante Versorgung, sondern auch die Versorgung innerhalb einzelner Krankenhäuser über Ärzte oder Ärzteteams hinweg häufig hoch fragmentiert; jeder kümmert sich ausschließlich nur um einen Teilaspekt des Problems. Gesamtergebnisse werden dabei nicht gemessen oder diskutiert und Informationen werden nicht zwischen den behandelnden Ärzten ausgetauscht. Verschärft wird die Fragmentierung zum einen durch die räumliche Trennung der verschiedenen Akteure, die jeweils unterschiedliche Aspekte des gleichen Problems behandeln, zum andern aber auch durch die Aufsplitterung der Vergütung – aus der eine ständige Verlagerung der Kosten zwischen den Anbietern resultiert. Diese Fragmentierung führt zusammen mit einem Vergütungssystem, das vorzugsweise auf Quantität, nicht auf Ergebnisqualität setzt, zu einer Duplizierung der Versorgungsstrukturen, einer Vielzahl von Arztbesuchen zur Lösung ein- und desselben Problems und zu suboptimalen Behandlungsergebnissen. In ihrer derzeitigen Struktur steht die Gesundheitsversorgung in einem markanten Gegensatz zu einer integrierten Versorgung, die auf Krankheitsbilder bzw. die Primärversorgungsbedürfnisse von Patientengruppen ausgerichtet ist. Die Medizin ist zu komplex geworden, als dass sie von einem Einzelnem oder einer einzelnen Fachdisziplin gemeistert werden könnte.

Obwohl das Integrationsproblem schon länger bekannt war, begann Deutschland erst mit den Reformen von 2004 und 2007 die dringend nötige Restrukturierung der Gesundheitsversorgung wirklich in die Wege zu leiten. Die vorausgegangenen Reformen berührten kaum die Organisation der Versorgung, vielmehr konzentrierten sie sich auf Reformen der Krankenversicherung sowie auf Mengen- und Preiskontrollen auf Seiten der Leistungserbringer. Wie in Kapitel 4 dargestellt führten die Reformen Budgetierungen, Zwangsrabatte für die Leistungserbringer sowie erhöhte Zuzahlungen für die Patienten ein. Der Wurzel aller Einzelprobleme wurde keine Aufmerksamkeit geschenkt: nämlich der Anzahl der Arztbesuche pro Kopf, die in Deutschland höher ist als in irgendeinem anderen Land auf der Welt.

In diesem Abschnitt werden wir die Reformen von 2004 und 2007 mit ihren ursprünglichen Intentionen beschreiben und ihre Auswirkungen auf die derzeitige medizinische Praxis analysieren. Die Reformen ermöglichten Vertragsmodelle zur Integration der Versorgung unter den Leistungserbringern. Sie öffneten die Krankenhäuser für die ambulante Versorgung. Sie schufen die rechtliche Basis dafür, dass andere als die niedergelassenen Ärzte kassenärztliche Zulassungen erwerben konnten. Und sie sorgten dafür, dass Ärzte flexibler zwischen Beschäftigungsverhältnissen im ambulanten und stationären Bereich wechseln konnten. All diese Maßnahmen hätten die Fragmentierung der Versorgung reduzieren können.

Unglücklicherweise hat sich bis heute kaum etwas an der Art geändert, wie Gesundheitsversorgung in Deutschland erbracht wird. Denn die Reformen versäumten es, eine entscheidende Hürde auf dem Weg zur integrierten Versorgung zu thematisieren: das deutsche Vergütungssystem. Immer noch belohnt dieses System primär Volumen und das Hin- und Herschieben von Kosten anstatt einer Integration der Behandlung.

Integrierte Versorgungsverträge nach §140 SGB V

Die Novellierung des §140 SGB V im Rahmen der Gesundheitsreform von 2000 ermöglichte es, integrierte Versorgungsnetzwerke einzurichten. Zudem eröffnete sie die Option selektiver Vertragsabschlüsse zwischen Krankenkassen und Leistungserbringern außerhalb der regulären Kollektivverträge. Um Innovation zu fördern, war das Gesetz offen formuliert, ohne eine bestimmte Struktur für die Vertragsgestaltung festzulegen. Entsprechende Verträge können stationäre, ambulante und rehabilitative Versorgungsleistungen kombinieren. Die Vergütungsstruktur ist frei verhandelbar, möglich ist auch eine Einmalzahlung, die alle beteiligten Leistungserbringer einbezieht. Ebenso wurden leistungsbezogene Vergütungsanreize (*pay for perfomance*) sowie Pauschalen für Krankheitsbilder zugelassen.

Die Inanspruchnahme von Netzwerken nach §140 ist für die Patienten freiwillig und weder mit finanziellen Anreizen noch mit Zuzahlungen verbunden. Somit können die Krankenkassen und Leistungserbringer ihre Versorgungssysteme frei gestalten, um für ihre Versicherten eine höhere Behandlungsqualität sowie langfristig niedrigere Kosten zu erzielen. Dies könnte beiden Seiten auch die Möglichkeit eröffnen, sich über solche Angebote in einem zunehmenden Wettbewerb hervorzutun.

Integrierte Versorgungsverträge wurden erstmals 2000 zugelassen; bis zu der Reform von 2004 blieben sie jedoch unbedeutend. Bis dahin mussten nämlich alle Verträge zwischen Krankenkassen und niedergelassenen Leistungserbringern von den KVen genehmigt werden, die nur widerwillig kooperierten. Umgekehrt zögerten auch die Krankenkassen Verträge zur integrierten Versorgung zu unterzeichnen und gewissermaßen doppelt für die entsprechenden Leisungen zu bezahlen, denn es gab keinen Ausgleichsmechanismus, um die mit den KVen vereinbarten Globalbudgets jeweils entsprechend zu reduzieren. Mit der Reform von 2004 wurden diese Hürden beseitigt: Die obligatorische Bewilligung durch die KVen entfiel und um Finanzierungsspielräume für die Förderung von integrierten Versorgungsverträge zu schaffen, wurden zudem die Budgets für die stationäre und ambulante Versorgung pauschal um 1% gesenkt, und zwar unabhängig von der möglichen Teilnahme an solchen Verträgen. Die so einbehaltenen Mittel dienten dann dazu, um Leistungserbringer zu bezahlen, die sich zur Teilnahme an §140-Vertragsmodellen entschieden. Dank dieser Veränderungen stieg die Anzahl der abgeschlossenen Verträge deutlich. Anfang 2009 gab es 6.407 Verträge mit über 4 Millionen Patienten und einem Vergütungsvolumen von insgesamt 811 Millionen Euro.[240]

Die Novellierung des §140 SGB V könnte sich als ein wichtiger Meilenstein erweisen. Denn damit wurden Krankenkassen und Leistungserbringer in die Lage versetzt, eine nachhaltige integrierte Versorgung für spezifische Krankheitsbilder über die gesamte Behandlungskette hinweg zu entwickeln. Das Gesetz ist offen formuliert, so dass unterschiedliche Typen von Leistungserbringern Partnerschaften eingehen können. Gleichzeitig erhalten die Krankenkassen die Möglichkeit, für die gesamte Behandlungskette eine einheitliche, gebündelte Vergütung anzubieten. Alle Akteuren können davon profitieren: Die Patienten erhalten eine bessere Behandlung für ihr jeweiliges Krankheitsbild, die Krankenkassen erhalten eine höhere Behandlungsqualität zum gleichen oder sogar zu einem niedrigeren Preis und die Leistungserbringer profitieren von höheren Patientenzahlen, Effizienzgewinnen sowie einer Vergütung außerhalb des regulären KV-Budgets.

Auch wenn das Medieninteresse an diesen Verträgen hoch war, blieb ihre tatsächliche Wirkung auf die Gesundheitsversorgung doch bisher recht begrenzt. Denn es ergaben sich auch einige Probleme: Verträge nach §140 SGB V wurden meist nur mit einem einzigen Leistungserbringer geschlossen, so dass ihr eigentliches Potenzial hinsichtlich der Integration der Versorgung nicht voll zum Tragen kam. Von den Krankenkassen wurden sie dazu benutzt, um selektiv Mengenrabatte mit den Leistungserbringern auszuhandeln, nicht aber um die Behandlung nachhaltig zu integrieren. Geläufigstes Beispiel hierfür ist die Vielzahl von Verträgen für chirurgische Routineeingriffe wie etwa das Einsetzen eines künstlichen Hüftgelenks. Auf Seiten der Krankenhäuser wurden integrierte Versorgungsverträge manchmal dazu missbraucht, um über Kickbacks stationäre Einweisungen zu generieren – ein klarer Fall von Nullsummen-Wettbewerb.[241]

Beträchtlich ist auch der Verwaltungsaufwand bei Verträgen nach §140 SGB V. Jede Krankenkasse handelt ihre eigenen Verträge aus, mit ihren eigenen Anmeldeverfahren, Vergütungsstrukturen und

Qualitätsanforderungen. Oft sind die Patientenzahlen zu klein, um den Aufwand zu rechtfertigen. Im Durchschnitt deckt ein integrierter Versorgungsvertrag gerade einmal 624 Patienten ab, bei einem Vergütungsvolumen von 203 Euro je Patient.[242] Nach Einschätzung von Kritikern hat die große Anzahl von Einzelverträgen mit jeweils geringen Patientenzahlen die Fragmentierung in der Gesundheitsversorgung eher noch verstärkt. Nach wie vor scheint auch die Trägheit der Krankenkassen und Leistungserbringer die Entwicklung nachhaltig innovativer Versorgungsmodelle massiv zu behindern.

Gleichwohl gibt es eine Reihe sehr vielversprechender Beispiele, die zeigen, welches Potenzial integrierte Versorgungsverträge haben könnten. Eines davon ist das Versorgungsmodell für Migräne, das aus der Zusammenarbeit des Universitätsklinikum Essen und der KHH entstand. Gemeinsam etablierten beide Partner eine dedizierte Einrichtung mit eigens eingestellten Mitarbeitern, um eine voll integrierte Versorgung für Migränepatienten sicherzustellen. Mediziner, Psychologen und Physiotherapeuten versorgen am gleichen Ort gemeinsam Migränepatienten. Das Westdeutsche Kopfschmerzzentrum hat es geschafft, signifikant bessere Behandlungsergebnisse für seine Patienten zu erreichen und dabei nach einer Anlaufzeit auch die Kosten zu senken. Inzwischen ist das Modell in mehreren deutschen Städten eingeführt worden. Das Beispiel des Westdeutschen Kopfschmerzzentrums wird ausführlich in einer Fallstudie der Harvard Business School beschrieben. Es kann als Vorbild dienen, wie in ganz Deutschland die nötige Restrukturierung der Gesundheitsversorgung erreicht werden kann.[243] Es zeigt zudem, wie das Gesundheitssystem so reformiert werden kann, dass es zu einem höheren Patientennutzen führt.

Ambulante Behandlung im Krankenhaus

Die Novellierung von §116b SGB V hat auch die Möglichkeit geschaffen, in Krankenhäusern Spezialambulanzen einzurichten, um die ambulante und stationäre Versorgung zu integrieren. Krankenhäuser können damit gleichermaßen ambulante wie stationäre Behandlungsleistungen für komplexe Krankheitsbilder wie MS, Hämophilie, HIV oder Krebs anbieten. Damit wird die Integration der Versorgung verbessert und der Nutzen für die Patienten gesteigert.

Vor 2004 durften Krankenhäuser keine Ambulanzen betreiben, sieht man von den wenigen von der KV zugelassenen Krankenhausärzten und einigen Universitätskliniken ab. Auch die Krankenkassen zögerten derartige Verträge zu unterzeichnen, da es kein Prozedere gab, um Budgets aus der ambulanten Versorgung entsprechend umzuwidmen. Aus Kassensicht bedeutete die Substitution von stationären durch ambulante Leistungen zwar eine Senkung der stationären Kosten, aber keinesfalls eine entsprechende Senkung der KV-Budgets für die ambulante Behandlung. Zudem machten sich die Kassen Sorgen, dass sie mit dem Abschluss entsprechender Versorgungsverträge mit den Krankenhäusern verstärkt Versicherte mit komplexen Krankheiten anziehen könnten – was zusätzliche finanzielle Risiken geschaffen hätte. Bei allem Nutzen für die Patienten hätte der Aufbau eines überlegenen Versorgungssystems für bestimmte Krankheitsbilder mithin eine finanzielle Gefährdung für die einzelnen Krankenkassen dargestellt.[244]

Auf die zögerliche Zunahme der Verträge zur ambulanten Versorgung im Krankenhaus reagierte der Gesetzgeber, indem er mit der Gesundheitsreform 2007 von einem Vertrags- zu einem Zulassungsmodell überging. Nun bewerben sich Krankenhäuser um eine spezialisierte Ambulanzklinik im Rahmen des Landeskrankenhausplans, der von den regionalen Körperschaften überprüft wird. Ist der Antrag einmal angenommen, müssen alle Krankenkassen die erbrachten Leistungen vergüten. Weder die Krankenkassen noch die KV haben ein Vetorecht, auch wenn sie im Bewerbungsprozess angehört werden.

Über 500 Krankenhäuser haben mittlerweile Interesse bekundet. Dennoch gibt es weiterhin eine starke Opposition gegen die Öffnung der Krankenhäuser für die ambulante Versorgung. In Befragungen, warum sie sich nicht um Ambulanzzulassungen bemühen, nennen Krankenhäuser im Wesentlichen zwei Gründe: die weitere

Aufsplitterung der Fallzahlen in der ambulanten Versorgung sowie Ressentiments der niedergelassenen Ärzte.[245] Insbesondere die Fachärzte befürchten einen intensiveren Wettbewerb um Patienten und monieren, dass Patienten im ambulanten Bereich, so wie er derzeit organisiert ist, bereits angemessen versorgt werden.[246]

Ähnlich wie schon im Falle des §140 SGB V ist die Reformidee bei den Verträgen nach §116b SGB V im Prinzip gut: Es sollen multidisziplinäre ambulante Einrichtungen für einzelne Krankheitsbilder entstehen, die am gleichen Standort wie die Krankenhäuser angesiedelt sind und untereinander sowohl Personalressourcen wie auch Infrastruktur teilen, z.B. Röntgen- und Laborausstattungen. Aber wiederum wird der Weg hin zu Versorgungsstrukturen, die einen echten Mehrwert schaffen, durch die Einzelinteressen der Akteure blockiert.

Flexiblere Beschäftigungsverhältnisse für Ärzte

Mit dem Vertragsarztrechtsänderungsgesetz (VÄndG) wurde das Arbeitsrecht für ambulant tätige Ärzte in vielerlei Hinsicht liberalisiert. Niedergelassene Ärzte können jetzt in Teilzeit in Krankenhäusern arbeiten, Praxen können Ärzte als Angestellte beschäftigen und es gibt erweiterte Möglichkeiten, kassenärztliche Praxen als Zweigniederlassungen zu betreiben.

Das Gesetz hat das Potenzial, die Integration von stationärer und ambulanter Versorgung deutlich zu verbessern. Theoretisch wäre heute ein nahtloser Übergang von der stationären in die ambulante und von der ambulanten in die stationäre Versorgung ohne einen Wechsel der Ärzte möglich, auch wenn nach derzeitiger Gesetzgebung das Arbeitspensum am zweiten Arbeitsplatz auf 13 Wochenstunden beschränkt ist. Der Mehrwert für die Patienten ist einleuchtend. Bisher haben allerdings nur wenige Krankenhäuser und niedergelassene Ärzte von den neuen Beschäftigungsmodellen Gebrauch gemacht. Einmal mehr sind beide Seiten verfangen in verkrusteten Strukturen und haben es versäumt, die neuen rechtlichen Gestaltungsmöglichkeiten wahrzunehmen.

Ambulante medizinische Versorgungszentren

Zusätzliche Flexibilität wurde durch §95 SGB V geschaffen, der 2004 neu aufgenommen wurde. Bis dahin konnten nur bei den KVen registrierte Ärzte Gemeinschaftspraxen gründen. §95 SGB V eröffnet die Möglichkeit, im ambulanten Bereich ein so genanntes *medizinisches Versorgungszentrum* (MVZ) einzurichten. Solche MVZs können als Gesellschafter Ärzte, Krankenhäuser oder aber auch andere zugelassene Leistungserbringer haben. Die Beteiligung mehrerer Leistungserbringer an der ambulanten Versorgung hat das Potenzial, die Versorgung über Sektorgrenzen hinweg zu integrieren.

§95 SGB V stellt eine Zäsur dar: Früher konnten nur Ärzte kassenärztliche Zulassungen erhalten und damit das Recht erwerben, ambulante Behandlungsleistungen im GKV-System abzurechnen. Dies hat sich mit §95 SGB V geändert. Denn jetzt erhalten Gesellschaften das Recht, KV-Zulassungen für die ambulante Behandlung von Patienten zu erwerben. Erstmals können damit Leistungserbringer, die keine Kassenärzte sind, selbst Eigentümer von Kassensitzen werden. Die Verträge werden jeweils mit dem MVZ geschlossen und nicht mehr mit dem einzelnen Arzt. Wenn sie das Vertragsarztrechtsänderungsgesetz anwenden, können MVZs sogar Krankenhausärzte als Angestellte beschäftigen.

Da §95 SGB V Krankenhäusern und anderen Leistungserbringern das Recht einräumt, ambulante Leistungen anzubieten, gibt es dagegen erheblichen Widerstand von Seiten der niedergelassenen Ärzte. Viele von ihnen machen sich Sorgen wegen einer Kommerzialisierung des Gesundheitswesens und haben Angst, selbst von Krankenhausketten oder Unternehmen übernommen zu werden. In mehreren Fällen hatte die Eröffnung eines MVZ durch ein Krankenhaus einen Boykott des Krankenhauses durch die lokalen niedergelassenen Ärzte zur Folge, die keine Patienten mehr in das Krankenhaus überwiesen. Aus Angst, die überweisenden Ärzte zu verlieren, die die Lebensader eines jeden Krankenhauses darstellen, haben einige Krankenhäuser bereits Abstand von dieser Idee genommen. Im Jahr 2009 gab es 1.454 MVZs. Überraschenderweise arbeiteten dort nur 7.127 Ärzte, was 4,9 Ärzten pro Zentrum entspricht.[247] Von diesen Zentren wurden lediglich 552 in Zusammenarbeit mit Krankenhäusern betrieben. Viele der inzwischen gegründeten MVZs sind in Wirklichkeit nur Gemeinschaftspraxen, die ihre Rechtsform geändert haben. Damit hat sich an der Gesundheitsversorgung selbst nichts geändert.

Mit dem Gesetz zu MVZs wird Unternehmertum im ambulanten Sektor möglich. Die gemeinsame Nutzung von Infrastruktur und Serviceleistungen ist längst überfällig und weitere Konsolidierung ist dringend nötig. Beteiligen sich jetzt die Krankenhäuser, so besteht die Möglichkeit, die Fragmentierung in der Gesundheitsversorgung zu überwinden. Kommt es zu Standortgemeinschaften oder zur Kooperation von MVZs und Krankenhäusern, so gestattet dies eine durchgängige Betreuung der Patienten, insbesondere in Verbindung mit dem neuen Arbeitsrecht für Ärzte.

Fazit

Die jüngste Gesetzgebung hat Chancen eröffnet, die Fragmentierung der Gesundheitsversorgung in Deutschland zu reduzieren. Nur wenige Leistungserbringer und Versicherungen haben diese Chancen allerdings bisher genutzt. Schlimmer noch: Manche von ihnen nutzen die neue Gesetzgebung vielmehr, um ungute Praktiken noch zu verstärken, indem sie z.B. integrierte Versorgungsverträge einsetzen um verdeckt Mengenrabatte auszuhandeln, anstatt die Gesundheitsversorgung neu zu gestalten. Zudem erweist sich der Umstand, dass das Vergütungsproblem weiterhin nicht gelöst ist, immer mehr als große Barriere für die Integration der Versorgung.

Derzeit ist die fragmentierte Vergütung von stationärer und ambulanter Versorgung das bedeutendste Einzelhindernis auf dem Weg zu einer integrierten Versorgung. Diese Fragmentierung verleitet beide Seiten die Kosten hin und her zu verschieben. Ein typisches Beispiel: Hausärzte erhalten Kopfpauschalen für ihre Patienten und es gibt keine effektiven Sanktionsmechanismen für vermeidbare Krankenhauseinweisungen. Damit wird für sie geradezu ein Anreiz geschaffen, Patienten mit hohem Behandlungsbedarf an Krankenhäuser weiter zu verweisen. Daraus resultiert unter anderem das Phänomen der gehäuften „Freitagnachmittagseinweisungen": Es ist einfacher, die Patienten stationär einzuweisen, als eine intensive häusliche Pflege zu organisieren und mehrere schlecht vergütete Hausbesuche zu machen. Ein weiteres Beispiel sind elektive Operationen: Vor der Operation haben die Patienten Termine im Krankenhaus, um die Indikation zu klären und gemeinsam mit dem jeweiligen Chirurgen die möglichen Optionen zu besprechen. Danach werden die Patienten sehr oft wieder an ihren Hausarzt zurück überwiesen, um vor der Operation die für die Anästhesie notwendigen Voruntersuchungen (typischerweise EKG, Thoraxaufnahme sowie Labortests) durchführen zu lassen. Die Patienten werden dann angehalten, diese Unterlagen am Tag ihrer Aufnahme in das Krankenhaus mitzubringen. Natürlich könnten diese Tests durchaus zum Wohl der Patienten bereits beim ersten Krankenhausbesuch durchgeführt werden, doch wälzen die Krankenhäuser diese Kosten lieber auf den ambulanten Sektor ab. Ähnliche Herangehensweisen zeigen sich auch, wenn es darum geht, benötigte teure Medikamente oder Heil- und Hilfsmittel zu verschreiben. Zur Wundbehandlung beispielsweise werden Patienten häufig in Krankenhäuser überwiesen, denn die Verschreibung von Wundpflegeprodukten erscheint den niedergelassenen Ärzten mit Blick auf ihre Budgets zu teuer. Überdies gibt es für die niedergelassenen Ärzte auch keinen Anreiz, eher teure Medikamente zu verschreiben, als eine stationäre Einweisung vorzunehmen. Die Ausstellung des Rezepts geht zulasten der Arzneimittel-Zielvereinbarungen, während eine Krankenhauseinweisung nichts kostet. Regressforderungen seitens der Krankenkassen und Kassenärztlichen Vereinigungen an die niedergelassenen Ärzte aufgrund zu vieler Krankenhauseinweisungen gibt es praktisch nicht. Im Endergebnis führt das zu mehr Krankenhauseinweisungen, als eigentlich nötig wären. Natürlich gibt es auch Kostenumverteilungen in die andere Richtung: Bei der Entlassung erhalten Krankenhauspatienten in aller Regel Medikamente für drei Tage, weil nur dieser Zeitraum durch das DRG-Budget abgedeckt wird. Daher sehen sich die Patienten gezwungen, ihren niedergelassenen Arzt aufzusuchen, um das nötige Anschlussrezept zu erhalten. Folgebesuche beim niedergelassenen Arzt sind nach einer Entlassung aus dem Krankenhaus sicherlich teilweise nötig, doch im heutigen Versorgungssystem werden vielfach unnötige Arztbesuche generiert.

Um die Versorgung über alle Sektoren zu integrieren, muss sich eine Vergütung durch gebündelte Zahlungen, sprich: Pauschalen, auf der Ebene der Krankheitsbilder entwickeln. Pauschalen für die gesamte Behandlungskette – anstatt Vergütungen für einzelne Arztbesuche, Interventionen oder Nebenleistungen – wird die Vergütung da ankommen lassen, wo der eigentliche Nutzen gestiftet wird. Ein neues Vergütungsmodell wird die Integration der Leistungserbringer katalysieren und ein Bewusstsein für die geteilte Verantwortung schaffen (siehe Kapitel 3 und 10).

KAPITEL 7

Gesamtbewertung der deutschen Leistungserbringer

Hohe Lebenserwartung, minimale Wartezeiten im Vergleich zu internationalen Standards, freie Arztwahl sowie akzeptable Werte in Sachen Patientenzufriedenheit – dies sind wichtige Errungenschaften der Gesundheitsversorgung in Deutschland. In vielen Fällen erhalten die Patienten eine Behandlung, die geprägt ist von Engagement und Zuwendung – auf Seiten der Ärzte, des Pflegepersonals wie auch auf Seiten aller anderen beteiligten Fachkräfte.

Erreicht werden diese Ergebnisse jedoch mit einer Versorgungsstruktur, die mehr Krankenhäuser, mehr Arztpraxen und mehr Rehabilitationseinrichtungen aufweist als praktisch jedes andere Gesundheitssystem auf der Welt. Hohe Kosten im internationalen Vergleich und die erheblichen Kostenunterschiede zwischen den Leistungserbringern und Regionen deuten auf weitere Effizienzdefizite hin. Hinzu kommen in jüngerer Zeit die zunehmenden Hinweise auf Qualitätsprobleme trotz hoher Versorgungskosten. Zwischen den Leistungserbringern gibt es große und beständige Qualitätsunterschiede.

Daraus lässt sich ein klarer Schluss ziehen: Dem deutschen Versorgungssystem gelingt es bisher nicht, den Nutzen für die Patienten zu maximieren. Es ist nicht darauf ausgerichtet, die besten Behandlungsergebnisse zu den niedrigsten Kosten zu erreichen. Welche Schwächen die deutschen Leistungserbringer aufweisen, lässt sich wie folgt nach Themenkreisen zusammenfassen:

Konflikt zwischen Partikularinteressen und Patientennutzen

Die Gesundheitsversorgung bildet den Kern eines jeden Gesundheitssystems. Sie stiftet Nutzen, indem sie Krankheitsbilder behandelt und Präventionsleistungen anbietet. Übergreifendes Ziel eines jeden Systems sollte es sein, den Nutzen für die Patienten zu maximieren oder, anders ausgedrückt, die bestmöglichen Behandlungsergebnisse zu angemessenen Kosten zu erzielen. Jeder Leistungserbringer – ob Krankenhaus, Arztpraxis oder Pflegeheim – sollte bestrebt sein, einen maximalen Nutzen für seine Patienten zu schaffen.

In Deutschland jedoch ist der Patientennutzen weder das Ziel noch die treibende Kraft hinter den Aktionen der Leistungserbringer. Stattdessen wird das System, wie es derzeit besteht, von Partikularinteressen beherrscht. Jeder Akteur versucht seine Behandlungsangebote auszuweiten oder einen höheren Anteil an den Einnahmen zu erhalten.

Wettbewerb ist in vielen Bereichen eine starke Kraft auf dem Weg zu einem möglichst großen Nutzen, doch im deutschen Gesundheitswesen ist der Wettbewerb, wie er derzeit stattfindet, nicht darauf ausgerichtet, den Nutzen für die Patienten zu maximieren. Die Leistungserbringer tragen ihren Wettbewerb über ein breit gefächertes Leistungsspektrum aus, das ein Maximum an Patienten anziehen soll, obwohl die Fallzahlen und Erfahrungen je Leistungsbereich gering sind. Sie konkurrieren über Reputation und nicht über messbare Ergebnisse. Exzellenten Leistungserbringern wird der Markteintritt oder auch die Expansion durch restriktive Zulassungsverfahren erschwert, die die jeweils etablierten Anbieter schützen. Um sich neue Einnahmequellen zu sichern, hofieren die Anbieter Privatpatienten und vermarkten IGeL-Serviceangebote, die sie an direkt zahlende Patienten verkaufen können. Qualitätsmanagement und die Messung der Ergebnisqualität sind für die Anbieter vielfach nur von sekundärer Bedeutung.

In jedem Sektor ringen die Leistungserbringer um Budgets und verlagern ihre Kosten auf andere. Niedergelassene Ärzte etwa versuchen kostenintensive Patienten an Krankenhäuser zu verweisen und Pflegeheime bieten wenig oder keine medizinische Versorgung für ihre Bewohner. Auf diese Weise und zahlreiche weitere, die man anführen könnte, wird kein Nutzen für die Patienten geschaffen.

Die Gesundheitsversorgung in Deutschland muss neu definiert werden, und zwar zentriert auf ihren eigentlichen Zweck: gute Ergebnisse immer effizienter zu erreichen. Kosten und Qualität kann man nur in Kombination thematisieren, nicht separat. Die Interessen aller Akteure müssen auf den Patientennutzen ausgerichtet werden. Nur dann wird Deutschland imstande sein, die Kosten- und Qualitätsprobleme im Gesundheitssystem zu lösen – Probleme, die mit der Alterung der Bevölkerung noch dringender werden.

Mangelnde Integration zwischen den Fachdisziplinen

Die Gesundheitsversorgung in Deutschland krankt vor allem daran, dass ihre Organisationsstruktur wie in vielen anderen Ländern nicht auf den Patientennutzen ausgerichtet ist. Die Behandlung von Patienten sollte im Blick auf deren Bedürfnisse organisiert sein und nicht im Blick auf einzelne Fachdisziplinen oder einzelne Serviceleistungen. Die maßgebliche Einheit der Wertschöpfung in der Gesundheitsversorgung, d.h. die Ebene, auf der der Nutzen für die Patienten gestiftet wird, sind, wie schon in Kapitel 3 beschrieben, die *Krankheitsbilder* der Patienten in der fachärztlichen Versorgung und die unterschiedlichen *Patientengruppen* in der Primär- und Präventivversorgung. Es sind nicht Krankenhäuser, Arztpraxen oder Rehabilitationskliniken allein, die Nutzen schaffen, und es ist auch nicht der einzelne Arzt oder die einzelne Pflegekraft. Nutzen wird auch nicht durch einen einzelnen Arztbesuch oder eine einzelne Intervention geschaffen, sondern er entsteht vielmehr durch das Zusammenspiel der verschiedenen Fachdisziplinen und Leistungserbringer über die gesamte Behandlungskette hinweg. Gemessen an den Standards des 21. Jahrhunderts erfordert eine optimale medizinische Behandlung bei den meisten Krankheitsbildern eine bereichsübergreifende Integration – quer über die Fachdisziplinen und Dienstleistungsarten.

In Deutschland weisen die Krankenhäuser eine Funktionalorganisation auf mit in sich geschlossenen Fachabteilungen, die eine eigene Abteilungsleitung sowie ein hohes Maß an Autonomie haben. Fachabteilungen haben oft den Charakter von „Königreichen" und entsprechend rar ist eine abteilungsübergreifende Integration der Behandlungsabläufe. Wie wir bereits angemerkt haben, gibt es Studien zur Mortalität bei operativen Eingriffen, denen zufolge sich erhöhte Mortalitätsraten in signifikantem Maße auf unzureichende Koordination und Organisation zwischen Chirurgen, Anästhesisten sowie Intensiv- und Allgemeinmedizinern zurückführen lassen. Will man bessere Behandlungsergebnisse erreichen, werden die beteiligten Parteien nicht umhin kommen, miteinander zusammenzuarbeiten, anstatt sich wie bisher sich auf ihre Einzelaufgaben zu konzentrieren.

Noch verschlimmert wird die Fragmentierung der Behandlung durch den Umstand, dass man für die Abteilungsleiter oft Anreize schafft, Patientenzahlen und Leistungsangebote auszuweiten. Im Krankenhaus gibt es damit einen beträchtlichen Wettbewerb um Patientenzahlen, was zu verzögerten oder verpassten Patientenübergaben und zu schlechter Ergebnisqualität führen kann. Auch erfordert die Koordination, sofern sie denn erreicht wird, einen vergleichsweise großen Verwaltungsaufwand und hängt allzu sehr vom persönlichen Engagement der Mitarbeiter ab.

Der ambulante Sektor hat eine ähnliche Silostruktur und ist ähnlich unkoordiniert. Fast zwei Drittel der niedergelassenen Ärzte arbeiten in einer traditionellen Einzelpraxis. Doch die medizinische Behandlung ist inzwischen zu komplex geworden, als dass man sie als Solist erbringen könnte. Auch wenn es inzwischen einen Trend hin zu größeren Praxen gibt, so teilen sich die Ärzte doch bisher meist lediglich die gemeinsame Infrastruktur. Ihre Patienten aber behandeln sie weiterhin unabhängig voneinander. Die meisten Ärzte arbeiten nach wie vor allein und ausschließlich in ihrer Fachdisziplin, jeder mit eigener Infrastruktur und Geräteausstattung. Leistungen von Hilfsdiensten bleiben physisch und organisatorisch von den Arztleistungen getrennt.

Die heutige Medizin ist eher nach Angebots- als nach Nachfragegesichtspunkten oder gar nach Patientenbedürfnissen organisiert. Der Mangel an Integration wird noch verschlimmert durch die räumliche Trennung von Mitarbeitern, die am selben Problem arbeiten. Oft ist es so, dass die Patienten gebeten werden, selbst die einzelnen Behandlungsschritte zusammenzuführen, wenn sie vom einen Leistungsbringer zum anderen und vom einen Behandlungsort zum anderen unterwegs sind. Die heutige Struktur führt dazu, dass es wesentlich vom ersten Kontakt mit dem Arzt und seiner jeweiligen Fachzugehörigkeit abhängt, welche Art von Behandlung überhaupt durchgeführt wird. Dabei kommt der Patientennutzen unausweichlich zu kurz.

Im Endergebnis haben die bestehenden Zulassungsregelungen, Vergütungsstrukturen und Partikularinteressen dazu geführt, dass eine Vielzahl von einzelnen Praxen und Fachabteilungen entstand: Sie alle konzentrieren sich auf jeweils *einen* Aspekt des Problems, statt für ein Krankheitsbild jeweils einen *ganzheitlichen* Ansatz zu wählen.

Trotz der jüngsten Reformen bleibt die deutsche Gesundheitsversorgung disjunkt und fragmentiert. Der Umstand, dass es nicht gelingt das System im Blick auf Krankheitsbilder und Behandlungsketten zu organisieren, macht es sogar für die engagiertesten und fähigsten Ärzte schwierig, Behandlungsleistungen auf absolutem Spitzenniveau zu erbringen, geschweige denn dies auch noch in effizienter Weise zu tun. Die aktuelle Organisationsstruktur macht bewährte Behandlungspfade unnötig kompliziert und erzeugt Ineffizienzen und Redundanzen. Darüber hinaus nimmt sie den guten Willen und das Engagement der Mitarbeiter erheblich in Anspruch.

Manche Krankenhäuser haben erkannt, wie wichtig es ist, zu einer integrierten Versorgung überzugehen. Daher haben sie Zentren für einzelne Organsysteme und Krankheitsbilder wie z.B. für periphere Gefäßmedizin gegründet. Obgleich dies ein positiver Schritt ist, sind solche Zentren allzu oft nur dem Namen nach Zentren, denn an den Abläufen der eigentlichen Versorgung hat sich oftmals nichts geändert. Ihrem Charakter nach sind sie häufig eher Marketinginstrumente als neue Modelle der Gesundheitsversorgung. Echte IPUs dagegen verfügen über multidisziplinäre Behandlungsteams, die jeweils am gleichen Standort untergebracht sind und über eine gemeinschaftliche Dokumentation verfügen. Sie praktizieren ein gemeinsames Versorgungsmodell und tragen gemeinsam die Verantwortung für die Behandlungsergebnisse.

Mangelnde Integration über die Behandlungskette

Stationäre, ambulante und rehabilitative Versorgung sind im deutschen Gesundheitssystem strikt getrennt – in Deutschland ist dieses Problem stärker ausgeprägt als in jedem anderen Industrieland. Diese strikte Trennung führt zu Redundanzen und geringer Integration der Versorgung; zudem schafft sie starke Anreize, auf jeder Ebene zu viele Leistungen anzubieten: Krankenhäuser nehmen Patienten auf, die auch ambulant behandelt werden könnten. Rehabilitationseinrichtungen behalten Patienten länger als nötig, da dies für sie der einzige Weg ist, um Einnahmen zu generieren. Niedergelassene Ärzte ermutigen aus dem gleichen Grund ihre Patienten zu immer neuen Praxisbesuchen über ausgedehnte Zeiträume. Nur jeweils stark verzögert werden Gelegenheiten genutzt, die Kosten durch eine Reduzierung der Fallzahlen zu senken, durch eine Verkürzung der Aufenthaltsdauern oder durch eine Verlagerung der Versorgung in kostengünstigere Bereiche. Chancen, die Behandlungsleistungen durch Koordination und Integration über die Behandlungskette zu verbessern, werden so vertan.

Insgesamt ist durch den Mangel an Integration ein Versorgungssystem entstanden, das zum einen durch eine hohe Anzahl ambulanter Arztkontakte gekennzeichnet ist und zum anderen durch eine hohe Anzahl von Krankenhausaufenthalten, wie man sie kaum anderswo auf der Welt findet. Die Versorgungsleistungen werden von einem der dichtesten Anbieternetzwerke der Welt erbracht. Mag auch die Quantität der Versorgungsleistungen hoch sein, so gibt es doch erhebliche Defizite bei der Effizienz wie auch bei der an den Behandlungsergebnissen gemessenen Qualität. Mehr Medizin ist selbstverständlich nicht gleich bessere Medizin. Eine Vielzahl von

Arztbesuchen sollte man nicht als Indikator für hohe Qualität betrachten, sondern eher als ein Zeichen dafür, dass die Versorgung neu strukturiert werden muss.

Auch als Reaktion auf dieses Problem bietet das Vertragsarztänderungsgesetz, das 2006 in Kraft getreten ist, Ärzten die Möglichkeit, sowohl im stationären als auch im ambulanten Bereich zu arbeiten. Bislang haben allerdings nur wenige von dieser Option Gebrauch gemacht. Wichtigste Hemmschwelle für ambulante wie für stationäre Anbieter ist die Furcht vor einem Rückgang der Patientenzahlen. Zudem konterkarieren verkehrte finanzielle Regelungen die Integration von stationärer und ambulanter Versorgung. Von wenigen Ausnahmen abgesehen schreiben die derzeitigen Regelungen vor, dass öffentlich finanzierte Infrastruktur nur für stationäre, aber nicht für ambulante Behandlungen genutzt werden darf. Der Versuch, niedergelassene Ärzte in Krankenhäusern anzusiedeln, kann mithin erhebliche finanzielle Regressforderungen von staatlicher Seite nach sich ziehen. Immer mehr Infrastrukturinvestitionen erfolgen indes ohne staatliche Beteiligung. Dies hat erfreulicherweise einige Krankenhäuser dazu bewogen, ihre Infrastruktur mit niedergelassenen Ärzten zu teilen, um so eine bessere Auslastung kapitalintensiver Gerätschaften zu erreichen.

Begrenzter Einsatz von Informationstechnologie

Die Informationstechnologie könnte helfen die Gesundheitsversorgung über Anbieter, Fachdisziplinen, Ärzte und Standorte hinweg zu integrieren, doch die IT-Durchdringung ist im deutschen System bislang eher gering. Es gibt weder eine zentrale elektronische Patientenakte, die alle Patienteninformationen speichert, noch gibt es Schnittstellen zwischen den Systemen, die es erlauben, Patientenakten schnell zu übermitteln oder zusammenzufassen. Stattdessen führt jeder Leistungserbringer eigene Patientenakten und nicht immer erhält der nächstfolgende Leistungserbringer in der Versorgungskette auch Kenntnis von den vorausgegangenen Aktivitäten. Beispielsweise werden nur 28% der niedergelassenen Ärzte routinemäßig in die Entlassungsprozesse von Krankenhäusern einbezogen. Bei Überweisungen von einem niedergelassenem Arzt zum anderen gibt es nur in 54% der Fälle ein Feedback.[248]

Der mangelnde Informationsaustausch macht es sehr schwer, interdisziplinäre Behandlungsleistungen zu erbringen. Die wichtigste Initiative, um den Einsatz von IT zu verbessern, das eCard-Programm, wird durch andauernde Konflikte zwischen den Akteuren, durch technische Probleme, durch Bedenken hinsichtlich des Datenschutzes sowie durch die damit verbundenen Kosten verzögert. Dabei würden alle – Patienten, Leistungserbringer und Krankenkassen – davon profitieren, wenn dieses Programm richtig umgesetzt würde.

Mangel an nutzenorientiertem Wettbewerb unter den Anbietern

Wettbewerb ist eine bedeutende Kraft, wenn es darum geht, den Nutzen von Konsumenten zu steigern. In einer Vielzahl von Geschäftsfeldern hat sich das immer wieder bestätigt und das Gesundheitswesen ist hierbei keine Ausnahme. Soll der Wettbewerb den Nutzen verbessern, muss er allerdings so angelegt sein, dass er die Anbieter belohnt, wenn sie Nutzen stiften. Im Gesundheitswesen ist dies gerade nicht der Fall.

In Sachen Wettbewerb verhalten sich die Akteure in Deutschland reichlich ambivalent. Während die einen darin einen Weg sehen, Effizienz und Qualität zu verbessern, glauben die anderen, dass Marktmechanismen im Gesundheitswesen keinen Platz haben sollten. Diese Ambivalenz spiegelt sich wieder in der Gesundheitsreform von 2007, die wenigstens dem Namen nach – als „Wettbewerbsstärkungsgesetz" – zu mehr Wettbewerb führen sollte. Mittelpunkt des Reformwerks war die Verpflichtung auf einen staatlich festgesetzten Krankenversicherungsbeitrag, durch den der Preiswettbewerb zwischen den Krankenkassen stark begrenzt wurde. Wie in Kapitel 5 dargestellt, wurde das Gesetz dann 2011 wieder überarbeitet.

Heute konkurrieren die deutschen Leistungserbringer immer noch um die falschen Ziele. Sie konkurrieren eben nicht darum, wer für ein spezifisches Krankheitsbild die beste Behandlung zum niedrigsten Preis anbieten kann, sondern sie konkurrieren vielmehr um Budgets und Mengen. Um ihre Ergebnisse zulasten der Wettbewerber zu verbessern, verlagern sie ihre Kosten auf andere Leistungserbringer oder auch auf den Staat. Lieber konkurrieren sie um Fallzahlen als um eine bessere Versorgung. Für sie geht es darum, ihre Budgets zu schützen, nicht aber darum, messbare Qualitätsergebnisse zu liefern und dabei auch immer effizienter zu werden. Vielversprechende neue Vertragsmodelle wie die Verträge zur integrierten Versorgung (§140 SGB V) oder die Ermächtigung niedergelassener Fachärzte zur Tätigkeit in Krankenhäusern sind bislang gescheitert, nicht zuletzt infolge der Budgetwettkämpfe der etablierten Akteure.

Wettbewerb, wie er derzeit üblich ist, findet statt zwischen Quasi-Monopolen, die jeweils in geografisch begrenzten, aber zugleich geschützten Räumen operieren. Landeskrankenhauspläne und regionale KVen protegieren die etablierten Anbieter. Sobald ein Krankenhaus in den Landeskrankenhausplan aufgenommen wird, ist es nur noch begrenzt dem Konkurrenzkampf ausgesetzt. Ist der errechnete Bedarf abgedeckt, werden keine weiteren Lizenzen vergeben. Dasselbe gilt für niedergelassene Ärzte. Die Zulassungsverfahren verhindern, dass hervorragende Leistungserbringer expandieren, zugleich schützen sie leistungsschwache Anbieter vor der Notwendigkeit, sich zu verbessern.

Letztendlich handelt es sich um einen Wettbewerb, der abseits von messbaren Ergebnissen stattfindet. Transparente Informationen zu Ergebnisqualität und Kosten gibt es kaum – weder für die Patienten, noch für die Krankenkassen oder die Leistungserbringer selbst. Welcher Leistungserbringer gewählt wird, hängt ab von Gesichtspunkten der Bequemlichkeit, vom Hörensagen und von persönlichen Beziehungen. Der Mangel an Ergebnismessungen reduziert den Wettbewerb der Anbieter auf einen oft nur kommunalen Raum. Die Patienten suchen sich nach wie vor eher lokale anstatt gegebenenfalls besser qualifizierte regionale oder überregionale Leistungserbringer. Der Mangel an Information bedeutet auch, dass leistungsschwache Anbieter weiterhin Patienten anlocken können, anstatt ihr Leistungsangebot verbessern oder gar neu ausrichten zu müssen.

Aufgrund bestehender Restriktionen sind die Krankenkassen kaum imstande, Patienten zu exzellenten Leistungserbringern zu lotsen, selbst wenn sie das wollten. Dies schränkt den Wettbewerb um den Patientennutzen zusätzlich ein. Nur bei einer relevanten Anbietergruppe könnten die Krankenkassen ihre Mitglieder relativ einfach zu exzellenten Leitungserbringern lotsen: Dies sind die Rehabilitationskliniken. Doch auch hier verlassen sich die Kassen in erster Linie auf die Kosten und die Patientenpräferenzen als Auswahlkriterien. Damit verpassen sie die Chance, die Versorgung im Rehabilitationsbereich im Blick auf die Qualität der Behandlungsergebnisse neu auszurichten.

Richtig ausgestaltet könnte der Wettbewerb im deutschen Gesundheitssystem ein Feuerwerk von Nutzensteigerungen entzünden. Auf vielen Geschäftsfeldern sind die Deutschen Wettbewerber von Weltruf – doch Stärken, die Deutschland sonst so wettbewerbsfähig gemacht haben, hatten bislang im Gesundheitswesen keine Geltung. Der Wettbewerb um den Patientennutzen schafft Vorteile für exzellente Anbieter, gleichzeitig stellt er die leistungsschwachen Anbieter vor die Wahl, sich zu verbessern oder aus dem Markt auszuscheiden. Mit der richtigen Art von Wettbewerb ließe sich die Gesundheitsversorgung neu strukturieren. Der Nutzen käme allen zugute: den Patienten, den Krankenkassen, aber auch den Leistungserbringern selbst.

Zu breite Leistungsspektren mit zu geringen Fallzahlen je Behandlungsleistung

In allen Sektoren der Leistungserbringung mangelt es an Spezialisierung. Das deutsche Durchschnittskrankenhaus beispielsweise behandelt 43% aller DRGs, d.h. es deckt fast die Hälfte des kompletten medizinischen Leistungsspektrums ab. Pro DRG werden jedoch lediglich 28 Patienten im Jahr behandelt. Ebenso wenig spezialisiert wie die Krankenhäuser agieren auch die niedergelassenen Ärzte, wie unsere Interviews nahelegen. Viele Ärzte versuchen auf ihrem Fachgebiet jede nur denkbare Leistung für jeden Patienten anzubieten, der zu ihnen kommt. Treibende Kraft sind die Anreize zur Mengenausweitung im Vergütungssystem, aber auch der natürliche Wunsch, dem Patienten eine umfassende Behandlung zu bieten.

Die mangelnde Sachkenntnis bei bestimmten Krankheitsbildern und Verfahren ist zwar inzwischen zum Diskussionsthema geworden, doch gibt es bundesweit keinen klaren Trend zu stärkerer spezialisierten Behandlungsangeboten. Eher ist das Gegenteil der Fall. Für eine ganze Reihe von medizinischen Maßnahmen werden die Mindestmengenregelungen noch immer nicht stringent umgesetzt und in den entsprechenden Fachgebieten werden weiterhin mehr Abteilungen neu eröffnet als geschlossen.

Der fehlende Fokus ist das Ergebnis von Tradition und regulatorischer Praxis. Nach wie vor restriktive Zulassungsverfahren haben dazu geführt, dass die Krankenhäuser selbst auf Feldern, auf denen sie exzellente Leistungen erbringen, kaum geografisch expandieren können. Wachstum ist für sie nur möglich über die Ausweitung des Leistungsangebots. Die Ärzte reden sich selbst ein, sie könnten exzellente Behandlungsleistungen erbringen, auch wenn sie noch kaum mit entsprechenden Fällen zu tun hatten. Diese Haltung scheint bei Krankenhausärzten und niedergelassenen Ärzte gleichermaßen verbreitet zu sein. Ebenso argumentieren sowohl Krankenhäuser als auch Praxisinhaber damit, dass die Patienten lieber vor Ort behandelt als an ein anderes Zentrum überwiesen werden wollten. Dies ist jedoch nur der Fall, weil man trotz der beobachteten signifikanten Performanceunterschiede davon ausgeht, dass die Qualität der Behandlung bei allen Leistungserbringern annähernd gleich sei. In der Geburtshilfe etwa würden wohl nur noch wenige werdende Mütter die Einrichtung vor Ort präferieren, wenn sie oder ihre Krankenversicherer sich der Unterschiede bei Todesfall- und Komplikationsraten bewusst wären, wie wir sie beschrieben haben. Derzeit können etwa zwei Drittel aller Deutschen ihren Hausarzt in weniger als zehn Minuten erreichen und nur 3% brauchen länger als 30 Minuten. In dem Maße, in dem die Unterschiede in der Ergebnisqualität besser bekannt werden, dürfte freilich auch die Bereitschaft der Patienten wachsen, für eine bessere Behandlung einen weiteren Weg in Kauf zu nehmen. Krankenkassen können hier echten Mehrwert stiften, indem sie ihren Mitgliedern helfen den Leistungserbringer auszuwählen, der für ihr Krankheitsbild der richtige ist.

Krankenhäuser sollten nicht länger versuchen alles für jeden anzubieten, denn die Medizin ist inzwischen zu komplex geworden. Geringe Fallzahlen sind oft mit schlechten Ergebnissen verbunden, wie wir bereits dargelegt haben. Fehlendes Volumen macht es unmöglich, echte integrierte Praxiseinheiten (IPUs – siehe Kapitel 3) einzurichten, die für die gesamte Behandlungskette die Verantwortung übernehmen. Ärzte und Krankenhausmanager werden begreifen müssen, dass bei geringem Volumen schlechtere Qualität herauskommt – was immer deutlicher werden wird, je mehr Messergebnisse vorliegen. Stehen erst einmal bessere Kostenrechnungssysteme zur Verfügung, werden die Leistungserbringer auch merken, dass elektive Behandlungen bei unzureichendem Patientenaufkommen tatsächlich sehr kostspielig sind und die Wirtschaftlichkeit des Krankenhauses oder der Praxis untergraben – ganz abgesehen davon, dass sie von der eigentlichen Aufgabe ablenken, hervorragende Behandlungsleistungen zu erbringen. Private Krankenhäuser, für die finanzielle Handlungsfähigkeit eine Notwendigkeit ist, haben bereits stärker fokussierte Leistungsportfolien. Grund dafür ist nicht „Rosinenpickerei", sondern eine größere Bereitschaft, Leistungen nicht mehr anzubieten, wenn sie nicht in hervorragender Weise erbracht werden können.

Wir plädieren nicht für so genannte „Focused Factories", in denen nur noch eine einzige Behandlungsleistung erbracht wird, sondern vielmehr für eine Neuordnung der gesamten Gesundheitsversorgung. Die Leistungserbringer müssen für jedes Krankheitsbild im Portfolio eine multidisziplinäre Versorgung anbieten und ihr Angebot jeweils auf diejenigen Bereiche beschränken, in denen sie mit ihren Leistungen wirklich den Patientennutzen verbessern.

Es gibt in Deutschland einige vielversprechende Anzeichen dafür, dass die Sensibilität für fachliche Spezialisierung einerseits und die Integration der Versorgung andererseits wächst. Beispielsweise entstehen jetzt dedizierte Arztpraxen für Diabetes und HIV, und zwar mit ermutigenden Ergebnissen. Doch selbst im Fall von HIV/AIDS werden bisher nur 20% der Patienten in solchen spezialisierten Praxen behandelt. Insofern bedarf es noch erheblicher weiterer Fortschritte.

Vergütung nach Fallzahlen, nicht nach Patientennutzen

Das vorherrschende Vergütungssystem schafft in Deutschland eine Diskrepanz zwischen Profitabilität und Patientennutzen. Die Leistungserbringer werden belohnt für Fallzahlen, nicht für Ergebnisse. Damit werden sie motiviert, die Patientenzahle zu steigern und die Leistungsangebote auszuweiten. Mehr Medizin ist nicht bessere Medizin, doch mehr Medizin bedeutet höhere Vergütungen.

Der Mangel an integrierter Versorgung erklärt sich auch aus den gegenwärtigen Vergütungspraktiken, die strikt trennen zwischen stationärer Versorgung, ambulanter Versorgung, Rehabilitation, anderen medizinischen Dienstleistungen und Arzneimitteln. Die Art der Bezahlung isoliert die Behandlungsleistungen bzw. Sektoren von einander und schafft riesige Hindernisse für die Integration. Die Vergütung, wie sie heute stattfindet, erzeugt einen massiven Druck, die Kosten zu verlagern. Beispiele dafür sind die gehäuften „Freitagnachmittagseinweisungen" in die Krankenhäuser oder die stationären Einweisungen zur Wundversorgung, über die wir bereits gesprochen haben. Nichts davon schafft Nutzen für die Patienten. Silostrukturen auf der Anbieterseite und das Hin- und Herschieben von Kosten – all das wird noch zusätzlich verstärkt durch das Verhalten der Krankenkassen. Diese versuchen die Kosten bei jeder Behandlungsleistung bzw. in jedem Sektor einzeln zu reduzieren, anstatt auf die Kraft der Integration zu setzen, um den Gesamtnutzen zu steigern. In manchen Bereichen spart man an Investitionen, die sich an anderer Stelle in einem hohen Patientennutzen auszahlen würden. Wie wir in Kapitel 10 darlegen werden, ist es erforderlich, einen Weg hin zu einer gebündelten Zahlung für den gesamten Behandlungszyklus einzuschlagen. Nur so lassen sich die finanziellen Interessen der Leistungserbringer mit dem Nutzen für die Patienten in Einklang bringen.

Die Fragmentierung der Vergütungsleistungen wird noch weiter akzentuiert durch das Nebeneinander unterschiedlicher Sozialversicherungsträger, die nur selten zusammenarbeiten. Dazu gehören die Krankenversicherungen, die Pflegeversicherung, die Rentenversicherung sowie die Berufsgenossenschaften. Zwar kommt die Krankenversicherung für den größten Teil der Gesundheitsversorgung auf, doch für Berufsunfälle ist die jeweilige Berufsgenossenschaft zuständig. Die Kosten für medizinische und berufliche Rehabilitation übernimmt häufig die Rentenversicherung (bei angestellten Patienten). Langzeitpflege ist Sache der Pflegeversicherung und die Lohnfortzahlung im Krankheitsfall erfolgt nur für die ersten sechs Wochen durch den Arbeitgeber. Konsequenzen dieses Systems sind mangelnde Koordination bei der Versorgung und weit verbreitete Bemühungen die Kosten zwischen den Versicherungsträgern hin und her zu verschieben. Wie bereits angesprochen wurde, besteht z.B. für die Pflegeversicherung im heutigen System kaum ein Anreiz, die häusliche Pflege zu verbessern, denn die Kosten wiederholter Krankenhauseinweisungen trägt die jeweilige Krankenkasse. In einem nutzenorientierten System würden dagegen alle Versorgungskosten aus dem primärärztlichen Bereich zusammen verwaltet, mit einer Zuschlüsselung der Kosten auf die einzelnen Versicherungsträger.

In der *stationären Versorgung* stellte die Einführung des DRG-Systems einen Erfolg dar, denn damit wurde für jeden Einzelfall eine umfassendere wirtschaftliche Verantwortung geschaffen. Das schlägt sich nieder in deutlich verbesserten Abläufen und kürzeren Verweildauern in den Krankenhäusern. Mit der Einführung der Landesbasisfallwerte wurde zudem für jede DRG eine Konvergenz hin zu einem gemeinsamen Preis erreicht – was ungerechtfertigte Preisunterschiede eindämmte und zugleich einen positiven Leistungsdruck erzeugte. Mit der Zeit könnte der Übergang zu einem System mit Preisobergrenzen effizienten Anbietern erlauben entsprechend niedrigere Preise anzubieten. Damit hätten Leistungserbringer mit höherer Nutzenstiftung die Möglichkeit, noch mehr Patienten für sich zu gewinnen.

Derzeit besteht für die Krankenhäuser im Blick auf ihre jeweils hohen Fixkosten immer noch ein Anreiz, das Patientenaufkommen kurzfristig weiter zu erhöhen. Ein Mittel, die Mengenexpansion zu beschränken, sind die Krankenhausbudgets. Die Budgetierung wurde jedoch seit 2005 gelockert und entsprechend sind dann auch die Fallzahlen angestiegen.[249] Schon heute hat Deutschland eine der höchsten Krankenhauseinweisungsraten der Welt. Verschärft wird das Problem durch Überkapazitäten in den Krankenhäusern, die zum einen durch die immer kürzeren Verweildauern bedingt sind und zum anderen durch die nach wie vor beschränkten Möglichkeiten der Teilnahme an der ambulanten Versorgung. Klar ist, dass sich das Vergütungssystem weiterentwickeln muss um diese Fehlentwicklungen zu vermeiden.

In der *ambulanten Versorgung* gibt es ein Nebeneinander von Kopfpauschalen, die im Prinzip auf der Anzahl der Patienten pro Quartal basieren, und Einzelleistungsvergütungen, die mit der Anzahl der Behandlungsleistungen ansteigen. Dieses Modell hat zur Folge, dass die Ärzte versuchen so viele Patienten wie möglich zu gewinnen, um so die entsprechenden Kopfpauschalen zu erhalten. Gleichzeitig erzeugt das Modell einen subtilen Druck, Überweisungen hinauszuzögern oder gar zu vermeiden. Zudem werden die Ärzte dazu motiviert, ihre Patienten jeweils nur einmal im Quartal zu sehen, denn etwaige weitere Anschlusskonsultationen werden entweder überhaupt nicht oder nur zu niedrigeren Sätzen vergütet. Der Patientennutzen wird auf diese Weise konterkariert: Manchmal kommt es zu Verzögerungen bei der Behandlung, manchmal werden – zum Teil als Folge der Verzögerungen – unnötige zusätzliche Arztbesuche erforderlich, die dann auch noch in großen Zeitabständen erfolgen. Ebenso kann die Kopfpauschale im Verbund mit der kompletten Trennung von ambulanter und stationärer Versorgung zu übermäßig vielen Krankenhausaufenthalten führen, da niedergelassene Ärzte ihre Patienten tendenziell zu früh in Krankenhäuser einweisen. Ad-hoc-Überweisungen für kurzfristige Krankenpflege statt medizinischer Behandlung sind durchaus üblich. All dies reduziert den Nutzen für den Patienten.

Für niedergelassene Fachärzte, zum Teil auch für Hausärzte, gibt es Anreize, zu viele Untersuchungen und Eingriffe vorzunehmen, die jeweils über die Regelung für Einzelleistungsvergütungen abgedeckt werden. Dies gilt insbesondere für Fachärzte, da sie zu einem erheblichen Teil nach Einzelleistungen und nicht nach Kopfpauschalen bezahlt werden. Für Hausärzte machen Einzelleistungsvergütungen dagegen nur etwa 10–20% ihrer Einnahmen aus.

Das derzeitige System der ambulanten Budgets bestraft zudem die besonders guten Anbieter. Hervorragende Leistungserbringer, die mehr Patienten als budgetiert anziehen, sehen sich gezwungen Patienten am Ende des Quartals de facto umsonst zu behandeln. Exzellente Performance zahlt sich nicht aus – ein weiterer Faktor, der die Steigerung des Patientennutzen konterkariert.

In der *stationären Rehabilitation* sind die Preise in Deutschland auf ein Niveau von 100–200 Euro pro Tag abgesunken – je nach Art der Rehabilitation. Abgedeckt wird damit eigentlich nur noch die „Hotelleistung", was kaum finanzielle Mittel für die Therapie übrig lässt. Dementsprechend sparen die Rehabilitationskliniken bei den Therapiemaßnahmen und gehen bei der Behandlung zunehmend zur Gruppentherapie über. Die Patienten erhalten dann oft nur ein bis drei Anwendungen am Tag, die jeweils lediglich 30 Minuten dauern. Die Ergebnisqualität wird nicht gemessen und die Leistungserbringer werden ausschließlich nach Belegungstagen bezahlt. Kein Wunder, dass viele Rehabilitationskliniken ihre Bettenkapazität erhöht haben, um mehr Einnahmen zu generieren. In keinem Land gibt es so viele Rehabilitationskliniken und -patienten wie Deutschland. Dennoch gibt es keinerlei Evidenz dafür, dass diese hohen Zahlen auch zu besseren Ergebnissen führen. Wie wir im

Schlusskapitel in unseren Empfehlungen (Kapitel 10) darlegen werden, könnten Reha-DRGs für bestimmte Krankheitsbilder und/oder gebündelte Zahlungen, die die gesamte Behandlungskette einschließlich der Rehabilitation abdecken (transsektorale DRGs), eine deutliche Konsolidierung des Rehabilitationssektors zur Folge haben. Weniger Patienten würden behandelt, dennoch würde mehr Patientennutzen geschaffen. Zudem gäbe es eine signifikante Verlagerung weg von der stationären hin zur ambulanten Rehabilitation.

Abschließend sei angemerkt, dass auch das Vergütungssystem für *Privatpatienten* und Selbstzahler einer Optimierung des Patientennutzens entgegenwirkt. Es führt zu unterschiedlichen Preisen je nach Versicherungsstatus des Patienten. Dabei sollte sich in der Höhe der Vergütung der Versorgungsbedarf des Patienten widerspiegeln, nicht aber sein Versicherungsstatus. Angesichts der niedrigen Vergütungssätze in der GKV bemühen sich die Ärzte tendenziell eher um Privatpatienten als um diejenigen Patienten, für die sie den höchsten Nutzen stiften können. Bei den IGeL-Leistungen für Selbstzahler gibt es ähnliche Verzerrungen in Sachen Patientennutzen. Obwohl es durchaus angemessen ist, für nicht-essentielle Leistungen Eigenbeteiligungen zu verlangen, bewerben doch manche Ärzte aktiv solche Leistungen, um zusätzliche Einnahmen zu generieren.

Wie wir in Kapitel 10 darlegen werden, müssen die Weichen für ein neues Vergütungskonzept gestellt werden, weg von der bisherigen Einzelleistungsvergütung für unterschiedliche Leistungserbringer hin zu einer pauschalen Vergütung für die gesamte Behandlung eines Krankheitsbildes. Mit der Zeit müssen Pauschalen für die Krankheitsbilder eingeführt werden, die sowohl die stationäre als auch die ambulante und rehabilitative Versorgung abdecken.

Keine Kultur der kontinuierlichen Verbesserung

So wie sie sich heute darstellt, ist die medizinische Kultur in Deutschland eher ein Hemmschuh für exzellente Leistungserbringung. Viele Ärzte sind zwar gut ausgebildet und arbeiten hart, doch haben Teamarbeit und kontinuierliche Verbesserung bislang zu wenig Eingang in den medizinischen Bereich gefunden. Die Medizin in Deutschland ist stark hierarchisch geprägt und es besteht nur eine begrenzte Bereitschaft, Fehler offen zuzugeben und aus ihnen zu lernen. Manche Ärzte neigen leider eher dazu, ihre Fähigkeiten zu überschätzen, als ihre Behandlungsergebnisse auch tatsächlich zu messen.

Wer die Ergebnisqualität verbessern will, muss mit Blick auf die eigene medizinische Professionalität auch akzeptieren können, dass Fehler passieren. Deutsche Ärzte sind dazu, wie es scheint, wohl weniger bereit als ihre Kollegen im Ausland. In einer Umfrage unter 1.006 deutschen Ärzten erklärten 67% der Befragten, dass keiner ihrer Patienten in den letzten 12 Monaten eine fehlerhafte Diagnose oder unkorrekte Laborbefunde erhalten habe. In anderen Ländern waren die Ärzte vergleichsweise wesentlich selbstkritischer.[250] Hält man sich dazu die Daten zum tatsächlichen Leistungsstand der stationären und ambulanten Versorgung in Deutschland vor Augen, so gibt dieser Mangel an Selbstkritik Anlass zu Besorgnis, zumal er Verbesserungen erschwert. In den Kontext dieser Selbstüberschätzung passen auch die übermäßig breiten Leistungsportfolien: Sie gehen Hand in Hand mit dem Glauben der Ärzte, dass sie jeden Fall behandeln könnten, auch wenn sie nur wenige Fälle im Jahr zu sehen bekommen. Den Schaden hat dabei einmal mehr der Patient.

Um aus Fehlern lernen zu können, muss man offen über sie sprechen können. Bei vielen deutschen Leistungserbringern gibt es jedoch auf der Organisationsebene immer noch eine Kultur von Vertuschung und Schuldzuweisung. Wie beispielsweise eine Untersuchung unter niedergelassenen Ärzten ergab, teilten in 83% der Fälle die Ärzte ihren Patienten nicht mit, wenn Fehler auftraten.[251] Ähnliches gilt auch für die stationäre Versorgung: Die meisten Krankenhäuser haben immer noch kein Berichtssystem für kritische Vorfälle (CIRS – Critical Incident Reporting System) eingeführt. Eine solche Kultur ist resistent gegen Verbesserungsansätze.

Werden Ergebnisqualität und Kosten nicht gemessen und diskutiert, ist es schwierig, eine Kultur kontinuierlicher Verbesserung zu etablieren. In Deutschland muss dazu die Ergebnismessung, wie wir in Kapitel 9 („Messung von Behandlungsergebnissen und -kosten") näher ausführen werden, erst noch die nötige Priorität erhalten – sei es in den Organisationen der Leistungserbringer, sei es im System als Ganzem. Mögen die Meinungen über die jeweils beste Behandlung auch auseinander gehen, so muss man das Thema selbst doch methodisch und systematisch angehen, anstatt es dem Zufall zu überlassen.

Fazit

Gemessen an internationalen Standards weist die deutsche Gesundheitsversorgung einige Eigenschaften auf, die durchaus erstrebenswert sind: Die Patienten haben freie Arztwahl, der Zugang zur Behandlung ist einfach und die Wartezeiten sind gering. Zudem werden hochkarätige Behandlungsleistungen unter Einsatz modernster Technik erbracht. In den meisten Fällen werden die Patienten von speziell dazu ausgebildeten Fachkräften behandelt, die sich verpflichtet fühlen die Lebensqualität ihrer Patienten zu verbessern. Das Engagement des medizinischen Personals ist beeindruckend.

Erzielt werden diese Ergebnisse jedoch mit einem Netzwerk von Leistungserbringern, das dichter ist als irgendwo sonst auf der Welt: Deutschland hat mehr Krankenhäuser, Arztpraxen und Rehabilitationskliniken pro Einwohner als jedes andere Land – was mit immer mehr Arztbesuchen und immer höheren Kosten verbunden ist. Deutliche Preisunterschiede zwischen den Leistungserbringern und Regionen weisen auf erhebliche Ineffizienzen hin und trotz der hohen Kosten gibt es eine wachsende Evidenz für Qualitätsprobleme auf Seiten der Leistungserbringer, und zwar nicht nur bei seltenen und komplexen Krankheitsbildern, sondern auch bei alltäglichen Erkrankungen.

Auch wenn die einzelnen Ärzte sich passioniert für ihre Patienten einsetzen, so wird doch die heutige Struktur und Organisation der Gesundheitsversorgung von Partikularinteressen bestimmt. Der Wettbewerb konzentriert sich auf die Steigerung von Fallzahlen, die Ausweitung von Budgets und die Verlagerung von Kosten, anstatt darauf, bessere Behandlungsergebnisse zu niedrigen Kosten zu erzielen. Durchgeführt wird die Gesundheitsversorgung in Deutschland immer noch allzu oft von Ärzten, die sich als unabhängige Solisten verstehen – ein Modell medizinischer Versorgung, das den Anforderungen des 21. Jahrhunderts nicht mehr genügt.

Das Gesundheitswesen in Deutschland muss seinen Fokus verlagern auf die Maximierung des Patientennutzens und dabei die Gesundheitsversorgung entsprechend neu strukturieren. Optimale Behandlung erfordert bei den meisten Krankheitsbildern eine Integration der Therapie quer über Fachdisziplinen und Berufsgruppen hinweg. Bei über 50 medizinischen Fachdisziplinen ist Integration eigentlich die Grundvoraussetzung für eine erfolgreiche Gesundheitsversorgung. Stattdessen ist die deutsche Gesundheitsversorgung über die gesamte Behandlungskette in Silostrukturen verhaftet und nach stationären, ambulanten und rehabilitativen Behandlungsleistungen getrennt. Diese strikte Separierung führt zu Duplikation und mangelnder Integration der Versorgung; zudem schafft sie starke Anreize, auf jeder Ebene zu viele Maßnahmen durchzuführen. Die Durchdringung des Gesundheitswesens mit Informationstechnologie geht nur langsam voran und bisher hat die IT es noch nicht geschafft, die Kluft zwischen den Fachdisziplinen über die Sektoren hinweg zu überbrücken. Es gibt bislang keine zentrale elektronische Patientenakte, um alle Patienteninformationen zu speichern. Ebenso mangelt es an der Interoperabilität zwischen den IT-Systemen, um Patientendaten rasch zu übermitteln oder zusammenzufassen.

In ihrem Wettstreit um Patienten und Vergütungsvolumen versuchen viele Leistungserbringer auf ihrem jeweiligen Fachgebiet jede erdenkliche Leistung für jeden Patienten bereitzustellen, der Behandlung sucht. Das Ergebnis ist, dass die Kompetenz bezüglich der einzelnen Krankheitsbildern häufig auf niedrigem Niveau verharrt. Verstärkt wird diese Situation zudem dadurch, dass das Vergütungssystem Behandlungszahlen statt Nutzenstiftung belohnt.

Abgesehen von strukturellen und organisatorischen Faktoren bleibt schließlich noch der ärztlichen Berufstand selbst das wichtigste Einzelhindernis auf dem Weg zu Nutzenverbesserungen. Auch wenn es etliche positive Gegenbeispiele gibt, ist er doch durch eine hierarchische Kultur und die begrenzte Bereitschaft geprägt, Fehler offen zuzugeben und aus ihnen zu lernen. Um hier eine neue Kultur der kontinuierlichen Verbesserung zu etablieren, müssen Qualität und Ergebnisse systematisch gemessen werden (siehe Kapitel 9). Dazu müssen die Leistungserbringerorganisationen in Deutschland der Ergebnismessung die nötige Schlüsselpriorität einräumen. Denn Transparenz in den Behandlungsergebnissen wird die wichtigste treibende Kraft bei der Neugestaltung der Gesundheitsversorgung sein. Die Ärzteschaft sollte hierbei eine Vorreiterrolle einnehmen.

KAPITEL 8

Die Rolle von Krankenkassen, Arbeitgebern und Patienten in der Gesundheitsversorgung

In der Gesundheitsversorgung findet Nutzenstiftung hauptsächlich auf Seiten der Leistungserbringer statt. Gleichwohl fallen auch den anderen Stakeholdern hier wichtige Rollen zu: Krankenkassen, Arbeitgeber und Patienten – sie alle können einen wesentlichen Beitrag leisten, um den Patientennutzen zu verbessern.

In Deutschland blieb diese Chance bisher jedoch weitgehend ungenutzt. Die *Krankenversicherungen* sind nach wie vor auf den Versicherungsaspekt fixiert, anstatt sich in der Gesundheitsversorgung zu engagieren. Sie sollten ihren Mitgliedern helfen, sich im Gesundheitswesen zurechtzufinden, sowie mit den Leistungserbringern zusammenarbeiten, um den Erfolg der Behandlungsleistungen zu erhöhen. Die *Arbeitgeber* verhalten sich traditionell passiv, obwohl sie für einen erheblichen Teil der Kosten aufkommen, zum einen über die Arbeitgeberbeiträge zur Krankenversicherung, zum anderen, indem sie die Lohnfortzahlung für erkrankte Mitarbeiter in den ersten sechs Wochen tragen. Und die *Patienten* selbst sind oft genug ihrer Eigenverantwortung nicht nachgekommen, ihre Versorgung und ihren Gesundheitszustand zu verbessern. Zudem haben sie versäumt einzufordern, dass die Gesundheitsversorgung insgesamt patientenzentrierter, kompetenter und auch ergebnisorientierter erbracht wird.

Das Engagement der Krankenversicherungen in der Gesundheitsversorgung

Auch in ihrer Funktion als Versicherer üben die Krankenversicherungen Einfluss auf die Gesundheitsversorgung aus – über die Art, wie sie Verträge mit den Leistungserbringern schließen, und über die Art, wie sie selbst ihre Versicherten einbeziehen. Traditionell beschränken sich die Krankenversicherungen fast ausschließlich auf ihre Versicherungsaufgabe und agieren dabei als passive Bezahler. Zu den Leistungserbringern unterhalten sie in aller Regel Vertragsbeziehungen über Kollektivverträge mit vereinbarten Festpreisen. Angesichts der geringen Transparenz der Behandlungsergebnisse haben sie bislang wenig Engagement gezeigt, sich selbst an der Qualitätsüberwachung zu beteiligen. Sie haben es noch nicht einmal geschafft, ihre eigenen Informationen zusammenzuführen, geschweige denn eine Vorreiterrolle bei der Messung der Ergebnisqualität zu übernehmen. Selbst wenn sie Qualitätsunterschiede bemerken, ist es den Versicherungen, wie sie beteuern, nicht möglich, ihre Patienten umzudirigieren oder bestimmte Anbieter von Verträgen auszuschließen. Wie bereits erwähnt werden die deutschen Rechtsvorschriften meist als Grund für die begrenzte Beteiligung der Krankenkassen genannt.

Die Interaktion zwischen Krankenversicherung und Patienten ist begrenzt; sie beschränkt sich heute weitgehend auf die Bearbeitung von Versicherungsansprüchen sowie Verwaltungsfragen. Die Krankenversicherer sind ihren Mitgliedern bei der Auswahl von Leistungserbringern keine Hilfe und unterstützen sie nur eingeschränkt beim Disease Management, wobei nur wenige von ihnen Leistungen über die verpflichtenden Programme hinaus anbieten. Außerdem führen sie keine zentrale Patientendatenbank, die helfen würde die Integration der Versorgung zu fördern. Für viele Deutsche sind Krankenversicherungen ein Massenprodukt und die Versicherungsnehmer sind bereit, schon bei marginalen Beitragsunterschieden den Versicherer zu wechseln.

Warum sind die Krankenkassen nicht stärker involviert? Der wohl wichtigste Grund liegt darin, dass sie bislang nicht als relevante Partner wahrgenommen werden. Allzu oft schaffen sie es nicht, die einfachsten Gesundheitsfragen ihrer Versicherten zu beantworten. Einer aktuellen Erhebung zufolge sind nur fünf von 20 angesprochenen Krankenversicherungen imstande, ihre Patienten bei Entscheidungen im Blick auf ihre Gesundheit zu beraten.[252] In einer anderen Erhebung unter 35 Krankenversicherern reagierten nur 45% der Befragten überhaupt auf konkrete Online-Anfragen nach Gesundheitsinformationen; nur etwa der Hälfte von ihnen gelang es, die Frage auch zu beantworten.[253]

Ein Kernproblem der GKV-Versicherungen ist das fehlende medizinische Fachwissen innerhalb der Organisation. Die Versicherungen haben bisher zu wenig medizinisches Fachpersonal beschäftigt und der Aufbau entsprechender Abteilungen erfolgt nur langsam. Damit fehlt die Expertise, um inhaltlich kompetent mit Leistungserbringern und Mitgliedern diskutieren zu können. Natürlich sollten die Krankenkassen nicht versuchen Leistungserbringer zu mikromanagen. Gleichwohl müssen sie imstande sein, die Gesundheitsversorgung soweit zu verstehen, dass sie sinnvoll zum Wohlergehen ihrer Mitglieder beitragen können.

Auch aufgrund ihrer Organisationsstruktur sind die Krankenversicherer bisher nur begrenzt in der Lage, Mehrwert zu stiften. Anstatt auf Krankheitsbilder, den eigentlichen Ort der Nutzenstiftung, ausgerichtet zu sein, sind auch sie nach den Sektoren der stationären, ambulanten und rehabilitativen Versorgung organisiert. Wie sollen Krankenversicherungen helfen können die Gesundheitsversorgung zu verbessern, wenn ihnen doch selbst der Überblick über den Versorgungsprozess fehlt? Die Krankenversicherungen haben es zudem verpasst, zentrale Krankenakten für ihre Mitglieder zu führen und zusammenzuführen – womit es für sie schwer wird, Patienten richtig zu beraten oder Leistungserbringer zu befähigen, die Behandlungsleistungen für ihre Mitglieder zu verbessern. Als Gründe für dieses Versäumnis werden institutionelle Trägheit, begrenztes

Vertrauen der Mitglieder in ihre Versicherungen, fehlende gesetzliche Bestimmungen sowie Bedenken hinsichtlich des Datenschutzes genannt. Diese Hürden müssen überwunden werden, wenn die Krankenversicherungen künftig einen sinnvollen Beitrag zur Gesundheitsversorgung leisten sollen.

Das fehlende Vertrauen zwischen Krankenversicherungen und Patienten ist ein besonders großes Hindernis für die Versicherungen, sich partnerschaftlich für die Gesundheit ihrer Mitglieder zu engagieren. In einer Verbraucherumfrage schätzten die Befragten die Vertrauenswürdigkeit von Krankenversicherungen nur marginal höher ein als diejenige der Tabakindustrie (jeweils ca. 30%). Im Vergleich vertrauten 70% der Befragten dagegen den Krankenhäusern.[254] In den Köpfen der Versicherungsnehmer sind es die Krankenversicherungen, die allzu oft nur auf die Kosten schauen, aber wenig Interesse an ihrer Gesundheit haben. Sie sind es auch, die die Vergütung eingrenzen und den Leistungserbringern das Leben schwer machen.

Solche Ansichten mögen Ergebnis der öffentlichen Diskussion um Kostenverlagerung und Beitragssteigerungen sein. Ebenso sind sie jedoch auch ein Ergebnis der historischen Entwicklung: Fakt ist, dass sich die Krankenversicherungen bisher meist auf die Kosten konzentriert haben. So hat z.B. in der Vergangenheit eine Krankenversicherung versucht niedergelassene Ärzte davon zu überzeugen, Versicherte nicht in hochpreisige Krankenhäuser einzuweisen. Da es keine Transparenz bei der Ergebnisqualität gibt, wirkte das für die überweisende Ärzte und die Öffentlichkeit wie ein Anschlag auf das Qualitätsbewusstsein. Die Diskussion wäre wohl deutlich anders verlaufen, hätte sich der Versicherer darauf beschränkt, die Einweisung in Krankenhäuser mit hoher Behandlungsqualität zu fordern. Denn die Häuser mit besseren Behandlungsergebnissen und weniger Komplikationen sind oft auch diejenigen mit den niedrigeren Gesamtkosten.

Veränderungen in jüngster Zeit

Einige Krankenversicherungen haben in jüngster Zeit begonnen sich positiver zu positionieren, und zwar hauptsächlich in zwei Bereichen: bei der Bereitstellung von Informationen sowie bei individuellen Vertragsabschlüssen. Um ihre Mitglieder bei der Auswahl von Leistungserbringern zu unterstützen, sind einige Versicherungen inzwischen dabei, verschiedene Basisinformationen über Behandlungsergebnisse zusammenzustellen. Beispiele dafür sind die *Krankenhausnavigatoren* der AOK und der Techniker Krankenkasse. Erfasst werden dabei allerdings immer noch primär Messgrößen zur Strukturqualität, z.B. die Anzahl der eingesetzten Ärzte oder die Qualifikationsniveaus des medizinischen Personals, einige Volumen-Kennzahlen (als Maß der Erfahrung) sowie Patientenerfahrungen. Solche Informationsplattformen sind ein Schritt in die richtige Richtung. Sie könnten um Daten zur Ergebnisqualität erweitert werden und sie könnten auch andere Leistungserbringer außerhalb des Krankenhaussektors einbeziehen. Manche Krankenversicherer haben auch begonnen *Gesundheitscoaching* anzubieten und ihre Mitglieder durch den Behandlungsprozess bei ihrem jeweiligen Krankheitsbild zu begleiten. Die KKH-Allianz bietet dafür ein innovatives Beispiel. Solche Entwicklungen machen Mut und werden auch von den Versicherungsnehmern angenommen. Wie eine erst kürzlich durchgeführte Erhebung ergab, begrüßen 85,7% aller befragten Patienten eine aktivere Teilnahme der Krankenversicherer an ihrer Gesundheit – dies zeigt, dass Verbesserungen bei der Vertrauensbildung möglich sind.

Im Zuge der Gesundheitsreformen von 2005 und 2007 erhielten die Krankenkassen die Option des selektiven Kontrahierens. Auch wenn Reformer sie vielfach als Schlüssel zu Verbesserungen bei den Behandlungsergebnissen und Kosten anpriesen, so zeigte sich doch bei gründlicher Analyse, welche Schwierigkeiten damit verbunden sein können. Früher hatten Vertragsverhandlungen zwischen Krankenkassen und Leistungserbringern deutschlandweit nur Kollektivverträge zur Folge. 2004 eröffnete der Gesetzgeber die Möglichkeit, selektiv zu kontrahieren, hauptsächlich im ambulanten Bereich. Die Idee war dabei, Wettbewerb zwischen den Leistungserbringern zu induzieren. Insgesamt wurden drei Vertragsarten neu eingeführt, die in den vorausgehenden Kapiteln bereits vorgestellt wurden: Verträge zur Hausarztversorgung nach §73b SGB V, Verträge zur integrierten Versorgung nach §140 SGB V und Verträge zur besonderen ambulanten Versorgung nach §73c SGB V.

Befürworter des selektiven Kontrahierens wollen Wettbewerb zwischen den Leistungserbringern schaffen, und zwar nicht nur um Patienten, sondern auch um Verträge mit den Krankenversicherungen. Der Theorie nach sollte ein solcher Wettbewerb die besseren Anbieter begünstigen. Die Leistungserbringer müssten überlegene Qualität nachweisen um Verträge zu erhalten. Zudem würde die Drohung, gegebenenfalls Verträge zu verlieren, die Leistungserbringer dazu bewegen, selbst besser zu werden, und so den Patientennutzen steigern.

Doch das selektive Kontrahieren in der heutigen Form zeigt einige ernsthafte Einschränkungen. Erstens war die Anzahl der abgeschlossenen Selektivverträge in der Praxis bisher gering und außerdem waren die Volumen der meisten Verträge sehr niedrig. In erster Linie dienten sie dazu, Mengenrabatte zu erhalten oder Marketingvorteile sicherzustellen. Zweitens besteht bei den heutigen Selektivverträgen das Risiko, die Versorgung noch weiter zu fragmentieren. So wurden solche Verträge separat für den Hausarzt- sowie für den Facharztbereich abgeschlossen. Stattdessen sollten Selektivverträge eigentlich die Behandlung bestimmter Krankheitsbilder über die gesamte Behandlungskette abdecken und dabei Ärzte aller Fachbereiche sowie andere Fachkräfte einbeziehen. In ähnlicher Weise wurde der Abschluss krankheitsspezifischer Verträge durch Befürchtungen gebremst, dass damit noch kränkere Versicherungsnehmer mit noch größeren medizinischen Risiken angelockt werden könnten. Mit der Einführung des morbi-RSA sollte dieses Risiko deutlich sinken.

Drittens ist der Verwaltungsaufwand bei kleineren Verträgen unverhältnismäßig hoch. Einzelverträge mit ihren jeweils eigenen Teilnahmebedingungen, Vergütungsregelungen und Qualitätsmetriken treiben die Verwaltungskosten eher nach oben, als sie zu reduzieren, insbesondere, wenn es separate Verträge für jede Fachdisziplin gibt.

Und schließlich wollen die Patienten Wahlfreiheit. Wie eine Studie der Bertelsmann Stiftung ergab, sträuben sich die Versicherten, Restriktionen bei der Wahl des Leistungserbringers hinzunehmen. Tatsächlich ist die freie Wahl des Anbieters derzeit der wichtigste Anspruch an Versicherungsangebote, zumindest so lange, bis bessere Daten zur Ergebnisqualität verfügbar sind. Die Versicherungsnehmer dürften ihre Zweifel an den Motiven der Krankenversicherer bei der Wahl eines passenden Leistungserbringers haben und gegebenenfalls Kostendämpfungsabsichten unterstellen. Als Konsequenz sehen sich die Krankenkassen genötigt gewisse Wahlmöglichkeiten offen zu lassen, selbst wenn sie Selektivverträge mit einzelnen Leistungserbringern haben. In der Regel stellen sie es den Patienten frei, sich für solche Angebote zu entscheiden.

Ebenso sollten die Krankenversicherungen darauf verzichten, das selektive Kontrahieren zu instrumentalisieren um Mengenrabatte auszuhandeln. Vielmehr sollten sie diese Möglichkeit nutzen, um innovative Vertragsmodelle zu etablieren und mit neuen Formen der Gesundheitsversorgung für die Versicherten zu experimentieren. Charakteristisch für ein System mit hoher Nutzenstiftung ist eine große Auswahl an Anbietern. Die Aufgabe der Leistungserbringer sollte es sein, auf der Basis von messbaren Ergebnissen um Patienten zu konkurrieren. Um eine wirkliche Auswahl zwischen den Leistungserbringern zu ermöglichen, ist ein allgemeingültiger Vergütungskatalog für alle Kassen und Leistungserbringer wünschenswert. Idealerweise sollte die Vergütung jedoch die gesamte Behandlung je Krankheitsbild abdecken. Gemeinsam mit den Leistungserbringern können die Krankenversicherer auch krankheitsspezifische Versorgungsangebote entwickeln. Erfolgreiche Pilotversuche mit individuellen Verträgen sollten mit der Zeit in Kollektivverträge überführt werden. Die Möglichkeit, Selektivverträge mit den Krankenversicherern einzugehen, und der daraus resultierende Wettbewerb um solche Verträge wird für die Leistungserbringer ein Ansporn werden, auch ihr Nutzenversprechen zu verbessern. Dies gilt besonders für die KVen.

Das Engagement von Arbeitgebern in der Gesundheitsvorsorge

Die Arbeitgeber in Deutschland haben ein erhebliches wirtschaftliches Interesse an der Gesundheit ihrer Belegschaft. Sie zahlen fast die Hälfte der Krankenversicherungsbeiträge und sind außerdem verpflichtet, für jeden Mitarbeiter im Fall einer Erkrankung bis zu sechs Wochen den Lohn weiterzuzahlen. Schon allein die Krankheitstage stellen für sie eine ernsthafte wirtschaftliche Belastung dar. 2006 fielen bundesweit über 400 Millionen Krankheitstage an – dies ergibt einen bemerkenswerten Jahresdurchschnitt von 11,6 Krankheitstagen je Mitarbeiter. Der dadurch entstandene Produktionsausfall beläuft sich auf 36 Milliarden Euro, ein beachtlicher Kostenfaktor für die Arbeitgeber.[255]

Trotz dieser hohen Kosten haben sich die Arbeitgeber bislang meist nur in beschränktem Maß um die Gesundheit ihrer Angestellten gekümmert. Ihre Bemühungen konzentrierten sich vorzugsweise darauf, die Kosten der Versicherungsbeiträge zu senken oder zumindest zu begrenzen. Es gibt Hinweise dafür, dass sie bis 2008 ihren Beschäftigten häufig zu kostengünstigen Versicherungen rieten, auch wenn diese in ihrer Wahlentscheidung völlig frei waren. Neben der Empfehlung günstiger Versicherungen haben manche der größeren Arbeitgeber auch eigene Krankenversicherungen angeboten, oft ebenfalls mit der Intention, auf diese Weise die Kosten zu senken. Die medizinischen Ausgaben sind für solche *Betriebskrankenkassen* (BKKs) tendenziell niedriger als für eine Durchschnittskrankenkasse – nicht, weil sie einen höheren Patientennutzen stiften, sondern weil die BKK-Mitglieder jünger und jedenfalls gesund genug sind, um zu arbeiten. Mit der Einführung eines einheitlichen GKV-Beitragssatzes für alle Krankenkassen im Jahr 2009 verringerte sich der Anreiz für die Arbeitgeber, günstigere Krankenversicherungen zu empfehlen oder BKKs einzurichten.

Die meisten Arbeitgeber halten sich weitgehend aus der Gesundheitsversorgung heraus und bieten nur selten medizinische Leistungen vor Ort an. Manche Unternehmen haben Betriebsärzte, doch ihre Aufgabe ist normalerweise auf Arbeitsmedizin sowie Erste Hilfe bei Betriebsunfällen beschränkt. Einige Arbeitgeber haben auch begonnen sich an Programmen zur *Betrieblichen Gesundheitsförderung* (BGF) zu beteiligen. Obgleich Studien die positiven Auswirkungen solcher Programme nachweisen konnten,[256] haben bislang nur wenige Beschäftigte in Deutschland Zugang zu ihnen.[257] Wie eine Unternehmensbefragung zur Inzidenz von Gesundheitsförderung und -management ergab, bieten von den Unternehmen mit unter 500 Mitarbeitern, die zusammen immerhin 60% der Arbeitnehmer in Deutschland beschäftigen, 63% keine Leistungen zur betrieblichen Gesundheitsförderung an.[258] Während nur 28% der befragten Unternehmen Zweifel an der Effektivität der betrieblichen Gesundheitsförderung äußerten, erklärten 88% der Unternehmen ohne Angebote der betrieblichen Gesundheitsförderung, dass das Tagesgeschäft einfach Vorrang habe; 76% verwiesen auf fehlende Mittel für Maßnahmen zur betrieblichen Gesundheitsförderung und 73% sagten, sie hätten wichtigere Themen auf ihrer Agenda.[259] Interviews zufolge lassen sich ähnliche Beobachtungen auch in größeren Unternehmen machen. Damit ignorieren die Unternehmen jedoch die Ergebnisse aktueller Forschungsstudien: Ihnen zufolge entstehen den Unternehmen aus dem schlechten Gesundheitszustand von Mitarbeitern indirekte Kosten, die zwei- bis dreimal höher liegen als die Ausgaben für eine betriebliche Gesundheitsförderung. Positive Beispiele hierzu gibt es aus den USA.[260,261]

Mithin bleibt in Deutschland die Haltung der Arbeitgeber gegenüber der Gesundheitsvorsorge weiterhin geprägt durch Desinteresse und kurzfristiges Kostendenken. Dabei könnten und sollten die deutschen Arbeitgeber eine weitaus wichtigere Rolle für die Gesundheit ihrer Mitarbeiter, aber auch für das Gesundheitssystem insgesamt übernehmen. Derzeit sind sie im Begriff, eine große Chance zu verpassen, die Gesundheit ihrer Belegschaft zu verbessern, die Produktivität zu steigern, ihre tatsächlichen Kosten zu reduzieren und zugleich die Loyalität ihrer Mitarbeiter zu gewinnen. Auch die deutsche Regierung hätte die Möglichkeit, die Arbeitgeber stärker in das Gesundheitswesen einzubinden und so den Reformprozess zu beschleunigen.

Patienten und ihre Gesundheit

Deutschland weist gemessen an internationalen Standards eine hohe Inanspruchnahme von Behandlungsleistungen auf. Die Zahl der Krankenhauseinweisungen liegt bei 22.700 pro 100.000 Einwohner und Jahr, verglichen mit einem Median von 15.800 in 15 vergleichbaren OECD-Ländern.[262] Auch die Inanspruchnahme von ambulanten Leistungen ist im internationalen Vergleich sehr hoch. Die Patienten genießen im deutschen System ein hohes Maß an Autonomie. Sie können jeden beliebigen registrierten Leistungserbringer frei wählen, ohne an ein bestimmtes Versorgungsnetzwerk gebunden zu sein. Niedergelassene Fachärzte wie Neurologen und Kardiologen können ohne Überweisung durch den Hausarzt aufgesucht werden. Die Patienten können außerdem frei wählen zwischen akademischen Lehrkrankenhäusern und anderen Krankenhäusern.

Die Selbstbeteiligungen sind mit denen in anderen Ländern vergleichbar, obwohl sie seit den 80er Jahren kontinuierlich erhöht wurden (siehe Kapitel 4).[263] Für Praxisbesuche liegt der Selbstbehalt heute bei 10 Euro pro Quartal, je Arzneimittelverschreibung bei 5-10 Euro und je Krankenhaustag bei 10 Euro. Für die stationäre Versorgung ist die Selbstbeteiligung auf insgesamt 280 Euro pro Jahr beschränkt. Die jährliche Gesamtsumme aller Zuzahlungen ist für alle Patienten auf maximal 2% ihres jeweiligen Bruttoeinkommens begrenzt, für chronisch Kranke auf maximal 1%.[264]

Trotz aller Anstrengungen ist es nicht gelungen, die Patientennachfrage nach Versorgungsleistungen durch entsprechende Anreize zu reduzieren. Krankenversicherungen, die Boni offerieren, wenn weniger Gesundheitsleistungen in Anspruch genommen werden, haben bislang nur wenig neue Versicherungsnehmer gewinnen können. Meist sind es jüngere Mitglieder, die so ihre Beiträge senken wollen. Zwar resultierte die Praxisgebühr von 10 Euro, die 2004 eingeführt wurde, in einem kurzfristigen Rückgang der Anzahl der Praxisbesuche, doch inzwischen ist ihre Wirkung weitgehend verpufft. Auch wenn es noch keine schlüssige Erklärung dafür gibt, war auch in vielen anderen Ländern bereits zu beobachten, dass Versuche, das Patientenverhalten durch die Anpassung von Zuzahlungen zu verändern, oft nicht von nachhaltiger Wirkung sind.[265]

Ein wesentlicher Grund für die bundesweit hohe Inanspruchnahme von Versorgungsleistungen liegt darin, dass sich die Deutschen nur begrenzt mit ihrer Gesundheit und Gesundheitsvorsorge befassen. Der Patientennutzen lässt sich indes nur maximieren, wenn auch die Patienten selbst auf ihre Gesundheit achten und die Behandlungsempfehlungen befolgen. Auch sollten die Patienten vorzugsweise besonders gute Leistungserbringer aufsuchen, die imstande sind, ihr jeweiliges Krankheitsbild zu behandeln, und dazu den Rat ihrer Ärzte in Anspruch nehmen. Die Basis für die Auswahl der Anbieter sollten im Idealfall messbare Ergebnisse sein. Das trägt dazu bei, dass Leistungserbringer mit hoher Ergebnisqualität expandieren können, und motiviert leistungsschwächere Anbieter besser zu werden.

Traditionell sind die Patienten in Deutschland meist nur in beschränktem Maß am Behandlungsprozess und an der Auswahl der Leistungserbringer beteiligt. Sie halten sich oft nicht an die Therapieanweisungen und zeigen nur wenig Interesse an ihren Behandlungsunterlagen.

Zwar gibt es nur wenige Daten zur *Therapietreue* in Deutschland, doch deuten die verfügbaren Daten auf erhebliche Defizite hin. So wird die Rate mangelnder Therapietreue bei der Medikation – definiert als Medikamentengebrauch, der von der ärztlichen Verschreibung abweicht – für Asthma auf 20%, geschätzt, für Diabetes auf 40–50%, für Epilepsie auf 30–50%, für Bluthochdruck auf 50–70% und für Osteoporose auf 55–70%.[266,267,268] Wie man herausgefunden hat, sinkt die Therapietreue, wenn die Symptome rasch zurückgehen, die Therapie sich länger hinzieht, die Zahl der Medikationen steigt oder wenn Nebenwirkungen auftreten.[269] Die Kosten von mangelnder Therapietreue dürften schätzungsweise jährlich zwischen 10 und 14 Milliarden Euro liegen. Dies untermauert das Argument, dass bessere Behandlungsqualität – ein integraler Bestandteil davon ist Therapietreue – zu erheblichen Kosteneinsparungen führen würde.[270,271] Zudem kann man daraus folgern, dass die pharmazeutische Industrie bessere Dosierungsschemata und Nebenwirkungsprofile entwickeln sollte, während die Leistungserbringer Strukturen und Beratungsangebote schaffen müssen, die eine bessere Therapietreue seitens der Patienten ermöglichen.[272]

Über die Therapietreue bei der Medikation hinaus untersuchte eine Studie von 2005 die Patientenbeteiligung an der Behandlung von Diabetes, HIV/AIDS, Brustkrebs und Adipositas. Erfasst wurden unterschiedliche Dimensionen der *Patientenbeteiligung*, darunter z.B. die Suche nach Informationen über die Krankheit und die aktive Beteiligung an der Auswahl der Leistungsanbieter. Die Studie gelangte zu der Schlussfolgerung, dass die Patientenbeteiligung in Deutschland insgesamt gering ist; die höchste Beteiligung war bei den Diabetespatienten zu beobachten. Dennoch erreichten lediglich 37% der Diabetespatienten eine Bewertung von über 75 Punkten – die als Sollwert für eine ausreichende Patientenbeteiligung definiert waren.[273] Veränderungsbedarf besteht dabei nicht nur auf Seiten der Patienten, sondern auch auf Seiten der Leistungserbringer. Deren Aufgabe ist es, bessere Aufklärungsprogramme zu entwickeln und die Möglichkeiten von IT zu nutzen, um die Patienten besser einzubinden.

Welchen Leistungserbringer Patienten wählen, hängt in Deutschland wie auch anderswo meist ab von Bequemlichkeitserwägungen, Mundpropaganda, Qualität der Infrastruktur sowie Universitätsanbindung (Lehrkrankenhaus vs. Nicht-Lehrkrankenhaus). Gleichwohl wird angenommen, dass die Behandlungsqualität durchgängig hoch sei. Ebenso unkritisch ist das Verhältnis der Konsumenten zu ihren Krankenversicherungen: Konsumenten wählen ihre Krankenversicherung in erster Linie nach der Höhe der Zusatzbeiträge.

Jüngste Veränderungen im Patientenverhalten

Es gibt Hinweise darauf, dass die Patienten sich zunehmend für ihre eigene Gesundheit engagieren und sich auch verstärkt an Entscheidungen beteiligen, die ihre Gesundheit betreffen. Ihr Interesse, mehr über ihre Krankheiten zu erfahren, wächst und fast ein Drittel der Patienten sucht nach entsprechenden Informationen im Internet.[274] Punktuelle Beobachtungen lassen vermuten, dass es bei Internetrecherchen heute vorwiegend darum geht, Informationen über die Krankheiten und die entsprechenden Therapiemöglichkeiten zu finden.

Die Patienten suchen vermehrt nach Daten, die ihnen helfen sich bei anstehenden Entscheidungen zu orientieren, insbesondere bei elektiven stationären Behandlungen. Wie eine aktuelle Bertelsmann-Studie ergab, hielten zudem 86 % aller befragten Personen Informationen über die Qualität von Krankenhäusern für wünschenswert oder sehr wünschenswert.[275] Was an Informationen verfügbar ist, hat allerdings nach wie vor nur begrenzte Aussagekraft. 60 % der Verbraucher wussten nicht, wo sie Informationen über die Qualität der Leistungserbringer finden konnten. Dieses Ergebnis deckt sich mit einer Studie von 2003, nach der 58 % aller Befragten das Gefühl hatten, über nicht genügend Informationen zu verfügen, um das richtige Krankenhaus auszuwählen.[276,277]

Zeitungen und Internetseiten haben begonnen Ratings von Leistungserbringern anzubieten, die immer beliebter werden. Einmal im Jahr veröffentlicht der *Focus*, ein wöchentlich erscheinendes Nachrichtenmagazin, eine „Best-of-Liste" für Krankenhausärzte und für niedergelassene Ärzte. Das entsprechende Heft gehört zu den meistverkauften Ausgaben des Magazins. Die Bewertung basiert jedoch ausschließlich auf ärztlicher Reputation und nicht auf der tatsächlichen Qualität der Behandlungsergebnisse.[278] Seit 2004 veröffentlicht der *Klinikführer Rhein-Ruhr* einen detaillierten Krankenhaus-Report, obwohl er damit nur 74 von Deutschlands rund 2.000 Krankenhäusern abdeckt. Er bietet Informationen zu den Fallzahlen je Behandlungsleistung (als Maß für die Kompetenz), Patientenempfehlungen, Kennziffern zur Strukturqualität wie Personalschlüssel und Ausbildungsniveaus sowie – was am interessantesten ist – einige Behandlungsergebnisse aus den obligatorischen BQS/AQUA-Daten zum externen Qualitätsbenchmarking, wie es in Kapitel 9 beschrieben wird. Der Krankenhausführer wurde im ersten Jahr 30.000-mal verkauft und die Website mit den gleichen Informationen verzeichnete 700.000 Besuche.[279] In vergleichbarer Weise veröffentlicht der Berliner *Tagesspiegel*, eine führende Regionalzeitung, Ranglisten zur Krankenhausqualität in Berlin[280] sowie Ratings zur Qualität von Pflegeheimen. Die Ausgaben mit diesen Informationen gehören nach wie vor zu den meistverkauften des Jahres. In Hamburg haben sich 20 Krankenhäuser und eine Krankenversicherung zusammengetan, um einen Online-Krankenhaus-Report herauszugeben, der ähnliche Inhalte bietet wie der Klinikführer Rhein-Ruhr.[281] Eine Initiative der Bertelsmann Stiftung, die *weiße Liste*, verfolgt schließlich einen ähnlichen, vielversprechenden Ansatz.

So ermutigend diese Entwicklungen auch sein mögen – dass Leistungserbringer nach Behandlungsergebnissen ausgewählt werden, ist immer noch selten. Allzu oft nutzen die Patienten Kennziffern zur Struktur- und Prozessqualität als Ersatz für die Ergebnisqualität. Beispielsweise unterstellt man bei einem neueren Krankenhaus, dass es auch die bessere Versorgung biete, ebenso bei einem akademischen Lehrkrankenhaus, dass es in den Behandlungsleistungen einem Nicht-Lehrkrankenhaus überlegen sei. Der Erfolgskreislauf der Nutzensteigerung wird allerdings erst einsetzen, wenn Patienten anfangen vorzugsweise Leistungserbringer mit den besseren Behandlungsergebnissen auszuwählen. Das wird den hervorragenden Leistungserbringern, den Krankenversicherungen und vor allem den Patienten selbst zugute kommen.

Fazit

Krankenkassen, Arbeitgeber und Patienten – sie alle sind von wesentlicher Bedeutung, wenn es darum geht, den Patientennutzen in der Gesundheitsversorgung zu maximieren. Die Nutzenstiftung wird nicht allein von den Leistungserbringern verantwortet.

Traditionell haben sich die Krankenkassen fast ausschließlich auf ihre Versicherungsfunktion konzentriert. Dabei beschränkten sie ihre Rolle darauf, passive Bezahler zu sein, praktisch ohne sich an der Gesundheitsversorgung selbst zu beteiligen. Erst vor kurzem haben die Krankenkassen erste Schritte unternommen, ihren Mitgliedern zu helfen die besten Leistungserbringer auszuwählen und persönlich besser mit ihren Erkrankungen zurechtzukommen. Auch wenn das positive Trends sind, konkurrieren doch die meisten deutschen Krankenkassen nach wie vor darum, ihre Dienstleistungen als Massenprodukt anzubieten. Auf der anderen Seite sind die Versicherungsnehmer bereit, ihren Versicherer bereits bei marginalen Beitragsunterschieden zu wechseln. Die Krankenversicherer haben mithin noch einen langen Weg vor sich, um ihre Kunden davon zu überzeugen, dass sie echten Mehrwert bieten können. Dabei könnten die Versicherer durchaus eine Schlüsselrolle bei der Neugestaltung der Gesundheitsversorgung übernehmen, indem sie innovative Versorgungsmodelle fördern, hervorragende Leistungserbringer empfehlen, dabei helfen, Krankenakten zusammenzustellen, die eigenen Mitglieder für DMP-Programme gewinnen und mit den Leistungserbringern zusammenarbeiten, um die Therapietreue der Patienten zu verbessern. Die Möglichkeit des selektiven Kontrahierens könnten die GKV-Versicherer dazu nutzen, neue Formen der Gesundheitsversorgung und ihrer Vergütung anzusteuern, anstatt auf diesem Weg lediglich Mengenrabatte auszuhandeln. Davon, dass sie zu Katalysatoren für diese Veränderungen in der Gesundheitsversorgung werden, werden die Krankenversicherer selbst profitieren. Denn dies ist der einzige nachhaltige Weg, um die Kosten zu kontrollieren und das politische Überleben des Systems konkurrierender Krankenkassen in Deutschland sicherzustellen.

Nicht nur die Krankenkassen, sondern auch die Arbeitgeber haben bislang die Gelegenheit versäumt, sich an der Gesundheitsversorgung zu beteiligen. Obwohl sie fast die Hälfte zu den Krankenkassenbeiträgen beisteuern und die Lohnfortzahlung im Krankheitsfall für bis zu sechs Wochen tragen, haben die Arbeitgeber bislang keine aktive Rolle übernommen – weder in Sachen Gesundheit der Mitarbeiter noch in Sachen Gesundheitsversorgung. Nur selten bieten die Arbeitgeber vor Ort eine betriebliche Gesundheitsversorgung an, kooperieren mit Leistungserbringern oder beteiligen sich an Maßnahmen zur betrieblichen Gesundheitsförderung. Auch wenn sie für den schlechten Gesundheitszustand ihrer Mitarbeiter und ihrer Familien einen hohen Tribut zahlen, ist die Einstellung der Arbeitgeber zu Gesundheitsfragen von Desinteresse geprägt. Über 70% der Arbeitgeber geben an, dass sie wichtigere Aufgaben hätten, als die Gesundheit ihrer Mitarbeiter zu fördern. Sie müssen noch begreifen, dass sie aktiv an der Gesundheitsversorgung teilnehmen und damit die Gesundheit ihrer Mitarbeiter verbessern können. Mag es zunächst noch um konkrete Vorteile wie erhöhte Produktivität und reduzierte Gesamtkosten gehen, so kann sich der nicht quantifizierbare Vorteil einer größeren Mitarbeiterloyalität als genauso wichtig erweisen.

Am wichtigsten aber ist, dass die Patienten selbst es bisher versäumt haben, eine aktive Rolle für ihre eigene Gesundheit und ihre eigene Gesundheitsversorgung zu übernehmen. Gesundheit entsteht in Kooperation mit den Anbietern im Gesundheitswesen. Ohne die aktive Beteiligung der Patienten können auch die besten Anstrengungen der Anbieter nur begrenzte Ergebnisse zeitigen. In ihrer heutigen Struktur ist die Gesundheitsversorgung ganz offensichtlich nicht dazu geeignet, das Engagement und die Therapietreue der Patienten zu fördern. Daher müssen die Patienten selbst aktiv daran arbeiten, dies zu ändern. Sie müssen ihre Leistungserbringer aufgrund von messbarer Exzellenz wählen, sich selbst in den Behandlungsprozess einbringen und Krankenkassen aussuchen, die ihre Gesundheit fördern. Diese neue Rolle verleiht den Patienten einen enormen Einfluss, wenn es darum geht, die Verpflichtung der Leistungserbringer, der Krankenkassen und der Regierungen auf den Patientennutzen zu festigen und den Systemwandel voranzutreiben.

KAPITEL 9

Messung von Behandlungsergebnissen und -kosten

Die umfassende Messung von Ergebnisqualität und -kosten ist in einem Gesundheitssystem mit hoher Nutzenstiftung unerlässlich, um zu informieren und Anstöße zu Verbesserungen zu geben. Traditionell messen jedoch in Deutschland weder die Leistungserbringer noch die Krankenversicherer die Behandlungsergebnisse oder die Kosten je Patient. Stattdessen nahmen die Ärzte an, ihre Behandlung sei generell auf einem hohen Niveau, und konzentrierten sich darauf, zusätzliche Patienten zu gewinnen. Grundlage hierfür sind im heutigen System persönliche Beziehungen zu den überweisenden Ärzten, wissenschaftliches Renommee, allgemeiner Ruf der Einrichtung und Bequemlichkeit der Patienten, nicht aber nachweislich bessere Qualität.

Der Patientennutzen einer medizinischen Behandlung bemisst sich nach den Behandlungsergebnissen und dem damit verbundenen Kostenaufwand. Die Behandlungsergebnisse selbst sind dabei das ultimative Maß für Qualität. Seit 2000 sind die deutschen Leistungserbringer gesetzlich verpflichtet Qualitätsmanagementsysteme einzusetzen. In der Vergangenheit schafften es die Ansätze zur Qualitätsmessung allerdings oft nicht einmal, die Einhaltung von evidenzbasierten Leitlinien zu überwachen. Den heute verpflichtenden Qualitätsmanagement- und Zertifizierungssystemen mangelt es letzlich an Akzeptanz in der Ärzteschaft. Viele Ärzte sind nicht davon überzeugt, dass sich Prozesse, Behandlungsergebnisse oder die Effizienz auf diese Weise verbessern lassen. Vielmehr fühlen sie sich überwacht und eingeschränkt. Ebenso stellt der beträchtliche Verwaltungsaufwand, den die heutigen Ansätze mit sich bringen, ein Hindernis für ihre Umsetzung dar. Daher hat Qualitätsmanagement derzeit für viele deutsche Ärzte eine negative Konnotation.

Soll sich an diesem Status quo etwas ändern, so ist der Schlüssel dafür die Ausrichtung auf die Behandlungsergebnisse. Was für Patienten und Ärzte zählt, ist das jeweilige Resultat, nicht, ob ein bestimmter Prozess zur Anwendung kam oder ob besondere strukturelle Voraussetzungen dafür geschaffen wurden. Wie wir in Kapitel 3 dargelegt haben, kann Prozessstandardisierung durchaus auch Innovationen verlangsamen, indem sie nicht ausreichend auf die individuellen Unterschiede zwischen den Patienten eingeht. Wenn sich Deutschland bei der Qualitätsmessung künftig zu einem stärker an der Ergebnisqualität orientierten Ansatz durchringen kann, so wird die Beteiligung der Ärzte ungleich höher ausfallen. Die Ärzte werden sich mehr denn je in einer Schlüsselrolle sehen, wenn sie gemeinsam mit den übrigen medizinischen Fachkräften für die Behandlungsergebnisse verantwortlich sind. Die Verantwortung für den Wandel und die damit verbundenen Lasten fallen dann auf sie und so sollte es auch sein.

Ebenso nötig ist es, die Methoden zur Kostenermittlung grundlegend zu verbessern. Bei allen Kostensorgen fehlen den deutschen Leistungserbringern nach wie vor geeignete Kostenrechnungsverfahren, um die Behandlungskosten je Patient wirklich akkurat zu erheben. Große Effizienzdefizite bleiben daher verborgen und Entscheidungen zum Leistungsangebot werden fehlgeleitet.

In diesem Kapitel werden wir die Entwicklung der Ergebnismessung in Deutschland nachverfolgen und ihre gegenwärtigen Grenzen diskutieren. Danach stellen wir zwei bedeutende Pioniere der Ergebnismessung vor: *Helios Kliniken/AOK* und *Schön Kliniken*, zwei privat geführte Krankenhausgruppen und eine gesetzliche Krankenversicherung. Wie diese Beispielsfälle verdeutlichen, ist Ergebnismessung in Deutschland nicht nur machbar, sondern vielmehr hat Deutschland hier sogar die Chance, eine Vorreiterrolle zu übernehmen. Welche Bedeutung Ergebnismessungen haben, ist inzwischen allgemein anerkannt, doch gibt es in Deutschland nach wie vor Zweifel, inwieweit die Messung von Ergebnisqualität angesichts der Unterschiede zwischen den einzelnen Patienten valide durchführbar ist.

Auch wenn die Messverfahren noch nicht perfekt sind, so zeigen beide Beispielfälle doch sehr anschaulich, dass Messungen, wie sie heute bereits durchführbar sind, zu erheblichen Verbesserungen bei der Behandlung führen können. Zudem bieten sie eine Basis, um weitere Erfahrungen zu gewinnen und die Methoden zu verfeinern. Deutlich wird auch, dass sich Skepsis und Widerstände auf Seiten der Ärzteschaft und anderer Akteure durchaus überwinden lassen. Ergebnismessung hat – so viel wird klar – eine unverzichtbare „Enabler"-Funktion, wenn es darum geht, ein Gesundheitssystem mit hohem Patientennutzen zu schaffen.

Schließlich werden wir die Kostenrechnungsmethoden der deutschen Leistungserbringer untersuchen und analysieren, welche Konsequenzen mit ihnen verbunden sind. Hier gibt es ein großes Potenzial für Effizienzverbesserungen. Allerdings haben bislang nur wenige Leistungserbringer ein System zur Kostenmessung umgesetzt, das geeignet ist, den Systemwandel zu beschleunigen.

Entwicklung der Qualitätsmessung in Deutschland

Die deutschen Ansätze zur Qualitätsmessung sind nach wie vor fragmentiert. Vorherrschend ist ein Fokus auf die Messung von Strukturqualität und die Durchführung von Zertifizierungsverfahren. Die Qualitätsmessung erfolgt jeweils separat für die stationäre und ambulante Versorgung sowie für den Rehabilitationssektor. Bislang gibt es kaum umfassende Ansätze, die Behandlungsergebnisse jeweils über die gesamte Behandlungskette hinweg zu messen.

Ergebnismessung in Krankenhäusern. Seit 1989 sind Krankenhäuser gesetzlich verpflichtet, sich am Qualitätsmanagement zu beteiligen, doch erst mit der Gesundheitsreform im Jahr 2000 sind die Regelungen zum Qualitätsmanagement tatsächlich umgesetzt worden. Die Vorgaben reichen dabei vom obligatorischen Einsatz von Qualitätsmanagementsystemen bis hin zu externen Benchmarking-Vergleichen.

Um den seit 2000 geforderten Nachweis eines Qualitätsmanagementsystems zu erbringen, haben sich viele Krankenhäuser für eine Zertifizierung nach dem KTQ-Verfahren entschieden. Die *„Kooperation für Transparenz und Qualität im Krankenhaus"* ist eine Gesellschaft für Zertifizierungsverfahren, die zunächst ausschließlich für Krankenhäuser durchgeführt wurden. Inzwischen werden auch Zertifizierungen für Rehabilitationskliniken, Arztpraxen, Pflegeeinrichtungen sowie Rettungsdienste angeboten. Gründer und Eigentümer der KTQ sind die Bundesärztekammer, der Hartmannbund, die Spitzenverbände der gesetzlichen Krankenkassen, die Deutsche Krankenhausgesellschaft sowie der Deutsche Pflegerat. Das KTQ-Verfahren umfasst im Wesentlichen eine Selbstbewertung des jeweiligen Krankenhauses und daran anschließend eine Fremdbewertung vor Ort durch KTQ-Inspekteure. Der KTQ-Katalog zur Zertifizierung legt Kriterien für die Qualitätssicherung nach sechs Kategorien fest: Patientenorientierung, Mitarbeiterorientierung, Sicherheit, Kommunikations- und Informationswesen, Krankenhausführung und Qualitätsmanagement.[282] Basis für alle Bewertungen nach KTQ ist ein Scoring-System mit Punktwerten. Hauptsächlich erfasst wird dabei, ob bestimmte Strukturen, Bedingungen und Prozesse nachweislich gegeben sind. Am KTQ-Verfahren wird insbesondere die mangelnde Ausrichtung auf konkrete Prozessverbesserungen kritisiert.[283] Die KTQ-Zertifizierung erhält darüber hinaus keine Angaben zur medizinischen Ergebnisqualität der Einrichtung.

Seit 2005 müssen die Krankenhäuser zudem alle zwei Jahre Qualitätsberichte nach §137 SGB V veröffentlichen. Manche Krankenhäuser kombinieren ihren §137-Bericht mit dem KTQ-Bericht. §137-Berichte konzentrieren sich auf Daten zur Strukturqualität und enthalten detaillierte Angaben zur Anzahl der Fachabteilungen, zur Bettenzahl, zur verfügbaren Ausstattung sowie zur Teilnahme an Programmen zur Qualitätskontrolle. Ebenso müssen die Fallzahlen je Abteilung und die jeweils häufigsten 30 Diagnosen und Prozeduren angegeben werden. Auch nach §137 SGB V werden keine Daten zur Ergebnisqualität erhoben.

KTQ-Berichte und Qualitätsberichte sind entwickelt worden, um sowohl den Patienten als auch den einweisenden Ärzten bei der Entscheidungsfindung zu helfen und dabei mehr Transparenz hinsichtlich der Qualität von Krankenhäusern zu schaffen. Gleichwohl haben einer Studie zufolge nur 19% der befragten Patienten überhaupt von diesen Berichten gehört und nur 24% von ihnen würden sie auch zur Auswahl eines Krankenhauses heranziehen.[284] Beide Berichtstypen stehen schließlich auch deshalb in der Kritik, weil sie wenig relevante Daten enthalten, obwohl sie erhebliche Verwaltungskosten verursachen.

Parallel dazu sind die Krankenhäuser seit der Gesundheitsreform 2000 auch verpflichtet sich an externen Qualitätsbenchmarkings zu beteiligen. Zu diesem Zweck gründeten die Deutsche Krankenhausgesellschaft, die Bundesärztekammer und die Spitzenverbände der Krankenkassen die Bundesgeschäftsstelle für Qualitätssicherung (BQS). Die BQS entwickelte ein Messsystem und veröffentlichte 2001 ihren ersten Bericht und anschließend jährlich einen Folgebericht. Seitdem wurde die Berichterstattung auf 22 chirurgische Eingriffe und vier medizinische Gebiete ausgeweitet. 2008 erfasste die externe Qualitätssicherung etwa 3,8 Millionen Einweisungen oder 22% aller Krankenhausfälle.[285] Das BQS-Verfahren stellt den ersten Schritt hin zu einer umfassenden Ergebnismessung in Deutschland dar. Seit Januar 2010 werden die Arbeiten des BQS-Instituts vom AQUA-Institut weitergeführt, einer privatwirtschaftlichen Forschungseinrichtung.

Das BQS/AQUA-Benchmarking umfasst 300 Qualitätsindikatoren, einen Mix aus Kennzahlen zur Indikationsstellung sowie zur Prozess- und Ergebnisqualität[286]. Die Kennzahlen untersuchen, ob die richtige Diagnose gestellt wurde und ob die vorgenommene Behandlung indiziert war (Qualität der *Indikationsstellung*). So ist z.B. für Patientinnen, die einen isolierten Ovareingriff erhalten haben, ein histologischer Befund erforderlich. Auf diese Weise wird quantitativ erfasst, bei wie vielen Frauen im entfernten Gewebe keine pathologischen Veränderungen nachgewiesen werden konnten – was ein Hinweis auf eine unnötige Operation ist. Anhand der Indikatoren zur *Prozessqualität* lässt sich ermitteln, ob auch wirklich eine evidenzbasierte Behandlungsleistung erbracht wurde. Typische Beispiele sind hier: Hat das Krankenhaus bei Pneumonie-Patienten innerhalb der ersten acht Stunden nach Einlieferung eine Blutgasuntersuchung durchgeführt? War während einer Hochrisikogeburt auch stets ein Kinderarzt anwesend? Im Falle der *Ergebnisqualität* geht es um Indikatoren wie risikoadjustierte Mortalität, Revisionsraten für bestimmte Eingriffe sowie eingriffsspezifische Komplikationen. Eine Kennziffer des letztgenannten Typs ist z.B. der Prozentsatz der Patienten mit neurologischen Komplikationen nach einem herzchirurgischen Eingriff (siehe Anhang für weitere Beispiele von BQS/AQUA-Messungen). Alle Messwerte sind dabei vom jeweiligen Krankenhaus selbst zu melden.

Wie sich anhand der BQS/AQUA-Indikatoren zeigen lässt, bestehen über alle deutschen Krankenhäuser hinweg deutliche Qualitätsunterschiede. Tabelle 10 stellt repräsentative Beispiele für die in deutschen Krankenhäusern erreichten Ergebnisse dar.[287]

Ein wichtiger Schritt zur Messung von Ergebnisqualität ist die *Risikoadjustierung*. Nur so können den individuellen Unterschieden zwischen den Patienten Rechnung getragen und die Ergebnisse vergleichbar gemacht werden. Ein Beispiel für Risikoadjustierungen im Rahmen des BQS/AQUA-Qualitätsbenchmarkings liefern die nachstehenden Auswertungen für Koronararterien-Bypass-Operationen. 2008 lag die durchschnittliche Mortalitätsrate in 77 Krankenhäusern, die elektive Koronararterien-Bypass-Operationen außerhalb von Notfallsituationen anboten, bei 3,1%. Auch wenn diese Durchschnittsrate gemessen an internationalen Standards gut ist, so gibt es doch deutliche Unterschiede zwischen den Krankenhäusern. Die Mortalität variiert hier zwischen 0,7% und 8,4% (siehe

Tabelle 10. Ausgewählte Ergebnisse des BQS-Qualitätsvergleichs für Krankenhäuser von 2008

Eingriff	Qualitätsindikator	Erzielte Ergebnisse
Cholezystektomie (Entfernung der Gallenblase)	Mortalität	Die durchschnittliche Mortalität bei laparoskopischer und offener Cholezystektomie bei Patienten mit geringem bis mittlerem Narkoserisiko (ASA 1–3) betrug 0,5% in 1.131 Krankenhäusern in Deutschland, die diese Operation durchführen. Jedoch variierten die Ergebnisse über alle Krankenhäuser zwischen 0,0% und 8,0%.
	Revisionsrate	Die durchschnittliche Revisionsrate für laparoskopische Cholezystektomie betrug 1,0% in 1.075 Krankenhäusern, die diese Operation durchführen. Die Ergebnisse der Krankenhäuser schwankten zwischen 0,0% und 13,0% aller Patienten.
	Komplikationen nach der OP	3,1% aller Patienten hatten mindestens eine postoperative Komplikation nach der Cholezystektomie. Die Komplikationsraten waren sehr heterogen, wobei das Krankenhaus mit den schlechtesten Ergebnissen berichtete, dass bei 18,9% der Patienten Komplikationen auftraten.
Hüft-Endoprothesen-Erstimplantation	Revisionsrate	Ein Durchschnitt von 1,9% der Patienten benötigte eine Revision aufgrund chirurgischer Komplikationen in 987 Krankenhäusern in Deutschland, die Hüftoperationen durchführen. Die Schwankungsbreite an Revisionen zwischen den Krankenhäusern betrug 0,0–17,9%, was bedeutet, dass im Krankenhaus mit der schlechtesten Leistung fast jeder fünfte Patient eine weitere Operation aufgrund Komplikationen benötigte, die aus der Erstimplantation des Hüftgelenks entstandenen waren.
	Dislokation der Endoprothesen	Im Durchschnitt litten 0,4% aller Patienten unter einer Dislokation oder Lockerung ihres künstlichen Hüftgelenks. Die Schwankungen zwischen den Krankenhäusern waren beträchtlich. Im am Krankenhaus, das am schlechtesten abschnitt, lag die Rate bei 11,1%.

Abbildung 20 links). Die Risikoadjustierung erfolgt mithilfe einer Regressionsanalyse, die auf 17 Risikofaktoren basiert, u.a. Alter, Geschlecht, Body-Mass-Index, Vorliegen pulmonaler Hypertonie, Herzrhythmusstörungen bei Aufnahme sowie Vorliegen von Diabetes und Nierenfunktionsstörungen. Für jede vorgegebene Patientenpopulation lässt sich auf der Basis dieses Modells die *zu erwartende Mortalität* errechnen. Ist der Quotient aus beobachteter und zu erwartender Mortalität > 1, so kann die höhere Mortalität im jeweiligen Krankenhaus nicht aus einem ungünstigeren Risikoprofil seiner Patientenpopulation erklärt werden. Ist dagegen der Quotient < 1, so weist das Krankenhaus eine niedrigere Mortalität auf, als auf der Basis seiner Patientenpopulation zu erwarten gewesen wäre. Wie Abbildung 20 zeigt, besteht auch nach umfänglicher Risikoadjustierung ein signifikanter Qualitätsunterschied zwischen den Krankenhäusern.

Die Bemühungen von BQS/AQUA sind ein guter Ausgangspunkt für eine unfassende Ergebnismessung, doch gibt es noch viel Raum für Verbesserungen. Die Akzeptanz in der Ärzteschaft ist eher bescheiden; vielen erscheint der Verwaltungsaufwand zu hoch. Je

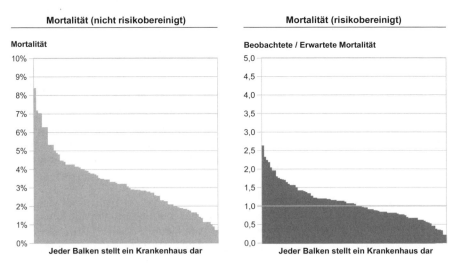

Abb. 20. Mortalitätsrate in 77 Krankenhäusern in Deutschland, die koronar-arterielle Bypass-Operationen durchführen, 2008 [288]

Indikator müssen die Ärzte eine Reihe von Fragen beantworten und häufig sehen sie keinerlei Vorteil darin. Im Vordergrund stehen Prozess- und Ebene-2-Ergebnismessungen (d.h. Metriken für den Genesungsprozess wie z.B. die Höhe der Komplikationsraten) anstelle von Ebene-1-Ergebnismessungen mit ihrem Fokus auf den unmittelbar nach der Behandlung erreichten Gesundheitszustand und Ebene-3-Ergebnismessung für die Nachhaltigkeit des erreichten Gesundheitszustands. Überraschenderweise unterlassen es manche Krankenhausmanager zudem, sich über die Ergebnisse der Leistungsvergleiche mit ihren eigenen Ärzten auszutauschen – was die Ärzte nicht gerade motiviert, ihre Fälle zu dokumentieren.

Der BQS/AQUA-Ansatz hat darüber hinaus Schwächen bei der Datenerhebung, was ihn in den Augen mancher Ärzte und Experten diskreditiert. So akzeptiert die BQS für jeden medizinischen Bereich eine Fallauswahl unter 100% – was die Krankenhäuser dazu verleitet, Problemfälle nicht zu melden und damit ihre Ergebnisse zu verfälschen.[289] Da die Ergebnisse durch das jeweilige Haus selber dokumentiert werden, kann es auch hier zu Manipulationen kommen. Dies könnte erklären, warum manche Krankenhäuser Komplikationsraten von 0% melden. Um eine valide Berichterstattung sicherzustellen, setzt die BQS daher vermehrt auf Plausibilitäts- und Konformitätsprüfungen.[290] Trotz der Defizite liefern die BQS/AQUA-Sätze nach übereinstimmendem Urteil der Fachleute stichhaltige Beweise dafür, dass es eine erhebliche Schwankungsbreite bei den Behandlungsleistungen der deutschen Krankenhäuser gibt.

Der Mangel an Transparenz ist ein weiteres Defizit. Jedes Krankenhaus erhält seine eigenen Ergebnisse im Vergleich zum Durchschnitt aller anderen Krankenhäuser. Krankenhäuser, die außerhalb des zu erwartenden Rahmens liegen, müssen an einem „strukturierten Dialog" mit der BQS/AQUA und externen Fachleuten teilnehmen, um den Grund der Auffälligkeiten zu identifizieren. Für die Öffentlichkeit einschließlich der überweisenden Ärzte sind dagegen nur anonymisierte Berichte verfügbar. Zwar werden in den Berichten die Qualitätsschwankungen herausgestellt, doch die einzelnen

Krankenhäuser und Bewertungen bleiben ungenannt. Mithin kann niemand Krankenhäuser mit schlechten Leistungen identifizieren, außer das jeweilige Haus tut es selbst.

Im November 2007 ordnete der Gemeinsame Bundesausschuss (G-BA), das Selbstverwaltungsgremium von Krankenkassen und Leistungserbringern, an, dass jedes Krankenhaus 27 der 300 BQS/AQUA-Kennziffern im Rahmen der nach §137 SGB V vorgeschriebenen Qualitätsberichte online veröffentlichen muss. Einige Krankenhäuser haben inzwischen freiwillig alle BQS/AQUA-Messergebnisse veröffentlicht. Damit konnten sie ein beträchtliches öffentliches Interesse auf sich lenken, u.a. in den großen Medien. So haben der Klinikführer Rhein-Ruhr und der Berliner Tagesspiegel – beide wurden bereits erwähnt – die signifikanten Qualitätsschwankungen ins Blickfeld gerückt, die es zwischen den Leistungserbringern in einer Region gibt.

Ergebnismessung im ambulanten Sektor. Verantwortlich für das Qualitätsmanagement im ambulanten Bereich sind die Kassenärztlichen Vereinigungen (KVen) sowie der Gemeinsame Bundesausschuss (G-BA), in dem Krankenkassen und Leistungserbringer paritätisch vertreten sind. Die KVen haben zwar einige Maßnahmen zum Qualitätsmanagement eingeführt, doch sind nicht all ihre Anstrengungen nach außen für Dritte transparent geworden. Nur wenige KVen haben Messungen der Ergebnisqualität durchgeführt. Ebenso unterschiedlich ist der Umfang, in dem sie ein Qualitätsmanagement eingeführt haben.

Anfangs konzentrierten sich die KVen auf Kennziffern zur Strukturqualität wie die formale Ausbildung oder die Zertifizierung der Ärzte sowie auf spezifische Anforderungen an Ausstattung und Räumlichkeiten. Deren Einhaltung wird durch gelegentliche Praxisbesuche überwacht. Nicht weniger als 30% der Abrechnungsziffern können nur in Rechnung gestellt werden, wenn die strukturellen Voraussetzungen erfüllt sind.

Seit der Jahrtausendwende werden die Messungen zur Strukturqualität durch jährliche Trainingsmaßnahmen ergänzt: So müssen die Ärzte eine Reihe von Fortbildungen besuchen, die von den regionalen KVen organisiert werden.[291] Außerdem gibt es in manchen KVen Qualitätszirkel auf freiwilliger Basis, die u.a. Tagungen einschließen, die von Ärzten für Ärzte organisiert werden. Mittlerweile gibt es über 5.000 Qualitätszirkel in Deutschland, die ein breites Spektrum von Fachthemen abdecken.[292]

Manche KVen überprüfen nach dem Zufallsprinzip auch die Qualität von Krankenakten. Einmal im Jahr werden etwa 4% aller niedergelassenen Ärzte gebeten, Beispielbefunde von zwölf zufällig ausgewählten Patienten einreichen. Werden dabei Qualitätsmängel entdeckt, ist der betreffende Arzt verpflichtet, an einem strukturierten Dialog über Qualitätsverbesserung teilzunehmen.

Vor kurzem haben einige Krankenkassen begonnen strengere Maßnahmen zur Qualitätsverbesserung einzuführen, etwa die Auflage der Rezertifizierung. Beispielsweise müssen Ärzte, die Mammografien durchführen, alle zwei Jahre einen Test bestehen und zusätzlich wie oben beschrieben nach dem Zufallsprinzip ausgewählte Befunde einreichen. In der Folge ist die Anzahl der Ärzte, die Mammografien anbieten, um 10% gesunken.[293] Andere KVen, insbesondere die KV Bayern, haben einige Abrechnungsziffern exklusiv auf Ärzte mit hohem Volumen und/oder speziell zertifizierte Ärzte beschränkt (siehe den Abschnitt zur Vergütung in Kapitel 6). Ziel dieser Maßnahmen ist es, komplexe Leistungen auf erfahrene ambulante Einrichtungen zu konzentrieren, die genügend Volumen haben, um sie entsprechend hochwertig erbringen zu können. Im Zuge der Reform von 2004 wurden die niedergelassenen Ärzte zudem verpflichtet, bis 2009 ein Qualitätsmanagementsystem in ihren Praxen einzuführen – als Pendant zum KTQ-Verfahren in Krankenhäusern. Wie in der stationären Versorgung haben auch hier der Gesetzgeber und die Selbstverwaltungsorganisationen von Ärzten und Krankenkassen ein Zertifizierungsmodell einer verpflichtenden Berichterstattung vorgezogen.

Im ambulanten wie im stationären Bereich tauchen jeweils die gleichen Probleme auf, was die derzeitigen Ansätze anbelangt. Ein Zertifizierungssystem einzuführen ist aufwändig und kostet ungefähr

5.000 Euro pro Praxis. Hinzu kommt ein hoher Zeitaufwand, um es zu implementieren und zu pflegen. Wenn man nach den wichtigsten Gründen fragt, warum ein solches System bisher nicht eingeführt wurde, werden die Kosten (47%) und der Verwaltungsaufwand (41%) genannt.[294] Ungefähr 50% der Ärzte sind zudem nicht davon überzeugt, dass die Qualitätsprogramme in ihrer gegenwärtigen Form ihre Prozesse, die medizinische Qualität oder die Effizienz verbessern.[295] Bis 2007 hatten nur 20% ein Qualitätsmanagement eingeführt. Viele Ärzte haben das Gefühl, dass das derzeitige Modell des Qualitätsmanagements nicht wirklich die Art und Weise ändert, wie sie Gesundheitsversorgung durchführen.

Ein externes Qualitätsbenchmarking gibt es in der ambulanten Versorgung derzeit noch nicht. Drei vielversprechende Projekte sollen diese Lücke füllen; allerdings sind alle drei noch in der Entwicklung. Die Kassenärztliche Bundesvereinigung (KBV) initiierte das AQUIK-Projekt, um ambulante Qualitätsindikatoren zu entwickeln. Insgesamt umfasst der AQUIK-Datensatz 48 Qualitätsindikatoren. Die große Mehrheit davon sind Prozessindikatoren, weniger als zehn sind Ergebnisindikatoren. Sie decken eine große Bandbreite von Krankheitsbildern ab. Es gibt keinen Zeitplan für eine Einführung des Projektes, wobei sich das Fehlen einer IT-Plattform sowie entsprechender IT-Standards als wesentliche Hürde erwiesen hat.[296] Die AOK hat zusammen mit einem Forschungsinstitut das QUISA-Projekt ins Leben gerufen, um ebenfalls Qualitätsindikatoren für den ambulanten Bereich zu entwickeln.[297] Parallel zu den Bemühungen im Krankenhausbereich versucht dieses Projekt verschiedene Datensätze zu kombinieren. Es ist ein positives Beispiel dafür, wie Krankenkassen in der Gesundheitsversorgung echten Mehrwert stiften können. Abschließend sei erwähnt, dass der Gemeinsame Bundesausschuss kürzlich einen Vertrag mit dem AQUA-Forschungsinstitut abgeschlossen hat, um transsektorale Qualitätsindikatoren über die gesamte Behandlungskette zu entwickeln. Diese Aktivitäten machen Mut, doch verlässliche Daten zur Ergebnisqualität im ambulanten Bereich sind weiterhin nicht verfügbar.

Neue Ansätze zur Ergebnismessung

Für das Fehlen einer wirklich umfassenden Ergebnismessung in Deutschland gibt es zahlreiche Gründe. Noch bis vor kurzem gab es wenig Druck, Qualität zu dokumentieren. Die Krankenkassen engagierten sich nicht, denn ihrer Ansicht nach war der notwendige Aufwand nicht gerechtfertigt. Außerdem verstanden sie sich als passive Bezahler und ihnen fehlten ein ausreichendes medizinisches Fachwissen und klinische Expertise. Trotz der augenfälligen Bedeutung einer Ergebnismessung hatten die Krankenkassen überraschend wenig Interesse daran.

Die Patienten wiederum nahmen an, dass die Qualität der Leistungserbringer allgemein gut sei. Entsprechend wählten sie ihre Leistungserbringer auf der Basis von Bequemlichkeit, Reputation und Ausstattung der Einrichtungen aus.

Auch bei den Leistungserbringern selbst gab es erstaunlich wenig Anreize oder Interesse, ihre Ergebnisse zu messen. Fehlende Messungen vermieden die Konfrontation mit Ärzten, vertuschten Fehler und ersparten es einem, Verhandlungen darüber mit den Krankenkassen zu führen. Der Patientennutzen in Deutschland hat unter dieser Haltung gelitten.

Ungeachtet des allgemeinen Stands der Ergebnismessung haben sich in Deutschland jedoch einige Weltklasse-Initiativen entwickelt. In diesem Abschnitt untersuchen wir zwei Ansätze, die Ergebnisqualität zu messen. Beteiligt daran sind zwei Leistungserbringer und eine große Krankenkasse. Diese Pionieraktivitäten – jede mit ihren eigenen Vorzügen – zeigen, welches Potenzial Qualitätsmessungen für eine Veränderung der medizinischen Kultur und die Verbesserung der Behandlungsergebnisse haben.

Messungen auf der Basis von Routinedaten

Seit 1999 hat Helios, ein privater Krankenhausbetreiber mit 42 Akutkrankenhäusern, Datensätze zur Ergebnisqualität in den eigenen Krankenhäusern entwickelt und veröffentlicht. Die risikoadjustierte

Rate zur In-Hospital-Mortalität wird dabei als Hauptindikator für die Ergebnisqualität genutzt. Darüber hinaus wurden weitere krankheitsbezogene Indikatoren entwickelt: z.B. die Anzahl der Vaginalrisse bei Geburten (als Maß der Ergebnisqualität) sowie der Prozentsatz laparoskopischer Eingriffe im Vergleich zu offenen chirurgischen Eingriffen (als Maß der Prozessqualität).

Die Daten werden aus der Analyse von Abrechnungs- und Verwaltungsdaten ermittelt. Helios verwendet DRG-Abrechnungsdaten, wie sie routinemäßig für jeden Patienten erstellt werden. Zur Abrechnung müssen alle Krankenhäuser die Aufnahmediagnosen, die Begleiterkrankungen und die durchgeführten Eingriffe für jeden Patienten kodieren. Die Basis für die Kodierung ist der ICD-10-Katalog für Haupt- und Nebendiagnosen und der OPS-Katalog für angewandte Eingriffe. Diese Daten werden zusammen mit Verwaltungsdaten wie Alter, Geschlecht, Art der Aufnahme (z.B. elektiv oder Verlegung aus einem anderen Krankenhaus) und Art der Entlassung (z.B. nach Hause, Rehabilitation oder Tod) in einen DRG-Grouper eingegeben, einen IT-basierten Algorithmus, der allen Krankenhäusern zur Verfügung steht. Der DRG-Grouper benutzt diese Routinedaten, um Patienten in eine der 1.154 DRGs für die Vergütung einzugruppieren.

Die Verwendung solcher Routinedaten zur Entwicklung von Ergebnisindikatoren bietet vielfältige Vorteile: niedrige Verwaltungskosten, weniger Manipulationsmöglichkeiten sowie eine breitere Abdeckung von Krankheitsbildern. Anhand dieser Daten kann Helios die risikoadjustierte Mortalitätsrate für jedes Krankheitsbild berechnen. Die Risikoadjustierung erlaubt es dabei, dem unterschiedlichen Gesundheitszustand der Patienten Rechnung zu tragen. Naturgemäß ist in Krankenhäusern, die Hochrisiko-Patienten behandeln, eine höhere Mortalität zu erwarten als in Krankenhäusern, die gesündere Patienten behandeln. Zur Risikoadjustierung werden ebenfalls Routinedaten benutzt, die Alter, Geschlecht und kodierte Komorbiditäten erfassen (siehe unten). Helios bestimmt für seine 42 Akutkrankenhäuser regelmäßig sowohl die tatsächliche als auch die zu erwartende In-Hospital-Mortalität je Eingriff oder Krankheitsbild.

Tabelle 11. Übersicht der vom Helios-Qualitätsmesssystem abgedeckten Eingriffe und Krankheiten, 2008[298]

Eingriffe		Krankheiten/ Symptomatiken
• Herzkatheter-behandlung	• Dickdarmoperation	• Blutvergiftung
• Schrittmacher-behandlung	• Speiseröhrenoperation	• Atemstillstand
	• Bauchspeicheldrüsen-operation	• Herzinfarkt
• Karotisoperation		• Herzinsuffizienz
• Aortenaneurysma-operation	• Gallenblasenentfer-nung	• Schlaganfall
	• Bruchoperation	• Lungenentzündung
• Hüftersatz (Erstein-griff und Revision)	• Natürliche Geburt und Kaiserschnitt	
• Knieersatz (Erstein-griff und Revision)	• Gebärmutter-entfernung	
• Oberschenkelhals-bruch	• Brustkrebs	
	• Prostataentfernung	
• Nierenentfernung (komplett und teil-weise)	• Bronchialkarzinom	

Mit seinem Ansatz deckt Helios deutlich mehr Leistungen ab als andere Qualitätsmesssysteme. Insgesamt gibt es fast 700 interne Indikatoren über eine Reihe von Eingriffen und Krankheiten (siehe Tabelle 11). Von diesen werden 142 extern veröffentlicht.[299]

Obwohl dieser Ansatz seine Grenzen hat, hat sich Helios aus prak-tischen Gründen auf die Mortalität als Schlüsselindikator konzen-triert. Sie kann aus den alltäglichen Abrechnungsdaten berechnet werden und erfordert daher keine Beurteilung oder zusätzliche Kodierung durch die Ärzte. Helios geht davon aus, dass die Morta-lität ein gutes Maß für die Gesamtbemühungen einer Abteilung ist. Eine hohe Mortalitätsrate gilt als Indikator für generelle Defizite bei den zugrunde liegenden Prozessen. Helios konzentriert die Verbes-serungsbemühungen zuerst auf diese Abteilungen in dem Ver-such, zunächst die leistungsschwächsten Abteilungen zu verbessern. Überdies wurde festgestellt, dass Abteilungen mit höheren Todesraten als erwartet jeweils auch eine höhere Rate von Komplikationen aufweisen, die nicht zum Tod geführt haben. Helios ist dabei, für Krankheitsbilder mit geringer Mortalität andere, geeignetere Qualitätsindikatoren zu entwickeln.

Der Mortalitätsbenchmark wird monatlich errechnet. Für jede Krankheit gibt es ein allgemeines gruppenweites Qualitätsziel in Form einer zu erwartenden Mortalitätsrate. Krankenhäuser, die diese Ziele verfehlen, werden einem intensiven Peer-Review-Prozess unterworfen, um die Gründe der unterdurchschnittlichen Qualität zu identifizieren. Die Idee ist dabei nicht, die leistungsschwachen Abteilungen zu bestrafen, sondern ihre Leistung zu verbessern. Dazu wählt das Qualitätsmanagement-Team auf Basis der Benchmarking-Daten 20 Fälle aus, die in der Abteilung während des Jahres behandelt wurden. Es werden namentlich genannte Patienten ausgesucht, deren Behandlung mit einem negativen Ergebnis endete (normalerweise mit dem Tod). Die Patientenunterlagen werden vom Chefarzt der betroffenen Abteilung sowie zwei weiteren Chefärzten anderer Helios-Krankenhäuser ausgewertet. Auch Mitarbeiter des Qualitätsmanagement-Teams sind in die Überprüfung eingebunden. Etwaige Probleme werden gemeinsam identifiziert und offen diskutiert. Das Team gibt zudem Empfehlungen ab, wie man Fehler künftig vermeiden und die Qualität verbessern kann.[300]

Die erzielten Verbesserungen sind beeindruckend. Tabelle 12 stellt die unternehmensweite Verbesserung der Mortalität bei Herzinfarkt und Herzinsuffizienz über einen Zeitraum von sechs Jahren dar.[301]

Der Gesamtumfang der Verbesserungen in der Patientenpopulation ist beachtlich. Die Herzinfarkt-Mortalität ist z.B. in fünf Jahren um fast ein Drittel (von 12,9% auf 9%) abgesunken. Der daraus entstehende Vorteil ist enorm – für die Krankenhausgruppe, die Krankenversicherungen und die Bevölkerung ganz allgemein.

Mitte des Jahres 2000 ging Helios eine Partnerschaft mit dem Wissenschaftlichen Institut der AOK (WIdO) ein, um den Helios-Ansatz in allen 2.000 Krankenhäuser Deutschlands zur Anwendung

Messung von Behandlungsergebnissen und -kosten 239

Tabelle 12. Beispiel des Helios Qualitätsberichts, 2006/2007[302]

Indikator	Ziel	Helios 2000	Helios 2001	Helios 2002	Helios 2003	Helios 2004	Helios 2005	Helios 2006
Hauptdiagnose Herzinfarkt, Todesfallrate		12,9%	11,9%	12,0%	9,7%	10,0%	9,0%	8,3%
– Alter 65–84	<12,0%	15,7%	14,4%	13,9%	11,2%	10,8%	8,9%	8,8%
– Alter >85	<28,8%	31,6%	30,6%	32,6%	26,9%	29,0%	29,6%	22,2%
...	...							
Hauptdiagnose Herzinsuffizienz, Todesfallrate		20,4%	17,3%	13,5%	11,0%	8,1%	7,4%	8,3%
– Alter 65–84	<10,1%	17,6%	16,1%	12,3%	9,7%	7,4%	6,3%	6,9%
– Alter >85	<18,4%	31,5%	24,8%	21,1%	19,8%	14,6%	16,9%	17,8%

zu bringen.[303] Alle anderen Krankenhäuser in Deutschland benutzen die gleichen standardisierten Datensätze wie Helios, wenn sie ihre Leistungen den Krankenkassen in Rechnung stellen. Bei einem Marktanteil von 30% verfügt allein die AOK über DRG-Abrechnungsdaten zu ca. 5 Millionen Krankenhausaufenthalten pro Jahr. Um die Validität der statistischen Analyse zu erhöhen, können außerdem Abrechnungsdaten aus einer Vielzahl von Jahren zusammengeführt werden, um große Stichproben zu bilden. Die Nutzung von Krankenversicherungsdaten, im Gegensatz zu Krankenhausdaten, hat noch einen weiteren Vorteil: Krankenkassen verlieren ihre Mitglieder nur selten während der Genesungsphase, somit lassen sich umfassendere Ergebnismessungen durchführen. Auf dieser Basis kann die Mortalität im Zeitverlauf (z.B. 30-Tage- oder 1-Jahr-Mortalität) bestimmt werden, ebenso Wiedereinweisungsraten für die gleiche Behandlung in anderen Krankenhäusern.[304]

In einer Machbarkeitsstudie wurden acht Indikationen ausgewertet: Herzinfarkt, Herzinsuffizienz, Schlaganfall, Kolon- bzw. Rektumoperation bei kolorektalem Karzinom, laparoskopische und offene Appendektomie, Hüftgelenks-Endoprothese bei Hüftfraktur, Hüftgelenks-Totalendoprothese bei Coxarthrose (elektive Hüft-TEP) sowie Kniegelenks-Totalendoprothese (Knie-TEP). Die zu erwartende Mortalität wurde für jedes Krankenhaus berechnet und mit der beobachteten Mortalität verglichen. Für die Risikoadjustierung wurden dabei Alter, Geschlecht sowie kodierte Komorbiditäten benutzt. Ein gutes Beispiel für diese Methode bieten die Ergebnisse für Hüftersatzoperationen nach femoraler und pertrochantärer Hüftfraktur: 2003 erhielten 21.460 AOK-Patienten in 886 Krankenhäusern nach einer Fraktur eine Hüftprothese. Das heißt, dass mehr als ein Drittel aller deutschen Krankenhäuser solche komplexen Fälle versorgte – sicherlich ein Beleg für die fehlende Konsolidierung der Leistungsspektren. Die durchschnittliche Mortalitätsrate lag nach 30 Tagen bei 8,5% und nach 90 Tagen bei 15,8% (siehe Abbildung 21). Für ein Fünftel aller Krankenhäuser waren überhaupt keine Mortalitäten im Berichtsjahr zu verzeichnen, dagegen lag im leistungsschwächsten 75. Quartil (d.h. bei 221 Krankenhäusern) die Mortalität nach 30 Tagen bei über 12,5% (siehe Abbildung 21).

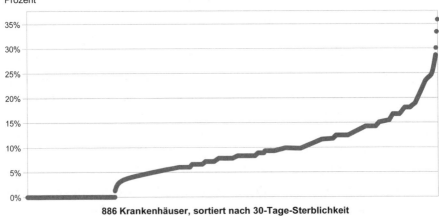

Abb. 21. 30-Tage Sterblichkeit nach Implantation einer Hüftgelenks-Endoprothese bei Hüftfraktur (absolute Sterblichkeit), 2003[305]

Um die Vergleichbarkeit für alle Krankenhäuser sicherzustellen, erfolgt eine Risikoadjustierung. Für jeden der nachstehenden Faktoren ist bekannt, dass er das Risiko der Mortalität bei Hüftgelenksersatz beeinflusst: Alter, Geschlecht, kardiogener Schock, AV-Block dritten Grades, ventrikuläre Tachykardie, Vorhofflimmern, Schlaganfall, intrazerebrale Blutung, Arteriosklerose, Herzinsuffizienz, COPD, schwere Niereninsuffizienz, Diabetes, Tumorerkrankungen, Metastasen, dilatative Kardiomyopathie und Herzrhythmusstörungen. Das Vorhandensein eines dieser Faktoren ist als Nebendiagnose in den DRG-Daten aller Patienten kodiert und kann somit für die Risikoadjustierung herangezogen werden. Mittels einer Regressionsanalyse kann die zu erwartende – oder standardisierte – Mortalitätsrate (SMR) für jeden Fall errechnet werden. Ein SMR-Wert > 1 signalisiert für die Patientenpopulation des betreffenden Krankenhauses eine höher als erwartete Mortalität, ein SMR-Wert < 1 eine geringere Mortalität, als auf Basis der Patientenpopulation zu erwarten gewesen wäre. Wären alle beobachteten Mortalitätsunterschiede durch Unterschiede in den Patientenpopulationen erklärbar, würden alle Krankenhäuser einen SMR-Wert von 1 erreichen.

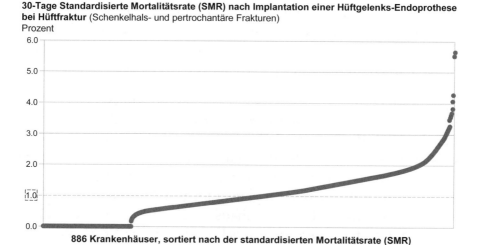

Abb. 22. 30-Tage standardisierte Mortalitätsrate nach Implantation einer Hüftgelenks-Endoprothese bei Hüftfraktur (risikoadjustiert), 2003[306]

Abbildung 22 zeigt die risikoadjustierten Ergebnisse für die Hüftprothesen-Operationen. Während die Kurve eine ähnliche Form hat, deutet die Verflachung auf der rechten Seite darauf hin, dass die höhere Mortalität in einigen Krankenhäusern durch eine komplexere Mischung von Fällen erklärt werden kann. Die Unterschiede in der Ergebnisqualität bleiben jedoch auch nach umfassendem Risikoausgleich erheblich.

Die Ergebnisse der AOK-Studie zeigen eine erhebliche Heterogenität bei den risikoadjustierten Mortalitätsraten für Herzinfarkt, Herzinsuffizienz, Schlaganfall, Hüft- und Knie-Endoprothetik und Kolonkarzinom in deutschen Krankenhäusern. Die Ergebnisse zum Herzinfarkt und Kolonkarzinom sind in Kapitel 2 dargestellt.[307]

Der AOK-Ansatz ist ein imposantes Beispiel dafür, wie Krankenkassen durch Datenaggregation die derzeitige Fragmentierung der Versorgung überwinden können. Die Daten der AOK erlauben einen Vergleich aller deutschen Krankenhäuser und über einen großen Teil der Behandlungskette. Kritisiert wird am AOK-Ansatz hauptsächlich, dass Mortalität ein recht grober Indikator zur Messung von Ergebnisqualität ist und sich nicht auf alle Krankheitsbilder und Eingriffe anwenden lässt. Wie in Kapitel 3 erläutert wurde, hat die Ergebnisqualität mehrere Ebenen, wobei die Mortalität nur eine Dimension der Ergebnisqualität ist. Die Erhebung der risikobereinigten Mortalität ist jedoch ein guter Ausgangspunkt.

2008 gründete Helios gemeinsam mit anderen Krankenhausbetreibern die gemeinnützige *Initiative Qualitätsmedizin (IQM)*.[308] Die IQM hat das Ziel, die Ergebnisindikatoren von Helios und die AOK-Benchmarks anderen interessierten Krankenhäusern verfügbar zu machen und die Indikatoren gemeinsam weiterzuentwickeln (bekannt als „G-IQI – German Inpatient Quality Indicators"). Bis 2011 sind der Initiative 140 Krankenhäuser beigetreten.[309] Jedes beitretende Krankenhaus verpflichtet sich eine ähnliche Ergebnissammlung wie oben beschrieben zu veröffentlichen. Die AOK hat ein Pilotprogramm gestartet, um die Ergebnisse in Auszügen auf ihrer Webseite für die Krankenhaussuche bereitzustellen – ein äußerst positiver Schritt.[310]

Messung auf der Basis von klinischen Daten

Eine Vorreiterrolle bei der Nutzung klinischer Daten zur umfassenden Messung der Ergebnisqualität nimmt *Schön Klinik* ein, ein privater Krankenhausbetreiber mit 15 Krankenhäusern. Die Schön Klinik ist spezialisiert auf die Behandlung von Krankheitsbildern im Bereich der Orthopädie, der Neurologie und der Psychosomatik. 80% der Schön-Patienten lassen sich einem dieser Bereiche zuordnen.[311] Diese Schwerpunktbildung, verbunden mit einem ausgeprägtem Bekenntnis zur Ergebnismessung, hat Schön Klinik dazu veranlasst, über 3.800 Indikatoren zu entwickeln, die weite Teile der Versorgung auf jedem Behandlungsgebiet abdecken (siehe Tabelle 13).[312] Die Indikatoren sind eine Mischung aus Prozess- und Ergebnisindikatoren, ebenso wird die Zufriedenheit der Patienten mit der Behandlung gemessen. Die Daten werden auf der Ebene des jeweiligen Krankheitsbildes gesammelt – und nicht auf der Ebene der Fachabteilungen, was den integrierten Behandlungsansatz von Schön Klinik widerspiegelt. Die genutzten Daten werden speziell für das Qualitätsmanagement erhoben, anstatt auf bereits verfügbare Rechnungsdaten zurückzugehen.

Die Risikoadjustierung erfolgt abhängig vom jeweiligen Ergebnisindikator. Für einige Indikatoren werden die Patientenpopulationen in verschiedenen Schön-Klinik-Krankenhäusern als vergleichbar angesehen. Für andere Indikatoren werden verschiedene Klassifikationssysteme zur Risikoadjustierung verwendet. Zu den häufig genutzten Systemen gehören das Klassifikationssystem der *American Society of Anesthesiologists (ASA)* zur Bewertung des Operationsrisikos von Patienten, das Klassifikationssystem der *New York Heart Association (NYHA)* für Behinderungen infolge von Herzinsuffizienz sowie der Charlson-Komorbiditätsindex in der geriatrischen Medizin. Jede Patientenpopulation wird zunächst anhand dieser Klassifikationssysteme bewertet, danach erfolgt eine Regressionsanalyse. Sie ermöglicht es, Unterschiede in den Behandlungsergebnissen jeweils auf die Effektivität der Behandlung anstatt auf unterschiedliche Patientenpopulationen zurückzuführen. Weitere Methoden zur Risikoadjustierung sind in der Entwicklung.

Innerhalb von Schön Klinik werden die Ergebnisse an alle Krankenhäuser verteilt bzw. im Intranet zur Verfügung gestellt, was es jedem einzelnen Krankenhaus erlaubt, sich selbst mit den anderen zu vergleichen. Die Ergebnisse werden einmal im Quartal nach Krankheitsbildern in Fachgruppen vertieft, denen Ärzte sowie andere an der Versorgung der Patienten beteiligte medizinische Fachkräfte angehören. Die Geschäftsleitung überprüft die Ergebnisse zweimal im Jahr. Die Resultate werden teilweise auch Patienten und überweisenden Ärzten über das Internet oder über Broschüren zugänglich gemacht, andere werden dagegen nur intern verwendet.

Tabelle 13. Ausgewählte Schön Klinik-Ergebnisindikatoren für orthopädische, neurologische und Verhaltensmedizin[313]

Krankheitsbild	Gesammelte Ergebnisindikatoren	Indikator gem. Ergebnishierachie *
Orthopädie		
Hüft- und Knieprothesen	Operationsergebnisse	
	• Mortalitätsrate	• Ergebnis Ebene 1
	• Postoperative Komplikationsrate	• Ergebnis Ebene 2
	• Wundinfektionsrate	• Ergebnis Ebene 2
	• Reinterventionsrate	• Ergebnis Ebene 2
	• Rate von Nervenschäden	• Ergebnis Ebene 2
	• Dislokationsraten	• Ergebnis Ebene 2
	Rehabilitationsergebnisse	
	• Fähigkeit, 500m zu gehen	• Ergebnis Ebene 1
	• Schmerzintensität nach der Rehabilitation	• Ergebnis Ebene 1
	• Staffelstein Score: Index für Schmerzintensität, Gelenkbeweglichkeit und Fähigkeit, Alltagsaktivitäten auszuführen	• Ergebnis Ebene 1
	• Vom Patienten wahrgenommene Qualität: EQ-5D (EuroQol) Gesundheitsfragebogen zur Lebensqualität, einschließlich der fünf Dimensionen Beweglichkeit, Fähigkeit, für sich selbst zu sorgen, alltägliche Tätigkeiten, Schmerzen und Befindlichkeit. Die Befragung wird 6 Monate nach der Entlassung durchgeführt.	• Ergebnis Ebene 3

Tabelle 13 (Fortsetzung)

Krankheitsbild	Gesammelte Ergebnisindikatoren	Indikator gem. Ergebnishierachie *
Orthopädie		
Wirbelsäulen-operationen	Bandscheibenvorfall und Spinalkanalstenosen	
	• Schmerzintensität (visuelle Analogskala)	• Ergebnis Ebene 1
	• Wundinfektionsrate	• Ergebnis Ebene 2
	• EQ-5D – Lebensqualität*	• Ergebnis Ebene 3
	• ODI und NDI (Oswestry/Neck Disability Index): sowohl funktionelle Einschränkungen als auch Schmerzintensität und ihr Einfluss auf alltägliche Aktivitäten*	• Ergebnis Ebene 3
	• Gesamtbewertung: Gesundheitszustand im Vergleich zum Zustand vor der Operation, Umfang der Beschäftigung, etc.*	• Ergebnis Ebene 3
	Fehlbildungen (Skoliose)	
	• Schmerzintensität (VAS)	• Ergebnis Ebene 1
	• Wundinfektionsrate	• Ergebnis Ebene 2
	• EQ-5D – Lebensqualität *	• Ergebnis Ebene 3
	• SRS-22: Fragebogen der Scoliosis Research Society, einschließlich Schmerz, alltägliche Aktivitäten, Aussehen, Befindlichkeit und Zufriedenheit mit der Behandlung *	• Ergebnis Ebene 3
	• Gesamtbewertung: Gesundheitszustand im Vergleich zum Zustand vor der Operation, Umfang der Beschäftigung, etc.*	• Ergebnis Ebene 3
	Frakturen	
	• Schmerzintensität (VAS)	• Ergebnis Ebene 1
	• Wundinfektionsrate	• Ergebnis Ebene 2
	• EQ-5D – Lebensqualität *	• Ergebnis Ebene 3
	• Gesamtbewertung: Gesundheitszustand im Vergleich zum Zustand vor der Operation, Umfang der Beschäftigung, etc.*	• Ergebnis Ebene 3

*Alle Indikatoren werden vor und 3 Monate, 1 Jahr, 2 Jahre etc. nach der Operation gemessen. Die Ergebnisse werden mit dem *Swedish Spine Register (SweSpine)* verglichen. Dies ist ein nationales Qualitätsregister für etwa 95% der Abteilungen in Schweden, in denen Wirbelsäulenoperationen durchgeführt werden.

Tabelle 13 (Fortsetzung)

Krankheitsbild	Gesammelte Ergebnisindikatoren	Indikator gem. Ergebnishierachie *
Orthopädie		
Hallux Valgus Operationen	• AOFAS-Score: Index für Schmerzintensität, Funktion und Gelenkposition, Messung 6 Wochen nach dem Eingriff	• Ergebnis Ebene 3
Operationen bei Arthrose in der Hand	• DASH-Score (Disabilities of arm, shoulder and hand): Fragebogen zum Umfang der Handaktivität; Patienten werden vor und 6 Wochen nach der Operation befragt	• Ergebnis Ebene 3
Chronische Rückenschmerzen	• BPI (Schmerzfragebogen) misst die Schwere der Schmerzen und entstehende Funktionbeeinträchtigungen bei alltäglichen Aktivitäten vor und 3 Monate nach der Behandlung	• Ergebnis Ebene 3
Neurologie		
Alzheimer	• Depressionsrate	• Ergebnis Ebene 1
	• Indikatoren zu sozialen Aspekten einschließlich Patientenaktivität, Stimmung und Geselligkeit	• Ergebnis Ebene 1
	• MDBF (Mehrdimensionaler Befindlichkeitsfragebogen): Index für relative Befindlichkeit	• Ergebnis Ebene 1
	• Interview mit Verwandten über Pflege, Sozialrechte und Zurechtkommen mit der Krankheit	
Parkinson	• PDQ-39 (Parkinson's Disease Questionaire): Misst die Lebensqualität von Patienten mit Parkinson. Die Fragen beziehen sich auf den Konzentrationsgrad, das Vorliegen von Depressions- und Angstsymptomen sowie auf alltägliche Aktivitäten und Mobilität	• Ergebnis Ebene 1
	• EQ-5D – Lebensqualität	• Ergebnis Ebene 1
Frührehabilitation/Schlaganfall/Schädel-Hirn-Trauma	Akutversorgung	
	• Prozent der Patienten, die eine Lysetherapie erhalten	• Prozessqualität
	• Prozent der Patienten, die innerhalb von 3 Stunden nach dem Schlaganfall eine Lysetherapie erhalten	• Prozessqualität
	• Zahl der Schlaganfallpatienten mit ambulant erworbener Lungenentzündung	• Ergebnis Ebene 2

Tabelle 13 (Fortsetzung)

Krankheitsbild	Gesammelte Ergebnisindikatoren	Indikator gem. Ergebnishierachie *
Neurologie		
Frührehabilitation/Schlaganfall/Schädel-Hirn-Trauma	Rehabilitation • Barthel-Index • Zeit, bis die Trachealkanüle entfernt wird • Zeitpunkt, an dem mit oraler Ernährung begonnen wird	• Ergebnis Ebene 1 • Ergebnis Ebene 2 • Ergebnis Ebene 2
Epilepsie	Elternfragebogen zur Lebensqualität • Postoperative Messung der Stimmung, des Verhaltens, der Konzentration, der Geselligkeit und der Unabhängigkeit • Bayley Scales of Infant Development	• Ergebnis Ebene 1 • Ergebnis Ebene 1
Verhaltensmedizin		
Depression	• BDI (Beck-Depressions-Inventar): Misst die akuten Symptome der Depression vor und nach der Behandlung	• Ergebnis Ebene 1
Angststörung	• SCL-90-R (Symptom-Checkliste): Bewertungsskala zur Messung der psychischen und physischen Beeinträchtigung vor und nach der Behandlung	• Ergebnis Ebene 1
Somatoforme Störung	• PHQ-15 (Gesundheitsfragebogen für Patienten): Misst die Symptome mehrerer psychischer Krankheitsbilder einschließlich somatoformer Störungen vor und nach der Behandlung	• Ergebnis Ebene 1
Essstörung	• SIAB-S (Strukturiertes Inventar für anorektische und bulimische Essstörungen): Bewertung der Schwere der Essstörung und der damit verbundenen Symptome • SCL-90-R (Symptom Checkliste): Bewertungsziffer zur Messung der psychischen und physischen Beeinträchtigung vor und nach der Behandlung	• Ergebnis Ebene 1 • Ergebnis Ebene 1
Tinnitus	• TF (Tinnitus Fragebogen): Tinnitus-Fragebogen, einschließlich Hörvermögen und Schlafstörung vor und nach der Behandlung	• Ergebnis Ebene 1

* Bestimmung gemäß der in Kapitel 3 vorgestellten Ergebnishierarchie

Am Beispiel von Knieersatz-Operationen zur Behandlung von Arthritis oder anderen Formen der Arthrose lässt sich modellhaft die Messung der Ergebnisqualität bei Schön Klinik darstellen. Es gibt fünf Krankenhäuser innerhalb der Gruppe, die dieses Krankheitsbild versorgen. 2009 haben sie insgesamt 2.137 Knieprothesenoperationen durchgeführt.[314] Während im Rahmen der BQS/AQUA-Initiative einige Indikatoren zu Knie-Endoprothesen gesammelt werden, komplementiert Schön Klinik diese Daten mit eigenen Messungen. So wurde beispielsweise ein spezifischer interner Score für Knie- und Hüftgelenkfunktionen entwickelt – der Staffelstein-Score. Patienten werden hierzu in folgenden Kategorien bewertet: Schmerz, Beweglichkeit des ersetzten Gelenks sowie Fähigkeit, an Aktivitäten des täglichen Lebens teilzunehmen. Maximal können in jeder Kategorie 40 Punkte, insgesamt maximal 120 Punkte erreicht werden (siehe Abbildung 23). Der Prozentsatz der Patienten, die ohne Hilfe 500m gehen können, wird außerdem separat erhoben.[315] Ebenso werden auch Informationen über Komplikationen nach der Operation, über Wundinfektionen und Reinterventionsraten erfasst.

Die Behandlung von Depressionen bietet ein weiteres Beispiel für die Ergebnismessung, die in der Verhaltensmedizin sogar noch un-

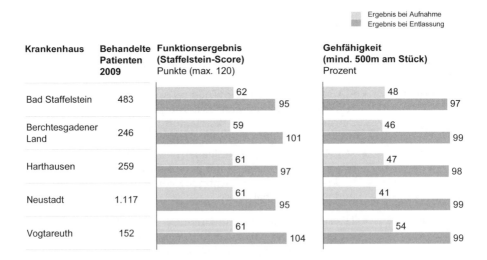

Abb. 23. Schön Klinik: Funktionsergebnisse für primäre Knieprothesen, 2009[316]

gewöhnlicher ist als in der somatischen Medizin. 2009 behandelte Schön Klinik 2.389 Patienten mit Depressionen in acht Krankenhäusern.[317] Jeder Patient wird routinemäßig anhand des Beck-Depressions-Index bewertet, eines der am weitesten verbreiteten Messinstrumente für die Schwere einer Depression. Der Fragebogen umfasst 21 Aussagen zu Symptomen von Depression wie Pessimismus, Dysphorie, Müdigkeit, Gewichtsverlust und Suizidgedanken.[318] Die Patienten bewerten die Intensität jedes der Symptome innerhalb der letzten Woche auf einer Skala von 0 bis 4 Punkten. Die Antworten werden zu einer Gesamtpunktzahl zusammengefasst, die zwischen 0 und 63 Punkten liegt. Ergebnisse zwischen 19 und 29 deuten auf eine moderate bis schwere Depression hin, 30 bis 63 Punkte auf eine schwere Depression.[319]

Der Unterschied zwischen dem BDI-Score bei Einweisung und bei Entlassung wird erhoben, um die *Effektstärke* zu errechnen (siehe Abbildung 24). In den einzelnen Schön Klinik Krankenhäusern werden durchaus unterschiedliche Verfahren zur Behandlung von

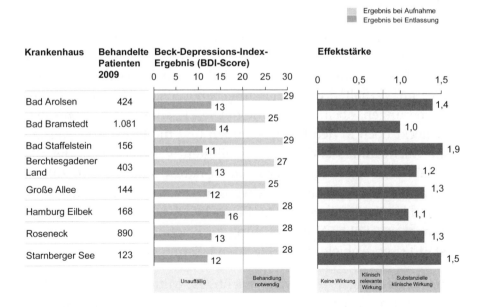

Abb. 24. Schön Klinik Ergebnisse für Depression, 2009[320]

Depressionen eingesetzt, einschließlich psychiatrischer und psychosomatischer Ansätze. Da die Behandlungsergebnisse über alle Schön Klinik Krankenhäuser stets in gleicher Weise gemessen werden, sind Vergleiche und die Verbesserungen von einzelnen Behandlungsverfahren klinkübergreifend möglich.

Die Beispiele von Helios und Schön Klinik machen deutlich, welches Potenzial die Messung der Ergebnisqualität hat. Ergebnismessungen haben eine entscheidende „Enabler"-Funktion für ein Gesundheitssystem mit hohem Patientennutzen. Nur mit systematischer Ergebnismessung kann die klinische Leistung schnellstmöglich verbessert werden. Dies haben Beispiele in Deutschland, aber auch in den USA, in Großbritannien, Schweden und anderen Ländern demonstriert.[321] Überall, wo die Ergebnisqualität gemessen wird, verbessern sich die Ergebnisse.

Bisher konzentrierte sich die Forschung zur Ergebnisqualität in Deutschland auf den stationären Sektor. Wir glauben jedoch, dass Qualitätsverbesserungen in ähnlichem Umfang auch im ambulanten Sektor möglich sind.

Die Ansätze von BQS/AQUA und Helios/AOK machen eine erhebliche Heterogenität der deutschen Krankenhäuser deutlich. Bisher finden diese Qualitätsunterschiede jedoch noch kaum Resonanz – weder im Verhalten der Zulassungsbehörden, noch der Krankenversicherungen, noch der Patienten. Die Messung der Ergebnisqualität steckt noch in den Kinderschuhen und die Ergebnisse werden bisher nicht umfassend an die Beteiligten weitergegeben, die alle ein starkes Interesse an hoher Qualität haben sollten. Nicht zuletzt aufgrund eines mangelhaften Vergütungssystems, das Menge statt Qualität belohnt, gelingt es dem deutschen System nicht, Leistungserbringer mit hoher Nutzenstiftung zu belohnen; vielmehr schützt es stattdessen Anbieter mit schlechten Leistungen.

Ergebnismessungen sind ein wichtiges Mittel, doch sie allein verbessern die Leistung noch nicht. Auch kulturelle und organisatorische Veränderungen auf Seiten der Leistungserbringer sind notwendig, vor allem unter den Ärzten.[322] Eine Kultur der kontinuierlichen Verbesserung findet sich bislang nur selten im deutschen Gesundheitswesen. Stattdessen sind oft Widerstände gegen eine Messung von Leistung anzutreffen, es fehlt an Transparenz und es besteht die Tendenz, die Schuld auf andere zu schieben. Manche Ärzte halten ihre Arbeit für zu kompliziert und die Patientenergebnisse für zu disparat, um auf dem Weg der quantitativen Messung Schwachstellen erkennen zu können. Ein solch defensiver Ansatz steht wirklichen Leistungsverbesserungen im Weg. In den Krankenhäusern kommen oft noch erschwerend die hierarchischen Strukturen hinzu sowie das Vertrauen auf Reputation statt auf eine evidenzbasierte Kultur[323]. Glücklicherweise beginnt sich die medizinische Kultur in Deutschland in eine positivere Richtung zu entwickeln.

Die beiden oben diskutierten Verfahren sind Beispiele für Ergebnismessung auf Weltklasse-Niveau. Sie zeigen, dass Deutschland das Potenzial hat, bei der Messung von medizinischen Ergebnissen eine führende Rolle zu übernehmen. Helios und Schön Klinik verwenden durchaus unterschiedliche Ansätze, doch beide sehen die Qualitätsverbesserung als Kernkomponente ihres Geschäfts und geben ihr von Seiten des Top-Managements eine hohe Priorität. Beide halten sich dabei an den Grundsatz, dass höhere Qualität sich immer – früher oder später – in höherer Profitabilität widerspiegeln wird. Beide setzen auf Qualität und sehen Qualitätsmessung als Chance, nicht als Bedrohung. Der Fokus auf Qualität ermöglicht es beiden Anbietern, ihren eigentlichen Geschäftszweck zu erfüllen: die Patienten besser zu versorgen. Messungen der Ergebnisqualität motivieren das Personal, erleichtern Prozessverbesserungen und helfen Patienten aus dem Umland und der Region anzuziehen. Beide Anbieterorganisationen haben die Ergebnismessung zu einem Kernstück ihrer Kultur kontinuierlicher Verbesserung gemacht. Sie konzentrieren sich dabei mehr auf Ergebnisdaten als auf Prozessdaten. Ärzte, die für solche Leistungserbringer arbeiten, merken auch, dass sie mit der Ergebnismessung die Versorgung ihrer Patienten tatsächlich verbessern, anstatt nur einer bürokratischen Dokumentationsanforderung nachzukommen.

Das Messverfahren von Helios wie auch das von Schön Klinik weisen beide jeweils große Vorzüge auf. Die Helios-Indikatoren decken eine große Bandbreite von Krankheitsbildern ab, lassen sich leicht sammeln und nur schwer manipulieren. Der Schön-Klinik-Ansatz dagegen erlaubt eine tiefer gehende Messung innerhalb eines jedes Krankheitsbildes. Eine Kombination aus beiden Ansätzen wäre mithin sogar noch besser und schon heute in Deutschland realisierbar.

Auch wenn beide Beispiele sehr vielversprechend sind, so stellen sie doch nur einen Startpunkt für die Ergebnismessung dar. Alle Leistungserbringer sollten beginnen Ergebnismessungen für einen immer größeren Bereich von Krankheitsbildern zu entwickeln und anzuwenden. Für jedes Krankheitsbild sollte die komplette Ergebnisbandbreite gemessen werden.

Ebenso unerlässlich ist die Entwicklung von Indikatoren für die ambulante Versorgung von Patienten; dies ist in Deutschland schon längst überfällig. Sogar die Erfassung einfacher Daten wie etwa die Anzahl der Patienten, die mit einem bestimmten Krankheitsbild in einer Arztpraxis behandelt werden, würde einen großen Schritt in die richtige Richtung darstellen.

Wie in Kapitel 3 beschrieben wird Patientennutzen nicht durch einmalige Einzelleistungen eines Leistungserbringers, sondern über die gesamte Behandlungskette für das jeweilige Krankheitsbild geschaffen. Die Ergebnismessung muss dies letztendlich widerspiegeln, indem sie die stationäre wie auch die ambulante Versorgung über einen erweiterten und angemessenen Zeitraum umspannt. Die Zusammenarbeit zwischen den Leistungserbringern und den Krankenversicherern wird dabei unverzichtbar sein, um Krankengeschichten verlässlich verfolgen zu können. Hier sind einmal mehr die Versicherungen in der besten Position, solche Langzeitdaten zu erheben.

Messung der Versorgungskosten in Deutschland

Die Kostenmessung ist genauso wichtig wie die Ergebnismessung. Relevant sind dabei die Gesamtkosten der Behandlung des Krankheitsbildes eines Patienten, nicht die Kosten einzelner Leistungen. Wie in Kapitel 3 erläutert sollten die Kosten nach Krankheitsbildern erfasst und über die gesamte Behandlungskette aggregiert werden, d.h. unter Einbeziehung aller Behandlungsleistungen und aller beteiligten Leistungserbringer. Für jede Behandlungsleistung sind dabei jeweils patientenbezogen der Zeit- und der Ressourcenaufwand zu erheben; sie bestimmen die wahren Kosten.

Von einer Anwendung dieser Prinzipien ist Deutschland noch weit entfernt. Bei aller Fixierung auf Kostendämpfung ist es erstaunlich, wie wenig ausgeprägt in Deutschland das Kostenverständnis auf der Ebene von Patienten und Krankheitsbildern ist. Ähnlich fragmentiert wie die aktuelle Organisationsstruktur der Versorgung stellt sich auch die Kostenmessung dar: Die Kosten werden jeweils entsprechend den bestehenden organisatorischen Silostrukturen erfasst – also getrennt nach stationärer und ambulanter Versorgung, verschreibungspflichtigen Medikamenten sowie den anderen Sektoren. Damit bleiben die wahren Kosten der Versorgung eines Krankheitsbildes verborgen, die üblicherweise eine Vielzahl von Leistungserbringern umspannt.

Innerhalb der Anbieterorganisationen werden die Kosten kategorisiert nach Personalkosten, Sachkosten usw. Danach werden sie aggregiert zu den Gesamtkosten je einzelner medizinischer Fachabteilung. Diese Gesamtkosten gehen zusammen mit den Erlösen in die jährliche Gewinn- und Verlustrechnung für jede Fachabteilung ein. Die Gemeinkostenblöcke von geteilten Ressourcen wie Verwaltung oder Intensivstation werden entweder überhaupt nicht zugeordnet oder aber über simple Maßzahlen wie etwa den Prozentsatz der genutzten Betten oder den prozentuellen Anteil am Gesamtumsatz errechnet. Derartige Metriken zur Aufschlüsselung von Kosten spiegeln jedoch nicht wider, in welchem Maß die einzelnen Fachabteilungen die gemeinsamen Ressourcen tatsächlich in Anspruch nehmen. *Time-Driven Activity-Based Costing*, eine Kostenrechnung auf Basis der tatsächlichen Inanspruchnahme von Ressourcen, wie sie in Kapitel 3 beschrieben wurde, wird in deutschen Krankenhäusern noch kaum genutzt. Sicherlich ist der Mangel an hochentwickelten IT-Systemen ein Hindernis für eine genauere Kostenrechnung. Viel entscheidender jedoch für das Verständnis der Kosten in den Einrichtungen der deutschen Gesundheitsversorgung sind das mangelhafte Wissen darüber, wie man Kosten erfasst, die organisatorischen Silostrukturen sowie die geringe Bedeutung, die man der Optimierung der Kosten auf der fundamentalen Ebene beimisst.

Auf Seiten der Krankenversicherungen ist das Kostenverständnis ebenso schwach ausgeprägt wie auf Seiten der Leistungserbringer. Die Krankenversicherer konzentrieren sich fast ausschließlich auf die in Rechnung gestellten Behandlungs- und Verordnungspreise und nicht auf die tatsächlichen Kosten für die Durchführung der Gesundheitsversorgung. Sie ermitteln die Preise für ambulante und stationäre Versorgung, Medikamente und andere Bereiche. Im Regelfall versuchen sie nicht die Gesamtkosten nach Krankheitsbildern oder über die gesamte Behandlungskette zu ermitteln – bedingt durch das Fehlen einer durchgängigen Patienten-ID über alle Leistungserbringer hinweg, aber auch durch unzureichende IT-Systeme sowie schlichtweg fehlendes Interesse. Infolge dieses fragmentierten Blicks auf Behandlungen und Kosten fällt es den Versicherern schwer, Vergleiche zwischen den Leistungserbringern anzustellen oder zu verstehen, wie die Effizienz über den gesamten Behandlungsprozess verbessert werden könnte.

Auf staatlicher Seite werden die Ergebnisse aller Krankenversicherer einfach zusammengerechnet, mit allen Fehlern, die ihrer Datenerhebung zugrunde liegen. Die Kosten werden insofern mit Preisen gleichgesetzt und nicht mit den tatsächlich anfallenden Kosten der Leistungserbringung. Alle zwei Jahre veröffentlicht die Bundesregierung einen Bericht über die „Kosten" von 140 Krankheiten, die nach den ICD-10-Codes klassifiziert sind, also beispielsweise von Herzinsuffizienz, Brustkrebs und Depression.[324] Die Kosten für jede der 140 Krankheiten werden zwar über die gesamte Behandlungskette ermittelt, doch basieren die Berechnungen auf den fehlerhaften Kostendaten der Krankenversicherer und Leistungserbringer – nicht aber auf den tatsächlichen Kosten. Gleichwohl ist diese Art, die Gesamtkosten zu ermitteln, ein Schritt in die richtige Richtung. Denn früher waren diese „Kosten" (d.h. die Preise) für ein bestimmtes Krankheitsbild über die gesamte Behandlungskette völlig unbekannt.

Deutschland muss die Kostenrechnung im Gesundheitssystem von Grund auf umstellen, wenn die Bemühungen, Nutzen und Effizienz

---

Ansatzpunkte zur Kostenreduzierung im Gesundheitswesen:

- **Prozessabweichungen**, die die Effizienz reduzieren, ohne die Behandlungsergebnisse zu verbessern
- Überversorgung mit Leistungen oder Tests, die **keinen oder wenig Nutzen** schaffen
  - In einigen Fällen, um Abrechnungsvorschriften oder rigiden Leitlinien gerecht zu werden
- Redundante Verwaltungs- und Ablaufplanungseinheiten
- **Geringe Auslastung** von teuren und qualifizierten Mitarbeitern, Räumlichkeiten und Ausstattung, teilweise aufgrund von duplizierten und fragmentierten Leistungsbereichen
- Ausführung von niederen Arbeiten durch **Ärzte und qualifiziertes Personal**
- Leistungserbringung in **unnötig üppig ausgestatteten** Einrichtungen
  - Zum Beispiel Routinebehandlung im teuren Spezialkrankenhaus
- **Lange Durchlaufzeiten** und unnötige Verzögerungen
- Übermäßige **Lagerhaltung** und schwache Lagerverwaltung
- Fokussierung auf Kostenreduktion von Einzelleistungen, anstatt die **Kosten über die gesamte Behandlungskette zu optimieren**
- Mangelndes **Kostenbewusstsein** in klinischen Teams

Abb. 25. Ansatzpunkte zur Kostenreduzierung im Gesundheitswesen[325]

zu erhöhen, wirklich Früchte tragen sollen. Neue Praktiken und Regeln der Kostenrechnung müssen eingeführt werden, angefangen bei den Leistungserbringern. Besteht erst einmal Transparenz bei den Behandlungskosten und -ergebnissen je Patient, so werden sich auf der Ebene der Krankheitsbilder, aber auch auf der Ebene der Leistungserbringerorganisationen enorme Chancen zur Kostenreduzierung auftun. Und sie werden nicht zulasten der Ergebnisqualität gehen, sondern diese häufig sogar noch verbessern (in Abbildung 25 findet sich eine Liste der wichtigsten Chancen). Anders als beim heutigen Ansatz werden die Kosteneinsparungen aus tatsächlichen Effizienzverbesserungen entstehen und nicht aus dem Drücken von Vergütungen oder der Verlagerung von Kosten.

Fazit

Das Messen von Ergebnissen und Kosten wird der wichtigste Einzelschritt sein auf dem Weg zur einer Umgestaltung des Gesundheitswesens. Nur wenn Ergebnisse und Kosten bekannt sind, wird sich die Geschwindigkeit der Verbesserungen deutlich erhöhen. Messungen sind zwar nur ein Instrument und sie können die Ergebnisse nicht per se verbessern, dennoch zeigen die Erfahrungen in Deutschland und in anderen Ländern, mit welcher Kraft und in welchem Ausmaß sie Verbesserungen stimulieren können. Messungen machen transparent, wo ein Leistungserbringer steht, und sie definieren einen Ausgangspunkt für zukünftige Verbesserungen. Werden Unterschiede bei Ergebnissen und Kosten quer über Leistungserbringer und Regionen verglichen, so belohnt das innovative Leistungserbringer und animiert erfolgreiche Organisationen zu weiteren Verbesserungen. Wenn die Möglichkeit besteht, Ergebnisse und Kosten über die gesamte Behandlungskette zu vergleichen, so wird sich auch unter den Leistungserbringern der Dialog über Verbesserungen verändern. Es wird zunehmend weniger um Meinungen und Überzeugungen und zunehmend mehr um die pragmatische Notwendigkeit gehen, sich mit den Resultaten auseinanderzusetzen. Gerät erst einmal die gesamte Behandlungskette ins Blickfeld, so wird dies die bisher in Silos gezwängten Akteure zusammenbringen und auf allen Seiten die Bereitschaft verstärken, die Ergebnisse über die jeweiligen Organisationseinheiten hinaus zu verbessern. Die universelle Messung der Behandlungsergebnisse als solche wird einen Positivkreislauf kontinuierlicher Verbesserung in Gang setzen, die den Patienten, den Krankenversicherungen, aber auch den Leistungserbringern selbst zugute kommen wird.

KAPITEL 10

Deutschlands Weg zu einem Gesundheitssystem mit hoher Nutzenstiftung: Gesamtbewertung und Empfehlungen

Die Errungenschaften des deutschen Gesundheitssystems sind bemerkenswert: umfassender Krankenversicherungsschutz für 82 Millionen Menschen, eine große Auswahl an Krankenversicherern unabhängig von den eigenen finanziellen Möglichkeiten, ein breites Spektrum finanzierter Leistungen und eine freie Wahl der Leistungserbringer. Dennoch schöpft das Gesundheitssystem sein Potenzial eindeutig nicht aus. Kein anderes Sozialversicherungssystem in Deutschland hat so viele Veränderungen erfahren wie das Gesundheitssystem. Allein seit 1975 gab es fünfzehn größere Gesundheitsreformen.[326] Trotzdem weist das System immer noch erhebliche Schwachstellen auf. Es ist eindeutig, dass eine robuste Strategie für grundlegende Reformen fehlt.

Jede Reform in Deutschland brachte inkrementelle Veränderungen für bestimmte Teile des Systems. Im Mittelpunkt der Reformbemühungen standen Kostendämpfungsmaßnahmen, zu denen vorgeschriebene Budgetkürzungen für Krankenhäuser, Zwangsrabatte für Medikamente, Ausschlüsse von Versicherungsleistungen und erhöhte Eigenbeteiligungen für Patienten gehörten. Diese Ansätze haben nicht die tatsächliche Effizienz des Systems thematisiert, sondern lediglich die Kosten von einem Akteur zum anderen verschoben. Welche Methoden zur Kostenkontrolle benutzt wurden, hing davon ab, welche Partei gerade an der Macht war: Sie variierten zwischen verstärkter zentraler Kontrolle und der Einführung von mehr Wettbewerb. Trotz all dieser Bemühungen stiegen die Kosten weiter.

Während die Diskussionen um die Kosten weiterhin im Mittelpunkt stehen, tritt ein noch fundamentaleres Problem ans Tageslicht: Es wird zunehmend deutlich, dass die Qualität der Gesundheitsversorgung in Deutschland, gemessen an den Behandlungsergebnissen, bei weitem nicht ideal ist und beträchtlich zwischen den Leistungserbringern und den Regionen variiert. Die Qualitätsprobleme werden für die Verbraucher, die Krankenversicherer, den Gesetzgeber und auch die Leistungserbringer selbst immer offensichtlicher. Sie beschränken sich dabei nicht nur auf seltene Krankheiten oder kleine, ländliche Krankenhäuser, sondern sie erstrecken sich vielmehr auch auf alltägliche Krankheitsbilder mit klar definierten Behandlungsleitlinien. Betroffen sind nicht nur Krankenhäuser, sondern auch niedergelassene Arztpraxen und Pflegeeinrichtungen.

Wir glauben, dass die Probleme des deutschen Gesundheitssystems und das Scheitern früherer Reformen von einem tiefer liegendem Problem herrühren: Sowohl Strukturen, Organisationen und Rollen als auch die Art des Wettbewerbs im Gesundheitswesen sind in keiner Weise auf den Patientennutzen ausgerichtet. Viele Aspekte des Systems müssen sich ändern, u.a. die Rolle der Krankenversicherer, der Patienten und der Arbeitgeber, aber insbesondere die Struktur der Leistungserbringung selbst. Um das Gesundheitswesen zu heilen, müssen wir die Struktur der Leistungserbringung ändern. Eine Neuordnung der Art und Weise, wie die Gesundheitsversorgung organisiert wird und wie die Ergebnisse gemessen und kontinuierlich verbessert werden, ist in Deutschland notwendig, um nachhaltig bessere Behandlungsresultate bei höherer Effizienz zu erreichen.

Mängel im bestehenden System

Warum hat das deutsche System es nicht geschafft, den Nutzen für die Patienten zu maximieren? Die einfache Antwort lautet: Das System ist weder auf die Patienten noch darauf ausgerichtet, die Ergebnisqualität zu verbessern. Seine derzeitige Struktur, Organisation und Anreizsysteme wirken auf vielerlei Ebenen dem Patientennutzen entgegen. Die Krankenversicherungen behandeln die Behandlungsleistungen wie eine Massenware und konkurrieren um Kostenkontrolle und Mitgliederselektion, während sie die Behandlungsergebnisse ihrer Versicherten vernachlässigen. Die Leistungserbringer sind darauf erpicht, ihre Leistungsangebote auszuweiten und ihre Einnahmen zu steigern, während sie sich der Messung von Ergebnisqualität und Effizienz widersetzen. Der Gesetzgeber konzentriert sich darauf, Kosten zu verlagern und die Steigerung der Versicherungsbeiträge niedrig zu halten, anstatt die Gesundheit zu verbessern, was der einzige Weg wäre, um mittel- und langfristig die Kosten in den Griff zu bekommen. Und die Patienten selbst haben es bisher nicht geschafft, sich ernsthaft einzubringen, wenn es um ihre eigene Gesundheit und Gesundheitsversorgung geht.

Deutschland steht mit alledem nicht allein da. Alle anderen Industrieländer stehen vor ähnlichen Problemen. Auch wenn jedes Land seine Stärken hat und über innovative Organisationen verfügt, die wirklich patienten- und nutzenorientiert agieren, so gibt es doch in keinem Land eine umfassende Strategie zur Verbesserung des Patientennutzens.

In den Kapiteln 4–9 haben wir jede Komponente des deutschen Systems unter dem Gesichtspunkt der Nutzenstiftung untersucht. Hier fassen wir die Hauptthemen nochmals zusammen. Sie stellen die größten Herausforderungen für das deutsche Gesundheitswesen dar und legen damit auch die Agenda für zukünftige Reformen fest.

Getrieben von Partikularinteressen, nicht vom Patientennutzen

Das heutige System reflektiert die Balance zwischen verschiedenen Partikularinteressen. Was fehlt, ist das übergreifende Ziel, den Patientennutzen zu verbessern. Der Mangel dieses übergeordneten Ziels führt dazu, dass die einzelnen Akteure aneinander vorbei arbeiten und jeweils versuchen das System auszutricksen.

Die Krankenversicherungen konzentrieren sich darauf, ihre Marktanteile durch kostengünstigere Tarife und Nebenleistungen wie subventionierte Mitgliedschaften in Fitnessstudios oder den Zugang zu alternativer Medizin, wie z.B. Akupunktur, auszuweiten. Diese Leistungen bewerben sie mehr und mehr. Niedrigere Versicherungsbeiträge erreichen sie vor allem, indem sie versuchen gesündere und wohlhabendere Mitglieder zu selektieren – trotz der jüngsten Reformbemühungen, diese Selektion einzudämmen – und indem sie die Preise für Krankenhausaufenthalte, ambulante Leistungen und Medikamente drücken. Darüber hinaus haben die Krankenversicherungen aufwändige Rechnungsprüfungsprogramme etabliert, um die Kosten weiter zu reduzieren. Dennoch gelingt es ihnen weder durch das Werben um jüngere, gesündere Versicherte noch durch klevere Rechnungsprüfungen, noch durch Preisdrückerei, den Nutzen für die Patienten zu erhöhen.

Krankenhäuser fusionieren und ambulante Leistungserbringer verschmelzen zu Gemeinschaftspraxen, um mit den knapperen Vergütungsniveaus zurechtzukommen und sich mehr Verhandlungsmacht gegenüber den Krankenversicherungen zu sichern. Dabei geht es ihnen hauptsächlich darum, höhere Patientenzahlen und Einnahmen zu erzielen. Der Wettbewerb mag eine starke Kraft sein, um Verbesserungen zu erreichen, doch der Wettbewerb, der derzeit im deutschen Gesundheitswesen existiert, hat keinen Bezug zum Patientennutzen.

Die Leistungserbringer versuchen ihre Einnahmen auszuweiten, indem sie eine große Zahl von Patienten über ein breites Leistungsangebot akquirieren. Ihr Wettbewerb basiert hier nicht auf messbaren Ergebnissen, sondern gründet auf Reputation, einem Rundum-Angebot sowie der Existenz lokaler Quasi-Monopole. Manche niedergelassenen Ärzte boykottieren ambulante Zentren, wenn sie von Krankenhäusern betrieben werden, um den Wettbewerb zu vermeiden. Überweisungen zwischen niedergelassenen Ärzten werden oft sehr spät vorgenommen – aus Angst, damit Patienten zu verlieren. Nichts von diesen Ansätzen schafft Patientennutzen, oft mindern sie ihn sogar. Die Anbieter haben sich selbst in die Falle begeben, indem sie versuchen, ihre kurzfristigen Partikularinteressen zu schützen, anstatt ihre Leistungserbringung so zu reorganisieren, dass sie für ihre Patienten und sich selbst einen höheren Nutzen stiften.

Diese und andere Maßnahmen sind durchaus verständlich, wenn man die derzeitige Ausrichtung auf einen Nullsummen-Wettbewerb berücksichtigt. Der Fokus von Krankenversicherungen und Leistungserbringern muss sich jedoch dramatisch ändern. Die Nutzensteigerung muss zum Zentrum aller Anstrengungen werden.

Fragmentierte Leistungserbringung anstatt integrierter Versorgung über die gesamte Behandlungskette

Die Gesundheitsversorgung basiert in ihrer gegenwärtigen Struktur und Organisation auf Fachdisziplinen sowie der Bereitstellung von Behandlungsleistungen, nicht aber auf den Bedürfnissen der Patienten. Die Versorgung sollte im Blick auf das Krankheitsbild des Patienten organisiert werden, und zwar über die gesamte Behandlungskette. Sie kann dabei stationäre Versorgung, ambulante Versorgung, Medikation, Rehabilitation sowie eine Vielzahl von Einzelleistungen mit einschließen. In Deutschland sind die Leistungserbringer indes nach Funktion, Spezialisierung oder Standorten organisiert. Es gibt keine integrierten Teams, die die volle Verantwortung für die Versorgung des Krankheitsbildes eines Patienten übernehmen. Stattdessen müssen die Patienten ihre Versorgung selbst koordinieren.

Die Krankenhäuser sind unterteilt in separate Fachabteilungen und Funktionsbereiche – jeweils mit eigenen Kliniken und Stationen, die häufig untereinander um Patienten konkurrieren. Die Fachdisziplinen treten nur sequenziell in Kontakt und behandeln den Patient zu unterschiedlichen Zeiten und an unterschiedlichen Orten. Allzu oft versucht jeder Arzt das ganze Problem allein anzugehen; auf Hilfe von außen greift er dabei entweder zu spät oder überhaupt nicht zurück. Die Koordination und die Optimierung des gesamten Behandlungsprozesses ist begrenzt. Widerstand gegen Veränderung, übermäßiges Selbstvertrauen aufgrund von fehlenden Ergebnismessungen und ein Vergütungssystem, das Behandlungszahlen anstatt Ergebnisse belohnt – all das trägt zur gegenwärtigen Organisation der Gesundheitsversorgung bei. Auch wenn es vielversprechende Ausnahmen gibt, wie Brustkrebszentren oder Schlaganfalleinrichtungen, so sind diese doch eher die Ausnahme als die Regel.

Im ambulanten Bereich ist es nicht anders. Von den über 120.000 niedergelassenen Arztpraxen in Deutschland sind zwei Drittel Einzelpraxen. Die medizinische Versorgung ist jedoch bei aktuell über 50 Fachdisziplinen zu komplex geworden, um noch von einem einzigen Arzt abgedeckt werden zu können. Häufig bleibt es den Patienten überlassen, eine Vielzahl von unabhängigen Fachärzten für das gleiche Problem aufzusuchen und ihre Behandlung selbst zu koordinieren. Der Wunsch der Ärzte, unabhängig zu bleiben, behindert die Entstehung von Gemeinschaftspraxen oder stärker integrierten ambulanten Behandlungszentren, die zu einem höheren Patientennutzen führen würden. Maßnahmen zur Konsolidierung und Integration von Einzelpraxen in größeren Behandlungszentren werden als Kommerzialisierung des freien Arztberufes angesehen, nicht als Gelegenheit, um eine bessere Versorgung anzubieten. Damit erhält der Wunsch der Ärzte nach Unabhängigkeit Vorrang gegenüber der Möglichkeit, den Patientennutzen zu steigern.

Nicht nur die Organisation von stationärer und ambulanter Versorgung ist unzulänglich, auch die Integration beider Bereiche ist gering – sofern es überhaupt eine gibt. Gleichwohl gibt es bei nahezu jeder Indikation Aufgabenfelder stationärer und ambulanter Behandlung, zwischen denen Interdependenzen bestehen. Obgleich dies inzwischen als ernsthaftes Problem erkannt ist, konnten auch die jüngsten Reformen es nicht lösen. Weder die Gesetze zur integrierten Versorgung (§140 SGB V) und zur ambulanten Behandlung durch Krankenhausärzte (§116 SGB V) noch das Vertragsarztrechtsänderungsgesetz (VÄndG) gingen weit genug, um die Versorgung wirklich zu integrieren. Stattdessen sind ambulante und stationäre Anbieter weiterhin bestrebt, ihre Leistungsumfänge, Budgets und Interessen zu schützen. Gerade die Etablierung von medizinischen Versorgungszentren (MVZ) und der Erwerb kassenärztlicher Zulassungen durch Krankenhäuser sorgte für Missmut, anstatt Wege zu stärkerer Integration zu eröffnen.

Über die Fragmentierung der ambulanten und stationären Versorgung hinaus ist die Koordination über den gesamten Behandlungszeitraum mangelhaft. Unterschiedliche Finanzierungsquellen für unterschiedliche Behandlungsphasen schaffen verkehrte Anreize. Verlorene Arbeitstage werden zum Beispiel von den Arbeitgebern übernommen, Rehabilitationsleistungen trägt die gesetzliche Rentenversicherung und Langzeit-Pflegeleistungen werden von der gesetzlichen Pflegeversicherung abgedeckt. Bei dieser Struktur entsteht unweigerlich ein gewisser Druck, die Kosten zwischen den Sozialsystemen hin und her zu schieben, anstatt die Versorgung über die gesamte Behandlungskette zu optimieren.

Insgesamt ist es angesichts der heutigen Struktur und Organisation der Leistungserbringer im deutschen Gesundheitswesen sogar für engagierte und hochqualifizierte Kräfte schwierig, exzellente Behandlungsleistungen zu erbringen, von einer effizienten Durchführung ganz zu schweigen. Die bestehende Organisation ist nicht imstande, die Vorteile integrierter Teams und optimaler Prozessabläufe zu nutzen; stattdessen hängt sie von der Gutmütigkeit und dem außergewöhnlichen Einsatz der einzelnen Mitarbeiter ab.

Zu geringe Fallzahlen, zu breit gefächerte Leistungsangebote

Zu viele Leistungserbringer versuchen, „alles für jeden" anzubieten. Das Streben nach höheren Patientenzahlen hat zu einer undifferenzierten Ausweitung der Leistungsangebote unter den Leistungserbringern geführt. Im Durchschnitt deckt beispielsweise ein deutsches Krankenhaus 445 DRGs ab und somit 43% aller 1.035 DRGs. Das Durchschnittskrankenhaus behandelt gerade einmal 11 Fälle pro Jahr bei DRGs, die nicht zu den 30 häufigsten Fallarten gehören, die wiederum 49% aller Behandlungsfälle repräsentieren.[327] Niedrige Fallzahlen pro Krankheitsbild machen den Aufbau von Expertise und integrierten Behandlungsteams, wie sie für einen maximalen Patientennutzen notwendig sind, unmöglich.

Auch wenn die Breite des Leistungsangebots inzwischen Thema der öffentlichen Diskussion geworden ist, haben die Krankenhäuser die Aufgabe, ihre Leistungsumfänge zu fokussieren, erst noch vor sich. Anstatt dessen werden mehr neue Krankenhausabteilungen eröffnet als geschlossen, was auf eine weitere Fragmentierung der Versorgung hindeutet. Übermäßig breite Leistungsangebote erklären sich aus dem Eigeninteresse der Akteure: Die Krankenhausmanager wollen die Einnahmen in die Höhe treiben und glauben, jeder zusätzliche Fall werde zusätzlichen Gewinn bringen. Auch werden manche Ärzte von dem Wunsch nach Abwechselung sowie einem Übermaß an Vertrauen in die Breite des eigenen Wissens getrieben, ganz zu schweigen von falschen finanziellen Anreizen. Gleichzeitig finden breite Leistungsangebote den Beifall der lokalen Gemeinden und Kommunen, aber auch den von Patienten, die sich der enormen Qualitätsunterschiede, wie wir sie beschrieben haben, einfach nicht bewusst sind. Mindestmengenanforderungen haben zu einer gewissen Schwerpunktbildung in einigen Bereichen geführt, was einen Schritt in die richtige Richtung darstellt. Doch in der Mehrheit haben die Anbieter ihre Leistungsangebote nicht begrenzt, trotz der vorliegenden Beweise, die einen klaren Zusammenhang zwischen Fallzahlen und Ergebnisqualität belegen.

Der ambulante Bereich leidet unter ähnlichen Problemen. Auch wenn die einzelnen Arztpraxen klein sind, ist ihr Leistungsangebot doch meist breit gefächert. Verführt vom Volumen versuchen viele Niedergelassene ein breites Spektrum an Krankheitsbildern zu behandeln, ungeachtet der wachsenden Komplexität des medizinischen Fachwissens. Damit wird den Patienten eine hochqualifizierte, erfahrene ambulante Versorgung bei vielen Erkrankungen vorenthalten. Zum Beispiel werden nur 40% der Onkologiepatienten in onkologischen Zentren und nur 20% der HIV/AIDS Patienten von niedergelassenen Spezialisten behandelt – was deutlich im Widerspruch zum Patientennutzen steht.

Wenn Anbieter bei unzureichenden Fallzahlen breite Leistungsumfänge für jedes Krankheitsbild und alle Patientengruppen anbieten, wird Nutzenstiftung zu einer schwierigen Aufgabe. Die Folge sind ein fragmentiertes Versorgungsangebot, mäßige Behandlungsergebnisse sowie mangelhafte Effizienz. Obschon die Patienten in Deutschland mehr Gesundheitsversorgung – gemessen an der Zahl der Arztbesuche – „konsumieren" als in allen anderen Ländern, sind die Behandlungsergebnisse tatsächlich nicht besser.

In Deutschland gibt es einen erheblichen Bedarf an Konsolidierung auf der Anbieterseite. Eine Konsolidierung würde die Patienten auf wenige volumenstarke, über die gesamte Behandlungskette hinweg integrierte Leistungserbringer konzentrieren. Die Leistungserbringer müssen fundierte Fachkompetenz in ausgewählten Bereichen entwickeln und dort ihre Fallzahlen expansiv ausweiten, anstatt zu versuchen weiterhin „alles für jeden" anzubieten. Leistungsbereiche mit niedrigen Fallzahlen können anderen Anbietern überlassen werden, oder Leistungserbringer mit niedrigen Fallzahlen schließen sich exzellenten Einrichtungen an.

Die Konsolidierung unter den Anbietern hätte erhebliche Auswirkungen auf die Wirtschaftlichkeit. Die Duplizierung von Infrastruktur und die Wiederholung von Behandlungsleistungen sind zweifellos eine Ressourcenverschwendung, doch noch größer sind die Kosten, die im bestehenden System durch mäßige Behandlungsergebnisse entstehen. Schlechte Gesundheit kostet schon von sich aus mehr als gute Gesundheit. In der Tat besteht der beste Weg, die Kosten im Gesundheitswesen nachhaltig zu senken, darin, eine Verbesserung der Behandlungsergebnisse zu forcieren.

Begrenzte Nutzensteigerung aufgrund fehlender Ergebnis- und Kostenmessung

In Deutschland wird das Gesundheitswesen wie in vielen anderen Ländern erheblich durch fehlende Messung von Behandlungsergebnissen und -kosten behindert. Fehlende Messungen sind vielleicht die größte Hürde auf dem Weg zu einem System mit hoher Nutzenstiftung. Es ist schwierig, die Versorgung zu verbessern, wenn die Behandlungsergebnisse weder bekannt sind, noch über einen längeren Zeitraum verfolgt, noch schlussendlich mit denen anderer Einrichtungen verglichen werden. Erfolg im Gesundheitswesen basiert auf der Qualität und Wirtschaftlichkeit der Versorgung, nicht auf der Quantität. Eine Kultur kontinuierlicher Verbesserung zu etablieren fällt schwer, wenn Qualität und Kosten nicht laufend beobachtet werden.

Aktuell herrscht im deutschen Gesundheitswesen die Tendenz vor, Messungen zu minimieren. Manche Ärzte handeln augenscheinlich so, als gäbe es für sie keinen Verbesserungsbedarf, womit sie tatsächliche Leistungsverbesserungen behindern. Erschwerend kommt in Krankenhäusern hinzu, dass in ihnen teilweise eine Kultur herrscht, die die auf Hierarchie und Reputation gründet anstatt auf Evidenz.

Glücklicherweise beginnt sich die medizinische Kultur in Deutschland zum Positiveren zu wenden. In der aktuellen Debatte zum Gesundheitswesen wurde sehr deutlich, wie wichtig Qualität ist – was einen großen Schritt nach vorne darstellt. Doch nur wenige Leistungserbringer haben sich bisher das Thema „Qualität" und noch weniger die Messung der Ergebnisqualität zu Eigen gemacht. Für viele Leistungserbringer bedeutet Qualitätsmanagement nichts anderes als die Pflichtvorgaben für Berichtswesen und Betriebsführung einzuhalten, da die Qualität bei ihnen, wie sie annehmen, bereits hoch sei. Zum Beispiel glauben 67% der niedergelassenen Ärzte, dass keiner ihrer Patienten im vergangenen Jahr eine falsche Diagnose oder einen falschen Befund erhalten habe.[328] Für die meisten Krankenhausmanager hat messbare Qualität nach wie vor nachrangige Bedeutung. Auch Krankenversicherungen haben bisher wenig

Interesse für die Qualität der Behandlung gezeigt – bedingt durch Mangel an medizinischer Sachkenntnis im eigenen Haus, aber auch durch den Widerstand der Ärzte gegen die Einbeziehung der Versicherungen in die Versorgung ihrer Patienten.

Anstatt die Behandlungsergebnisse zu messen, hat man Strukturmaßnahmen als Indikatoren für gute Versorgung herangezogen. Heutige Qualitätsmanagementsysteme in Deutschland konzentrieren sich auf Strukturqualität wie Personalschlüssel, Geräteausstattung und Patientenvolumen. Da Deutschland im weltweiten Vergleich eine besonders hohe Dichte an Leistungserbringern mit minimalen Wartezeiten und einem leichten Zugang zur Versorgung aufweist, fallen solche Maßzahlen normalerweise vorteilhaft aus. Strukturqualität ist jedoch nur ein Inputfaktor für die Evaluation der Gesundheitsversorgung; sie trägt zwar auch zur Ergebnisqualität bei, ohne aber das gleiche zu sein wie die Behandlungsergebnisse. Weder sind neuere Krankenhausgebäude notwendigerweise mit besseren Behandlungsergebnissen verbunden, noch tun das mehr Betten auf der Intensivstation oder per se neuere Arzneimittel.

Messungen der Prozessqualität nehmen in Deutschland zu, doch leiden sie unter ähnlichen Beschränkungen. Die Akzeptanz für Prozessmessungen innerhalb der Ärzteschaft ist niedrig und die Messung schließt einen hohen Verwaltungsaufwand mit ein, insbesondere mit Blick auf die mittelmäßige IT-Durchdringung in Deutschland. Aber am wichtigsten ist jedoch, dass die Leistungserbringer es häufig verpassen, suboptimalen Ergebnissen nachzugehen und sie zu verbessern.

Um den Patientennutzen zu steigern, sollte der Fokus der Messungen auf der Ergebnisqualität liegen, also auf den tatsächlichen Behandlungsergebnissen je Patient. Kapitel 3 bietet die Schlüsselkonzepte zur Entwicklung von Messverfahren für die Behandlungsergebnisse, beginnend mit der Gliederung von Ergebnisdimensionen. Kapitel 9 beschreibt vielversprechende Versuche in Deutschland Ergebnisqualität zu messen: die Ansätze von BQS/AQUA, Helios, AOK und der Schön Klinik. Die Fortschritte werden jedoch behindert durch die Tatsache, dass viele Krankenhäuser die geforderten

Daten noch immer nicht vorlegen oder dabei nicht akkurat genug vorgehen.

Das Unvermögen, die Kosten genau zu messen, ist eine weitere ernsthafte Schwachstelle des deutschen Systems. Die meisten Leistungserbringer verwechseln Kosten mit Preisen. Sie sind nicht imstande, die Kosten den einzelnen Leistungen genau zuzuordnen, und sie können auch nicht die Vollkosten der Behandlungen je Patient beziffern. Dies führt zu ungenauen Schätzungen der Kosten und der Rentabilität einzelner Leistungen und trägt wesentlich dazu bei, dass die Leistungserbringer an ihren übermäßig breiten Leistungsangeboten festhalten.

Das Zulassungs- und Vergütungssystem als Hemmnis für Patientennutzen

Das Lizenzierung- und Vergütungssystem, wie es derzeit im stationären wie in ambulanten Bereich besteht, ist zutiefst fehlerbehaftet. Im *stationären Bereich* basiert die Lizenzvergabe auf Bedarfsprojektionen. Sobald ein Krankenhaus zugelassen ist, wird ihm die Abrechnung von Leistungen sowie ein Quasi-Monopol in der örtlichen Umgebung garantiert. Da die Zulassung unabhängig von der Ergebnisqualität ist, können besonders gute Anbieter nicht organisch wachsen und schlechte Lizenzinhaber scheiden allzu selten aus dem Markt aus. Angesichts eines Vergütungs- und Kontrahierungssystems, das die Qualität unberücksichtigt lässt, können sich selbst Anbieter mit schwachen Leistungen über Wasser halten. Expansion kann nur durch Übernahme von Krankenhäusern erfolgen, die in finanzielle Schwierigkeiten geraten sind. Auch auf dem Wege der Vergütung gelingt es nicht, Exzellenz zu belohnen. Denn die Budgets für die Vergütung der individuellen Fallaufkommen von Anbietern unterliegen strengen Restriktionen.

Die Einführung des DRG-Vergütungssystems in 2004 brachte einige Vorteile. Die Krankenhäuser erhalten nun Fallpauschalen für den gesamten stationären Aufenthalt ihrer Patienten anstatt der bisherigen Vergütung nach Aufenthaltstagen, was für sie nun einen Anreiz schafft, den Versorgungsprozess für ihre Patienten zu optimieren. Gleichwohl erfolgt die Vergütung weiterhin eher nach Fallzahlen als nach messbaren Ergebnissen. Daher sind die Anbieter bestrebt, ihre Fallzahlen zu steigern und ihre Behandlungsangebote auszuweiten. Außerdem ist das deutsche DRG-System deutlich zu eng gefasst: Abgedeckt werden nur die einzelnen Krankenhausaufenthalte und nicht die gesamte Behandlungskette, die auch die ambulante Versorgung mit einschließen würde.

Im *ambulanten Bereich* sind die Zulassungsprobleme überwiegend die gleichen: Praxisinhaber werden vor dem Wettbewerb geschützt, da die Anzahl der Arztpraxen begrenzt wird und keine Messung der Behandlungsergebnisse erfolgt. Die Vergütung der Niedergelassenen wurde im Zuge der Reform von 2007 verbessert: Wurden bis dahin vorwiegend Einzelleistungen vergütet, so wurde nun der Weg beschritten zu einer Bezahlung nach Kopfpauschalen in der Primärversorgung sowie zu einer Kombination von Kopfpauschalen und Einzelleistungsvergütungen im Bereich der niedergelassenen Spezialisten. Ebenso wurden für bestimmte Krankheitsbilder Pauschalen für die Diagnose bzw. Therapie eingeführt (siehe Kapitel 6). Auch wenn dies positive Schritte sind, so ist der Übergang zu einer allgemeinen Kopfpauschale doch bei einer Vielzahl von Krankheitsbildern nicht angebracht: Die Vergütung sollte auf der Ebene von Krankheitsbildern gebündelt werden, nicht auf der Ebene von Patienten, da hier unterschiedlichste Krankheitsbilder eingeschlossen wären. Modelle einer allgemeinen Kopfpauschale schaffen starke Anreize für eine Unterversorgung, denn die Leistungserbringer erhalten die gleiche Vergütung ohne Rücksicht auf den Umfang oder die Ergebnisqualität der Behandlung. In einigen Fachdisziplinen geht heute der Trend, was die Preisfestsetzung anbelangt, hin zu Pauschalen auf der Basis des jeweiligen Krankheitsbildes – ein positiver Schritt hin zu einem System, das einen hohen Nutzen für Patienten bietet. Die Hauptform der heutigen Vergütung ist allerdings weiterhin die Einzelleistungsvergütung: Tendenziell schafft sie Anreize zur Überversorgung von Patienten, da die Leistungserbringer nach Umfang und Komplexität der erbrachten Behandlung vergütet werden.

Werden ambulante und stationäre Behandlung weiterhin separat vergütet, so konterkariert diese eine integrierte Versorgung, wie sie wünschenswert wäre, und schafft Anreize für die Anbieter, Kosten zu verschieben: Krankenhäuser tendieren dazu, Patienten vorzeitig in die Rehabilitation oder in die ambulante Pflege zu entlassen, sobald die DRG abgerechnet ist. Niedergelassene Ärzte wiederum weisen ihre Patienten schnell ins Krankenhaus ein, sobald sie feststellen, dass ihnen die fortgesetzte ambulante Behandlung kaum noch weitere Einnahmen verspricht. Um solche Kostenverlagerungen zu vermeiden und die Integration der Versorgung nachhaltig zu fördern, muss man ein System von gebündelten Vergütungen je Krankheitsbild und über die gesamte Behandlungskette hinweg etablieren.

Ausrichtung der Krankenversicherer auf die Verlagerung von Kosten, nicht auf den Patientennutzen

Die Krankenversicherungen gehören in Deutschland, wie in vielen anderen Ländern auch, zu den unbeliebtesten Akteuren im Gesundheitswesen. Die eigentliche Ursache des Problems besteht darin, dass sich die Versicherungen darauf beschränkt haben, die Kosten zu kontrollieren, anstatt den Patientennutzen zu maximieren. Für sie ist die Tatsache zur Falle geworden, dass sie ihren Wettbewerb über niedrige Beiträge austragen, anstatt über die Förderung der Gesundheit ihrer Versicherten. Die Beitragssätze sind inzwischen zum wichtigsten Maßstab für die Effektivität des Systems geworden – was die verfehlte Vorstellung verdeutlicht, dass Kostendämpfung das übergeordnete Ziel des deutschen Gesundheitswesens sei.

Die Krankenversicherungen beschränken sich in ihrer Rolle darauf, das medizinische Risiko zu versichern. Sie bieten nahezu identische Produkte an und konkurrieren über die Kosten. Das „Gesetz zur Stärkung des Wettbewerbs in der gesetzlichen Krankenversicherung" (GKV-WSG) von 2007, hat, auch wenn sie gut gemeint war, an dieser Realität nichts geändert. Die meisten Versicherungen sind hauptsächlich bemüht ihre Kosten durch den Einsatz ihrer Verhandlungsmacht sowie durch Kostenverschiebungen zu minimieren. Auch wenn die Steigerung von Effizienz Teil der Maximierung des Patientennutzens ist, bleibt doch festzuhalten, dass Risikoselektion, willkürliche Kostenkontrolle, verstärkte Rechnungsprüfung, Rationierung von Leistungen und die Abwälzung von Kosten auf die Versicherten keinen Mehrwert schaffen, sondern die Qualität der Behandlungsergebnisse verschlechtern. Die Minimierung der Vergütung je Behandlungsleistung ist nicht das Gleiche wie die Minimierung der Gesamtkosten über die gesamte Behandlungskette. Tatsächlich kann das Senken der Vergütungen für Einzelleistungen dazu führen, dass noch mehr Leistungen anfallen und so letztlich die Kosten steigen.

Statt nachhaltig die Effizienz und Ergebnisqualität der Leistungserbringer zu verbessern, haben sich die Krankenkassen schwerpunktmäßig auf Risikoselektion konzentriert. In jüngster Zeit wurde sogar die Aufnahme von Patienten mit bestimmten Krankheiten zu einer Strategie für die Risikoselektion – ein paradoxes Ergebnis der verpflichtenden Disease-Management-Programme (DMP) von 2004. Das Ziel der Kassen bestand dabei darin, Patienten mit bestimmten Krankheiten für die DMP-Programme anzumelden. Bis vor kurzem gab es hierfür substanzielle Zusatzzahlungen aus dem RSA.

Beispielhaft für die verfehlte Strategie ist auch die Reaktion der gesetzlichen Versicherer auf die Einführung des morbiditätsorientierten Risikostrukturausgleichs (morbi-RSA) 2009. Hier arbeiten einige Krankenkassen daran, Patientengruppen ausfindig zu machen, bei denen die Ausgleichszahlungen aus dem RSA-Pool für sie lukrativer sind als das eigene Engagement für eine Verbesserung der Versorgungsleistungen und -ergebnisse. Manche Krankenkassen haben Mitarbeiter in Arztpraxen geschickt, die „helfen" sollen, die Krankheiten der Patienten „richtig" zu kodieren.[329]. Keine dieser Aktionen schafft Mehrwert – sie spiegeln einfach nur wider, wie man das System für sich ausnützen kann.

Gegenüber den Leistungserbringern haben die Krankenkassen lange Zeit zweifelhafte Ansätze zur Kostenreduzierung verfolgt. Verhandlungen mit den Leistungserbringern konzentrierten sich darauf, die Preise und Fallzahlen in jeder Leistungskategorie – stationäre oder ambulante Versorgung, Medikation, usw. – zu drücken, anstatt die Gesamtkosten über die gesamte Behandlungskette zu senken. In der Regel sind die Kosten über die gesamte Behandlungskette allerdings nicht einmal bekannt. Die Kosten der Einzelleistungen in Deutschland sind nach internationalen Maßstäben bereits niedrig. So erhält ein niedergelassener Facharzt für Orthopädie nur etwa 36 Euro pro Patient und Quartal. Kosteneinsparungen lassen sich kaum noch durch eine weitere Senkung der Einzelpreise erzielen, sondern nur durch eine Verbesserung der Versorgungsintegration, durch die Reduzierung unnötiger Arztbesuche sowie ganz allgemein durch eine Steigerung der Qualität medizinischer Versorgung. Um diese Veränderungen auf den Weg zu bringen, müssen die Krankenkassen die Reorganisation der Versorgung und ihre Ausrichtung auf Krankheitsbilder fördern. Der einzige Weg, die Kosten auf lange Sicht unter Kontrolle zu bringen, besteht dabei in der Tat darin, die Ergebnisqualität kontinuierlich zu messen und zu verbessern.

Aus all diesen Gründen hat die Reform 2007 mit ihrer Vereinheitlichung der Beitragssätze trotz guter Absichten den Fokus der Krankenkassen nicht von den Kosten weg verlagern können. Als Differenzierungsmerkmale im Wettbewerb benutzen die Kassen jetzt lediglich verstärkt Bonuszahlungen oder Zusatzbeiträge anstatt wie bisher die Basisbeitragssätze selbst.

Es erscheint paradox, dass über 160 Krankenkassen ihren Konkurrenzkampf über Beitragsunterschiede austragen, die im Verhältnis zu den jährlichen Gesamtprämien relativ gering sind, anstatt über den Mehrwert, den sie für ihre Versicherten stiften. Dabei erscheint das deutsche System in vieler Hinsicht nach perfekt geeignet für einen am Patientennutzen ausgerichteten Wettbewerb – angesichts einer Vielzahl konkurrierender Kostenträger, freier Wahl der Krankenversicherung, niedriger Abwanderungsquoten sowie eines ausgeklügelten RSA-Pools. Wird diese Chance zu positivem Wettbewerb verpasst, so werden in der Folge die Fragen zunehmen, wofür über 160 Versicherer überhaupt notwendig sind.

Die Krankenkassen müssen ihre Rolle neu definieren – als Partner, die Mehrwert stiften im Zusammenwirken mit den Patienten und den übrigen Akteuren im Gesundheitswesen. Ihr Potenzial ist dabei ausgesprochen groß. Echte Gesundheitspartner könnten die Kassen werden, wenn sie ihre Mitglieder zu hervorragenden Leistungserbringern hinlenken, Informationen über Behandlungsergebnisse bereitstellen, Ärzten dabei helfen, „Best Practice"-Verfahren einzuführen, sowie die Ergebnis- und Kostenmessung unterstützen, indem sie ihre Daten über alle Sektoren hinweg zusammenführen. Die Krankenkassen könnten selbst Kennzahlen zum Gesundheitszustand ihrer Versicherten entwickeln und um die erreichten Gesundheitsergebnisse ihrer Versicherten im Verhältnis zu den Beitragseinnahmen konkurrieren.

Verzerrung der Leistungsanreize im bisherigen Nebeneinander von GKV und PKV

Die Koexistenz von PKV und GKV hat gefährliche Anreize für die Krankenversicherer und für die Leistungserbringer geschaffen. Grundsätzlich könnte die Koexistenz beider Systeme den Wettbewerb fördern, doch derzeit ist dieser Wettbewerb ein Nullsummen-Wettbewerb, der Nutzen zerstört, anstatt Nutzen zu stiften.

Im heutigen Krankenversicherungssystem gründet sich der Wettbewerbsvorteil der privaten Anbieter vor allem auf Risikoselektion. Privatversicherungen stehen nur einem eingeschränkten Personenkreis offen: Beschäftigten mit hohem Einkommen, Selbstständigen und Beamten. PKV-Versicherer dürfen Bewerber ablehnen und risikoabhängige Preise berechnen, während die GKV-Versicherer an Einheitspreise auf der Basis der Bruttogehälter gebunden sind. So können private Versicherer den attraktivsten Patienten mit den niedrigsten Risiken durchgängig kostengünstigere Versicherungen anbieten, ohne damit einen erhöhten Nutzen zu stiften. Die Versicherungsreform von 2007, die 2009 in Kraft trat, versäumte es, dieses Problem zu lösen. Nur wenn die privaten Versicherer verpflichtet würden, an einem gemeinschaftlichen Risikostrukturausgleich teilzunehmen, würde der Anreiz zur Risikoselektion entfallen und ein Wettbewerb um Nutzenstiftung entstehen.

Der Wettbewerb um gesunde und wohlhabende Versicherte hat auch die Angebote der gesetzlichen Versicherer verzerrt. Seit der Gesundheitsreform von 2004 können die Krankenkassen ihren Mitgliedern Tarife mit Selbstbehalt anbieten. Unglücklicherweise sind solche Versicherungsverträge im Wesentlichen dazu benutzt worden, gesunde und wohlhabende Versicherte im gesetzlichen System zu halten und sie nicht an die PKV zu verlieren. Was Effizienz und Ergebnisqualität anbelangt, wurde damit kein Mehrwert gestiftet. Tarife mit Selbstbehalt haben oftmals einfach nur das Solidaritätsprinzip verletzt.

Auch für die Leistungserbringer schaffen privat versicherte Patienten verzerrte Anreize. Unter dem Gesichtspunkt der Nutzenstiftung sind getrennte Vergütungssysteme für Kassenpatienten und Privatpatienten wenig sinnvoll. Welchen Versicherungsstatus ein Patient besitzt, hat keinen Einfluss auf die Kosten der Leistungserbringung. Daher sollte es vergleichbare Preise für vergleichbare Patienten geben. Angesichts deutlich höherer Vergütungen für Privatpatienten konzentrieren sich jedoch viele Leistungserbringer darauf, diese Patienten zu behandeln – die Vergütung steht somit nicht im Verhältnis zur Nutzenstiftung.

Unzureichende Information, mangelndes Engagement und kurzsichtiges Denken Patienten bei den Patienten

Den Patienten in Deutschland ist es nicht gelungen, einen nennenswerten Einfluss auf das Gesundheitssystem auszuüben. In einem System, das auf der freien Wahl von Versicherern und Leistungserbringern gründet, haben die Patienten enorme Möglichkeitem, die Nutzenstiftung voranzutreiben. Allzu lange waren sie jedoch nur passive Konsumenten. Glücklicherweise zeichnen sich jetzt einige Veränderungen ab.

Es erscheint paradox, dass ein Gesundheitssystem, das auf der freien Wahl der Leistungserbringer basiert, immer noch große Qualitätsunterschiede aufweist. In jedem anderen Wirtschaftsbereich würde die Wahlfreiheit der Verbraucher schlechte Leistungserbringer dazu bringen, sich zu verbessern oder den Markt zu verlassen. Verursacht wird das Problem hauptsächlich durch die begrenzten Informationen zur Ergebnisqualität.

Allerdings haben die deutschen Verbraucher den Status quo auch dadurch aufrecht erhalten, dass sie Leistungserbringer allzu oft nach Reputation und eigener Bequemlichkeit aussuchen, anstatt nach messbaren Ergebnissen zu suchen oder sie einzufordern. So sehr es ihr Ziel sein sollte, Leistungserbringer mit hervorragender Ergebnisqualität auszuwählen, so gering ist doch die Zahl der Patienten, die wirklich die Ergebnisqualität der Leistungserbringer recherchieren oder sie bei den Akteuren nachfragen.[330] Erst vor kurzem hat Deutschland ansatzweise Informationen entwickelt, die bei der Anbieterauswahl helfen können. Zumeist handelt es sich dabei um Messungen der Strukturqualität sowie um Befragungen zur Patientenzufriedenheit, nicht aber um Behandlungsergebnisse. Angesichts fehlender Daten zur Ergebnisqualität verfallen die Patienten darauf, den eingesetzten Aufwand mit der Ergebnisqualität gleichzusetzen. Aus ihrer Sicht bedeutet das: Neuere Medizin ist bessere Medizin und mehr Medizin ist bessere Medizin. Und die teurere Behandlung ist ebenfalls die bessere Behandlung.

In Unkenntnis der Ergebnisqualität haben sich die Patienten fast ausschließlich auf diejenigen Kosten konzentriert, die sie selber tragen – ebenso wie die anderen Akteure. Beispielsweise wechseln Versicherungsnehmer für minimale Beitragsunterschiede von +/- 35 Euro im Monat ihre Krankenversicherung oder nehmen an Hausarztmodellen teil, nur um 40 Euro Selbstbeteiligung einzusparen. Ein solches Verbraucherverhalten ist kurzsichtig, da die Einsparungen lediglich minimal sind – im Vergleich zu den eigenen jährlichen Gesamtkosten für die Gesundheitsversorgung oder zu den Einsparungen, die sich durch eine exzellente Behandlung erzielen lassen. Die Verbraucher sollten ihre Krankenversicherung und Leistungserbringer auswählen auf der Basis der Nutzenstiftung, gemessen am Verhältnis von Behandlungsqualität und -kosten und nicht im Blick auf die Kosten marginaler Eigenbeteiligungen.

Sie sollten Krankenversicherungen wählen, die sie gesünder erhalten, indem sie hochkarätige Leistungserbringer für sie ausfindig machen, ihre Behandlungsdaten zusammenführen und sie beraten, wie sie Krankheiten am besten verhindern und kontrollieren können. Das wird den Verbrauchern wie dem System langfristig mehr Geld sparen, da bessere Gesundheit naturgemäß kostengünstiger ist als schlechte Gesundheit.

Abschließend sei bemerkt, dass die Konsumenten auch zu wenig Verantwortung für ihre eigene Gesundheit übernommen haben. Gesundheit entsteht aus der Zusammenarbeit von Ärzten, anderen medizinischen Fachkräften sowie den Patienten selbst. Verhalten sich die Patienten nicht therapiegerecht, gefährdet das den optimalen Behandlungserfolg. Wie bereits in Kapitel 8 diskutiert, gibt es erhebliche Defizite, was die Therapietreue der Patienten anbelangt. Auch wenn man dieses Phänomen auch in vielen anderen Ländern beobachten kann, so macht Deutschlands fragmentierte Gesundheitsversorgung gute Ergebnisse bei der Therapietreue noch unwahrscheinlicher. Wie sollten die Patienten sich an die Verordnungen ihres Arztes halten, wenn über die Hälfte aller deutschen Patienten jedes Jahr vier oder mehr niedergelassene Ärzte aufsucht?[331] Normalerweise haben diese Ärzte jeweils separate Praxen ohne ein gemeinsames System für den elektronischen Datenaustausch. Wie sollte man die Behandlung koordinieren und einen Informationsaustausch der Ärzte über Empfehlungen zur Therapietreue sicherstellen, wenn über 30% der Fachärzte keinerlei Informationen zur Krankengeschichte ihrer Patienten haben, die ihnen überwiesen wurden?[332]

Nullsummen-Wettbewerb unter den Leistungserbringern und unter den Krankenversicherungen

Charakteristisch für das deutsche Gesundheitssystem ist zum einen zu viel und zum anderen zu wenig Wettbewerb. Am wichtigsten ist:

Das System hat die falsche Art von Wettbewerb gefördert. Der heutige Wettbewerb unter den Krankenversicherern und Leistungserbringern ist ein Nullsummen-Wettbewerb. Er verschiebt die Kosten von einem Akteur zum anderen, anstatt den Patientennutzen zu verbessern.

Im Mittelpunkt des Wettbewerbs stehen heute die Interessen der jeweiligen Akteure, nicht die Interessen der Patienten. Die Leistungserbringer konkurrieren um Patientenzahlen oder um größere Budgets, nicht aber um die Qualität der Behandlungsergebnisse oder um Effizienz. Der Wettbewerb fördert wiederholte Behandlungen, bestehende Leistungserbringer werden durch Zulassungsbestimmungen geschützt und die Ergebnisqualität wird dabei völlig außer Acht lassen. Infolgedessen werden leistungsschwache Leistungserbringer weiterhin von regionalen Behörden und anderen Einrichtungen subventioniert, was die notwendige Konsolidierung und die damit einhergehende Nutzensteigerung erschwert.

Das Problem ist nicht nur, dass die Leistungserbringer auf den falschen Gebieten miteinander konkurrieren; vielmehr wird der Wettbewerb auch behindert durch fehlende Informationen und mangelnde Transparenz bei Behandlungsqualität und Kosten. Es ist kein echter Wettbewerb, wenn Patienten ihre Entscheidungen uninformiert aufgrund von Bequemlichkeit, Angebotskomfort oder hohem Ansehen treffen anstatt aufgrund der tatsächlich erzielten Behandlungsergebnisse.

Der Wettbewerb der Krankenkassen ist unter Nutzengesichtspunkten ebenfalls mit Fehlern behaftet. Die gesetzlichen Versicherer konzentrieren sich mit ihrem kurzsichtigen Blick auf Kostendämpfung in erheblichem Maß auf Risikoselektion und Kostenverlagerung. Auch beim Wettbewerb zwischen GKV und PKV geht es um Kostenverlagerungen und um die Abwerbung von Patienten, was die Behandlungsergebnisse nicht verbessert. Selbst in jüngster Zeit haben es die Reformbemühungen nicht vermocht, einen Wettbewerb um Nutzenstiftung generieren.

Der Nullsummen-Wettbewerb im deutschen System hat zu einer Verwirrung unter den politischen Entscheidungsträgern geführt, was die zukünftige Richtung der Gesundheitspolitik betrifft. Angesichts steigender Krankenversicherungsbeiträge und wachsender Qualitätsprobleme favorisieren manche politische Entscheidungsträger eine direktere, zentralisierte Kontrolle. Manche befürworten auch einen marktorientierten Ansatz mit mehr Wettbewerb, doch der Fokus auf einen Wettbewerb über den Preis statt über den Nutzen konterkariert echten Fortschritt. Wie sehr es an Konsens mangelt, wird deutlich am Stückwerk der deutschen Reformmaßnahmen. Eine klare Gesamtstrategie für das Gesundheitswesen ist nicht erkennbar.

Um Verbesserungen zu erreichen, ist es am besten, einen Wettbewerb um den Nutzen der Patienten und Versicherungsnehmer zu entfesseln. Die Leistungserbringer sollten ihren Wettbewerb um Nutzenstiftung auf der Ebene jedes Krankheitsbildes austragen. Parallel dazu sollten die Krankenversicherer darum konkurrieren, ihren Versicherungsnehmern die besten Gesundheitsergebnisse im Verhältnis zu den Kosten zu verschaffen, anstatt nur die Beitragssätze in den Blick zu nehmen. Ein solcher Positivsummen-Wettbewerb wird enorme Nutzenverbesserungen für alle Beteiligten zeigen.

Eine Strategie zur Neuordnung des deutschen Gesundheitssystems

Was muss Deutschland tun, um eine Gesundheitsversorgung mit hoher Nutzenstiftung zu schaffen? Zuerst muss es den Patientennutzen als übergeordnetes Ziel für alle Akteure festlegen und alle Vorhaben in der Gesundheitspolitik entsprechend gestalten. Der intrinsische Zweck des Gesundheitssystems muss es sein, Patienten zu dienen und ihre Gesundheit zu fördern.

Ein nutzenorientiertes System ist nach den Krankheitsbildern der Patienten organisiert und führt die Versorgung durch interdisziplinäre Teams durch. Die Primärversorgung orientiert sich dabei an Patientengruppen mit ähnlichen Grundversorgung- und Präventionsbedürfnissen. Die Kluft zwischen stationärer, ambulanter und rehabilitativer Versorgung schwindet und die Versorgungsbereiche werden integriert, um einen herausragenden Nutzen über die gesamte Behandlungskette zu erzielen.

Die Behandlungsergebnisse werden für jeden Patienten erhoben und von jedem Leistungserbringer veröffentlicht. Die Leistungserbringer messen die Kosten für jeden Patienten und setzen sie in Relation zu den Behandlungsergebnissen, um die Effizienz kontinuierlich zu verbessern. Patienten und überweisende Ärzte wählen auf der Basis von quantifizierbaren Ergebnissen exzellente Leistungserbringer aus. Die Leistungserbringer wiederum konzentrieren sich auf eine Reihe von Krankheitsbildern, bei denen sie ausgezeichnete Ergebnisse erzielen können. Hervorragende Anbieter wachsen und erreichen höhere Fallzahlen und umfassendere Erfahrung, was zu höherer Qualität und größerer Effizienz führt. Die besten von ihnen expandieren überregional, so dass immer mehr Patienten einen leichteren Zugang zur bestmöglichen Behandlung erhalten.

In einem nutzenorientierten System konkurrieren die Krankenversicherer eher darum, ihren Versicherungsnehmern überlegene Gesundheitsergebnisse im Verhältnis zu den Beiträgen zu verschaffen, als darum, die Beiträge zu minimieren. Mit anderen Worten: Sie konzentrieren sich schwerpunktmäßig darauf, Gesundheit aktiv zu managen, anstatt administrative Leistungen zu erbringen und Erstattungsanträge zu bearbeiten. Sie unterstützen ihre Mitglieder, indem sie die Krankenakten zusammenführen, Informationen über Leistungserbringer und Behandlungsverfahren bereitstellen, ihre Mitglieder zu den besten Leistungserbringern lenken, für eine koordinierte Behandlung zwischen den Leistungserbringern sorgen sowie die Behandlungsergebnisse über die gesamte Behandlungskette ermitteln. Die Versicherer bauen Vertrauensbeziehungen zu herausragenden Leistungserbringern auf und belohnen gute Leistung über Pauschalvergütungen für die gesamte Behandlungskette eines jeden Krankheitsbildes. Ein universal gültiger Vergütungskatalog sowie Kollektivverträge erlauben den Patienten die freie Wahl der Leistungserbringer. Indes werden neue Versorgungsmodelle und selektives Kontrahieren benutzt, um neuartige Behandlungsmodelle mit hoher Nutzenstiftung für die Versicherungsnehmer zu pilotieren.

In einem nutzenorientierten System werden die Patienten eine deutlich aktivere Rolle für die eigene Gesundheitsversorgung spielen: Die Versicherer sind für sie Partner bei der Erhaltung der eigenen Gesundheit. Sie sind es, die exzellente Leistungserbringer auswählen – aufgrund der erzielten Ergebnisse bei der Behandlung ihres jeweiligen Krankheitsbildes, anstatt aufgrund von Bequemlichkeit oder Gewohnheit. Analog dazu wählen sie ihren Versicherer auf der Basis von Ergebnisqualität und Nutzenstiftung, anstatt auf der Basis kurzfristiger Kostenersparnisse.

In einem nutzenorientierten System gehört es zum Rollenverständnis des Staates, dass er die Kosten des Gesundheitswesens nur durch dessen konsequente Ausrichtung auf Qualitätsverbesserungen nachhaltig kontrollieren kann. Ergebnis- und Kostenmessung werden verpflichtend vorgeschrieben und von einem unabhängigen Expertengremium überwacht.

Zentrales Anliegen der Gesundheitspolitik sollte es sein, ein Gesundheitssystem mit einem positiven, auf den Patientennutzen ausgerichteten Wettbewerb zu schaffen. Auf die richtige Art ausgetragen wird der Wettbewerb die Restrukturierung der Leistungserbringer vorantreiben und die Fragmentierung von Gesundheitsversorgung und -versicherung reduzieren.

Eine Strategie zur Umgestaltung des deutschen Systems umfasst eine Reihe von mehreren Schritten. Diese Schritte sind realistisch und durchführbar; vieles davon kann bereits im Rahmen der bestehenden Gesetzgebung umgesetzt werden. Einige innovative Organisationen haben auf dem Weg zu dem neuen Modell schon eine Vorreiterrolle übernommen und dabei erstaunliche Ergebnisse erzielt. In dem Maß, in dem solche Experimente zur Regel werden, wird sich das deutsche System im Sinne aller neu ordnen.

1. Behandlungsergebnisse messen und veröffentlichen – für jeden Leistungserbringer, jedes Krankheitsbild und jeden Patienten

Die Behandlungsergebnisse zu messen ist der wichtigste Einzelschritt beim Wandel zu einem nutzenorientierten Gesundheitssystem. Nur wenn die Qualität der Behandlungsergebnisse bekannt ist, können Leistungserbringer sich verbessern, können Krankenversicherer und Patienten hervorragende Leistungserbringer auswählen und ausgezeichnete Leistungserbringer expandieren.

Auf nationaler Ebene hat es in Deutschland inzwischen eine Reihe ermutigender Ansätze zur Messung der Ergebnisqualität gegeben, namentlich das Programm des BQS/AQUA-Instituts, das in Kapitel 9 vorgestellt wurde. Ebenso sind regionale Initiativen von Ärztevereinigungen und einigen Leistungserbringern entstanden, die eine Vorreiterrolle übernommen haben. Bisher gibt es jedoch noch große Unterschiede zwischen den verschiedenen Organisationen, was die Bandbreite der Messungen, aber auch die Partizipation der Leistungserbringer sowie die Transparenz der Ergebnisse anbelangt. So sehr Innovationen auch gefördert und weitergeführt werden sollten, so sehr muss Deutschland doch eine hinreichend standardisierte Strategie verfolgen, um umfassende und vergleichbare Messungen über alle Krankheitsbilder und Leistungserbringer zu erhalten und veröffentlichen zu können.

Der Entwicklungs- und Standardisierungsprozess für die Messung von Behandlungsergebnissen sollte von einem nationalen Gremium beaufsichtigt werden. Dieses sollte unabhängig sein und die besten Leute aus allen Bereichen des Systems einbeziehen. Ein bundesweit tätiger *„Rat für Ergebnismessung"* könnte sich stützen auf bereits etablierte Unterausschüsse des Gemeinsamen Bundesausschusses, der Bundesärztekammer, der BQS/AQUA, das Instituts für Qualität und Wirtschaftlichkeit im Gesundheitswesen (IQWiG) sowie andere Experten. Der „Rat für Ergebnismessung" sollte gemeinnützig und von allen Akteuren unabhängig sein. Modell dafür könnte das amerikanische *Institute of Medicine* (IOM) sein. Vorbildlich ist auch *Sveriges Kommuner och Landsting* (SKL), die „Schwedische Vereinigung lokaler Behörden und Regionen". An ihr lässt sich beispielhaft zeigen, welche Koordinationsaufgaben der Rat übernehmen könnte. In Schweden werden routinemäßig Daten zur Ergebnisqualität aus einer Vielzahl von epidemiologischen Registern und Qualitätsregistern erhoben. Die SKL ist heute die übergeordnete Aufsichtsbehörde für diese Register; unter ihrem Dach werden die vormals fragmentierten Messinitiativen zusammengeführt.[333] In Großbritannien hat *„Dr. Foster"*, eine Public-private-Partnership zwischen dem Gesundheitsministerium und einem kommerziellen Dienstleister, die Vorreiterrolle bei der Erfassung der Ergebnisqualität übernommen, auch wenn es dort noch erhebliche Verbesserungspotenziale gibt.[334]

Im Mittelpunkt muss die Messung der *Ergebnisqualität* stehen, nicht die Prozess- oder Strukturqualität. Der Patientennutzen bemisst sich nach den Behandlungsergebnissen. Die Leistungserbringer selbst sollten ihre Prozesse überwachen, doch sollte dies nicht der Fokus gesetzlich vorgeschriebener und öffentlich publizierter Qualitätsdaten sein.

Was die Entwicklung von Messverfahren anbelangt, so gelten die folgenden allgemeinen Empfehlungen:

- Behandlungsergebnisse sollten für *jedes Krankheitsbild* sowie für *jede definierte Patientengruppe* in der Primärversorgung und Prävention erhoben werden.

- Für jedes Krankheitsbild sollte eine *Vielzahl von Behandlungsergebnissen* erhoben werden: Wie auch bei anderen komplexen Dienstleistungen gibt es je Krankheitsbild mehr als nur einen Ergebnisindikator, der für den Patientennutzen relevant ist. Die Vielschichtigkeit der Ergebnisqualität, wie sie in Kapitel 3 beschrieben wurde, hilft dabei, unterschiedliche Indikatoren zu entwickeln, mit denen sich schließlich die Behandlungsqualität in ihrer Gesamtheit erfassen lässt. Die Patienten werden dabei unterschiedlichen Ergebnisindikatoren unterschiedliche Bedeutung beimessen.

- Die Messverfahren sollten so entwickelt werden, dass sie jeweils die *gesamte Behandlungskette umfassen*: Die Behandlungsergebnisse müssen über den gesamten Behandlungsprozess gemessen werden, nicht nur für vereinzelte Eingriffe oder Maßnahmen. Denn die Behandlungsergebnisse sind das Resultat der gesamten Behandlungskette von stationären, ambulanten und rehabilitativen Leistungen. Für die transsektorale Messung der Ergebnisqualität fällt den Krankenversicherern eine entscheidende Rolle zu, denn die einzelnen Leistungserbringer verlieren ihre Patienten oft im Laufe der Nachversorgung aus dem Blick.

- Die Messungen sollten *risikoadjustiert* erfolgen. Um eine Vergleichbarkeit über Patienten, über Zeiträume und über Einrichtungen hinweg sicherzustellen, müssen die Ergebnisindikatoren risikoadjustiert sein. Werden Risikofaktoren nicht angemessen berücksichtigt, so untergräbt dies die Glaubwürdigkeit von Ergebnismessungen innerhalb der Ärzteschaft. Mit der Zeit werden sicherlich immer ausgereiftere Adjustierungsmethoden entwickelt werden, wie wir es schon in anderen Ländern gesehen haben. Dass Risikoadjustierung machbar ist, wurde bereits schlüssig nachgewiesen. Dies gilt sogar für komplexe Krankheitsbilder wie Organtransplantationen oder kardiovaskuläre Krankheitsbilder.

In Deutschland halten derzeit noch viele Ärzte und andere medizinische Fachkräfte die Messung der Ergebnisqualität von Behandlungsleistungen für ein unerreichbares Ziel. Aus ihrer Sicht sind die Patienten einfach zu unterschiedlich, die Methoden der Risikoadjustierung zu mängelbehaftet, die Datenerhebungen zu kostspielig oder die Fallzahlen der einzelnen Leistungserbringer zu niedrig, um die Ergebnisqualität statistisch valide messen zu können. So bedeutsam diese Bedenken im Einzelnen auch sein mögen, so gibt es doch zahlreiche Beispiele, die zeigen, wie all diese Bedenken erfolgreich ausgeräumt werden können. Mehr noch: In dem Maß, in dem immer mehr Leistungserbringer anfangen, die Ergebnisqualität zu messen, wird sich auch die Wissenschaft der Ergebnismessung rapide verbessern.

In Deutschland gibt es inzwischen eine Reihe erfolgreicher Ansätze zur Ergebnismessung. Man kann sie adaptieren, noch umfassender gestalten – und in einem letzten Schritt verpflichtend vorschreiben.

- *BQS/AQUA*: Beim Ansatz von BQS/AQUA sollte der Schwerpunkt verlagert werden von Prozessmessungen auf die Messung der Behandlungsergebnisse. Die Risikoadjustierung sollte auf mehr Parameter ausgeweitet werden. Eine vollständige Dokumentation sollte obligatorisch werden.

- *Helios/Initiative Qualitätsmedizin (IQM):* Helios und die IQM-Initiative haben gezeigt, dass routinemäßig erhobene Abrechnungsdaten ein wirkungsvolles Instrument sein können, um die Behandlungsleistungen zu verbessern. Die Daten sind leicht verfügbar und werden ohnehin zu Abrechnungszwecken gesammelt – damit lassen sich die kurzfristigen Erhebungskosten minimieren und Risiken einer nicht repräsentativen Auswahl ausschließen. Die wichtigste Herausforderung besteht darin, weitere Kennzahlen zu entwickeln, die über die risikoadjustierte Mortalitätsrate hinausgehen.

- *Qualitätssicherung der stationären Versorgung mit Routinedaten (QSR):* Die von der AOK und Helios entwickelten QSR-Messungen demonstrieren eindrucksvoll, wie sich Ergebnismessungen über die gesamte Behandlungskette sowie über ausgedehnte Zeiträume vornehmen lassen. Derzeit beschränken sich die QSR-Messungen jedoch auf lediglich sechs Krankheitsbilder (siehe Kapitel 9). Diese Anzahl sollte schnell auf so viele Krankheitsbilder wie möglich ausgeweitet werden. Auch sollte es für Krankenversicherer zur Pflicht werden, vorliegende Messungen allen Krankenhäusern und niedergelassenen Überweisungsärzten zugänglich zu machen. Damit sich zudem die statistische Signifikanz der Ergebnisse erhöht, sollten *alle* Versicherer dazu verpflichtet werden, ihre Daten zum Vergleich bereitzustellen. Mit den Abrechnungsdaten der Krankenhäuser, der niedergelassenen Ärzte und der Apotheken verfügen die Versicherer über eine potenziell riesige Datenquelle, und zwar über alle Versicherten. Bisher ist sie noch kaum erschlossen. Mehr als jeder andere Akteur haben es gerade die Krankenkassen in der Hand, die nötige Transparenz über die Behandlungskette von ambulanten und stationären Leistungserbringern zu schaffen. Werden die Abrechnungsdaten für die medizinischen Vorfälle der Patienten zusammengeführt, so dürfte dies ein wirksames Instrumentarium sein, um Kennzahlen für die Ergebnisqualität über den gesamten Behandlungsprozess zu entwickeln. Durch die Messung der Ergebnisqualität über die gesamte Behandlungskette werden die Krankenkassen imstande sein, echten Mehrwert zu stiften, während sie zugleich die Integration fördern.

- *Krankheitsregister*: In Deutschland haben Krankheitsregister keine ähnlich herausragende Bedeutung wie in anderen Ländern. Während sich deutsche Register bisher primär auf die Erfassung von epidemiologischen Daten konzentriert haben, so sollte der Fokus künftig auf Daten zur Ergebnisqualität liegen. In einigen Fällen liegen die Daten bereits vor; bisher wurden sie jedoch nicht für die Forschung oder die öffentliche Berichterstattung zugänglich gemacht.

- *Andere Datensätze:* Für Leistungserbringer und akkreditierte Nutzer sollten außerdem noch weitere wertvolle Datensätze verfügbar gemacht werden. Beispiele dafür sind die Datensätze zur stationären Versorgung, wie sie jährlich vom Statistischen Bundesamt (DESTATIS) erhoben werden, aber auch vom Institut für das Entgeltsystem im Krankenhaus (InEK), das die DRG-Vergütungssätze berechnet. Eine weitere wertvolle Quelle ist die Bundesversicherungsanstalt (BVA) mit ihren Datensammlungen zum morbi-RSA sowie zu einzelnen Krankheitsregistern. Bei Einhaltung angemessener Datenschutzregelungen sollten diese Sammlungen für akkreditierte Leistungserbringer ebenso wie für Krankenkassen zugänglich sein.

Die Messung der Ergebnisqualität muss Teil des Prozesses werden, wie wir Behandlungsleistungen erbringen und verbessern; sie darf nicht als Bedrohung gesehen werde. In Deutschland ist es dazu nötig, eine Kultur der Versorgungsverbesserung zu etablieren. Was könnte für Ärzte und andere Akteure im Gesundheitswesen lohnender sein, als für die Patienten eine hervorragende Versorgung zu schaffen? Hauptsächlich deswegen haben sich viele Ärzte für die Medizin entschieden. Die Ergebnismessung wird die Gelegenheit dazu in einer Weise eröffnen, wie es sie in früheren Zeiten nicht gab, als Gewohnheiten und Überzeugungen anstelle von Ergebnissen die Behandlung der Patienten prägten.

In dem Maß, in dem die Erfahrung mit der Erfassung und Auswertung von Ergebnisdaten anwächst, sollten die Ergebnisse auch breiter publiziert werden. In frühen Phasen ist die öffentliche Berichterstattung gegenüber der Berichterstattung für die Leistungserbringer nachrangig. Letztendlich sollten jedoch in einem nutzenorientierten System die Ergebnisse des einen Leistungserbringers auch den anderen Leistungserbringern bekannt sein, ebenso den Krankenkassen und den Patienten. Diese Verbreitung der Ergebnisse dürfte den Verbesserungsprozess beschleunigen und zugleich automatisch dazu beitragen, dass die Patienten sich an weniger, aber bessere Leistungserbringer wenden. Insgesamt würde sich die Qualität der Versorgung rapide verbessern.

Die wachsende Transparenz bei den Behandlungsergebnissen wird sich auf die Behandlungsentscheidungen der Patienten auswirken und es so den wirklich herausragenden Anbietern ermöglichen, sich aufgrund ihrer Behandlungsergebnisse von den Wettbewerbern abzugrenzen. Die Ergebnistransparenz wird ihren größten Einfluss indes nicht auf die Patienten, sondern auf die Leistungserbringer selbst haben. Die Veröffentlichung der Qualitätsdaten wird unter allen Anbietern zu verstärkten Anstrengungen führen, die Behandlung zu reorganisieren und zu verbessern. Wie Daten aus anderen Wirtschaftsbereichen verdeutlichen, zeigen sich bis zu 80% der Marktteilnehmer beeindruckt von Ergebnismessungen – was sie dazu bewegt, ihre Prozesse und Verhaltensweisen anzupassen.[335] Kein Leistungserbringer oder Arzt findet sich gerne ganz unten in den Rankings. Entweder werden sich schlechte Leistungserbringer verbessern oder die angebotene Behandlungsleistung einstellen. Auf die eine wie auch auf die andere Weise wird sich der Patientennutzen erhöhen.

Bis Ergebnismessungen umfassend verfügbar sind, sollte die Meldung der Fallzahlen je Krankheitsbild gesetzlich vorgeschrieben sein. Relevant sind die Daten zum Patientenaufkommen auf der Ebene der Krankheitsbilder, nicht aber das Gesamtaufkommen je

Anbieter oder die Fallzahlen in nicht miteinander zusammenhängenden medizinischen Bereichen. Die Lernprozesse auf der Ebene des jeweiligen Krankheitsbildes sind ein Indikator für den Kenntnisstand des Anbieters und zugleich Treiber für die Verbesserung der Ergebnisqualität.

Der Erfahrungsaufbau sollte für jedes Krankheitsbild von den Leistungserbringern dokumentiert und durch Abrechnungsdaten belegt werden. Die Krankenhäuser unterliegen bereits der Anforderung, ihre häufigsten ICD-10- und OPS-Eingriffsschlüssel alle zwei Jahre in den §137-Qualitätsberichten dokumentieren. Diese Regelung sollte ausgeweitet werden auf alle DRGs, für jede Abteilung und jedes Jahr. Auch wenn DRGs nicht immer einem einzelnen Krankheitsbild entsprechen, so sind sie doch aussagekräftiger als die zurzeit berichteten ICD-10- und OPS-Schlüssel. Ebenso sollten Leistungserbringer im ambulanten und im Rehabilitationsbereich verpflichtet werden, vergleichbare Daten zum Erfahrungsaufbau zu erheben. Mit der Zeit sollte man zudem eine standardisierte Liste der Krankheitsbilder entwickeln, die sowohl zum Erfahrungsnachweis wie auch zur Messung der Ergebnisqualität genutzt werden kann.

2. Die Kosten messen, wie sie anfallen – auf der Ebene der Krankheitsbilder über die gesamte Behandlungskette

Ein Verständnis der Kosten ist wesentlich, wenn man den Behandlungsnutzen verbessern will. Denn Nutzen wird geschaffen durch die erzielten Behandlungsergebnisse relativ zu den anfallenden Kosten, nicht durch die Behandlungsergebnisse allein. Bei aller Kostenobsession ist das Gesundheitswesen erschreckend beschränkt, was das Verständnis von Kosten anbelangt. Staat und Krankenversicherer haben sich konzentriert auf die individuellen Kosten von Pharmazeutika, Krankenhaus- oder Praxisbesuchen sowie anderen medizinischen Dienstleistungen. Dabei stand allzu sehr die Senkung der Einzelleistungskosten im Vordergrund: Inzwischen gehört Deutschland im OECD-Vergleich zu den Ländern mit dem niedrigsten Vergütungsniveau. Gleichwohl hat Deutschland immer noch eines der teuersten Gesundheitssysteme. Warum? Weil

Deutschland es, wie viele andere Länder auch, nicht geschafft hat, zu verstehen, dass Kosten ebenso wie die Qualität der Behandlungsergebnisse über die gesamte Behandlungskette entstehen. Was die Kosten wirklich treibt, ist bei jedem Krankheitsbild die komplette Leistungserbringung über die gesamte Behandlungskette der ambulanten und stationären Einrichtungen. Die Kosten der Behandlungskette zu senken, ist nicht das Gleiche, wie die Stückpreise für die Einzelleistungen zu senken.

Dass die Kosten im Gesundheitswesen nicht richtig verstanden werden, liegt auch an der Art der Kostenrechnungssysteme. Ein großer Teil der Kosten fällt für gemeinsame Ressourcen oder als Gemeinkosten an. Im Gesundheitswesen werden diese häufig nach anteiligem Umsatz oder Patientenvolumen alloziert, nicht nach dem tatsächlichen Ressourceneinsatz. Zudem sind die Leistungserbringer nur selten in der Lage, ihre Kosten einzelnen Patienten zuzuordnen. Vielmehr verwenden sie für die Kostenallokation Durchschnittswerte, die häufig zu ungenau sind.

Um die Kosten der Gesundheitsversorgung nachhaltig zu senken, müssen wir die Kostentreiber für jedes Krankheitsbild über die gesamte Behandlungskette verstehen und dürfen uns dabei nicht auf die Analyse von Einzelleistungen beschränken. Um dies zu erreichen ist, wie in Kapitel 3 erläutert, ein *Time-Driven Activity-Based Costing* (TDABC) nötig. TDABC ermöglicht ein genaues Verständnis der Kosten für jede Einzelleistung sowie für jede bei der Behandlung eingesetzte Ressource. Mit Hilfe von TDABC ist es möglich, die Gesundheitskosten unter Berücksichtigung der hohen Fixkosten sowie der variablen Kosten der Leistungserbringung zu verstehen. Ein besseres Verständnis der Kosten fördert eine fairere Preissetzung und hilft dabei, das „Rosinenpicken" auf Seiten der Leistungserbringer abzumildern.

Parallel zu der Entwicklung genauer Kostendaten sollten die Informationen zu den Vergütungen über die komplette Behandlungskette systematisch erfasst werden – sowohl auf Seiten der Krankenversicherer als auch auf Seiten der Leistungserbringer. Die Versicherer können dazu die verfügbaren Abrechnungsdaten für stationäre Leistungen (DRGs), ambulante Behandlungen (KV-Daten und EUR EBM) sowie Arzneimittel (Verschreibungsdaten) nutzen. Die Leistungserbringer sollten ebenfalls Zugang zu diesen Daten erhalten. Um einheitliche Standards für die Kostenrechnung zu entwickeln, sollte ebenfalls ein nationaler Rat eingerichtet werden. Er sollte auch den Übergang von heutigen *charge-based accounting* zu den genaueren Methoden des *activity-based costing* ermöglichen.

Letztendlich ist es Aufgabe der Leistungserbringer, intern genaue Kostendaten zu ermitteln. Die Anwendung von TDABC wird ihnen dabei helfen, zu verstehen, welche Kosten tatsächlich bei der Gesundheitsversorgung anfallen. Dann werden sie begreifen, dass nicht jeder Behandlungsfall rentabel ist – was zu einem Schrumpfen des angebotenen Leistungsspektrums und zu größerer Effizienz bei den beibehaltenen Behandlungsleistungen führen wird.

Behandlungsergebnisse und Kosten einander gegenüberzustellen ist die Basis für das Verständnis sowie die anschließende Steigerung des Nutzens. Die stärkere Spezialisierung und höhere Transparenz bei der Ergebnisqualität und den Gesamtkosten wird auf Seiten der Leistungserbringer zu einer wirklichen Neuordnung der Gesundheitsversorgung führen.

3. Die Versorgung IPU-zentriert organisieren – mit der Spezialisierung auf bestimmte Krankheitsbilder und Patientenpopulationen

Treibende Kraft der Nutzenstiftung im Gesundheitswesen ist letztlich die Struktur der Gesundheitsversorgung selbst, einschließlich der Primär- und Präventivversorgung. Im gegenwärtigen System konterkariert die Struktur den Nutzen für die Patienten, wie wir bereits dargestellt haben. Die Folge sind nicht nur zu schlechte Behandlungsergebnisse, sondern auch höhere Kosten und Patienten, die mit der Behandlung wenig zufrieden sind.

Ein Versorgungssystem mit hoher Nutzenstiftung sollte im Blick auf das individuelle Krankheitsbild des Patienten organisiert sein, wie z.B. Herzinsuffizienz, Diabetes oder Rückenschmerzen. Wir bezeichnen interdisziplinäre Teams, die auf die Versorgung bestimmter

Krankheitsbilder ausgerichtet sind, als integrierte Behandlungseinheiten (IPUs – Integrated Practice Units); auf sie sind wir in Kapitel 3 näher eingegangen. Die IPU ist die organisatorische Basiseinheit, um die Gesundheitsversorgung auf den Patientennutzen auszurichten.

Schlüsselmerkmale einer integrierten Behandlungseinheit (IPU)

- Ist im Blick auf ein Krankheitsbild oder eng miteinander zusammenhängende Krankheitsbilder organisiert

- Umfasst ein engagiertes multidisziplinäres Team, das einen erheblichen Teil seiner Zeit dem Krankheitsbild widmet

- Beteiligte Leistungserbringer sind Teil einer gemeinsamen Organisationseinheit oder Partner der Organisationseinheit

- Bietet Versorgung für das Krankheitsbild über die gesamte Behandlungskette an; dazu gehören ambulante, stationäre und rehabilitative Versorgung sowie unterstützende Leistungen wie z.B. der Einsatz von Sozialarbeitern

- Schließt Edukation der Patienten, aktive Beteiligung der Patienten sowie Folgeuntersuchungen mit ein

- Verwendet einheitliche Verwaltungs- und Ablaufplanungsstrukturen

- Ist in dedizierten Einrichtungen untergebracht

- Wird von einem Arzt als Teamleiter und einem Care-Manager geleitet, die den Behandlungsprozess jedes Patienten überwachen

- Trifft sich regelmäßig formell und informell

- Misst Ergebnisse, Kosten und Prozesse für jeden Patienten unter Verwendung einer gemeinsamen Informationsplattform

- Trägt gemeinsame Verantwortung für Ergebnisse und Kosten

Abb. 26. Schlüsselmerkmale einer Integrierten Behandlungseinheit[336]

IPUs umfassen alle qualifizierten medizinischen sowie nichtmedizinischen Mitarbeiter, die erforderlich sind, um ein bestimmtes Krankheitsbild zu behandeln – mit allen bekannten Begleiterkrankungen und Komplikationen (siehe Abbildung 26). So würden zu einer Diabetes-IPU etwa Diabetologen, Kardiologen, Endokrinologen, Physiotherapeuten und Ernährungsberater gehören. Die Bezahlung für die Ärzte sollte sich daran bemessen, ob die IPU gute Behandlungsergebnisse erreicht hat, nicht an der Menge der erbrachten Behandlungsleistungen oder an den Fallzahlen in der jeweiligen Subdisziplin. Die Ausbildung der Ärzte und Pflegekräfte muss überdies erweitert werden, damit sie als Team in einer IPU zusammenarbeiten können und nicht nur als Spezialisten auf einem kleinen Gebiet.

Das Gesundheitswesen in integrierten Versorgungsstrukturen neu zu organisieren wird nicht über Nacht möglich sein. Die Leistungserbringer sollten damit beginnen, jene Krankheitsbilder zu identifizieren, für die sie nennenswerte Fallzahlen, Erfahrungen und Expertise vorweisen können (siehe Empfehlung 6). Höhere Patientenzahlen in ihren Kompetenzschwerpunkten werden es den Leistungserbringern ermöglichen, engagierte Ärzte und andere Fachkräfte einzusetzen sowie dedizierte Einrichtungen zu schaffen, um den Behandlungsprozess effektiver und effizienter zu gestalten – und zwar gleichermaßen für Patienten und Personal.

Im *stationären* Bereich kann ein formal geregeltes, abteilungsübergreifendes Zusammenarbeiten der Vorläufer für IPUs sein. Zum Beispiel ist die Zusammenführung von Gefäßchirurgie und Angiologie in einem Gefäßzentrum ein Schritt in Richtung IPU, ebenso die Kombination von Gastroenterologie und allgemeiner Chirurgie in einem Bauchzentrum. In den integrierten Einheiten sollte es für die Patienten nur eine einzige Krankenakte geben, ihre Behandlung sollte im Rahmen gemeinsam festgelegter Abläufe erfolgen und Visiten sollten im interdisziplinären Kreis durchgeführt werden. Ebenso sollte ein einheitliches Set von Ergebnismessungen, das alle Fachgebiete umspannt, entwickelt, verfolgt und regelmäßig diskutiert werden. Mehr und mehr derartiger Zentren sind inzwischen an deutschen Krankenhäusern entstanden; allerdings haben nur wenige von ihnen bisher tatsächlich eine integrierte Versorgung.

Im *ambulanten* Bereich besteht ebenfalls ein dringender Bedarf an einer Integration der Versorgung über Fachdisziplinen und Behandlungsleistungen hinweg und an einer Ausrichtung auf das Krankheitsbild des Patienten. Dazu sollte man in Deutschland die Gemeinschaftspraxen weiter ausbauen, in denen die Leistungserbringer Fachkompetenz auf spezifischen Gebieten der Medizin entwickeln und fachbereichsübergreifende Teams zusammenstellen können.

Das Modell der integrierten Behandlungseinheit setzt keine Spezialkrankenhäuser oder den Übergang zu nur noch einer angebotenen Behandlungsleistung voraus. Die meisten Leistungserbringer werden über *mehrere IPUs* verfügen, die auf bestimmte Gruppen von Krankheitsbildern spezialisiert sind. Damit wird es auch weiterhin Leistungserbringer mit einem breiten Leistungsspektrum geben, lediglich mit anders strukturierten Organisationseinheiten. Allerdings impliziert das IPU-Modell, dass sich die Leistungserbringer auf Bereiche konzentrieren, auf denen sie genügend Volumen und Erfahrung aufbauen können, um die IPU-Struktur zu unterstützen.

Das IPU-Modell lässt sich auf die Mehrzahl der Krankheitsbilder anwenden. Für besonders verbreitete Krankheitsbilder wird es eine Vielzahl konkurrierender IPUs in jeder Region geben. Für seltenere Krankheitsbilder wird es eine kleinere Anzahl an IPU-Zentren geben, die an lokale Leistungserbringer angegliedert sind, die die Versorgung übernehmen. In der Medizin wird es immer die Notwendigkeit geben, Sonderfälle zu behandeln. Gleichwohl muss das System zunehmend so organisiert werden, dass nahezu jedem Patienten mit einem bestimmten Krankheitsbild diejenige Behandlung geboten wird, die er braucht, anstatt wie bisher jeden Behandlungsfall wie ein Unikat zu behandeln.

Im IPU-Modell wird es nötig sein, die Versorgung für Patienten mit mehreren, nicht zusammenhängenden Krankheiten zu koordinieren (häufige Begleiterkrankungen werden dagegen Teil der IPU-Struktur

Gesamtbewertung und Empfehlungen 295

selbst sein). Patienten mit Herzinsuffizienz und Hüftgelenksarthrose werden beispielsweise von zwei IPUs versorgt werden. Hier bedarf es eines zusätzlichen Koordinationsmechanismus, auch wenn die Versorgung solcher Patienten in einer IPU-Struktur viel leichter zu koordinieren sein wird als in der gegenwärtigen fragmentierten Versorgungsstruktur.

Der beschleunigte Übergang von der heutigen fragmentierten Versorgung zu einer integrierten Versorgung ist nur möglich, wenn Gesetzgeber, Krankenkassen und Patienten ihre Rolle dabei übernehmen. Der Gesetzgeber muss ein Vergütungssystem entwickeln, das auf einer integrierten Versorgung für definierte Krankheitsbilder basiert – und zwar übergreifend für die stationäre, ambulante und rehabilitative Versorgung (siehe Empfehlung 8 für Details). Die Krankenkassen können die Restrukturierung der Versorgung vorantreiben, indem sie die Gründung von IPUs aktiv fördern, ihren Mitgliedern IPUs empfehlen und selbst IPU-Pilotprojekte mit Selektivverträgen ausstatten. Ebenso wird die Ergebnis- und Kostenmessung nach Krankheitsbildern, wenn sie die gesamte Behandlungskette umfasst, die Restrukturierung der Gesundheitsversorgung vorantreiben – und zwar in dem Maß, in dem IPUs beweisen, dass sie bessere Behandlungsergebnisse effizienter liefern.

4. Die Trennlinien beseitigen – zwischen stationärer, ambulanter und rehabilitativer Versorgung

Um eine echte Integration über den gesamten Behandlungszyklus zu erreichen, muss in Deutschland die Kluft zwischen stationärer und ambulanter Versorgung überbrückt werden. Ambulante Leistungserbringer sollten Allianzen mit stationären IPUs eingehen. Wenn möglich sollten ambulante und stationäre Teams sich den gleichen Standort teilen mit gemeinsamer Infrastruktur und gemeinsamer Personalausstattung. Dies mag utopisch klingen, doch gibt es zahlreiche Beispiele in Deutschland und anderswo, die die Leistungsfähigkeit integrierter Versorgungsstrukturen illustrieren, wenn es darum geht, eine überlegene Ergebnisqualität und Nutzenstiftung zu erreichen. Ein exzellentes Beispiel in Deutschland ist das Westdeutsche Kopfschmerzzentrum in Essen, wie es in Kapitel 6 vorgestellt wurde. Das Zentrum ist auf die ambulante Versorgung ausgerichtet; die Kopfschmerzpatienten erhalten dazu in dedizierten Einrichtungen eine spezielle Behandlung. Das Behandlungsteam besteht aus Neurologen, Psychologen und Physiotherapeuten; sie kooperieren mit einem Netzwerk niedergelassener Neurologen sowie einer angeschlossenen stationären Einheit. Dieser interdisziplinäre Ansatz hat beeindruckende Ergebnisse geliefert: Der Anteil der Patienten mit sechs oder mehr Krankheitstagen ging von 58% nach sechs Monaten auf 11% zurück, gleichzeitig stieg die Patientenzufriedenheit von 45% auf fast 90%.[337] Auch Brustzentren weisen gute Ergebnisse auf: Bei der Behandlung von Brustkrebs durch interdisziplinäre Teams reduzierte sich die Mortalitätsrate um bis zu 18%.[338,339]

IPUs können anfangs entweder im stationären oder im ambulanten Bereich angesiedelt werden, doch mit der Zeit sollte die künstliche Trennung zwischen stationärer und ambulanter Versorgung aufgehoben werden. Sie ist in Deutschland historisch gewachsen, aber mittlerweile obsolet: Der Patientennutzen wird über die gesamte Behandlungskette generiert – nicht durch Einzelleistungen und auch nicht durch einzelne Bereiche.

Geht man zu einer IPU-Struktur über, so müssen die verschiedenen Anbieter, die an der Behandlungskette beteiligt sind, keineswegs jeweils den gleichen Eigentümer haben. Vielmehr können sie via formeller oder informeller Partnerschaften und Allianzen zusammenarbeiten. Wichtiger sind: ein angemessener Informationsfluss, die Entwicklung abgestimmter Behandlungsstandards, eine Ergebnismessung, die die gesamte Behandlungskette umfasst, sowie Anreize, die sich an den Patienteninteressen orientieren. Ein Beispiel für solch eine „virtuelle" Integration ist die Versorgung eines Patienten mit Hüftgelenksarthrose. Daran sind beteiligt: ein niedergelassener Haus- bzw. Facharzt, eine stationäre Einheit mit chirurgisch tätigem Orthopäden und weiterem Personal sowie eine Rehabilitationsklinik, die auf orthopädische Fälle spezialisiert ist. Modellbeispiele wie dieses gibt bereits es in Deutschland und im Ausland, auch wenn die Behandlung selbst noch mehrheitlich fragmentiert und oftmals ineffizient ist. Mit der Zeit kann dann die gemeinsame Eigentümerschaft eine höhere IPU-Integration ermöglichen sowie unterstützende Anreize dafür schaffen.

Die immer noch vorherrschende Separierung zwischen den Sektoren gehört in Deutschland zu den größten Hindernissen für eine Gesundheitsversorgung mit hoher Nutzenstiftung. Ziel sollte es daher sein, schrittweise die Trennlinien zwischen ambulanter Versorgung, Krankenhäusern und Rehabilitationseinrichtungen zu eliminieren. Dabei sollte sich der Ort der Versorgung generell in den ambulanten Bereich verlagern. Die moderne Medizin erlaubt es heute, Behandlungsleistungen zu einem weit überwiegenden Teil ambulant durchzuführen. Die Gesetzgebung bietet bereits heute reichliche Möglichkeiten, diesen Verlagerungsprozess und die Integration der Versorgung voranzutreiben.

5. Primär- und Präventivversorgung verstärkt integrieren, und zwar nach Patientenpopulationen

Die Primärversorgung ist die Grundlage jedes nutzenorientierten Gesundheitssystems: Prävention, Vorsorgeuntersuchungen, frühe Eingriffe und Maßnahmen zur Erhaltung der Gesundheit reduzieren Erkrankungen und helfen kostenintensive Langzeitkomplikationen zu vermeiden. Wenn sie mit anderen sozialen Diensten einvernehmlich zusammenarbeitet, kann die Primärversorgung auch eine Schlüsselrolle bei der Gesundheitsförderung in der Bevölkerung einnehmen. Als erste Anlaufstelle im Gesundheitssystem können Ärzte und Teams der Primärversorgung sich für Strategien zur Gesundheitsvorsorge einsetzen, anstatt sich einfach nur der Patienten anzunehmen, die sie aufsuchen, nachdem sie krank geworden sind. Durch ihre starke Vernetzung mit sozialen Diensten, Pflegediensten sowie anderen Dienstleistern haben sie eine große Bedeutung für das Wohlergehen lokaler Gemeinschaften.[340] Die Anbieter der Primärversorgung sollten ihre Patienten in Zusammenarbeit mit integrierten, spezialisierten Anbietern betreuen, was über die Kommunikation zwischen den Leistungserbringern für die Patienten eine effiziente Nutzung der Präventivversorgung, der Behandlung und der Folgeuntersuchungen sicherstellt.

Obgleich das deutsche Primärversorgungssystem selbst für die entlegensten Landesteile einen universalen Zugang zur Versorgung verwirklicht hat, ist die Primärversorgung in ihrer derzeitigen Struktur nicht ideal. Es gibt 58.000 Hausärzte, von denen bei weitem die meisten in Einzelpraxen arbeiten. Sie versuchen im Umgang mit Patienten „alles für jeden" anzubieten, ohne über die entsprechenden Unterstützungsteams oder Einrichtungen zu verfügen, die für eine herausragende Nutzenstiftung erforderlich wären.

Auch in der Primärversorgung muss ein Übergang zu einer stärker integrierten Versorgung stattfinden. Primärversorgung wird am besten erbracht durch multidisziplinäre Teams aus Hausärzten, Fachinternisten, Pflegepersonal sowie sonstigen medizinischen und nicht-medizinischen Fachkräften. Sie sollten am gleichen Standort tätig sein, sich eine gemeinsame Verwaltung teilen und auch mit den gleichen Krankenakten arbeiten.

Die Primärversorgung sollte auf bestimmte Patientengruppen ausgerichtet werden, die ähnliche Bedürfnisse in der Primärversorgung haben. Das bedeutet, dass die Patienten in der Primärversorgung Ärzte und Teams haben sollten, die auf bestimmte Patientenpopulationen spezialisiert sind, z.B. gesunde Erwachsene, gebrechliche Senioren oder Typ-II-Diabetiker. Auf diese Weise könnten Hausärzten Teamstrukturen aufbauen, Kompetenzbereiche entwickeln sowie formelle und informelle Kooperationen eingehen mit relevanten Zentren zur Überweisung (z.B. spezialisierten IPUs), die dann die Behandlung fortsetzen. In Zusammenarbeit mit spezialisierten IPUs sollte die Primärversorgung imstande sein, eine bedeutende Rolle bei der laufenden Präventivvorsorge zu spielen.

Eine integrierte Primärversorgung wird strukturell zu größeren Arztpraxen führen, jedoch die Anreisezeit für die Patienten kaum nennenswert verlängern. Heute können zwei Drittel aller Deutschen ihren Hausarzt in weniger als zehn Minuten erreichen. IPUs der Primärversorgung werden damit anfangen, an verschiedenen

Orten Zweigniederlassungen, aber auch stärker spezialisierte Praxen (etwa für die Diabetesbehandlung) einzurichten. Mag dies auch utopisch klingen, so haben doch einige innovative Gruppen von Ärzten bereits solche Ansätze verfolgt.[341]

6. Die Versorgung für jedes Krankheitsbild sicherstellen – mit weniger Organisationen, die jedoch größere Regionen abdecken

Offener Wettbewerb auf der Anbieterseite sichert einen uneingeschränkten Zugang zur Versorgung in ganz Deutschland. Allerdings hat die traditionelle Praxis der meisten Leistungserbringer, jedes Krankheitsbild zu behandeln, eine Aufsplitterung des Patientenaufkommens zur Folge, zudem generiert sie doppelte Kosten und Überschusskapazitäten. Diese Situation dauert an, weil die Leistungserbringer die Qualität der Behandlungsergebnisse weder verantworten noch wahrnehmen. Ebenso wenig tun es die Patienten.

Eine Mindestzahl an Patienten sowie Lernprozesse sind nötig, um den Aufbau von Expertise, dedizierte Teams sowie maßgeschneiderte Versorgungseinrichtungen für ein bestimmtes Krankheitsbild und seine gängigen Begleiterscheinungen möglich zu machen. Diese kritische Masse verbessert sowohl die Ergebnisqualität als auch die Effizienz, denn die Leistungserbringer lernen, wie man Komplikationen jeweils schnell erkennt und verhindert, wie man Fehler vermeidet und Einrichtungen effizient nutzt. Sie lernen auch, wie man verbesserte und innovative Verfahren entwickelt, um Patienten oder Patientenuntergruppen zu behandeln.

In einem nutzenorientierten System sollten die Leistungserbringer eigene Exzellenzbereiche entwickeln und mit ihnen expandieren, anstatt zu versuchen jede denkbare Behandlungsleistung anzubieten. Leistungsangebote mit niedrigem Nachfragevolumen bzw. ohne eigenen Erfahrungsvorsprung sollten entweder abgebaut oder substanziell ausgebaut werden. Gegebenenfalls sind auch Kooperationen mit anderen Leistungserbringern denkbar. Konzentriert sich die Entwicklung von Expertise auf ein engeres Spektrum von Leistungen, so ermöglicht dies IPU-Strukturen, den Aufbau dedizierter Sach- und Personalressourcen sowie Investitionen in Ergebnismessung und Prozessverbesserungen. Damit wird ein Erfolgskreislauf geschaffen, der sogar noch mehr Patienten anziehen wird.

Die meisten Leistungserbringer werden weiterhin ein vielfältiges Behandlungsportfolio haben. Dafür sollten sie das notwendige Spektrum an Serviceangeboten vorhalten, um in jedem Bereich eine hervorragende Behandlung zu bieten. Bisher allerdings hat die exzessive Bandbreite der Behandlungsleistungen bei den meisten deutschen Leistungserbringern zu schlechterer Ergebnisqualität und geringerer Effizienz geführt, ohne dass sich als Kompensation irgendwelche Vorteile ergeben hätten.

Leistungsumfänge abzubauen klingt für viele Krankenhausdirektoren und Ärzte unrealistisch, doch erste Beispiele gibt es bereits. Das UKE, ein großes Universitätskrankenhaus in Hamburg, hat aufgehört Hüft-Endoprothetik anzubieten, als es in diesem hart umkämpften Bereich nicht die erforderlichen Fallzahlen erreichen konnte und erkannte, dass es dabei nur Geld verlor.[342] Stattdessen konzentrierte es sich auf qualitativ hochwertige Prostata-Behandlungen. Dafür hat es ein dediziertes Team aufgebaut und die entsprechenden Einrichtungen geschaffen. In der Prostata-Chirurgie haben zwei Qualitätsindikatoren eine Schlüsselbedeutung: die Inkontinenzrate und die Erektionsstörungsrate nach der Operation. Die Patienten sind darüber gut informiert und oft bereit, für hervorragende Behandlungsqualität Leistungserbringer außerhalb ihrer Region zu wählen. Nach eigenen Angaben liegt das Patientenaufkommen des UKE um das Achtfache über der Inzidenzrate der Region, was darauf hindeutet, dass Patienten für eine hochwertige Prostata-Versorgung auch gern von außerhalb kommen.[343]

Helios, einer der führenden privaten Krankenhausbetreiber, ist einem ähnlichen Ansatz gefolgt. Beim Erwerb eines neuen Krankenhauses restrukturiert Helios jeweils die Leistungsumfänge und entwickelt dafür ein klares Portfolio an Behandlungsangeboten. Alle Leistungsbereiche werden nach Patientenaufkommen, Versorgungsqualität und Wettbewerbsposition bewertet. Schlecht abschneidende Leistungsbereiche werden üblicherweise geschlossen. Laut Angaben des Helios-Managements hat die verstärkte Fokussierung zu steigenden Patientenzahlen, besserer Qualität und größerem finanziellem Erfolg geführt.[344]

Anbieter mit stärker fokussiertem Leistungsangebot werden gelegentlich bezichtigt, „Rosinenpicker" zu sein oder sich gezielt auf Krankheitsbilder mit hoher Vergütung oder Patienten mit weniger komplexem Behandlungsbedarf zu kaprizieren. Bei dedizierten Einheiten mit hohen Fallzahlen ist es jedoch wahrscheinlicher, dass sie einfach bessere Behandlungsleistungen erbringen und auf der Ebene der Krankheitsbilder Skalen- und Lernkurvenvorteile erzielen. Zudem erwerben sie die nötige Expertise, um auch komplexere Fälle behandeln zu können. Solche Einrichtungen könnten als Modell dienen für die Restrukturierung der Gesundheitsversorgung in Deutschland. Ein „Rosinenpicken" sollte man dabei durch die Messung der Ergebnisqualität und eine akkurate Leistungsvergütung verhindern, nicht aber, indem man das Wachstum von Organisationen beschränkt, die qualitativ hochwertige Behandlung anbieten.

Leistungsbereiche zu schließen bedeutet nicht, dass die Organisation selbst schrumpft, sondern dass die Ressourcen umverteilt werden auf andere Bereiche, in denen der einzelne Anbieter bessere Leistungen erbringen kann. Die Anbieter können dann ihre Patientenzahlen steigern, und zwar in ihrem jeweiligen Kompetenzbereich über die eigene geografische Region hinaus. Letzteres kann geschehen, indem sie ihre Behandlungsmodelle exportieren oder in Partnerschaften einbringen.

Wenn es weniger Anbieter gibt, die als Generalisten jedes Krankheitsbild behandeln, werden manche Patienten, besonders solche mit komplexen Krankheitsbildern, für bestimmte Leistungen ihre bisherigen Leistungserbringer wechseln müssen. Für elektive Behandlungen werden sie Exzellenzzentren aufsuchen. Hält man sich vor Augen, dass zwei Drittel der Bundesbürger ihren niedergelassenen Arzt in weniger als zehn Minuten erreichen können, so erscheint die derzeitige Struktur als viel zu kleinräumig, um Nutzenstiftung zu fördern. Um eine Studie zu zitieren, die wir bereits früher erwähnt haben: Welche Mutter würde bei einer anstehenden Risikogeburt nicht eine Anreise in Kauf nehmen, wenn sie wüsste, dass die risikobereinigte Mortalitätsrate für ihr Neugeborenes in manchen Zentren nur halb so hoch ist wie in anderen? Die Krankenkassen selbst sollten die Patienten aktiv ermutigen, Exzellenzzentren aufzusuchen. Hilfestellung bei der Anreise des Patienten sowie eines Familienmitglieds zu geben, wäre eine Möglichkeit, dies zu fördern.

Auch von Seiten des Staates sollte die Restrukturierung der Leistungsportfolien gefördert werden. Sei es die Verabschiedung von Mindestfallzahlenregelungen, sei es die Durchsetzung ihrer Einhaltung innerhalb vorgegebener Fristen, sei es die weitere Öffnung des Wettbewerbs zwischen den Leistungserbringern, sei es die Beendigung der öffentlichen Finanzierung nicht rentabler Häuser oder Abteilungen – all dies wird die Leistungserbringer darin unterstützen, ihre Angebote stärker zu fokussieren. Gegenwärtig gibt es bereits Mindestfallzahlenregelungen für sechs medizinische Behandlungsfelder. Diese Regelungen sollten auf weitere Behandlungsfelder ausgeweitet werden, auch auf nicht-chirurgische. Damit auch Neueinsteiger eine Chance erhalten, sollte eine Frist von drei Jahren gesetzt werden, um die jeweiligen Mindestfallzahlen zu erreichen. Für Anbieterteams, die hervorragende Behandlungsergebnisse nachweisen können, kann sie gegebenenfalls verlängert werden. Bisher hatten die Mindestfallzahlen nur eine begrenzte Wirkung, da sie zu niedrig waren und nicht streng genug durchgesetzt wurden. Zudem gelten sie jeweils für Institutionen anstatt für Teams von Leistungserbringern.

Damit sich die Restrukturierung der Gesundheitsversorgung beschleunigt, sollten die Quotenvorgaben für Versorgungsleistungen in den regionalen Krankenhausplänen wie auch in der ambulanten Versorgung gelockert werden. Ebenso sollten die praktische Erfahrung des Anbieters und seine Ergebnisqualität für Krankenversicherer und Patienten transparenter werden. Sind die Ergebnisse einmal transparent, werden die Leistungserbringer ihren Wettbewerb auf der Basis messbarer Resultate austragen müssen.

Die Regierung sollte es zudem vermeiden, jeden Leistungserbringer, der in Schwierigkeiten gerät, zu retten. Es gibt keinen Bedarf für 2.000 Krankenhäuser und 120.000 ambulante Einrichtungen in Deutschland. Die Übernahme von Verlusten der Leistungserbringer durch regionale Körperschaften oder andere Organisationen muss beendet werden. Stattdessen sollten erfolgreiche Leistungserbringer aufgefordert werden Partnerschaften mit leistungsschwächeren Anbietern einzugehen oder sie zu fairen Konditionen zu übernehmen. Auch wenn sich für die Patienten damit die Anreise in manchen Fällen etwas verlängern dürfte, so werden sie doch auf diese Weise bei weitem besser versorgt.

Eine Schlüsselrolle fällt auch den Krankenkassen zu. Gemeinsam mit der Regierung sollten sie Mindestfallzahlenstandards durchsetzen und daran arbeiten, die Transparenz hinsichtlich des Erfahrungsstandes und der Ergebnisqualität der Anbieter zu erhöhen. Dazu können sie auch auf eigene Abrechnungsdaten zurückgreifen. Nur wenn Behandlungsergebnisse, Fallzahlen und Erfahrungsstand völlig transparent sind, wird eine echte Konsolidierung eintreten. Nach Ansicht von Rechtsexperten ist es im Rahmen der geltenden Gesetze zulässig, solche Daten für Krankenhäuser und Pflegeheime zu veröffentlichen. Für den ambulanten Bereich ist der Fall freilich nicht so klar.[345] Gesetzliche Änderungen müssen hier die Transparenzhemmnisse beseitigen.

7. Die Patienten stärker einbeziehen, bei Fragen der eigenen Gesundheit wie auch der Gesundheitsversorgung insgesamt

Deutschland bietet seinen Bürgern großzügige Leistungen im Gesundheitswesen. Im Gegenzug fordert es von den Patienten vergleichsweise wenig Engagement in Sachen eigener Gesundheit. Gesundheit ist jedoch eine Koproduktion von Leistungserbringern und Patienten. Ebenso wie weniger gut ausgebildete und erfahrene Anbieter ungenügende Leistungen erbringen können, können auch unbeteiligte oder falsch informierte Patienten die Bemühungen selbst der fähigsten Ärzte und Teams zunichtemachen.

Die Patienten müssen zu aktiven Konsumenten im Gesundheitswesen werden und persönliche Verantwortung für die eigene Gesundheit übernehmen. In einem System, das auf Wahlfreiheit basiert, haben die deutschen Konsumenten ein enormes Potenzial, die Nutzenstiftung zu verbessern, indem sie die richtigen Krankenversicherer und Leistungserbringer auswählen.

Bei der Wahl des Versicherers müssen die Verbraucher über kurzfristige Kosteneinsparungen wie erlassene Selbstbeteiligungen oder marginale Beitragsunterschiede hinausblicken. Stattdessen sollten sie ihren Versicherer auf der Basis des jeweils gebotenen Nutzens auswählen. Letztlich sollte die Messlatte für die Versicherer sein, welches Gesundheitsniveau je Krankheitsbild sie für ihre Versicherungsnehmer relativ zu ihren Beiträgen erreichen. Der Beitragssatz allein darf nicht die Messlatte sein. Es liegt im Interesse der Versicherer, maximale Gesundheit für ihre Mitglieder zu erreichen, und die Versicherten können dies durch ihre Entscheidung noch verstärken.

Die Patienten sollten für ihr jeweiliges Krankheitsbild aktiv Exzellenzzentren ausfindig machen, die eine integrierte Versorgung anbieten. Ihre Aufgabe als Konsumenten besteht darin, sich über die Qualitätsunterschiede unter den Leistungserbringern in den für sie relevanten Bereichen zu informieren. Dabei sollten sie nach objektiven Beweisen suchen, nicht nach persönlichen Annehmlichkeiten und Komfortleistungen. Was den Erfahrungsstand und die Ergebnisqualität anbelangt, sollten die Patienten und ihre Angehörigen Informationen von den Anbietern annehmen und auch einfordern, damit sie ihre Wahl treffen können.

Ebenso müssen sich die Patienten bewusster um ihre private Gesundheitsvorsorge kümmern. Sie müssen Verantwortung übernehmen, indem sie an Routinemaßnahmen und -untersuchungen teilnehmen, Behandlungs- und Medikationspläne befolgen und sich aktiv engagieren in der Krankheitsbewältigung und -prävention. Erforderlich sind auch eine gesündere Lebensweise und Ernährung.

Auch die Leistungserbringer können mehr tun, um ihre Patienten aktiv einzubeziehen. Ärzte und andere Leistungsanbieter müssen verstehen, dass sich ihre Rolle nicht auf einzelne Begegnungen beschränkt und ihre Verantwortung nicht endet, wenn der Patient ihre Praxis oder Klinik verlässt. Sie können das Patientenengagement und ihre Therapietreue über klar definierte Prozesse während der Behandlungskontakte fördern.

In einer IPU-Struktur wird es deutlich leichter sein, die Patienten einzubeziehen, denn die Patienten werden nur noch einen einzigen Anlaufpunkt für die Behandlung haben. Nach dem heutigen Versorgungsmodell suchen die Patienten verschiedene Leistungserbringer an unterschiedlichen Standorten auf – was die Kommunikation erschwert und die Verantwortlichkeiten verschleiert. In einer IPU-Struktur können Fallmanager, internetbasierte Unterstützungsfunktionen und Teamleiter in die Versorgung integriert werden, um so eine höhere Einbindung des Patienten zu erreichen. Das IPU-Modell wird auch die Effizienz der Maßnahmen zur Patienteneinbindung verbessern und die Kosten über die Gesamtbehandlung des Patienten verteilen. Des Weiteren wird die Langzeitmessung der Ergebnisqualität jene Anbieter belohnen, die einfach besser sind, wenn es um fortlaufendes Gesundheitsmanagement sowie Nachfolgeuntersuchungen geht.

Noch eine Bemerkung zum Abschluss: Um die Patienteneinbindung zu erleichtern, müssen auch die Zuzahlungsregelungen für Praxisbesuche nochmals überprüft werden. Zuzahlungen wurden benutzt, um die Häufigkeit von Praxisbesuchen zu reduzieren und die Kosten zu begrenzen. Auch wenn Patienten finanziell verantwortlich handeln und Behandlungsleistungen nicht übermäßig in Anspruch nehmen sollten, so ist doch die finanzielle Verantwortlichkeit nicht das eigentliche Problem. Wie oben dargestellt ist vielmehr die fehlende integrierte Versorgung der Kern des Problems: Sie erst macht die zahlreichen Arztbesuche und Doppeluntersuchungen sowie den wiederholten Konsultationsaufwand erforderlich. Zuzahlungen bekämpfen lediglich ein Symptom, anstatt das Problem der exzessiven Praxisbesuche an der Wurzel anzugehen.

8. Künftig den gesamten Behandlungszyklus vergüten, nicht mehr die Einzelleistungen

Die Vergütung muss genau dort ansetzen, wo Nutzen gestiftet wird. Der Nutzen für den Patienten ist der erzielte Behandlungserfolg, erreicht über die Behandlungsleistungen für das Krankheitsbild eines Patienten über die gesamte Behandlungskette hinweg. Entsprechend sollte die Vergütungsstruktur gestaltet werden. Das bedeutet, dass gebündelte Zahlungen für die gesamte Behandlungskette jeweils risikoadjustiert erfolgen sollten, nicht aber Zahlungen für einzelne Arztbesuche, Behandlungsepisoden oder Einzelleistungen. Mit dem Übergang zu pauschalierten Zahlungen für Krankheitsbilder könnte die heutige arbiträre Budgetierung in Deutschland abgeschafft werden. Exzellente Leistungserbringer werden mehr Patienten anziehen und entsprechend expandieren. Der Patientennutzen wird sich dramatisch verbessern.

In einem nutzenorientierten System sollte sich die Vergütung in Deutschland in die folgende Richtung entwickeln:

- *Pauschalen für Krankheitsbilder (medical condition capitation):* Die Vergütung von akuten Krankheitsbildern sollte in Form von Pauschalen für die Behandlung über die gesamte Behandlungskette hinweg erfolgen. Bei Patienten mit Coxarthrose beispielsweise deckt die Pauschale die ambulante und stationäre wie auch die rehabilitative Versorgung ab. Mit der Vergütung sind auch vermeidbare Komplikationen abgegolten.

Die Preissetzung muss adjustiert nach dem Schweregrad des Falles erfolgen, um die jeweils erforderliche Ressourcennutzung zu berücksichtigen. Die Adjustierung nach der Fallschwere, wie sie bereits für stationäre DRGs verwendet wird, stellt sicher, dass die Leistungserbringer nicht für die Behandlung von Patienten mit komplexem Versorgungsbedarf bestraft werden. Sie mindert zudem die Anreize für das „Rosinenpicken" bei der Patientenaufnahme. Die Adjustierung nach dem Schweregrad kann anfangs ausgehend von Alter, Geschlecht und Begleiterkrankungen erfolgen, doch mit der Zeit sollten differenziertere Formen der Anpassung entwickelt werden.

- *Episodenpauschalen für chronische Krankheiten (time-based bundles)*: Bei chronischen Krankheitsbildern sollten pauschalierte Zahlungen für eine festgelegte Zeitspanne erfolgen. So könnte etwa eine solche Vergütung die Versorgung eines Patienten mit Diabetes für sechs Monate abdecken. Damit werden auch vorab die Mittel bereitgestellt, um etwaige Begleiterscheinungen von Diabetes herauszufinden und mit zu behandeln, z.B. Retinopathie, Gefäßprobleme oder Nierenschäden. Mit der Zeit lassen sich so kostenintensive Komplikationen vermeiden. Wie bei den akuten Krankheitsbildern sollten auch hier die gebündelten Zahlungen adjustiert nach der Fallschwere erfolgen.

- *Primär- und Präventivversorgungspauschalen:* Die Vergütung der Primärversorgung sollte ebenfalls über zeitbezogene Pauschalen erfolgen. Die Pauschalen sollten für jeweils abgegrenzte Patientengruppen, z.B. gesunde Erwachsene, gebrechliche Senioren etc., definiert werden.

Anfangs sollten für alle Anbieter die gleichen Pauschalen für die gleiche Behandlungsleistung gelten. Mit der Zeit sollten allerdings, sobald die Ergebnisqualität transparenter wird, eher Preisobergrenzen als Festpreise vorgegeben werden. Damit erhalten Leistungserbringer mit hoher Nutzenstiftung die Möglichkeit, ihre größere Effizienz über niedrigere Preise weiterzugeben.

In Deutschland sind viele Voraussetzungen für den Übergang zu einem System pauschalierter Preise bereits erfüllt. Für die stationäre Versorgung wurden bereits erfolgreich DRGs eingeführt. Das DRG-System lässt sich weiterentwickeln, indem man die Behandlungszeiträume ausweitet und stärker die Begleiterkrankungen sowie die Verantwortung für Komplikationen einbezieht. Ebenso sollte man die Definition der DRG-Bündel mit der Zeit so anpassen, dass sie tatsächlich Krankheitsbildern entsprechen. Beispielsweise sollte eine DRG für koronare Herzkrankheit die Behandlung über die gesamte Behandlungskette erfassen und sich nicht auf die Akutversorgung beschränken.

In der ambulanten Versorgung hat die Kassenärztliche Bundesvereinigung substanzielle Fortschritte erzielt mit der Einführung des neuen Vergütungskatalogs EBM 2008. Manche Teile des EBM 2008 weisen bereits in die richtige Richtung; gleichwohl müssen DRGs für den ambulanten Sektor erst noch entwickelt werden. Pauschalen für langfristige rehabilitative Maßnahmen sollten ebenfalls entwickelt werden, während kurze Rehabilitationsmaßnahmen in den Pauschalen für Akutleistungen enthalten sein sollten.

Für die geriatrische Rehabilitation sowie einige andere selektive Vertragsmodelle liegen bereits Erfahrungen mit Fallpauschalen vor. Für die Entwicklung eines allgemeinen Vergütungskatalogs kann man in Deutschland auf diesen Erfolgsbeispielen aufbauen. Mit der Zeit sollte sich so ein gemeinsames Vergütungssystem entwickeln, das alle Sektoren der Versorgung integriert. Ein erster Schritt hin zu einem Vergütungsschema für den gesamten Behandlungszyklus könnte darin bestehen, dass man die stationären DRGs mit den ambulanten und den Rehabilitations-DRGs für ausgewählte Krankheitsbilder zusammenführt (transsektorale DRGs). Das niederländische System stellt einen solchen Schritt in die richtige Richtung dar, indem es die DRG-Bündel breiter fasst. Anfangs können Pauschalen in selektiven Vertragsmodellen (z.B. im Rahmen der integrierten Versorgung nach §140 SGB V) erprobt werden, doch sollte dieser Ansatz dann auf alle Anbieter ausgeweitet werden.

Beschreitet man den Weg hin zu pauschalierten, gebündelten Zahlungen für Krankheitsbilder oder Patientenpopulationen, so besteht keine Notwendigkeit mehr für globale Budgetierungen. Mit dem Modell der Pauschalen werden bereits Obergrenzen für die Ausgaben geschaffen, da es für die Leistungserbringer nicht möglich ist, von sich aus Fälle von Krankheitsbildern mit definierten Kriterien zu schaffen – anders als bei der Nachfrage nach immer mehr Interventionen und Behandlungsleistungen. Die Inzidenz von Krankheiten selbst bildet die eigentliche Budgetierung.

Im bestehenden System behandeln die erfolgreichsten niedergelassenen Ärzte oder Krankenhäuser Fälle, die über das Budget hinausgehen, lediglich für einen Bruchteil der üblichen Einnahmen – was das Wachstum exzellenter Leistungsanbieter beschränkt und die Nutzenstiftung konterkariert. Hervorragende Leistung muss belohnt werden, unterklassigen Leistungserbringern sollten dagegen keine Budgets garantiert werden.

In einem System mit hoher Nutzenstiftung sollte die Vergütung für Kassen- und Privatpatienten harmonisiert werden. Für die gleiche Leistung sollte jeweils adjustiert nach der Fallschwere die gleiche Vergütung gezahlt werden, unabhängig vom Versicherungsstatus des Patienten. Langfristig sollte für Privatpatienten der gleiche Vergütungskatalog gelten wie für gesetzlich Versicherte. Leistungen, die über die gesetzliche Krankenversicherung hinausgehen, sollten weiterhin von einem separaten Vergütungssystem abgedeckt werden – was es den PKV-Versicherern ermöglicht, zusätzliche, nichtmedizinische Serviceleistungen anzubieten. Gleichwohl sollten die PKV-Versicherer verpflichtet sein, zum Risikostrukturausgleich beizutragen, um einen fairen Wettbewerb zu fördern (siehe Empfehlung 10).

Ein System mit Pauschalen für Krankheitsbilder zu entwickeln, globale Budgets zu ersetzen und die Vergütungsschemata zwischen GKV- und PKV-Patienten anzugleichen – all dies sind grundlegende Maßnahmen, um die Neuordnung der Gesundheitsversorgung in Richtung Patientennutzen voranzutreiben. Auch wenn diese Veränderungen nicht über Nacht erreicht werden können, so ist die erfolgreiche Einführung stationärer DRGs doch ein konkretes Beispiel dafür, dass grundlegende Veränderungen im Vergütungssystem machbar sind.

9. Den Wettbewerb auf Seiten der Leistungserbringer gezielt öffnen – mit dem Fokus auf den Patientennutzen und unterstützt durch eine systematische Ergebnismessung

Um die Nutzenstiftung im Gesundheitssystem nachhaltig zu fördern, muss der Wettbewerb sich in Richtung Patientennutzen verlagern. Das aktuelle System ist fehlerbehaftet, weil es die überregionale Ausbreitung von hervorragenden Leistungserbringern behindert und gleichzeitig die schwächeren etablierten Betreiber vor echtem Wettbewerb schützt.

In einem nutzenorientierten System ist es qualifizierten Leistungserbringern möglich, Märkte zu erschließen oder zu verlassen. In diesem Sinne müssen die Zulassungsbeschränkungen in den regionalen Krankenhausplänen wie auch in den von der KV verwalteten ambulanten Bedarfsplänen gelockert werden. Exzellenten Leistungserbringern mit nachgewiesenen Behandlungserfolgen sollte es erlaubt sein, geografisch zu expandieren, während weniger erfolgreiche Lizenzinhaber nicht länger durch Zulassungsbeschränkungen geschützt werden sollten. Die Zulassungskriterien für bestehende und neue Leistungserbringer sollten sich allein an der Ergebnisqualität und der Nutzenstiftung orientieren, anstatt an einer im Prinzip automatischen Erneuerung der Zulassung. Bei einem Vergütungsschema, wie es oben skizziert wurde (vgl. Empfehlung 8), werden Zulassungsbeschränkungen allerdings nicht länger zur Kostenkontrolle benötigt.

Jeder zugelassene Leistungserbringer sollte weiterhin in Kollektivverträge mit den Krankenkassen aufgenommen werden und nach einem allgemein gültigen Vergütungskatalog bezahlt werden. Damit bleibt die freie Wahl der Leistungserbringer erhalten, eine Grundvoraussetzung für ein System mit hoher Nutzenstiftung. Gleichzeitig wird der Wettbewerb um Patienten auf der Basis von messbaren Ergebnissen gefördert. Kollektivverträge und ein allgemeiner Vergütungskatalog werden, anders als im Fall von selektiven Vertragsmodellen, die Verwaltungskosten niedrig halten. Selektive Vertragsmodelle und individuelle Vergütungsregelungen sollten damit weiterhin eher die Ausnahme als die Regel sein, da sie die Versorgung nur weiter fragmentieren und in der Verwaltung aufwändig sind. Das Ziel muss sein, die Behandlung nach Krankheitsbildern über die Behandlungskette zu integrieren, nicht aber, sie weiter zu fragmentieren.

Gleichwohl bleibt weiterhin Raum für selektives Kontrahieren: Die Krankenkassen sollten selektive Vertragsmodelle nutzen, um Innovation zu ermöglichen und mit neuen Formen der Versorgung für ihre Versicherten zu experimentieren. Gemeinsam mit den Leistungserbringern können sie auf diese Weise krankheitsspezifische Leistungsangebote entwickeln. Langfristig sollten dann erfolgreiche Pilotprojekte in Kollektivverträge eingebracht werden. Die Möglichkeit für Krankenkassen selektiv zu kontrahieren und der daraus entstehende Wettbewerb haben zudem eine Motivationsfunktion für die Leistungserbringer, vor allem für die KV, ihr Nutzenversprechen zu verbessern.

Ein modifiziertes Zulassungs- und Vertragssystem würde den Wettbewerb zwischen den Leistungserbringern weiter öffnen. Das wahrscheinliche Resultat ist eine Konsolidierung der Leistungserbringer, aber auch eine geografische Expansion der exzellenten Anbieter. Damit würde sich die Nutzenstiftung im Gesundheitswesen insgesamt erhöhen. Denn exzellente Leistungserbringer erhielten die Chancen zu wachsen, Überkapazitäten würden verschwinden und leistungsschwächere Lizenzinhaber wären gezwungen sich zu verbessern.

10. Im Versicherungsmarkt Wettbewerb um Nutzenstiftung initiieren

Unter den Versicherungen muss die Maximierung des Nutzens für die Versicherten zur neuen Arena des Wettbewerbs werden. Belohnt werden sollten die Versicherer, die für ihre Mitglieder die besten Behandlungsergebnisse je ausgegebenen Euro erzielen. Bessere Ergebnisqualität zu niedrigeren Kosten sollte dabei durch besseres Gesundheitsmanagement erreicht werden, nicht durch bessere Risikoselektion. Um die potenziellen Probleme der Risikoselektion abzumildern, sind weitere Fortschritte beim Risikostrukturausgleich zwischen den Krankenkassen erforderlich.

Als Ergebnis früherer Reformen gehört der heutige morbiditätsorientierte Risikostrukturausgleich zu den ausgereiftesten der Welt. Er ist ein hervorragendes Instrument, um einen Positivsummen-Wettbewerb zu fördern und die Risikoselektion abzumildern. Erweitert man die Anzahl der berücksichtigten Krankheiten über die bisherigen 128 hinaus, so kann der Selektionsanreiz sogar noch weiter vermindert werden. Anstatt sich auf schwindende Schlupflöcher und Tricksereien im System zu konzentrieren, sollten die Krankenkassen jetzt die Gelegenheit ergreifen, überlegene Modelle der Gesundheitsversorgung für die weniger gesunden Mitglieder zu schaffen. Der morbi-RSA macht es für die Krankenkassen möglich, aktiv Patienten mit speziellen Krankheitsbildern zu akquirieren. Dank stärkerer Fokussierung und höherer Fallzahlen bei bestimmten Krankheitsbildern werden sie imstande sein, überlegene Versorgungssysteme anzubieten, die bessere Qualität zu niedrigeren Kosten erreichen. Diese Art von Wettbewerb wird finanziellen Erfolg wie auch Behandlungserfolg für die Patienten generieren.

Manche Beitragsunterschiede zwischen den Krankenversicherern erklären sich nicht aus einer Risikoselektion, sondern aus besserem Kostenmanagement, besserem Gesundheitsmanagement und damit aus höherer Nutzenstiftung. Die Krankenkassen sollten unterschiedliche Beiträge erheben dürfen, um diese Unterschiede widerzuspiegeln. Der Gesetzgeber hat bereits einen Schritt in diese Richtung getan. Mit dem GKV-Finanzierungsgesetz (GKV-Fin), das seit Januar 2011 in Kraft ist, entfällt die Deckelung für zusätzliche Beiträge, die erhoben bzw. rückerstattet werden können.

Um einen nutzenorientierten Wettbewerb zu entfesseln, müssen die Rahmenbedingungen für GKV- und PKV-Versicherungen angeglichen werden. Private Krankenkassen müssen verpflichtet werden einen Beitrag zum morbi-RSA zu leisten. Ihre Mitglieder sollten nach den gleichen Regeln wie die Mitglieder gesetzlicher Krankenkassen eingestuft werden. Werden die PKV-Versicherer in den Risikostrukturausgleich mit einbezogen, wird der künstliche Selektionsvorteil der privaten Versicherer entfallen. GKV- und PKV-Versicherer werden in die Lage versetzt, fair miteinander zu konkurrieren. Der Wettbewerb unter den Versicherern sollte darauf gründen, für die Mitglieder einen überlegenen Nutzen und ein besseres Gesundheits- und Kostenmanagement zu erreichen, nicht aber auf Risikoselektion. Bei einem fairem Wettbewerb zwischen GKV und PKV sollte es machbar sein, den privaten Versicherungsmarkt für Vollversicherungen (im Gegensatz zu Zusatzversicherungen) für alle Bürger zu öffnen. Im Gegenzug ist für einen fairen Wettbewerb auch die Harmonisierung der Vergütungsregelungen für GKV- und PKV-Patienten notwendig. Mit der Einbeziehung in den morbi-RSA kann die PKV auf verantwortungsvollere Weise Mittel zum Gesamtsystem beisteuern, als dies bisher über die höheren Vergütungsniveaus für Privatpatienten möglich war.

11. Die Rolle der Krankenversicherer anpassen, mit dem Fokus auf maximaler Gesundheit für die Versicherten

Die Krankenversicherer müssen ihre Rolle neu definieren: als Organisationen des Gesundheitsmanagements, die bestrebt sind, ein Maximum an Gesundheit für ihre Versicherten zu erreichen. Daher sollten sie ihren Konkurrenzkampf auf dem Feld der Nutzenstiftung austragen, nicht allein über die Kosten. Niedrigere Kosten sollte man durch besseres Management der Gesundheitsversorgung für die Versicherungsnehmer erzielen, nicht aber durch Risikoselektion.

In einem nutzenorientierten System müssen die Versicherer ihre kurzsichtige Fixierung auf Kostendämpfung überwinden. Der einzige Weg, die Kosten langfristig zu reduzieren, besteht darin, die Qualität der Behandlungsergebnisse zu verbessern. An diesem Prinzip müssen die Versicherer festhalten, da sie nur so jemals imstande sein werden, Vertrauen zu Patienten und Leistungserbringern aufzubauen. Die Patienten sollten von ihrem Versicherer erwarten können, dass er als ihr Partner aktiv ihre Gesundheitsinteressen vertritt. Auch sollten sie von ihm erwarten können, dass er sie als vertrauenswürdiger Berater zum Thema Gesundheit berät, und sie sollten daher nach Möglichkeit eine langfristig angelegte Vertrauensbeziehung zu ihm aufbauen.

Es liegt im ureigenen Interesse der Versicherer, dass ihre Mitglieder eine hervorragende Gesundheitsversorgung erhalten, denn bessere Gesundheit ist günstiger als schlechte Gesundheit. Gegenüber den Leistungserbringern haben die Versicherer eine Schlüsselrolle inne: Sie helfen ihnen besser zu werden, indem sie Informationen über Behandlungsergebnisse erheben und weitergeben. Ebenso können sie ihren Versicherten helfen exzellente Leistungserbringer auszuwählen. Wie in Kapitel 2 angemerkt, sollten diese wissen, dass z.B. ein Krankenhaus bei der Behandlung von Patienten mit Kolonkarzinom eine 90-Tage-Mortalitätsrate von 13,3% hat, während ein anderes lediglich einen Wert von 3,8% aufweist. Die Versicherer sollten ihr Wissen breit gefächert den Patienten und überweisenden Ärzte zugänglich machen, um ihnen bei ihren Entscheidungen zur Seite zu stehen. Auch in Fragen der Therapietreue und gesünderer Lebensführung können die Versicherer ihre Mitglieder unterstützen.

Damit sie als aktiver und ideenreicher Partner Anerkennung finden, müssen die Versicherer medizinische Kompetenz in ihrer Organisation aufbauen. Sie müssen dazu spezifische Angebote für Krankheitsbilder und Patientenpopulationen entwickeln. Nur so schaffen sie einen echten Mehrwert. Die Expansion exzellenter Anbieter sollten sie fördern, während sie gleichzeitig leistungsschwächere Anbieter zu Verbesserungen ermutigen. In den jährlichen Budgetverhandlungen sollte die Diskussion der relativen Ergebnisqualität einen zentralen Platz einnehmen. Als aktiver Partner der Leistungserbringer sollten die Versicherer indes nicht als Mikromanager agieren – vielmehr gilt das Gegenteil: Sie sollten die Ergebnisqualität bewerten, anstatt selbst zu versuchen, die Prozesse auf Seiten der Anbieter zu ordnen. Dies sollte besser den Leistungserbringern selbst und ihren jeweiligen Fachgesellschaften überlassen bleiben.

Außerdem sollten die Versicherer Programme entwickeln, um ihre Mitglieder bei Präventions- oder Disease-Management-Aktivitäten zu unterstützen. Dabei sollten sie über die bestehende Gesetzesanforderungen hinausgehen. Idealerweise sollten Versicherer und Leistungserbringer gemeinsam Programme für spezielle Patientenpopulationen entwickeln, z.B. für Patienten mit chronischen Krankheiten. Solche Programme sollten sich darauf konzentrieren, die Gesundheit der Patienten zu verbessern, anstatt den RSA auszutricksen. Beispielsweise entwickelte die KKH-Allianz ein Konzept zum Gesundheitscoaching: Patienten mit chronischen Krankheiten können sich freiwillig bei einem Gesundheitscoach der KKH-Allianz anmelden. Als ausgebildete Pflegekräfte helfen solche Coaches den Patienten mit ihren chronischen Krankheiten besser zurechtzukommen. Die bisherigen Ergebnisse sind sehr vielversprechend.

Die Versicherer haben zudem die Möglichkeit, alternative Versorgungspläne („Besondere Versicherungsformen") für spezielle Krankheiten zu erstellen. Auf dieser Grundlage können sie selektiv Verträge mit Leistungserbringern, Disease-Management-Organisationen und Pharmakonzernen abschließen, um integrierte Versorgungsmodelle zu etablieren. Für die Primär- und Präventivversorgung besteht allerdings die einzige realistische Lösung darin, die Arbeit der Hausärzte zu reorganisieren, nicht aber die bestehende Struktur mit weiteren Anforderungen und Strukturen zu überlagern.

War nach dem alten RSA eine Fokussierung auf Versicherte mit kostenintensiven Krankheiten schlichtweg nicht finanzierbar, so hat der morbi-RSA inzwischen die Situation deutlich verändert. Welche zusätzliche Vergütung ein Versicherer jetzt aus dem RSA erhält, bemisst sich für jede spezifische Erkrankung nach den durchschnittlichen Zusatzkosten über *alle* Versicherer. Konzentriert sich mithin ein Versicherer auf eine 128 abgedeckten Erkrankungen, so kann er einen Gewinn erzielen, wenn er unter den für diese Erkrankung ermittelten Durchschnittskosten bleibt. Im Fall von Diabetes könnte ein Versicherer z.B. ein auf hohe Fallzahlen angelegtes Betreuungsmodell entwickeln, das bessere Behandlungsergebnisse bei weniger Komplikationen erreicht, indem es sich auf Lerneffekte und den Erfahrungsaufbau stützt. Dank der hohen Fallzahlen würden sich auch die Kosten für Pharmazeutika reduzieren. Im Ausland hat sich dieser Ansatz bereits als realisierbar erwiesen. Das niederländische Versicherungsunternehmen CZ-Actief hat beispielsweise spezielle Programme für Diabetiker im Angebot.[346] Auch in Deutschland dürften die Verbraucher solche Neuerungen willkommen heißen. Einer aktuellen Umfrage der Bertelsmann Stiftung zufolge würden 62% der Befragten den Wechsel zu einer anderen Krankenversicherung erwägen, sollte sie neue und bessere Leistungen anbieten.[347]

Schließlich sollten die Krankenversicherer auch beginnen für jedes Krankheitsbild risikoadjustierte Verfahren zur Messung des Gesundheitszustandes ihrer Versicherten zu entwickeln. Denn das zentrale Anliegen der Versicherer sollte darin bestehen, für die Mitglieder die Qualität der Behandlungsergebnisse relativ zu den Kosten zu maximieren. Indem sie selbst neue Messverfahren entwickeln bzw. sich für den Einsatz (oder die beschleunigte Entwicklung) verbesserter Messverfahren entscheiden, erfüllen die Versicherer ihr Wertversprechen und lenken die Aufmerksamkeit auf Verbesserungsmöglichkeiten in der Gesundheitsversorgung. Auch wenn die Entwicklung eigener Metriken für die Mitgliedergesundheit zunächst abschreckend erscheinen mag, stellen die für den morbi-RSA gesammelte Datensätze doch einen guten Ausgangspunkt für die Entwicklungsarbeit dar. Schon jetzt sammeln die Versicherer die Daten von Krankenhäusern, niedergelassenen Ärzten sowie Verschreibungen für den RSA, und diese Daten enthalten auch Indikatoren für das Morbiditätsniveau hinsichtlich von 128 Krankheiten. Solche Daten könnten in ihrer langfristigen Entwicklung verfolgt werden.

Das Vertrauen in die Versicherer wird sich in dem Maß entwickeln, in dem für die Öffentlichkeit klar wird, dass für die Kassen die Steigerung des Nutzens ihrer Versicherten im Mittelpunkt steht und nicht die Risikoselektion. Die Barriere für die Vertrauensbildung zu überwinden, dürfte wohl die bedeutendste Herausforderung für die Versicherer darstellen, wenn sie versuchen zu Organisationen zu werden, die nachhaltig Mehrwert stiften.

12. Die Möglichkeiten der Informationstechnologie ausschöpfen, um den Übergang zu einer nutzenorientierten Gesundheitsversorgung zu ermöglichen

Deutschland hat es bislang versäumt, die Möglichkeiten von IT für das Gesundheitswesen voll auszunutzen. Auch wenn Leistungserbringer und Versicherer IT verwenden, um papierbasierte Prozesse zu substituieren, so hat die IT doch die Integration der Versorgung bisher nicht gefördert, sondern häufig eher behindert. Immer noch gibt es zu viele separate und miteinander nicht kompatible Softwarepakete und Datenstandards in den verschiedenen Einrichtungen und Abteilungen, was die siloartige Struktur der heutigen Gesundheitsversorgung nur noch mehr verstärkt.

So wenig die IT das Gesundheitssystem allein in Ordnung bringen wird, so mächtig kann sie als Werkzeug zur Integration sein. Basis für die Integration müssen einheitliche Datendefinitionen und Interoperabilitätsstandards sein, und zwar für Krankenakten, Laborergebnisse, Bilder, Medikamente und andere Verordnungen. In Form eines Open-Source-Systems würden solche Standards nicht nur die Integration, sondern auch die Innovation auf Seiten der konkurrierenden Entwickler fördern. Benötigt werden patientenzentrierte Datenbanken, die alle Daten über den jeweiligen Patienten zusammenführen. Sie sollten alle Arten von Daten speichern (z.B. Messwerte und Bilder), den gesamten Behandlungsprozess einschließlich der überweisenden Einrichtungen abdecken, sowie die Daten allen beteiligten Parteien zugänglich machen. Damit unterstützen sie nicht nur die Leistungserbringer, sondern ermöglichen es auch, die Ergebnisqualität über die gesamte Behandlungskette zu messen.

In der Vergangenheit sind die deutschen IT-Bemühungen oft durch Datenschutzbedenken aufgehalten worden. Natürlich muss der Schutz der Privatsphäre sehr ernst genommen werden, doch sollte dies die Etablierung einheitlicher Datenstandards und die Aggregation klinischer Daten, wie sie in anderen Ländern bereits geschieht, nicht verhindern. Auch die deutschen Bürger sollten verstehen, dass Daten zwischen Leistungserbringern und Krankenkassen ausgetauscht werden müssen, wenn die Versorgung über die verschiedenen Institutionen integriert werden soll. Der resultierende Mehrwert für Patienten wird erheblich sein.

Fazit

Die Verwirklichung dieser Empfehlungen in Deutschland wird die Interessen aller Akteure in Einklang bringen, während zugleich erhebliche Verbesserungen beim Patientennutzen initiiert werden.

Keine Einrichtung im System wird prosperieren können, wenn sie nicht zum übergreifenden Ziel beiträgt: Nutzen für die Patienten zu stiften.

Der Übergang zu einem nutzenorientierten System schafft einen Erfolgskreislauf. Eine wachsende Transparenz bei der Ergebnisqualität führt zur Restrukturierung der Gesundheitsversorgung. Die Leistungserbringer werden ihre Versorgung im Blick auf Krankheitsbilder neu definieren, neue dedizierte multidisziplinäre Teams für bestimmte Krankheitsbilder organisieren und ihr Behandlungsangebot auf weniger Leistungsbereiche fokussieren. Die Patienten werden herausragende Leistungserbringer anstatt den nächstgelegenen Anbieter auswählen, so dass die besseren Leistungserbringer expandieren können. Die Versicherer werden sich aktiv für die Gesundheit ihrer Mitglieder einsetzen, indem sie die Ergebnisqualität messen, ihre Mitglieder bei der Auswahl von Leistungserbringern und Behandlungen unterstützen, sich für Disease-Management-Programme engagieren und neue Wege zu Modellen gebündelter Vergütung beschreiten. Zugleich werden sie damit die Leistungserbringer ermutigen neue Strukturen einzuführen.

Bisher hatte der deutsche Staat keine kohärente Strategie, um das Gesundheitssystem zu reformieren, sondern er hat widersprüchliche Wege in der Gesundheitspolitik eingeschlagen. Allerdings besteht keine Notwendigkeit, auf weitere Reformen zu warten. Vielmehr können alle Akteure selbst ihre Chancen nutzen und zahlreiche Beispiele deuten darauf hin, dass erhebliche Verbesserungen möglich sind. Etliches kann bereits auf der Basis der aktuellen Gesetzeslage umgesetzt werden. Einige führende Organisationen haben sich in Deutschland bereits für einen nutzenorientierten Ansatz entschieden, und zwar mit eindrucksvollen Ergebnissen. Organisationen, die sich das Ziel des Gesundheitssystems – nämlich Patientennutzen zu schaffen – zu eigen machen, werden Erfolg haben. Wir sollten die bestehenden Chancen nutzen, um in Deutschland ein besseres Gesundheitssystem aufzubauen.

ANHANG

Taxonomie der BQS-Qualitätsindikatoren

Auszug der BQS/AQUA-Qualitätsindikatoren. Siehe Kapitel 9 für weitere Details.

Qualitätsindikator und angewandte Risikoadjustierung	Qualitätsziel	Indikatortyp
Cholezystektomie		
Indikation	Selten fragliche Indikation	Prozessqualität
Präoperative Diagnostik bei extrahepatischer Cholestase	Bei extrahepatischer Cholestase immer präoperative Abklärung der extrahepatischen Gallenwege	Prozessqualität
Erhebung eines histologischen Befundes	Immer Erhebung eines histologischen Befundes	Prozessqualität
Eingriffsspezifische Komplikationen	Selten eingriffsspezifische, behandlungsbedürftige Komplikationen in Abhängigkeit vom OP-Verfahren	Ergebnisqualität Ebene 2
Postoperative Wundinfektion	Selten postoperative Wundinfektionen	Ergebnisqualität Ebene 2
Risikoadjustierte postoperative Wundinfektion (Risikoadjustierung durch Stratifizierung in folgende Gruppen: Anästhesierisiko, Länge der Operation und septischer gegenüber nicht septischem Eingriff)	Selten postoperative Wundinfektionen	Ergebnisqualität Ebene 2
Allgemeine postoperative Komplikationen	Selten eingriffsspezifische, behandlungsbedürftige Komplikationen in Abhängigkeit vom OP-Verfahren	Ergebnisqualität Ebene 2

Qualitätsindikator und angewandte Risikoadjustierung	Qualitätsziel	Indikatortyp
Cholezystektomie		
Reinterventionsrate	Geringe Reinterventionsrate in Abhängigkeit vom OP-Verfahren	Ergebnisqualität Ebene 2
Letalität (Risikoadjustierung bei Stratifizierung in ASA-Kategorien)	Geringe Letalität	Ergebnisqualität Ebene 1
Ambulant erworbene Pneumonie		
Erste Blutgasanalyse oder Pulsoxymetrie	Immer die erste Blutgasanalyse oder Pulsoxymetrie innerhalb von 8 Stunden nach der Aufnahme durchführen	Prozessqualität
Antimikrobielle Therapie	Häufig antimikrobielle Therapie innerhalb der ersten 8 Stunden nach der Aufnahme	Prozessqualität
Frühmobilisierung	Häufig eine Frühmobilisation innerhalb der ersten 24 Stunden nach der Aufnahme durchführen	Prozessqualität
Verlaufskontrolle CRP	Häufig Verlaufskontrolle des C-reaktiven Proteins im Serum am Tag 4 bis 5 nach der Aufnahme bestimmen	Prozessqualität
Anpassung Diagnostik/ Therapie (Risikoadjustierung bei Stratifizierung in drei Risikogruppen gemäß CRB-65 Score)	Anpassung des diagnostischen oder therapeutischen Vorgehens, wenn der C-reaktive Proteinwert am Tag 4 bis 5 nach der Aufnahme nicht abgefallen ist	Prozessqualität
Bestimmung der klinischen Stabilitätskriterien	Immer vollständige Bestimmung der klinischen Stabilitätskriterien vor der Entlassung	Prozessqualität
Klinische Stabilitätskriterien	Angemessener Anteil von Patienten, die bis zur Entlassung nach Hause mindestens sechs klinische Stabilitätskriterien erfüllen (keine Bewusstseinseintrübung, stabile orale/enterale Ernährung, Spontanatmung max. 24/min, Puls max. 100/min., maximale Temperatur 37,2°, Sauerstoffsättigung mind. 90% und systolischer Blutdruck mind. 90mm Hg)	Ergebnisqualität Ebene 1
Krankenhaus-Letalität (Risikoadjustierung bei Stratifizierung in drei Risikogruppen gem. CRB-65 Score)	Minimale Krankenhaus-Letalität	Ergebnisqualität Ebene 1

Taxonomie der BQS-Qualitätsindikatoren

Qualitätsindikator und angewandte Risikoadjustierung	Qualitätsziel	Indikatortyp
Herzschrittmacher-Implantation		
Leitlinienkonforme Indikationsstellung bei bradykarden Herzrhythmusstörungen	Möglichst oft leitlinienkonforme Indikation zur Herzschrittmacherimplantation bei bradykarden Herzrhythmusstörungen	Prozessqualität
Leitlinienkonforme Systemwahl bei bradykarden Herzrhythmusstörungen	Möglichst oft leitlinienkonforme Wahl eines Herzschrittmachers bei bradykarden Herzrhythmusstörungen	Prozessqualität
Eingriffsdauer	Möglichst kurze Eingriffsdauer	Prozessqualität
Durchleuchtungszeit	Möglichst kurze Durchleuchtungszeit	Prozessqualität
Perioperative Komplikationen	Möglichst wenige peri- bzw. postoperative Komplikationen	Ergebnisqualität Ebene 2
Letalität	Minimale Krankenhaus-Letalität	Ergebnisqualität Ebene 1
Koronarangiographie und perkutane Koronarintervention		
Indikation zur Koronarangiographie – Ischämiezeichen	Möglichst oft Ischämiezeichen bei führender Indikation „bekannte KHK" oder „V.a. KHK bzw. Ausschluss KHK" oder „elektive Kontrolle nach Koronarintervention d.h. die Indikation sollte durch Klinik und Befunde gestützt werden	Prozessqualität
Indikation zur Koronarangiographie – Ischämiezeichen – Therapieempfehlung	Möglichst oft ein angemessener „Mix" der Therapieempfehlungen in Abhängigkeit von der Indikation	Prozessqualität
Indikation zur PCI	Möglichst selten PCI ohne Symptomatik und ohne Ischämienachweis	Prozessqualität
Eingriffsspezifische Komplikationen (Risikoadjustierung bei Stratifizierung in folgende Gruppen: Patienten mit akutem Koronarsyndrom und Patienten mit stabiler Angina Pectoris)	Selten intra- oder postprozedurale MACCE (Major Adverse Cardiac and Cerebrovascular Events)	Ergebnisqualität Ebene 2
Krankenhaus-Letalität	Niedrige In-Hospital-Letalität	Ergebnisqualität Ebene 1
Risikoadjustierte Krankenhaus-Letalität (Risikoadjustierung unter Anwendung einer Regressionsanalyse. Beinhaltete Parameter: Alter, Geschlecht, Diabetes, bisherige Krankengeschichte von Herzerkrankungen und Ergebnisse der Angioplastie)	Minimale Krankenhaus-Letalität	Ergebnisqualität Ebene 1

Qualitätsindikator und angewandte Risikoadjustierung	Qualitätsziel	Indikatortyp
Koronarangiographie und perkutane Koronarintervention		
Durchleuchtungsdauer	Möglichst niedrige Durchleuchtungsdauer	Prozessqualität
Menge des Kontrastmittels	Möglichst geringe Kontrastmittelmenge	Prozessqualität
Koronarchirurgie, isoliert		
Verwendung der linksseitigen Arteria mammaria interna	Angemessener Anteil von Operationen mit Verwendung der linksseitigen Arteria mammaria interna (innere Brustwandarterie)	Prozessqualität
Postoperative Mediastinitis	Seltenes Auftreten einer postoperativen Mediastinitis	Ergebnisqualität Ebene 2
Postoperative Nierenfunktionsstörung	Seltenes Auftreten einer postoperativen Nierenfunktionsstörung	Ergebnisqualität Ebene 2
Postoperative neurologische Komplikationen	Seltenes Auftreten einer postoperativen zerebrovaskulären Komplikation (TIA, Schlaganfall oder Koma)	Ergebnisqualität Ebene 2
Krankenhaus-Letalität	Möglichst geringe In-Hospital-Letalität	Ergebnisqualität Ebene 1
Risikoadjustierte Krankenhaus-Letalität (Risikoadjustierung unter Anwendung einer Regressionsanalyse basierend auf KCH-Score 3.0)	Möglichst geringe In-Hospital-Letalität	Ergebnisqualität Ebene 1
Risikoadjustierte Krankenhaus-Letalität (Risikoadjustierung unter Anwendung einer Regressionsanalyse basierend auf EuroScore)	Möglichst geringe In-Hospital-Letalität	Ergebnisqualität Ebene 1
30-Tage-Letalität	Möglichst geringe 30-Tage-Letalität	Ergebnisqualität Ebene 1
Risikoadjustierte 30-Tage-Letalität (Risikoadjustierung unter Anwendung einer Regressionsanalyse basierend auf EuroScore)	Möglichst geringe 30-Tage-Letalität	Ergebnisqualität Ebene 1

Endnoten

1. Siehe Teperi J, Porter ME, Vuorenkoski L, Baron JF (2009) The Finnish Health Care System: a value-based perspective, Sitra reports 82 oder Elizabeth Teisberg, Nutzenortientierter Wettbewerb im schweizerischen Gesundheitswesen: Möglichkeiten und Chancen, 2008.
2. Böcken J et al (2008) Gesundheitsmonitor 2008, Bertelsmann Stiftung, S 274.
3. Continentale Studie 2006, Die Meinung der Bevölkerung. Eine repräsentative Infratest-Bevölkerungsbefragung der Continentale Krankenversicherungs AG, September 2006.
4. Statistisches Bundesamt, Pressemitteilung Nr. 136, 4 April 2009.
5. OECD (Organisation for Economic Co-operation and Development), Health at a Glance 2009 – OECD Indicators.
6. Quelle: Health at a Glance 2009, OECD Indicators; alle Angaben aus 2007 außer Portugal (2006), Japan (2006) und Australia (2006/07).
7. Sachverständigenrat für die Konzertierte Aktion im Gesundheitswesen, Finanzierung, Nutzenorientierung und Qualität, vol I (Finanzierung und Nutzenorientierung), Gutachten 2003, Kurzfassung, S 22.
8. Rothgang H (2007) Generationengerechte Finanzierung der GKV? Zentrum für Sozialpolitik, Universität Bremen.
9. Sachverständigenrat für die Konzertierte Aktion im Gesundheitswesen, Finanzierung, Nutzenorientierung und Qualität, vol I (Finanzierung und Nutzenorientierung), Gutachten 2003, Kurzfassung, S 22.
10. Quelle: OECD Health Data 2009.
11. http://www.econ-tutorial.de/Glossar/NOPQ/preisstruktureffekt.html.
12. Salfeld R, Hehner S, Wichels R (2008) Modernes Krankenhausmanagement – Konzepte und Lösungen. Springer, Heidelberg, S 2ff.

[13] OECD (Organisation for Economic Co-operation and Development), Health at a Glance 2009 – OECD Indicators.

[14] OECD (Organisation for Economic Co-operation and Development), OECD Health Data 2010, Abfrage von „private expenditure on health expressed as a percentage of total expenditure on health (1993: 19.3%; 2008: 23.2%)".

[15] OECD (Organisation for Economic Co-operation and Development), OECD Health Data 2010, Abfrage von „out-of-pocket payments (households) expressed as a percentage of total expenditure on health (1993: 10.4%; 2008: 13.0%)".

[16] OECD (Organisation for Economic Co-operation and Development), OECD Health Data 2010.

[17] Quelle: Statistisches Bundesamt; Berie H und Fink U, Grundlohnentwicklung und Ausgaben der GKV, Wiso-Institut für Wirtschaft und Soziales, 2002/3; GKV Statistics KM1; OECD Health Data 2008; eigene Berechnungen.

[18] Bertelsmann Stiftung (2007) Umfrage: Bevölkerung blickt skeptisch in die Zukunft des deutschen Gesundheitswesens, Pressemitteilung, 2 Februar 2007, http://www.bertelsmann-stiftung.de/cps/rde/xchg/SID-0A 000F0A-901828F1/bst/hs.xsl/nachrichten_49283.htm.

[19] Interview Christoph Ernst, Orthopädisches Zentrum Weilheim, März 2009.

[20] Interview Reinhard Huber, OCM Reha München Süd, März 2009.

[21] Salfeld R, Hehner S, Wichels R (2008) Modernes Krankenhausmanagement – Konzepte und Lösungen, Kapitel 1. Springer, Heidelberg.

[22] Blum K et al (2010) Krankenhausbarometer 2010 – Umfrage 2010. Deutsches Krankenhausinstitut, December 2010, S 116.

[23] Schulten T (2006) Liberalisation, privatisation and regulation in the German healthcare sector/hospitals, Wirtschafts- und Sozialwissenschaftliches Institut (WSI), November 2006.

[24] Bundesärztekammer, Ärztestatistik 2007, http://www.bundesaerztekammer.de/page.asp?his=0.3.6097.6098.

[25] Quelle: OECD Health Data 2009; Barmer GEK Arztreport, Schriftenreihe zur Gesundheitsanalyse, Band 1, Januar 2010.

[26] OECD Health Data 2009.

[27] Barmer GEK Arztreport, Schriftenreihe zur Gesundheitsanalyse, vol 1, Januar 2010, S 49–56.

[28] Barmer GEK Arztreport, Schriftenreihe zur Gesundheitsanalyse, vol 1, Januar 2010, S 58.

[29] Koch K, Gehrmann U, Sawicki P (2007) Primärärztliche Versorgung in Deutschland im internationalen Vergleich: Ergebnisse einer strukturvalidierten Ärztebefragung. Deutsches Ärzteblatt 110(38):21.

[30] Kassenärztliche Bundesvereinigung, Statistische Informationen aus dem Bundesarztregister, http://daris.kbv.de/daris/link.asp?ID=1003763335.

[31] Wendt C (2007) Sinkt das Vertrauen in Gesundheitssysteme? Eine vergleichende Analyse europäischer Länder. WSI Mitteilungen 2007(7).

[32] Davis K et al (2010) Mirror, Mirror on the wall – How the performance of the US health care system compares internationally, 2010 Update, Commonwealth Fund.

[33] Amhof R et al (2007) Mehr Transparenz über die Qualität der ambulanten medizinischen Versorgung. Gesundheitsmonitor 2007(3).

[34] Schoen C et al (2009) Harnessing Health Care Markets for the Public Interest: Insights for US Health Reform from the German and Dutch Multipayer Systems.

[35] OECD (Organisation for Economic Co-operation and Development), Health at a Glance 2009 – OECD Indicators, S 100–101.

[36] Bayer Bayerische Arbeitsgemeinschaft für Qualitätssicherung in der stationären Versorgung (BAQ), Schlaganfall Modul 85/1, Jahresauswertung 2008, S 24.

[37] Quelle: Bayerische Arbeitsgemeinschaft für Qualitätssicherung in der stationären Versorgung (BAQ), Stroke Modul 85/1, Jahresbericht 2008, S 24.

[38] Wissenschaftliches Institut der AOK/Helios, Qualitätssicherung der stationären Versorgung mit Routinedaten (QSR) – Abschlussbericht, 2007.

[39] Wissenschaftliches Institut der AOK/Helios, Qualitätssicherung der stationären Versorgung mit Routinedaten (QSR) – Abschlussbericht, 2007, S 108.

[40] Quelle: Wissenschaftliches Institut der AOK (WidO), Helios; Qualitätssicherung der stationären Versorgung mit Routinedaten (QSR), Abschlussbericht 2007.

41 Wissenschaftliches Institut der AOK/Helios, Qualitätssicherung der stationären Versorgung mit Routinedaten (QSR) – Abschlussbericht, 2007, S 153.

42 Quelle: Wissenschaftliches Institut der AOK (WidO), Helios; Qualitätssicherung der stationären Versorgung mit Routinedaten (QSR), Abschlussbericht 2007.

43 Wissenschaftliches Institut der AOK/Helios, Qualitätssicherung der stationären Versorgung mit Routinedaten (QSR) – Abschlussbericht, 2007.

44 Interview Dr. Monika Klinkhammer-Schalke, Kooperationsverbund Qualitätssicherung durch Klinische Krebsregister, Juli 2010.

45 Quelle: Kooperationsverbund Qualitätssicherung durch klinische Krebsregister (KoQK) und die Arbeitsgemeinschaft Deutscher Tumorzentren (ADT), Juli 2010.

46 Interview Dr. Monika Klinkhammer-Schalke, Kooperationsverbund Qualitätssicherung durch Klinische Krebsregister, Juli 2010.

47 Döbler K (2009) Qualitätsindikatoren mit besonderem Handlungsbedarf, Qualitätssicherungskonferenz G-BA, November 9, 2009.

48 Müller von der Grün CP (2007) Amerikas Kliniken starten neue Qualitätsoffensive, Mansky fordert 40000-Leben-Kampagne für Deutschland, F&W, Januar/Februar 2007.

49 Voigt G (2008) Ärztliches Fehlermanagement, Veranstaltung Patientensicherheit in Niedersachsen, Patientenuniversität MHH, Ärztekammer Niedersachsen, Februar 2008.

50 Der Spiegel, Zahl der Verkehrstoten auf Rekordtief, http://www.spiegel.de/auto/aktuell/0,1518,666311,00.html.

51 Aktionsbündnis Patientensicherheit, Krankenhausbefragung zum Klinischen Risikomanagement gestartet. http://aps-ev.de/?q=krankenhausbefragung-zum-klinischen-risikomanagement-gestartet.

52 Blum K et al (2007) Krankenhausbarometer – Umfrage 2007. Deutsches Krankenhausinstitut, October 2007.

53 Schoen C et al (2005) Taking the pulse of health care system: experiences of patients with health problems in six countries. Health affairs, Web exclusive – W5 514, 3 November 2005.

54 Schoen C et al (2005) Taking the pulse of health care system: experiences of patients with health problems in six countries. Health affairs, Web exclusive – W5 514, 3 November 2005.

55 Schoen C et al (2009) In chronic condition: experiences in patients with complex health care needs, in eight countries, 2008. Health Affairs 28(1): w1–w16 (veröffentlicht online am 13. November 2008; 10.1377/hlthaff.28. 1.w1).

56 Sachverständigenrat für die Konzertierte Aktion im Gesundheitswesen, Bedarfsgerechtigkeit und Wirtschaftlichkeit, Über-, Unter- und Fehlversorgung, vol III, 2001.

57 Kassenärztliche Bundesvereinigung, Qualitätsbericht 2009, S 21.

58 Quelle: Kassenärztliche Bundesvereinigung, Qualitätsbericht 2009, S 24.

59 Porter ME, Teisberg EO (2006) Redefining Health Care, Harvard Business School Press. Für eine Übersicht des „value-based model", siehe ebenfalls Porter ME, Value-Based Health Care Delivery. Annals of Surgery 248(4).

60 Drawn from Porter ME (2010) What is Value in Health Care? N Engl J Med 363:2477–81.

61 Porter ME (2010) What is Value in Health Care? N Engl J Med 363:2477–81. doi:10.1056/NEJMp1011024.

62 Midwest Business Group on Health, in collaboration with Juran Institute, Inc., and the Severyn Group, Inc. Reducing the Costs of Poor-Quality Health Care Through Responsible Purchasing Leadership. 2nd printing, MGBH, Chicago 2003.

63 Fuhrmans V (2007) Withdrawal treatment: a novel plan helps hospital wean itself off pricey tests. Wall Street Journal, 12 Dezember 2007.

64 Porter ME, Baron JF (2008) Commonwealth Care Alliance: Elderly and Disabled Care. HBS Case no 9-708-502.

65 Morris, CR (1999) The Health Care Economy is Nothing to Fear. Atlantic, Dezember 1999.

66 Kizer KW (2003) The Volume-Outcome Conundrum. New England Journal of Medicine 349(22).

67 Porter ME, Teisberg EO (2006) Redefining Health Care, Harvard Business School Press; siehe ebenfalls Porter ME (2009) What is Value in Health Care? Institute for Strategy and Competitiveness discussion paper.

[68] Quelle: Porter/Teisberg, Redefining Health Care, Harvard Business School Publishing, 2006.

[69] Supplementary Appendix 2 to Porter ME (2010) What is Value in Health Care? N Engl J Med 363:2477–81. doi:10.1056/NEJMp1011024.

[70] Für mehr Details zum Thema Ergebnismessung, siehe Porter ME (2009) What is Value in Health Care? Institute for Strategy and Competitiveness Working Paper; siehe ebenfalls Porter ME (2007) Defining Value in Health Care, Chapter 7: Policy changes to improve the value we need from health care. In: Proceedings of the Annual Meeting of the Institute of Medicine, 8 October 2007.

[71] National Committee for Quality Assurance (2008) HEDIS measures, NCQA website, http://www.ncqa.org/tabid/59/Default.aspx. Accessed 10 July 2008.

[72] Joint Commission on Accreditation of Healthcare Organization, Important Notice re: ICU Measure Set. 1 July 2005.

[73] Kaveh G et al (2007) How Quickly Do Systematic Reviews Go Out of Date? A Survival Analysis. Ann Intern Med 147:224–233.

[74] Donabedian A (2005) Evaluating the Quality of Medical Care. Milbank Q 83(4):691–729.

[75] Quelle: Porter, Michael E., What is Value in Health Care?, Institute for Strategy and Competitiveness Working Paper, April 2009.

[76] Porter ME (2009) What is Value in Health Care? Institute for Strategy and Competitiveness Working Paper, April 2009.

[77] De Lissovoy G, Ganoczy DA, Ray NF (2000) Relationship of Hemoglobin A1c, Age of Diabetes Diagnosis, and Ethnicity to Clinical Outcomes and Medical Costs in a Computer-Simulated Cohort of Persons With Type 2 Diabetes. Am J Manag Care 6(5):573–84.

[78] De Lissovoy G, Ganoczy DA, Ray NF (2000) Relationship of Hemoglobin A1c, Age of Diabetes Diagnosis, and Ethnicity to Clinical Outcomes and Medical Costs in a Computer-Simulated Cohort of Persons With Type 2 Diabetes. Am J Manag Care 6(5):573–84.

[79] Quelle: Porter, Michael E.; What Is Value in Health Care?, New England Journal of Medicine 10(1056):1-5. Siehe auch Porter ME (2009) What is Value in Health Care? Institute for Strategy and Competitiveness Working Paper, April 2009.

80 Basierend auf Kaplan RS, Porter ME, Measuring and Managing Health Care Delivery Costs, Harvard Business School and Supplementary Appendix 1 to Porter ME (2010) What is Value in Health Care? N Engl J Med 363:2477-81.

81 Kaplan RS, Anderson SR (2007) Time-Driven Activity-Based Costing. Harvard Business School Press.

82 Für Details siehe Kaplan RS, Porter ME, Measuring and Managing Health Care Delivery Costs, Harvard Business School and Supplementary Appendix 1 to Porter ME (2010) What is Value in Health Care? N Engl J Med 363:2477–81.

83 Bundesministerium für Gesundheit, Ergebnisse der GKV Statistik KM1.

84 GKV Spitzenverband, http://www.gkv-spitzenverband.de/ITSGKrankenkassenListe.gkvnet, as of 1.1.2010.

85 http://www.pkv-financial.de/vorausetzungen.html.

86 Wikipedia, http://de.wikipedia.org/wiki/Versicherungspflichtgrenze.

87 Adaptiert von OECD, Proposal for a taxonomy of health insurance, OECD Study on Private Health Insurance, Juni 2004.

88 Barmer GEK Arztreport (2010) Schriftreihe zur Gesundheitsanalyse, vol 1, p 49.

89 Busse R, Riesberg A (2004) Health care systems in transition: Germany. Copenhagen, WHO Regional Office for Europe on behalf of the European Observatory on Health Systems and Policies.

90 http://www.g-ba.de/.

91 OECD (Organisation for Economic Co-operation and Development), Health at a Glance 2009: OECD Indicators – OECD.

92 Federal Statistical Office, http://www.destatis.de/jetspeed/portal/cms/, Zugriff am 14 Februar 2009.

93 European Observatory on Health Care Systems (2000) Health Care Systems in Transition, Report on Germany, p 8.

94 Kassenärztliche Bundesvereinigung (2006) Grunddaten zur ambulanten Versorgung in Deutschland.

95 Quelle: Bundesärztekammer, Ärztestatistik 2007.

96 Forum Gesundheitspolitik, Zeitepoche 1954–1969, http://www.forum-gesundheitspolitik.de/meilensteine/meilensteine.pl?content=1954-1969.

[97] http://www.forum-gesundheitspolitik.de/meilensteine/meilensteine.pl?content=1954-1969.

[98] Rösner HJ (2009) Gesundheitssysteme im internationalen Vergleich. Seminar für Sozialpolitik der Universität zu Köln, p 3; eigene Berechnungen.

[99] Federal Statistics Office, June 2010; eigene Berechnungen.

[100] Quelle: Statistisches Bundesamt, eigene Berechnungen.

[101] Sauerland D (2005) Gesundheitsreformgesetze in Deutschland: Auswirkungen auf Ausgaben und Beitragssätze der Gesetzlichen Krankenversicherung.

[102] Siehe Robert Koch Institut, Ausgaben und Finanzierung des Gesundheitswesens. Gesundheitsberichterstattung des Bundes, vol 45, Mai 2009.

[103] Sachverständigenrat für die Konzertierte Aktion im Gesundheitswesen, Finanzierung, Nutzenorientierung und Qualität, vol I, Gutachten 2003, Kurzfassung, S 18.

[104] Quelle:Basierend auf Rothgang H, „And Fairness for All? Wie gerecht ist die Finanzierung im deutschen Gesundheitssystem?", Zentrum für Sozialpolitik, Universität Bremen, S 26.

[105] Deutsche Sozialversicherung Europavertretung, http://www.deutsche-sozialversicherung.de/de/wegweiser/grundprinzipien.html.

[106] Adapted from Oliver et al (2004) Equity of access to health care: outlining the foundations for action. Journal of Epidemiology and Community Health 58:655–658.

[107] http://www.krankenkassen.de/gesetzliche-krankenkassen/system-gesetzliche-krankenversicherung/fusionen/.

[108] Bundesministerium für Gesundheit, Mitgliederstatistik KM1, 1998 und 2010.

[109] Bundesministerium für Gesundheit, Ergebnisse der GKV Statistik KM1, 2010.

[110] Busse R et al (2004) Health care systems in transition. Observatory report Germany.

[111] AOK Bundesverband, http://www.aok-bv.de/gesundheit/katalog/index.html.

[112] AOK Bundesverband, http://www.aok-bv.de/service/zahlen/index_03359.html.

[113] Schneider M, Hofmann U, Köse A (2003) Zuzahlungen im internationalen Vergleich.

[114] Kassenärztliche Bundesvereinigung, Versichertenbefragung der Kassenärztlichen Bundesvereinigung, Mai/Juni 2006.

[115] Wissenschaftliches Institut der AOK, 2005.

[116] OECD (2004) Private health insurance in OECD countries, The OECD Health Project.

[117] Zahlenbericht der privaten Krankenversicherung 2005/2006, Verband der privaten Krankenversicherung.

[118] Braun B et al (2006) Barrieren für einen Wechsel der Krankenkasse: Loyalität, Bequemlichkeit, Informationsdefizite? Gesundheitsmonitor 2006, Bertelsmann Stiftung.

[119] http://www.versicherung.net/krankenkassenvergleich.html; http://www.krankenkasseninfo.de/; http://www.abc-der-krankenkassen.de/.

[120] Zok K (2006) Beitragssatzkenntnis und Wechselbereitschaft in der GKV. Ergebnisse von Repräsentativ-Umfragen bei GKV-Mitgliedern im Zeitverlauf, WIdO-monitor 2006(2).

[121] Braun B et al (2006) Barrieren für einen Wechsel der Krankenkasse: Loyalität, Bequemlichkeit, Informationsdefizite? Gesundheitsmonitor 2006, Bertelsmann Stiftung.

[122] Braun B et al (2006) Barrieren für einen Wechsel der Krankenkasse: Loyalität, Bequemlichkeit, Informationsdefizite? Gesundheitsmonitor 2006, Bertelsmann Stiftung.

[123] Ärzteblatt, Versorgungsmodelle: Kaufmännische Krankenkasse fordert mehr Wettbewerbsfreiheit, 14 November 2008.

[124] Quelle: Rothgang H, „And Fairness for All? Wie gerecht ist die Finanzierung im deutschen Gesundheitssystem?", Zentrum für Sozialpolitik, Universität Bremen, S 26.

[125] Bundesministerium für Gesundheit (BMGS), Table KF07 Bund, August 2008.

[126] AOK Bundesverband, http://www.aok-bv.de/lexikon/b/index_02463.html.

[127] GKV Spitzenverband, Kennzahlen der Gesetzlichen Krankenversicherung, p 21, 21 July 2010.

[128] Bundesministerium für Gesundheit, Wesentliche Regelungsinhalte des Regierungsentwurfs eines Gesetzes zur nachhaltigen und sozial ausgewogenen Finanzierung der Gesetzlichen Krankenversicherung (GKV-FinG), 22. September 2010.

[129] Bundesministerium für Gesundheit, Wesentliche Regelungsinhalte des Regierungsentwurfs eines Gesetzes zur nachhaltigen und sozial ausgewogenen Finanzierung der Gesetzlichen Krankenversicherung (GKV-FinG), 22. September 2010.

[130] Quelle: Porter/Guth 2011.

[131] Interview Klaus Böttcher, Hauptabteilungsleiter Kaufmännische Krankenkasse (KKH), 25. Februar 2009.

[132] Bundesversicherungsamt, Referat VII 2, http://www.bundesversicherungsamt.de/cln_115/nn_1046748/DE/Risikostrukturausgleich/Risikostrukturausgleich__bis__2008/.

[133] Bundesministerium für Gesundheit, Mitgliederstatistik KM1, Monatswerte Januar–Februar 2010.

[134] Schulte G (2006) Wettbewerb und Risikostrukturausgleich in der gesetzlichen Krankenversicherung. Recht und Politik im Gesundheitswesen 12(4):87–91.

[135] Bundesversicherungsamt, So funktioniert der neue Risikostrukturausgleich im Gesundheitsfonds, 16. September 2008.

[136] GKV Spitzenverband, Kennzahlen der Gesetzlichen Krankenversicherung, p 4, 21 Juli 2010.

[137] OECD (Organisation for Economic Co-operation and Development), Health at a Glance 2009 – OECD Indicators.

[138] Verband der Privaten Krankenversicherungen, Die Möglichkeiten, die Sicherheit, die Zukunft. Privat krankenversichert: so geht's.

[139] Verband der Privaten Krankenversicherungen, Zahlenbericht der Privaten Krankenversicherungen 2007/2008.

[140] Verband der Privaten Krankenversicherungen, Zahlenbericht der Privaten Krankenversicherungen 2007/2008.

[141] Verband der Privaten Krankenversicherungen, Zahlenbericht der Privaten Krankenversicherungen 2005/2006.

[142] Verband der Privaten Krankenversicherungen, Zahlenbericht der Privaten Krankenversicherungen 2009/2010, S 4. http://www.pkv.de/w/files/shop_zahlenberichte/zb09_web.pdf.

143 Jacobs K (2007) Gesundheitsreform und PKV: von „fairem Wettbewerb" keine Spur, Jahrbuch Risikostruturausgleich, Asgard Verlag.

144 www.pkv-selbstvergleich.de.

145 Siehe http://www.pkv-selbstvergleich.de/Altersfelle.htm für Beispielrechnungen.

146 Bund der Versicherten, http://www.bdv.info/bdv/Merkblaetter/PKV-WECHSEL.pdf.

147 Hoffmann C (2007) Die Privaten schlagen zu, Frankfurter Allgemeine Zeitung, 17 Dezember 2007.

148 Jacobs K (2007) Gesundheitsreform und PKV: von „fairem Wettbewerb" keine Spur, Jahrbuch Risikostruturausgleich, Asgard Verlag 2007.

149 Marstedt M (2006) Wartezeiten beim Arzt: GKV-Versicherte warten länger als Privatpatienten, http://www.forum-gesundheitspolitik.de/artikel/artikel.pl?artikel=0295.

150 Lauterbach K (2007) Der Zweiklassenstaat – Wie die privilegierten Deutschland ruinieren. Kapitel "Zweiklassenmedizin", Rowohlt, Berlin.

151 http://www.forum-gesundheitspolitik.de/dossier/index102.htm zitiert Wild F (2008) Die Arzneimittelversorgung von Privatversicherten: die Verordnung von neuen Wirkstoffen, Wissenschaftliches Institut der Privaten Krankenversicherungen.

152 Bertelsmann Stiftung (2007) Umfrage: Bevölkerung blickt skeptisch in die Zukunft des deutschen Gesundheitswesens, Pressemeldung, 2. Februar 2007, http://www.bertelsmann-stiftung.de/cps/rde/xchg/SID-0A 000F0A-901828F1/bst/hs.xsl/nachrichten_49283.htm.

153 Böcken J, Braun B (2006) Anreize zur Verhaltenssteuerung im Gesundheitswesen – Effekte bei Versicherten und Leistungsanbietern, Bertelsmann Stiftung.

154 Continentale Studie 2006 – Die Meinung der Bevölkerung; eine repräsentative Infratest-Bevölkerungsbefragung der Continentale Krankenversicherungs AG, September 2006.

155 Bundesministerium für Gesundheit, Gesetzliche Krankenversicherung – Kennzahlen und Faustformeln, Tabelle KF07Bund, 18 August 2008.

156 Lauterbach K (2007) Der Zweiklassenstaat – Wie die Priviligierten Deutschland ruinieren, Rowohlt Berlin.

[157] Straub C (2008) Leistungserbringer und Krankenkassen: Qualität als gemeinsames Ziel, Winter-Symposium der Stiftung Praxissiegel, 14. Februar 2008.

[158] Siehe http://www.pkv-selbstvergleich.de/Altersfelle.htm für Beispielrechnungen.

[159] Jacobs K (2007) Gesundheitsreform und PKV: von "fairem Wettbewerb" keine Spur, Jahrbuch Risikostruturausgleich, Asgard Verlag 2007.

[160] TK-Medienservice „Vergleich von GKV und PKV" – Interview mit Prof. Dr. Norbert Klusen, Vorsitzender des Vorstands der TK, S 2–7, September 2011.

[161] Niehaus F et al (2005) Der überproportionale Finanzierungsbeitrag privat versicherter Patienten im Gesundheitswesen, Wissenschaftliches Institut der PKV, Köln, S 140ff.

[162] Lauterbach K (2007) Der Zweiklassenstaat – Wie die Privilegierten Deutschland ruinieren. Rowohlt, Berlin, p 90.

[163] Health at a Glance 2009, OECD Health data 2009, S 95.

[164] Statistisches Bundesamt, 2008.

[165] Statistisches Bundesamt (2011), Fachserie 12 Reihe 6.1.1 Gesundheitswesen: Grunddaten der Krankenhäuser, Wiesbaden.

[166] Statistisches Bundesamt, Stationäre Gesundheitsversorgung in Deutschland: Krankenhäuser und Versorge- oder Rehabilitationseinrichtungen 2008.

[167] Health at a Glance 2009, OECD Health data 2009, S 95.

[168] Mörsch M (2008) Bestandsaufnahme zur Krankenhausplanung und Investitionsfinanzierung in den Bundesländern, Deutsche Krankenhausgesellschaft, Juni 2008.

[169] Busse R et al (2006) Management im Gesundheitswesen. Springer, Heidelberg.

[170] Mörsch M (2008) Bestandsaufnahme zur Krankenhausplanung und Investitionsfinanzierung in den Bundesländern, Deutsche Krankenhausgesellschaft, Juni 2008.

[171] Schulten T (2006) Liberalisation, privatisation and regulation in the German healthcare sector/hospitals, Wirtschafts- und Sozialwissenschaftliches Institut (WSI), November 2006.

[172] Helios Kliniken, http://www.helios-kliniken.de/ueber-helios/privatisierung/was-machen-wir-anders.html.

[173] Blum K et al, Krankenhausbarometer – Umfrage 2010. Deutsches Krankenhausinstitut, Dezember 2010.

[174] Guth C, Behar B (2007) Hohe Produktivität und zufriedene Patienten. F&W 6/2007.

[175] Blum K et al, Krankenhausbarometer – Umfrage 2008. Deutsches Krankenhausinstitut, Oktober 2008.

[176] Quelle: Blum et al, Krankenhausbarometer – Umfrage 2008, Deutsches Krankenhausinstitut, Oktober 2008.

[177] Bruckenberger E (2007) Herzbericht 2006 mit Transplantationschirurgie, S 77–78.

[178] Hummler HD et al (2006) Mortalität und Morbidität sehr unreifer Frühgeborener in Baden-Württemberg in Abhängigkeit von der Klinikgröße. Ist der derzeitige Grad der Regionalisierung ausreichend? Z Geburtshilfe Neonatol 2006; 210(1): 6-11.

[179] Heller G (2005) Gibt es einen Volumen-Outcome-Zusammenhang bei der Versorgung von Neugeborenen mit sehr niedrigem Geburtsgewicht in Deutschland – Eine Analyse mit Routinedaten, Wissenschaftliches Institut der AOK (WIdO).

[180] Kleinhubbert G (2007) Geboren am falschen Ort, Spiegel 44/2007; zitiert von Hummler H et al (2006) Zeitschrift für Geburtshilfe und Neonatologie.

[181] Blum K et al (2007) Krankenhausbarometer – Umfrage 2007. Deutsches Krankenhausinstitut, September 2007.

[182] Vgl. Augurzky B et al 2007, S 115.

[183] Vgl. Augurzky B et al 2007, S 115.

[184] Gemeinsamer Bundesausschuss (2008) Nachweislich bessere Ergebnisse durch Mindestmengen bei Kniegelenk-Totalendoprothesen-Operationen – G-BA legt Ergebnisse der Mindestmengen-Begleitforschung vor, press release 18. März 2008, Siegburg/Berlin.

[185] Blum K et al (2007) Macht's die Menge?, Krankenhaus Umschau 7/2007.

[186] Blum K et al (2004) Krankenhaus Trends, Auswirkungen der Mindestmengen auf die Versorgungsstruktur, August 2004.

[187] Schoen C et al (2006) On the front lines of care: primary care doctors' office systems, experiences, and views on seven countries; Health Affairs – Web Exclusive, 2. November 2006.

[188] Blum K et al (2006) Krankenhausbarometer – Umfrage 2006. Deutsche Krankenhausgesellschaft, September 2006.

[189] Ärztezeitung, http://www.aerztezeitung.de/docs/2005/04/21/072a0401.asp.

[190] Blum K et al (2008) Krankenhausbarometer – Umfrage 2008. Deutsches Krankenhausinstitut, Oktober 2008.

[191] Blum K et al (2007) Krankenhausbarometer – Umfrage 2007. Deutsches Krankenhausinstitut, September 2007.

[192] Deutsche Krankenhausgesellschaft, Abteilung III/Re, Krankenhausstatistik, 16. Juni 2008.

[193] Hübner U (2006) "Der Weg ist das Ziel" – Ergebnisse der aktuellen Befragung des IT-Reports Gesundheitswesen; FH Osnabrück, 20. März 2006.

[194] Fallpauschalen-Katalog, G-DRG-Version 2010.

[195] Blum K et al (2007) Krankenhausbarometer – Umfrage 2007. Deutsches Krankenhausinstitut, September 2007.

[196] McKinsey analysis 2008, Interview Dr. Reinhard Wichels.

[197] Grözinger M et al (2009) Neue Regelungen für Einrichtungen der Psychiatrie und Psychotherapie, Kinder- und Jugendpsychiatrie und -psychotherapie sowie Psychosomatische Medizin und Psychotherapie im Krankenhausfinanzierungsreformgesetz (KHRG), Deutsche Gesellschaft für Psychiatrie, Psychotherapie und Nervenheilkunde (DGPPN), Nervenarzt 80:485–494.

[198] Gebührenordnung für Ärzte. Deutscher Ärzte-Verlag, 2008.

[199] Krankenhausentgeltgesetz, http://www.gesetze-im-internet.de/khentgg/BJNR142200002.html.

[200] Bundesärztekammer, 2008.

[201] Kassenärztliche Bundesvereinigung, Versichertenbefragung der Kassenärztlichen Bundesvereinigung – Ergebnisse einer repräsentativen Bevölkerungsumfrage, Mai/Juni 2006.

[202] Kassenärztliche Bundesvereinigung, KBV Grunddaten 2009.

[203] Böken J (2006): Hausarztmodelle in Deutschland, Teilnehmerstruktur, Beitrittsgründe und die Koordination zum Facharzt, in: Böken J et al (eds): Gesundheitsmonitor 2006, Gütersloh, S 247–271.

[204] OECD (Organisation for Economic Co-operation and Development), OECD Health data 2006.

[205] Kieselbach, Ärztliche Praxis, Brandneue Zahlen: das verdienen die Ärzte, 21 September 2006.

[206] Gmündener Ersatzkasse, GEK Report ambulant-ärztliche Versorgung 2008, Dezember 2008.

[207] Bertelsmann Stiftung, Praxisgebühr zeigt unerwünschte Nebenwirkungen, Pressemeldung zum Gesundheitsmonitor 2005, 1. September 2005.

[208] Koch K, Gehrmann U, Sawicki P (2007) Primärärztliche Versorgung in Deutschland im internationalen Vergleich: Ergebnisse einer strukturvalidierten Ärztebefragung, Deutsches Ärzteblatt 110(38).

[209] Kassenärztliche Bundesvereinigung, Grunddaten 2008.

[210] AOK Rheinland/Hamburg, http://www.aok.de/rheinland-hamburg/leistungen-service/leistungen-und-services-von-a-bis-z-hausarztvertrag-welche-aufgaben-hat-hausarzt-94157.php.

[211] Bertelsmann Stiftung (2008) Umfrage: Hausarztmodelle in der heutigen Form weitgehend wirkungslos, Pressemeldung 10. Januar 2008, http://www.bertelsmann-stiftung.de/cps/rde/xchg/bst/hs.xs/nachrichten_ 84748.htm.

[212] Sozialgesetzbuch V, http://www.sozialgesetzbuch-sgb.de/sgbv/73c.html.

[213] Schlitt R (2008) Hochspezialisierte ambulante Leistungen an Krankenhäusern: Wie die ambulante Facharztmedizin ausgetrocknet wird. KV-Blatt 03/2008.

[214] Munte A (2007) Das Ende der KV'en oder Aufbruch in neue Strukturen der ambulanten Versorgung, 28 März 2007.

[215] Munte A (2007) Das Ende der KV'en oder Aufbruch in neue Strukturen der ambulanten Versorgung, 28 März 2007.

[216] Kassenärztliche Bundesvereinigung, Versichertenbefragung der Kassenärztlichen Bundesvereinigung – Ergebnisse einer repräsentativen Bevölkerungsumfrage, Mai/Juni 2006, S 9.

217 Kassenärztliche Bundesvereinigung, Versichertenbefragung der Kassenärztlichen Bundesvereinigung – Ergebnisse einer repräsentativen Bevölkerungsumfrage, Mai/Juni 2006, S 9.

218 Porter ME, Guth C, Dannemiller E (2007) The West German Headache Center: Integrated Migraine Care, Teaching Note. Harvard Business School Publishing, 7. Mai 2007.

219 Burkowitz J (1999) Effektivität der ärztlichen Kooperationsbeziehung – Aus den Augen, aus dem Sinn …? Empirische Analyse auf Basis von Patientendaten, Medizinische Fakultät Charité, 2. Juni 1999.

220 Schoen C et al (2008) In chronic condition: Experiences of patients with complex health care needs, in eight countries, 2008. Health Affairs, 13. November 2008.

221 Schoen C et al (2008) In chronic condition: Experiences of patients with complex health care needs, in eight countries, 2008; Health Affairs, 13. November 2008.

222 Lente VEJ (2011) Erfahrungen mit strukturierten Behandlungsprogrammen (DMPs) in Deutschland, Versorgungs-Report 2011, Schwerpunkt: Chronische Erkrankungen, Schattauer Verlag.

223 AOK Bundesverband, Zukunftsmodell DMP – Erfolge und Perspektiven der Programme für chronisch Kranke, 26. Juni 2007.

224 AOK Bundesverband, Zukunftsmodell DMP – Erfolge und Perspektiven der Programme für chronisch Kranke, 26. Juni 2007.

225 AOK Bundesverband, Das DMP KHK verbessert die Versorgung von Herzpatienten, Zwischenbericht AOK Bundesverband Juli 2008.

226 Davis K (2007) Learning from high performing health care systems around the globe. The Commonwealth Fund; data quoted from 2006 Commonwealth Fund International Heath Policy Survey of Primary Care Physicians.

227 Schoen C et al (2006) On the front lines of care: primary care doctors' office systems, experiences, and views on seven countries. Health Affairs – Web Exclusive, 2. November 2006.

228 Kassenärztliche Bundesvereinigung, EBM 2008 – Ein Meilenstein für die Zukunft, Sonderpublikation.

229 EBM 2008 accessed via www.kbv.de.

230 Kassenärztliche Bundesvereinigung, KBV Klartext, Juli 2010, S 4–5.

231 KV Baden Württemberg, Honorarverteilung 2010, S 6. http://www.kvbawue.de/uploads/tx_userkvbwpdfdownload/20100527_Honorarverteilung_2010_.pdf.

232 Statistisches Bundesamt, Datenreport 2006, Kapitel Gesundheit.

233 Thalau J (2004) Vergleichende Qualitätsmessung in der medizinischen Rehabilitation – Das QS-Reha-Verfahren der GKV, Krankenhausreport 2004 – Schwerpunkt: Qualitätstransparenz, Schattauer Verlag.

234 Zeidler J (2009) Kostenvergleich der ambulanten und stationären Rehabilitation: Ergebnisse einer Sekundärdatenanalyse zur Rehabilitation muskuloskeletaler und kardiologischer Erkrankungen, Leibniz Universität Hannover, Forschungsstelle für Gesundheitsökonomie.

235 Statistisches Bundesamt, www.destatis.de. Zugriff am 4 Oktober 2010.

236 Preisliste Haus Lehl, 80538 Munich, Zugriff über AOK Pflegenavigator (www.aok-pflegeheimnavigator.de).

237 Rickens C (2007) Pflegebedürtig – Mangelnde wirtschaftliche Anreize führen zu dramatischen Qualitätsunterschieden in deutschen Pflegeheimen. Managermagazin 9/2007. Der Artikel veröffentlicht eine Originalarbeit von McKinsey & Company. Autoren der Studie sind Jürgen Wettke und Matthias Wernicke.

238 Medizinischer Dienst der Krankenkassen (2008) Vereinbarung nach §115 Abs. 1a Satz 6 SGB XI über die Kriterien der Veröffentlichung sowie die Bewertungssystematik der Qualitätsprüfungen der Medizinischen Dienste der Krankenversicherung sowie gleichwertiger Prüfergebnisse in der stationären Pflege – Pflege-Transparenzvereinbarung stationär (PTVS) – vom 17. Dezember 2008, http://www.mdk-niedersachsen.de/download/Kriterien_stationaere_Pf_Qu_17122008.pdf.

239 Siehe AOK Pflegenavigator als Beispiel; http://www.aok.de/bundesweit/gesundheit/pflege-navigator-12846.php.

240 Grothaus FJ (2009), Entwicklung der integrierten Versorgung in der Bundesrepublik Deutschland 2004–2008 – Bericht gemäß §140d SGB V auf der Grundlage der Meldungen von Verträgen zur integrierten Versorgung, Bundesgeschäftsstelle Qualitätssicherung gGmbh.

241 Scholz J (2007) Mogelpackung oder großer Wurf, Durchblick Gesundheit, Dezember 2007.

242 Grothaus FJ (2009) Entwicklung der integrierten Versorgung in der Bundesrepublik Deutschland 2004–2008 – Bericht gemäß § 140d SGB V

auf der Grundlage der Meldungen von Verträgen zur integrierten Versorgung, Bundesgeschäftsstelle Qualitätssicherung gGmbH.

[243] Porter ME, Guth C, Dannermiller E (2007) The West German Headache Center: integrated migraine care, Harvard Business School Publishing.

[244] Leber WD (2005) Refinanzierung ambulanter Klinikleistungen – Der Paragraph 116b SGB V bedarf einer Ergänzung, damit er funktioniert. Krankenhaus Umschau 3/2005.

[245] Blum K et al (2008) Krankenhausbarometer – Umfrage 2008. Deutsches Krankenhausinstitut, Oktober 2008.

[246] Schlitt R (2008) Hochspezialisierte ambulante Leistungen an Krankenhäusern: Wie die ambulante Facharztmedizin ausgetrocknet wird. KV-Blatt 03/2008.

[247] Kassenärztliche Bundesvereinigung, KBV Grunddaten, 2010.

[248] Burkowitz J (1999) Effektivität der ärztlichen Kooperationsbeziehung – Aus den Augen, aus dem Sinn …? Empirische Analyse auf Basis von Patientendaten. Medizinische Fakultät Charité, 2 Juni 1999.

[249] Statistisches Bundesamt, Grunddaten des Gesundheitswesen – Grunddaten der Krankenhäuser, 2006.

[250] Koch K, Gehrmann U, Sawicki P (2007) Primärärztliche Versorgung in Deutschland im internationalen Vergleich: Ergebnisse einer strukturvalidierten Ärztebefragung. Deutsches Ärzteblatt 110(38).

[251] Koch K, Gehrmann U, Sawicki P (2007) Primärärztliche Versorgung in Deutschland im internationalen Vergleich: Ergebnisse einer strukturvalidierten Ärztebefragung. Deutsches Ärzteblatt 110(38).

[252] Finanztest, Nur fünf sind gute Lotsen, 8/2007.

[253] Terra Consulting Partner, Service Check von Online-Dienstleistungen der gesetzlichen Krankenkasse, http://www.computerwoche.de/nachrichtenarchiv/522885/index.html.

[254] Busse R et al (2006), Management im Gesundheitswesen. Springer, Heidelberg.

[255] Bundesanstalt für Arbeitsschutz und Arbeitsmedizin, Volkswirtschaftliche Kosten durch Arbeitsunfähigkeit 2006, www.baua.de.

[256] Eberle G et al (2005) Wirtschaftlicher Nutzen betrieblicher Gesundheitsförderung aus Sicht von Unternehmen. AOK Bundesverband, April 2005.

257 Medizinischer Dienst der Spitzenverbände der Krankenkassen, Dokumentation 2005 – Leistungen der Gesetzlichen Krankenversicherungen in der Primärprevention und betrieblichen Gesundheistförderung, Januar 2007, p 108.

258 Institut für Mittelstandsforschung, Kennzahlen zum Mittelstand 2009 in Deutschland, http://www.ifm-bonn.org/index.php?id=99. Zugriff 5 Dezember 2010.

259 Bechmann S et al (2010) Motive und Hemmnisse für Betriebliches Gesundheitsmanagement (BGM). IGA Report 20, April 2010.

260 Porter ME, Teisberg EO, Wallace S (2008) Guest column: Rethinking the role of employers. Financial Times, 3. Juli 2008.

261 For a case study of a positive example see Porter ME, Baron JF (2009) Pitney Bowes: Employer health strategy. Harvard Business School Case study, 24. Februar 2009.

262 OECD (Organisation for Economic Co-operation and Development), OECD Health data 2009.

263 Gerlinger T et al (2007) Gesundheitspolitik, Gesundheitsreform und soziale Ungleichheit. Institut für Medizinische Soziologie, Johann-Wolfgang Goethe Universität Frankfurt, S 12.

264 AOK Bundesverband, http://www.aok-bv.de/service/zahlen/index_03359.html.

265 Holst J (2008) Praxisgebühr – und kein bisschen weise. Forum Gesundheitspolitik, 7. Juni 2008, http://www.forum-gesundheitspolitik.de/artikel/artikel.pl?artikel=1257.

266 Petermann F (2004) Non-compliance: Merkmale, Kosten und Konsequenzen. Managed Care 4/2004.

267 Loss J et al (2010) Compliance bei chronischen Krankheiten – Zusammenhang zum Gesundheitssystem.

268 Rottlaender D et al (2007) Multimedikation, Compliance und Zusatzmedikation bei Patienten mit kardiovaskulären Erkrankungen. Deutsche Medizinische Wochenschrift 132(4):139–144.

269 Petermann F (2004) Non-compliance: Merkmale, Kosten und Konsequenzen. Managed Care 4/2004.

270 Loss J et al (2010) Compliance bei chronischen Krankheiten – Zusammenhang zum Gesundheitssystem.

[271] Straub C (2008) Leistungserbringer und Krankenkassen: Qualität als gemeinsames Ziel. Winter-Symposium der Stiftung Praxissiegel, 14. Februar 2008.

[272] Holst J (2007) Therapietreue, "Auch eine Bringschuld des Versorgungssystems". Deutsches Ärzteblatt 104(15).

[273] Dietz B (2005) Wie mündig sind Diabetes Patienten? als Auszug vom Diabetes-Journal 7/2005.

[274] Prokosch HU (2008) University Erlangen, Pressemeldung 25. November 2008, http://www.dgn.de/40telematik/10it/20090106122854.html.

[275] Geraedts M (2006) Qualitätsberichte deutscher Krankenhäuser und Qualitätsvergleiche von Einrichtungen des Gesundheitswesens aus Versichertensicht. Bertelsmann Stiftung.

[276] Bertelsmann Stiftung, http://www.bertelsmann-stiftung.de/cps/rde/xchg/SID-0A000F0A-F18FE2E2/bst/hs.xsl/nachrichten_49283.htm.

[277] Schaeffer D (2006) Bedarf an Patienteninformation über das Krankenhaus – eine Literaturanalyse, Bertelsmann Stiftung.

[278] Grote Westrich M (2007) Unser Gesundheitswesen braucht Qualitätstransparenz, Bertelsmann Stiftung, S 28.

[279] Klinik-Führer Rhein-Ruhr: Startschuss für die 3. Auflage, Pressemeldung 16. Januar 2007.

[280] Der Tagesspiegel, Klinikführer – Berliner Kliniken im Vergleich, Juni 2006.

[281] Hamburger Krankenhausspiegel, http://www.hamburger-krankenhausspiegel.de/index.php.

[282] Kooperation für Qualität und Transparenz im Gesundheitswesen (KTQ), http://www.ktq.de/ktq_verfahren/index.php.

[283] Busse R et al (2006) Management im Gesundheitswesen, S 75.

[284] Geraedts M (2006) Qualitätsberichte deutscher Krankenhäuser und Qualitätsvergleiche von Einrichtungen des Gesundheitswesens aus Versichertensicht. Gesundheitsmonitor 2006.

[285] Gemeinsamer Bundesausschuss, Pressemeldung 26/2009.

[286] AQUA-Institut für angewandte Qualitätsförderung und Forschung im Gesundheitswesen GmbH, Qualitätsreport 2009.

[287] Bundesgeschäftsstelle Qualitätssicherung gGmbH, BQS Outcome 2008. Accessed on http://www.bqs-outcome.de/.

[288] Quelle: Bundesgeschäftsstelle für Qualitätssicherung, BQS-Ergebnisse 2008.

[289] Busse R, Nimptsch U, Mansky T (2009) Measuring, Monitoring, And Managing Quality in Germany's hospitals. Health Affairs, 27. Januar 2009.

[290] Bundesgeschäftsstelle Qualitätssicherung, http://www.bqs-qualitaetsreport.de/2007/grundlagen/datenvalidierung.

[291] Kassenärztliche Bundesvereinigung, http://www.kbv.de/themen/9930.html#Rechtliche%20Grundlagen.

[292] See Qualitätsbericht der Kassenärztlichen Vereinigung Bayerns 2006 als Beispiel.

[293] Busse R, Schreyögg JA, Gericke C (2006) Management im Gesundheitswesen. Springer, Heidelberg, S 99.

[294] Obermann K et al (2007) Qualitätsmanagement in der ärztlichen Praxis 2007 – Eine deutschlandweite Befragung niedergelassener Ärztinnen und Ärzte. Stiftung Gesundheit.

[295] Obermann K et al (2007) Qualitätsmanagement in der ärztlichen Praxis 2007 – Eine deutschlandweite Befragung niedergelassener Ärztinnen und Ärzte. Stiftung Gesundheit.

[296] Kassenärztliche Bundesvereinigung, KBV entwickelt Starter-Set ambulanter Qualitätsindikatoren, Ergebnisse des Projekts AQUIK – Ambulante Qualitätsindikatoren und Kennzahlen, KBV 2009.

[297] AOK Gesundheitspartner, http://www.aok-gesundheitspartner.de/bundesverband/qisa/.

[298] Mansky T (2007) Ergebnisqualität sicher messen und aktiv verbessern – Erfahrungen. Medizinischer Jahresbericht 2006/2007, Helios Kliniken Gruppe, Dezember 2007.

[299] Busse R, Nimptsch U, Mansk T (2009) Measuring, Monitoring, And Managing Quality in Germany's Hospitals. Health Affairs, 27. Januar 2009.

[300] Personal interview with Dr. Mansky, Helios senior management, October 2007.

[301] Mansky T et al, Die Kliniken können deutlich besser werden. F&W September/Oktober 2006.

[302] Helios Kliniken, Medizinischer Jahresbericht 2006/2007, Ergebnisqualität sicher messen und aktiv verbessern, S 62–63.

[303] Wissenschaftliches Institut der AOK, Qualitätssicherung der stationären Versorgung mit Routinedaten (QSR). Bonn 2007.

[304] Busse R, Nimptsch U, Mansk T (2009) Measuring, Monitoring, And Managing Quality in Germany's Hospitals. Health Affairs, 27. Januar 2009.

[305] Quelle: Wissenschaftliches Institut der AOK (WidO), Helios; Qualitätssicherung der stationären Versorgung mit Routinedaten (QSR), Abschlussbericht 2007.

[306] Quelle: Wissenschaftliches Institut der AOK (WidO), Helios; Qualitätssicherung der stationären Versorgung mit Routinedaten (QSR), Abschlussbericht 2007.

[307] Wissenschaftliches Institut der AOK/Helios, Qualitätssicherung der stationären Versorgung mit Routinedaten (QSR) – Abschlussbericht, 2007.

[308] Kuhlen R et al (2010) Initative Qualitätsmedizin. Jahrbuch Qualitätsmedizin 2010, Kapitel 2, Medizinisch Wissenschaftliche Verlagsgesellschaft.

[309] Initiative Qualitätsmedizin, http://www.initiative-qualitaetsmedizin.de/home/.

[310] Heißmann N (2010) Gute Häuser für künstliche Kniegelenke, Stern 18/2010 and see http://www.aok-gesundheitsnavi.de/krankenhaus.15.de.html.

[311] Interview Dr. Jens Deerberg-Wittram, März 2010.

[312] Interview Dr. Jens Deerberg-Wittram, Januar 2011.

[313] See Schön Klinik, http://www.schoen-kliniken.de/ptp/gruppe/qm/zahlen/2009/ für Gesamtbericht.

[314] Schön Klinik Qualitätsbericht 2009, S 126.

[315] Schön Klinik, http://www.schoen-kliniken.de/ptp/gruppe/qm/zahlen/2009/ortho/gelenk/index.php.de.

[316] Quelle: Schön Klinik, Qualitätsbericht 2009.

[317] Schön Klinik Qualitätsbericht 2009, S 14.

[318] Hautzinger M, Bailer M, Worrall H, Keller F (2000) Beck-Depressions-Inventar (BDI). Testhandbuch (3rd edn.), Bern.

[319] Wikipedia, http://en.wikipedia.org/wiki/Beck_Depression_Inventory.

[320] Quelle: Schön Klinik, Qualitätsbericht 2009.

[321] Laschober M et al (2007) Hospital response to public reporting of quality indicators. Health Care Financing Review 28(3).

[322] Laschober M et al (2007) Hospital response to public reporting of quality indicators. Health Care Financing Review 28(3).

[323] Sehgal AR (2010) The role of reputation in the US News & World Report's Rankings of the Top 50 American Hospitals. Ann Intern Med 152:521–525.

[324] Gesundheitsberichterstattung des Bundes, Krankheitskosten nach Alter und Geschlecht, www.gbe-bund.de.

[325] Quelle: Kaplan R, Porter ME, How to solve the cost crises in health care. Harvard Business Review, September 2011, S 46–64.

[326] Sauerland D (2005) Gesundheitsreformgesetze in Deutschland: Auswirkungen auf Ausgaben und Beitragssätze der Gesetzlichen Krankenversicherung, August 2005.

[327] Eigene Kalkulation.

[328] Koch K, Gehrmann U, Sawicki P (2007) Primärärztliche Versorgung in Deutschland im internationalen Vergleich: Ergebnisse einer strukturvalidierten Ärztebefragung. Deutsches Ärzteblatt 110(38).

[329] Ärzteblatt, Gesundheitsfond: Krankenkassen auf der Suche nach Chronikern, 5 Dezember 2008.

[330] Straub C (2008) Leistungserbringer und Krankenkassen: Qualität als gemeinsames Ziel. Vortrag Winter Symposium der Stiftung Praxissiegel e.V., 14. Februar 2008.

[331] Barmer GEK Arztreport 2010, Abbildung: von einem Arzt zum nächsten? Januar 2010.

[332] Davis K et al (2010) Mirror, mirror on the wall – How the performance of the US health care system compares internationally. 2010 update, Commonwealth Fund.

[333] Baron J, Porter ME (2010) Value-based Competition in Health Care: The Swedish Perspective, unveröffentlichter Bericht.

[334] Dr. Foster Intelligence, http://www.drfosterintelligence.co.uk/.

[335] Dierks M-L, Schaeffer D (2004) Krankenhaus-Report 2004, Kapitel 8: Informationen über die Qualität der gesundheitlichen Versorgung – Erwartung und Forderung der Patienten. Schattauer Verlag, Stuttgart.

[336] Quelle: Porter ME, Präsentation vor der Centers for Medicare & Medicaid Services (CMS) Speaker Series. http://www.isc.hbs.edu/pdf/2011%2005%20 20_Porter_CMS%20Speaker%20Series%20(Final).pdf.

[337] Porter ME, Guth C, Dannemiller E (2007) The West German Headache Center: Integrated Migraine Care. Harvard Business School Publishing.

[338] Sahm S (2006) Die Konzentration der Krebsmedizin geht weiter. Frankfurter Allgemeine Zeitung, 29. März 2006.

[339] Kreutz I (2011) „Brustzentren sind eine große Erfolgsstory", Ärztezeitung 30.9.2011.

[340] Dieser Absatz basiert auf Teperi J et al, The Finish Health Care System – A value-based perspective. Sitra reports 82, S 100–101.

[341] Beispiel aus Holzkirchen, Bayern. Interview Michael Müller, 8 Juli 2010.

[342] Interview Prof. Jörg Debatin, Vorstandsvorsitzender Universitätsklinikum Eppendorf, Dezember 2007.

[343] Interview Prof. Jörg Debatin, Vorstandsvorsitzender Universitätsklinikum Eppendorf, Dezember 2007.

[344] Interview Dr. Thomas Mansky, Helios Management, Dezember 2007.

[345] Thielscher C et al (2009) Dürfen Krankenkassen Informationen über die Qualität von Ärzten veröffentlichen? Die Krankenversicherung 9/2009.

[346] Feenstra H, Wansink W (2009) Zo gaat het in de zorg (De burger als klant, speelbal of koning, mondig of monddood). Amsterdam/Antwerpen, 2. Auflage, Januar 2009, p 25, 31.

[347] Braun B et al (2006) Barrieren für einen Wechsel der Krankenkasse: Loyalität, Bequemlichkeit, Informationsdefizite? Gesundheitsmonitor 2006, Bertelsmann Stiftung.

Glossar*

Akteure (im Gesundheitswesen): Juristische oder natürliche Personen, deren persönlicher, finanzieller oder anderweitiger Erfolg von der Funktionsweise des Systems tangiert wird. Dazu gehören Patienten, potenzielle Patienten, Angehörige, Krankenversicherer, Krankenhäuser, Ärzte, Pflegepersonal, Apotheker, Arbeitgeber, Arzneimittel- und Medizintechnikhersteller, E-Health-Anbieter sowie Bund, Länder und Gemeinden.

Behandlungsergebnis: Das Resultat einer medizinischen Behandlung durch Ärzte, Pflegepersonal oder Leistungserbringer im Bereich der Heilmittel. Die Ergebnisse umfassen beispielsweise folgende → *Ergebnisindikatoren*: Mortalität, Dauer der Rekonvaleszenz, Komplikationsraten oder Grad der körperlichen oder geistigen Funktionsbeeinträchtigung.

Behandlungskette: Der gesamte Behandlungszyklus von der Kontrolle und Prävention über die Diagnose, Behandlung und Rehabilitation bis hin zum Monitoring bei chronisch Kranken.

Disease-Management-Programme: Integrierte Behandlungsprogramme für chronisch kranke Menschen, die unter Einbeziehung von Prävention, Diagnostik, Therapie und Rehabilitation mit einer aufeinander abgestimmten und kontinuierlichen Betreuung die Be-

---

* In Teilen adaptiert aus der Veröffentlichung „Nutzenorientierter Wettbewerb im schweizerischen Gesundheitswesen: Möglichkeiten und Chancen" (Teisberg 2008).

handlung bestimmter kostenintensiver Erkrankungen über den gesamten Verlauf steuern.

Elektronische Patientenakte: Die elektronische Verwaltung von Patientendaten und die Einrichtung von Schnittstellen, über die die unterschiedlichen Leistungserbringer online auf die gesundheitsbezogenen Daten der Patienten zugreifen können.

Ergebnisindikator/-parameter: Kennzahl zur Messung der Ergebnisqualität. Die Ergebnisqualität kann auf drei Ebenen gemessen werden: Ebene 1 beschreibt den Grad des unmittelbar erreichten Gesundheitszustands, Ebene 2 den Genesungsprozess und Ebene 3 die Nachhaltigkeit der Heilung (siehe Kapitel 3, Abbildung 13). Je Krankheitsbild lassen sich unterschiedliche Indikatoren je Ebene heranziehen. Folgende Indikatoren sind typisch: Mortalität, Schmerzindizes, Beweglichkeit, Auftreten von Infektionen oder Komplikationen, ungeplante Re-Hospitalisationen und Zeit bis zur Wiedererlangung der Erwerbstätigkeit.

Ergebnismessung: Der Prozess der Datenerhebung zu den → *Behandlungsergebnissen*. Die Ergebnisse werden bei jedem Leistungserbringer zur Bewertung des → *Patientennutzens* einer Behandlung gemessen. Welche Ergebnismessungen und → *Ergebnisindikatoren* bei welcher Krankheit relevant sind, muss individuell für jedes → *Krankheitsbild* bestimmt werden. Die Ergebnismessung ist ein zentrales Instrument, um die Interessen der Akteure des Gesundheitssystems auf die Steigerung des Patientennutzens auszurichten.

Integrierte Behandlungseinheit (IPU – Integrated Practice Unit): Ein patientenzentrierter Ansatz zur Organisation der Gesundheitsversorgung. Die Versorgung erfolgt durch multidisziplinäre Teams aus Ärzten, Pflegepersonal und Therapeuten, die nach → *Krankheitsbildern* organisiert sind. Ein solches Team umfasst Ärzte und Personal aus mehreren medizinischen Fachgebieten. Zum Beispiel umfasst die Behandlung von Herzinsuffizienzpatienten Kardiologen, Gefäss- und Herzchirurgen, Radiologen sowie spezialisiertes Pflegepersonal und Therapeuten.

Komorbidität: Das gleichzeitige Vorliegen eines oder mehrerer zusätzlicher Begleiterkrankungen zu einer Grunderkrankung (Indexerkrankung), wobei diese mit der Grunderkrankung zusammenhängen können, aber nicht müssen (→ *Krankheitsbild*).

Kopfpauschalen: Ein Abrechnungsmodell mit fixen Beträgen pro Person und Zeiteinheit (z.B. pro Monat oder pro Jahr) anstelle von Einzelleistungsvergütungen.

Kostenverlagerung: Ein Nullsummenspiel, bei dem die unterschiedlichen Akteure ihre Kosten auf andere Akteure zu verlagern versuchen.

Krankheitsbild: Eine Kombination von Gesundheitsproblemen, die am besten koordiniert und gemeinsam behandelt werden. Dies umfasst nicht nur die Diagnose in ihrer gängigen Definition unter Ärzten (z.B. Diabetes, chronische Herzinsuffizienz), sondern auch häufige, gleichzeitig auftretende Nebendiagnosen (z.B. Diabetes mit gleichzeitigen Gefäßproblemen und/oder Bluthochdruck). Die Organisation der Gesundheitsversorgung nach Krankheitsbildern durch die Einrichtung von → *Integrierten Behandlungseinheiten* vermeidet die Fragmentierung der Gesundheitsversorgung, die von Patienten mit komplexeren Krankheiten besonders negativ erlebt wird.

Leistungserbringer: Alle an der Gesundheitsversorgung teilnehmenden Einrichtungen, insbesondere niedergelassene Ärzte, Krankenhäuser, Rehabilitationskliniken, Apotheken und Anbieter von Heilmitteln (physikalische Therapie, podologische Therapie, Sprachtherapie und Ergotherapie).

Nullsummen-Wettbewerb: Eine Wettbewerbssituation, in der der Gewinn des einen Akteurs zum Verlust eines anderen Akteurs führt. Dieser Wettbewerb schafft keinen Mehrwert im gesamten System (vgl. → *Positivsummen-Wettbewerb* und → *Kostenverlagerung*).

Nutzenorientierter Wettbewerb (value-based health care): Ein Wettbewerb mit dem Ziel, den → *Patientennutzen* zu steigern, d.h. bessere → *Behandlungsergebnisse* zu geringeren Kosten zu erreichen.

Patientennutzen (patient value): Das → *Behandlungsergebnis* je Kosteneinheit für den einzelnen Patienten. Aus Patientensicht wird der Nutzen nicht durch eine Steigerung der Anzahl der Behandlungen, sondern durch bessere Behandlungsresultate und einen schließlich besseren Gesundheitszustand erzielt. Die Optimierung des Patientennutzens kann auch bedeuten den gleichen Gesundheitszustand oder die gleichen medizinischen Behandlungsergebnisse effizienter zu erreichen. Häufig senken bessere Behandlungsergebnisse die Gesundheitskosten, womit die Steigerung des Patientennutzens gleichzeitig sowohl die Behandlungsergebnisse verbessert als auch die Kosten senkt.

Positivsummen-Wettbewerb: Ein Wettbewerb, der den → *Patientennutzen* erhöht. In den meisten Branchen führt ein Positivsummen-Wettbewerb sowohl zu Qualitäts- als auch zu Effizienzverbesserungen (vgl. → *Nullsummen-Wettbewerb* und → *Kostenverlagerung*).

Risikoausgleich: Beim Risikoausgleich wird die Zusammensetzung und der Gesundheitszustand der Versichertenpopulation einer Krankenversicherung mit dem Durchschnitt aller Versicherten aller Krankenkassen verglichen. Versicherer mit einer vergleichsweise günstigen Risikostruktur, d.h. einer vergleichsweise gesunden Versichertenpopulation, müssen im Rahmen des Risikostrukturausgleichs (RSA) eine finanzielle Abgabe entrichten, die den Versicherern mit einer vergleichsweise ungünstigeren, d.h. teureren, Population zugute kommt. Ein erfolgreicher Risikoausgleich minimiert den Anreiz für eine → *Risikoselektion* durch Versicherungen. Die Durchführung des Risikoausgleichs ist Aufgabe des Bundesversicherungsamts.

Risiko-adjustierte Behandlungsergebnisse/Resultate: Die Bereinigung der Behandlungsergebnisse um den Gesundheitszustand bzw. das Gesundheitsrisiko der Patientenpopulation vor Behandlungsbeginn. Mit Hilfe der Risikoadjustierung können → *Behandlungsergebnisse* zwischen → *Leistungserbringern* vergleichbar gemacht werden. Ärzte und medizinische Gesellschaften sollten bei der Entwicklung von Berechnungsmethoden für die Risikobereinigung eine zentrale Rolle spielen.

Risikoselektion: Das gezielte Vorgehen von Krankenversicherungen, um gesündere Personen als Mitglieder zu gewinnen und Personen mit einem höheren Krankheits- oder Unfallrisiko abzuschrecken.

Literaturverzeichnis

Aktionsbündnis Patientensicherheit, Krankenhausbefragung zum Klinischen Risikomanagement gestartet, http://aps-ev.de/?q=krankenhausbefragung-zum-klinischen-risikomanagement-gestartet.

Amhof R et al (2007) Mehr Transparenz über die Qualität der ambulanten medizinischen Versorgung. Gesundheitsmonitor 2007(3).

AOK Bundesverband (2008) Das DMP KHK verbessert die Versorgung von Herzpatienten, Zwischenbericht AOK Bundesverband, Juli 2008.

AOK Bundesverband, http://www.aok-bv.de/gesundheit/katalog/index.html.

AOK Bundesverband, http://www.aok-bv.de/lexikon/b/index_02463.html.

AOK Bundesverband, http://www.aok-bv.de/service/zahlen/index_03359.html.

AOK Bundesverband, Zukunftsmodell DMP – Erfolge und Perspektiven der Programme für chronisch Kranke, 26 Juni 2007.

AOK Gesundheitspartner, http://www.aok-gesundheitspartner.de/bundesverband/qisa/.

AOK Pflegenavigator, http://www.aok.de/bundesweit/gesundheit/pflege-navigator-12846.php.

AOK Rheinland/Hamburg, http://www.aok.de/rheinland-hamburg/leistungen-service/leistungen-und-services-von-a-bis-z-hausarztvertrag-welche-aufgaben-hathausarzt-94157.php.

AQUA-Institut für angewandte Qualitätsförderung und Forschung im Gesundheitswesen GmbH, Qualitätsreport 2009.

Ärzteblatt (2008) Gesundheitsfond: Krankenkassen auf der Suche nach Chronikern, 5 Dezember 2008.

Ärzteblatt (2008) Versorgungsmodelle: Kaufmännische Krankenkasse fordert mehr Wettbewerbsfreiheit, 14 November 2008.

Ärztezeitung, http://www.aerztezeitung.de/docs/2005/04/21/072a0401.asp.

Barmer GEK Arztreport 2010, Abbildung: von einem Arzt zum nächsten? Januar 2010.

Barmer GEK Arztreport, Schriftenreihe zur Gesundheitsanalyse, vol 1, Januar 2010, p 56–58.

Baron J, Porter ME (2010) Value-based Competition in Health Care: The Swedish Perspective, unpublished report.

Bayerische Arbeitsgemeinschaft für Qualitätssicherung in der stationären Versorgung (BAQ), Schlaganfall Modul 85/1, Jahresauswertung 2008, p 24.

Bechmann S et al (2010) Motive und Hemmnisse für Betriebliches Gesundheitsmanagement (BGM). IGA Report 20, April 2010.

Bertelsmann Stiftung (2005) Praxisgebühr zeigt unerwünschte Nebenwirkungen, Pressemeldung zum Gesundheitsmonitor 2005, 1 September 2005.

Bertelsmann Stiftung (2007) Umfrage: Bevölkerung blickt skeptisch in die Zukunft des deutschen Gesundheitswesens, Pressemeldung, 2. Februar 2007, http://www.bertelsmann-stiftung.de/cps/rde/xchg/SID-0A000 F0A-901828F1/bst/hs.xsl/nachrichten_49283.htm.

Bertelsmann Stiftung (2008) Umfrage: Hausarztmodelle in der heutigen Form weitgehend wirkungslos, Pressemeldung, 10. Januar 2008, http:// www.bertelsmann-stiftung.de/cps/rde/xchg/bst/hs.xsl/nachrichten_ 84748.htm.

Blum K et al (2004) Krankenhaus Trends, Auswirkungen der Mindestmengen auf die Versorgungsstruktur, August 2004.

Blum K et al (2006) Krankenhausbarometer – Umfrage 2006. Deutsche Krankenhausgesellschaft, September 2006.

Blum K et al (2007) Krankenhausbarometer – Umfrage 2007. Deutsches Krankenhausinstitut, Oktober 2007.

Blum K et al (2007) Macht's die Menge?, Krankenhaus Umschau 2007(7).

Blum K et al (2008) Krankenhausbarometer – Umfrage 2008. Deutsches Krankenhausinstitut, Oktober 2008.

Blum K et al (2010) Krankenhausbarometer – Umfrage 2010. Deutsches Krankenhausinstitut, Dezember 2010.

Böken J (2006) Hausarztmodelle in Deutschland, Teilnehmerstruktur, Beitrittsgründe und die Koordination zum Facharzt, in: Böken J et al (eds) Gesundheitsmonitor 2006, Bertelsmann Stiftung, pp 247–271.

Böcken J, Braun B (2006) Anreize zur Verhaltenssteuerung im Gesundheitswesen – Effekte bei Versicherten und Leistungsanbietern, Bertelsmann Stiftung.

Böcken J et al (2008) Gesundheitsmonitor 2008, Bertelsmann Stiftung, p 274.

Braun B et al (2006) Barrieren für einen Wechsel der Krankenkasse: Loyalität, Bequemlichkeit, Informationsdefizite? Gesundheitsmonitor 2006, Bertelsmann Stiftung.

Bruckenberger E (2007) Herzbericht 2006 mit Transplantationschirurgie, pp 77–78.

Bund der Versicherten, http://www.bdv.info/bdv/Merkblaetter/PKV-WECHSEL.pdf.

Bundesanstalt für Arbeitsschutz und Arbeitsmedizin, Volkswirtschaftliche Kosten durch Arbeitsunfähigkeit 2006, www.baua.de.

Bundesärztekammer, Ärztestatistik 2007, http://www.bundesaerztekammer.de/page.asp?his=0.3.6097.6098.

Bundesgeschäftsstelle Qualitätssicherung gGmbH, BQS Outcome 2008. Zugang unter http://www.bqs-outcome.de/.

Bundesgeschäftsstelle Qualitätssicherung gGmbH, http://www.bqs-qualitaetsreport.de/2007/grundlagen/datenvalidierung.

Bundesministerium für Gesundheit, Gesetzliche Krankenversicherung – Kennzahlen und Faustformeln, Table KF07 Bund, 18 August 2008.

Bundesministerium für Gesundheit, Mitgliederstatistik KM1, 1998–2011.

Bundesministerium für Gesundheit, Wesentliche Regelungsinhalte des Regierungsentwurfs eines Gesetzes zur nachhaltigen und sozial ausgewogenen Finanzierung der Gesetzlichen Krankenversicherung (GKVFinG), 22 September 2010.

Bundesversicherungsamt, Referat VII 2, http://www.bundesversicherungsamt.de/cln_115/nn_1046748/DE/Risikostrukturausgleich/Risikostrukturausgleich__bis__2008/.

Bundesversicherungsamt, So funktioniert der neue Risikostrukturausgleich im Gesundheitsfonds, 16. September 2008.

Burkowitz J (1999) Effektivität der ärztlichen Kooperationsbeziehung – Aus den Augen, aus dem Sinn …? Empirische Analyse auf Basis von Patientendaten. Medizinische Fakultät Charité, 2. Juni 1999.

Busse R et al (2004) Health care systems in transition. Observatory report Germany.

Busse R et al (2006), Management im Gesundheitswesen. Springer, Heidelberg.

Busse R, Nimptsch U, Mansk T (2009) Measuring, Monitoring, And Managing Quality in Germany's Hospitals. Health Affairs, 27. Januar 2009.

Busse R, Riesberg A (2004) Health care systems in transition: Germany. Copenhagen, WHO Regional Office for Europe on behalf of the European Observatory on Health Systems and Policies.

Busse R, Schreyögg JA, Gericke C (2006) Management im Gesundheitswesen. Springer, Heidelberg, p 99.

Continentale Studie 2006, Die Meinung der Bevölkerung. Eine repräsentative Infratest-Bevölkerungsbefragung der Continentale Krankenversicherungs AG, September 2006.

Davis K (2007) Learning from high performing health care systems around the globe. The Commonwealth Fund; data quoted from 2006 Commonwealth Fund International Heath Policy Survey of Primary Care Physicians.

Davis K et al (2010) Mirror, Mirror on the wall – How the performance of the US health care system compares internationally, 2010 Update, Commonwealth Fund.

De Lissovoy G, Ganoczy DA, Ray NF (2000) Relationship of Hemoglobin A1c, Age of Diabetes Diagnosis, and Ethnicity to Clinical Outcomes and Medical Costs in a Computer-Simulated Cohort of Persons With Type 2 Diabetes. Am J Manag Care 6(5):573–84.

Der Spiegel, Zahl der Verkehrstoten auf Rekordtief, http://www.spiegel.de/auto/aktuell/0,1518,666311,00.html.

Der Tagesspiegel, Klinikführer – Berliner Kliniken im Vergleich, Juni 2006.

Deutsche Krankenhausgesellschaft, Abteilung III/Re, Krankenhausstatistik, 16 Juni 2008.

Deutsche Sozialversicherung Europavertretung, http://www.deutsche-sozialversicherung.de/de/wegweiser/grundprinzipien.html.

Dierks M-L, Schaeffer D (2004) Krankenhaus-Report 2004, Kapitel 8: Informationen über die Qualität der gesundheitlichen Versorgung – Erwartung und Forderung der Patienten. Schattauer Verlag, Stuttgart.

Dietz B (2005) Wie mündig sind Diabetes Patienten? Diabetes-Journal 2005(7).

Döbler K (2009) Qualitätsindikatoren mit besonderem Handlungsbedarf, Qualitätssicherungskonferenz G-BA, November 9, 2009.

Donabedian A (2005) Evaluating the Quality of Medical Care. Milbank Q 83(4):691–729.

Dr. Forster Intelligence, http://www.drfosterintelligence.co.uk/.

Eberle G et al (2005) Wirtschaftlicher Nutzen betrieblicher Gesundheitsförderung aus Sicht von Unternehmen. AOK Bundesverband, April 2005.

EBM 2008 accessed via www.kbv.de.

European Observatory on Health Care Systems (2000) Health Care Systems in Transition, Report on Germany, p 8.

Fallpauschalen-Katalog, G-DRG-Version 2010.

Federal Statistical Office, http://www.destatis.de/jetspeed/portal/cms/, accessed Feb 14, 2009.

Feenstra H, Wansink W (2009) Zo gaat het in de zorg (De burger als klant, speelbal of koning, mondig of monddood). Amsterdam/Antwerpen, 2. Auflage, Januar 2009, p 25, 31.

Finanztest, Nur fünf sind gute Lotsen, 8/2007.

Forum Gesundheitspolitik, Zeitepoche 1954–1969, http://www.forum-gesundheitspolitik.de/meilensteine/meilensteine.pl?content=1954-1969.

Fuhrmans V (2007) Withdrawal treatment: a novel plan helps hospital wean itself off pricey tests. Wall Street Journal, 12 Dezember 2007.

Gebührenordnung für Ärzte. Deutscher Ärzte-Verlag, 2008.

GEK Report – ambulant-ärztliche Versorgung 2006, November 2006, p 40.

Gemeinsamer Bundesausschuss, http://www.g-ba.de/.

Gemeinsamer Bundesausschuss (2008) Nachweislich bessere Ergebnisse durch Mindestmengen bei Kniegelenk-Totalendoprothesen-Operationen – G-BA legt Ergebnisse der Mindestmengen-Begleitforschung vor, Pressmeldung 18. März 2008, Siegburg/Berlin.

Gemeinsamer Bundesausschuss, Pressemeldung 26/2009.

Geraedts M (2006) Qualitätsberichte deutscher Krankenhäuser und Qualitätsvergleiche von Einrichtungen des Gesundheitswesens aus Versichertensicht, Gesundheitsmonitor 2006. Bertelsmann Stiftung.

Gerlinger T et al (2007) Gesundheitspolitik, Gesundheitsreform und soziale Ungleichheit. Institut für Medizinische Soziologie, Johann-Wolfgang Goethe Universität Frankfurt, p 12.

German Impatient Quality Indicators (G-IQI), http://opus.kobv.de/tuberlin/volltexte/2010/2610/.

Gesundheitsberichterstattung des Bundes (2011) Krankheitskosten nach Alter und Geschlecht. www.gbe-bund.de am 6 Juni 2011.

GKV Spitzenverband, http://www.gkv-spitzenverband.de/ITSGKrankenkassenListe.gkvnet, as of 1. Januar 2010.

GKV Spitzenverband, Kennzahlen der Gesetzlichen Krankenversicherung, p 4–21, 21 Juli 2010.

Gmündener Ersatzkasse, GEK Report ambulant-ärztliche Versorgung 2008, Dezember 2008.

Grote Westrick M (2007) Unser Gesundheitswesen braucht Qualitätstransparenz, Bertelsmann Stiftung, p 28.

Grothaus FJ (2009) Entwicklung der integrierten Versorgung in der Bundesrepublik Deutschland 2004–2008 – Bericht gemäß §140d SGB V auf der Grundlage der Meldungen von Verträgen zur integrierten Versorgung, Bundesgeschäftsstelle Qualitätssicherung gGmbH.

Grözinger M et al (2009) Neue Regelungen für Einrichtungen der Psychiatrie und Psychotherapie, Kinder- und Jugendpsychiatrie und -psychotherapie sowie Psychosomatische Medizin und Psychotherapie im Krankenhausfinanzierungsreformgesetz (KHRG), Deutsche Gesellschaft für Psychiatrie, Psychotherapie und Nervenheilkunde (DGPPN), Nervenarzt 80:485–494.

Guth C, Behar B (2007) Hohe Produktivität und zufriedene Patienten. F&W 6/2007.

Hamburger Krankenhausspiegel, http://www.hamburger-krankenhausspiegel.de/index.php.

Hautzinger M, Bailer M, Worrall H, Keller F (2000) Beck-Depressions-Inventar (BDI). Testhandbuch (3rd edn.), Bern.

Health at a Glance 2009, OECD Health data 2009, p 95.

Heißmann N (2010) Gute Häuser für künstliche Kniegelenke, Stern 18/2010.

Helios Kliniken, http://www.helios-kliniken.de/ueber-helios/privatisierung/was-machen-wir-anders.html.

Helios Kliniken, Medizinischer Jahresbericht 2006/2007, Ergebnisqualität sicher messen und aktiv verbessern Erfahrungen, pp 62–63.

Heller G (2005) Gibt es einen Volumen-Outcome-Zusammenhang bei der Versorgung von Neugeborenen mit sehr niedrigem Geburtsgewicht in Deutschland – Eine Analyse mit Routinedaten, Wissenschaftliches Institut der AOK (WIdO).

Hoffmann C (2007) Die Privaten schlagen zu, Frankfurter Allgemeine Zeitung, 17 Dezember 2007.

Holst J (2007) Therapietreue, "Auch eine Bringschuld des Versorgungssystems". Deutsches Ärzteblatt 104(15).

Holst J (2008) Praxisgebühr – und kein bisschen weise. Forum Gesundheitspolitik, 7 Juni 2008, http://www.forum-gesundheitspolitik.de/artikel/artikel.pl?artikel=1257.

Hübner U (2006) „Der Weg ist das Ziel" – Ergebnisse der aktuellen Befragung des IT-Reports Gesundheitswesen; FH Osnabrück, 20 März 2006.

Hummler HD et al (2006) Mortalität und Morbidität sehr unreifer Frühgeborener in Baden-Württemberg in Abhängigkeit von der Klinikgröße. Ist der derzeitige Grad der Regionalisierung ausreichend? Z Geburtshilfe Neonatol 2006; 210(1): 6–11

Initative Qualitätsmedizin, http://www.initiative-qualitaetsmedizin.de/home/.

Institut für Mittelstandsforschung, Kennzahlen zum Mittelstand 2009 in Deutschland, http://www.ifm-bonn.org/index.php?id=99. Zugriff am 5 Dezember 2010.

Jacobs K (2007) Gesundheitsreform und PKV: von "fairem Wettbewerb" keine Spur, Jahrbuch Risikostruturausgleich, Asgard Verlag 2007.

Joint Commission on Accreditation of Healthcare Organization, Important Notice re: ICU Measure Set. 1. Juli 2005.

Kaplan RS, Anderson SR (2007) Time-Driven Activity-Based Costing. Harvard Business School Press.

Kaplan RS, Porter ME, Measuring and Managing Health Care Delivery Costs, Harvard Business School and Supplementary Appendix 1 to Porter ME (2010) What is Value in Health Care? N Engl J Med 363: 2477–81.

Kassenärztliche Bundesvereinigung, EBM 2008 – Ein Meilenstein für die Zukunft, Sonderpublikation.

Kassenärztliche Bundesvereinigung (2006) Grunddaten zur ambulanten Versorgung in Deutschland.

Kassenärztliche Bundesvereinigung (2008) Grunddaten zur ambulanten Versorgung in Deutschland.

Kassenärztliche Bundesvereinigung (2009) Grunddaten zur ambulanten Versorgung in Deutschland.

Kassenärztliche Bundesvereinigung (2010) Grunddaten zur ambulanten Versorgung in Deutschland.

Kassenärztliche Bundesvereinigung, Statistische Informationen aus dem Bundesarztregister, http://daris.kbv.de/daris/link.asp?ID=1003763335.

Kassenärztliche Bundesvereinigung, http://www.kbv.de/themen/9930.html#Rechtliche%20Grundlagen.

Kassenärztliche Bundesvereinigung (2009) KBV entwickelt Starter-Set ambulanter Qualitätsindikatoren, Ergebnisse des Projekts AQUIK – Ambulante Qualitätsindikatoren und Kennzahlen.

Kassenärztliche Bundesvereinigung, KBV Klartext, Juli 2010, pp 4–5.

Kassenärztliche Bundesvereinigung, Qualitätsbericht 2009, p 21.

Kassenärztliche Bundesvereinigung, Versichertenbefragung der Kassenärztlichen Bundesvereinigung – Ergebnisse einer repräsentativen Bevölkerungsumfrage, Mai/Juni 2006.

Kaveh G et al (2007) How Quickly Do Systematic Reviews Go Out of Date? A Survival Analysis. Ann Intern Med 147:224–233.

Kieselbach K (2006) Ärztliche Praxis, Brandneue Zahlen: das verdienen die Ärzte, 21 September 2006.

Kizer KW (2003) The Volume-Outcome Conundrum. New England Journal of Medicine 349(22).

Kleinhubbert G (2007) Geboren am falschen Ort, Spiegel 44/2007; Akademische Arbeit zitiert von Hummler H et al (2006) Zeitschrift für Geburtshilfe und Neonatologie.

Klinik-Führer Rhein-Ruhr: Startschuss für die 3. Auflage, Pressemeldung 16 Januar 2007.

Koch K, Gehrmann U, Sawicki P (2007) Primärärztliche Versorgung in Deutschland im internationalen Vergleich: Ergebnisse einer strukturvalidierten Ärztebefragung, Deutsches Ärzteblatt 110(38).

Kooperation für Qualität und Transparenz im Gesundheitswesen (KTQ), http://www.ktq.de/ktq_verfahren/index.php.

Krankenhausentgeltgesetz, http://www.gesetze-im-internet.de/khentgg/BJNR142200002.html.

Kuhlen R et al (2010) Initative Qualitätsmedizin. Jahrbuch Qualitätsmedizin 2010, Kapitel 2, Medizinisch Wissenschaftliche Verlagsgesellschaft.

KV Baden Württemberg, Honorarverteilung 2010, p 6, http://www.kv-bawue.de/uploads/tx_userkvbwpdfdownload/20100527_Honorarverteilung_2010_.pdf.

Laschober M et al (2007) Hospital response to public reporting of quality indicators. Health Care Financing Review 28(3).

Lauterbach K (2007) Der Zweiklassenstaat – Wie die Priviligierten Deutschlan ruinieren, Rowohlt Berlin.

Leber WD (2005) Refinanzierung ambulanter Klinikleistungen – Der Paragraph 116b SGB V bedarf einer Ergänzung, damit er funktioniert. Krankenhaus Umschau 2005(3).

Lente VEJ (2011) Erfahrungen mit strukturierten Behandlungsprogrammen (DMPs) in Deutschland, Versorgungs-Report 2011, Schwerpunkt: Chronische Erkrankungen, Schattauer Verlag.

Loss J et al (2010) Compliance bei chronischen Krankheiten – Zusammenhang zum Gesundheitssystem.

Mansky T (2007) Ergebnisqualität sicher messen und aktiv verbessern – Erfahrungen. Medizinischer Jahresbericht 2006/2007, Helios Kliniken Gruppe, Dezember 2007.

Mansky T et al, Die Kliniken können deutlich besser werden. F&W September/Oktober 2006.

Marstedt M (2006) Wartezeiten beim Arzt: GKV-Versicherte warten länger als Privatpatienten, http://www.forum-gesundheitspolitik.de/artikel/artikel.pl?artikel=0295.

Medizinischer Dienst der Krankenkassen (2008) Vereinbarung nach §115 Abs. 1a Satz 6 SGB XI über die Kriterien der Veröffentlichung sowie die Bewertungssystematik der Qualitätsprüfungen der Medizinischen Dienste der Krankenversicherung sowie gleichwertiger Prüfergebnisse in der stationären Pflege – Pflege-Transparenzvereinbarung stationär (PTVS) – vom 17. Dezember 2008, http://www.mdk-niedersachsen.de/download/Kriterien_stationaere_Pf_Qu_1712-2008.pdf.

Medizinischer Dienst der Spitzenverbände der Krankenkassen (2007) Dokumentation 2005 – Leistungen der Gesetzlichen Krankenversicherungen in der Primärprevention und betrieblichen Gesundheistförderung, Januar 2007, p 108.

Midwest Business Group on Health, in collaboration with Juran Institute, Inc., and the Severyn Group, Inc. (2003) Reducing the Costs of Poor-Quality Health Care Through Responsible Purchasing Leadership. 2nd printing, MGBH, Chicago.

Morris, CR (1999) The Health Care Economy is Nothing to Fear. Atlantic, Dezember 1999.

Mörsch M (2008) Bestandsaufnahme zur Krankenhausplanung und Investitionsfinanzierung in den Bundesländern, Deutsche Krankenhausgesellschaft, Juni 2008.

Müller von der Grün CP (2007) Amerikas Kliniken starten neue Qualitätsoffensive, Mansky fordert 40000-Leben-Kampagne für Deutschland, F&W, Januar/Februar 2007.

Munte A (2007) Das Ende der KV'en oder Aufbruch in neue Strukturen der ambulanten Versorgung, 28 March 2007.

National Committee for Quality Assurance, HEDIS measures, NCQA website, http://www.ncqa.org/tabid/59/Default.aspx. Accessed 10. Juli 2008.

Niehaus F et al (2005) Der überproportionale Finanzierungsbeitrag privat versicherter Patienten im Gesundheitswesen, Wissenschaftliches Institut der PKV, Köln, p 140ff.

Obermann K et al (2007) Qualitätsmanagement in der ärztlichen Praxis 2007 – Eine deutschlandweite Befragung niedergelassener Ärztinnen und Ärzte. Stiftung Gesundheit.

OECD (2004), Private health insurance in OECD countries, The OECD Health Project.

OECD (2006) OECD Health Data 2006.

OECD (2009) Health at a Glance 2009 – OECD Indicators.

OECD (2009) OECD Health Data 2009.

OECD (2010) OECD Health Data 2010.

Oliver et al (2004) Equity of access to health care: outlining the foundations for action. Journal of Epidemiology and Community Health 58:655–658.

Petermann F (2004) Non-compliance: Merkmale, Kosten und Konsequenzen. Managed Care 2004(4).

Porter ME (2009) A Strategy for Health Care Reform – Toward a Value-Based System, N Engl J Med 361:2.

Porter ME (2010) What is Value in Health Care? N Engl J Med 363:2477–81.

Porter ME (2010) What is Value in Health Care? Supplementary Appendix 1. N Engl J Med 363:2477–81. doi:10.1056/NEJMp1011024.

Porter ME (2010) What is Value in Health Care? Supplementary Appendix 2. N Engl J Med 363:2477–81. doi:10.1056/NEJMp1011024.

Porter ME, Baron JF (2008) Commonwealth Care Alliance: Elderly and Disabled Care. HBS Case no 9-708-502.

Porter ME, Baron JF (2009) Pitney Bowes: Employer health strategy. Harvard Business School Case study, 24. Februar 2009.

Porter ME, Guth C, Dannemiller E (2007) The West German Headache Center: Integrated Migraine Care, Teaching Note. Harvard Business School Publishing, 7. Mai 2007.

Porter ME, Presentation at the Centers for Medicare & Medicaid Services (CMS) Speaker Series. http://www.isc.hbs.edu/pdf/2011%2005%20 20_Porter_CMS%20Speaker%20Series%20(Final).pdf.

Porter ME, Teisberg EO (2006) Redefining Health Care, Harvard Business School Press.

Porter ME, Teisberg EO, Wallace S (2008) Guest column: Rethinking the role of employers. Financial Times, 3. Juli 2008.

Prokosch HU (2008) University Erlangen, Press release, 25 November 2008, http://www.dgn.de/40telematik/10it/20090106122854.html.

Rickens C (2007) Pflegebedürtig – Mangelnde wirtschaftliche Anreize führen zu dramatischen Qualitätsunterschieden in deutschen Pflegeheimen. Managermagazin 9/2007.

Robert Koch Institut, Ausgaben und Finanzierung des Gesundheitswesens. Gesundheitsberichterstattung des Bundes, vol 45, Mai 2009.

Rösner HJ (2009) Gesundheitssysteme im internationalen Vergleich. Seminar für Sozialpolitik der Universität zu Köln, S. 3.

Rothgang H (2007) Generationengerechte Finanzierung der GKV? Zentrum für Sozialpolitik, Universität Bremen.

Rottlaender D et al (2007) Multimedikation, Compliance und Zusatzmedikation bei Patienten mit kardiovaskulären Erkrankungen. Deutsche Medizinische Wochenschrift 132(4):139–144.

Sachverständigenrat für die Konzertierte Aktion im Gesundheitswesen, Bedarfsgerechtigkeit und Wirtschaftlichkeit, Über-, Unter- und Fehlversorgung, vol III, 2001.

Sachverständigenrat für die Konzertierte Aktion im Gesundheitswesen, Finanzierung, Nutzenorientierung und Qualität, vol I (Finanzierung und Nutzenorientierung), Gutachten 2003, Kuzversion, p 22.

Sahm S (2006) Die Konzentration der Krebsmedizin geht weiter. Frankfurter Allgemeine Zeitung, 29 March 2006.

Salfeld R, Hehner S, Wichels R (2008) Modernes Krankenhausmanagement – Konzepte und Lösungen. Springer, Heidelberg, pp 2ff.

Sauerland D (2005) Gesundheitsreformgesetze in Deutschland: Auswirkungen auf Ausgaben und Beitragssätze der Gesetzlichen Krankenversicherung, August 2005.

Schaeffer D (2006) Bedarf an Patienteninformation über das Krankenhaus – eine Literaturanalyse, Bertelsmann Stiftung.

Schlitt R (2008) Hochspezialisierte ambulante Leistungen an Krankenhäusern: Wie die ambulante Facharztmedizin ausgetrocknet wird. KVBlatt 03/2008.

Schneider M, Hofmann U, Köse A (2003) Zuzahlungen im internationalen Vergleich.

Schoen C et al (2005) Taking the pulse of health care system: experiences of patients with health problems in six countries. Health affairs, Web exclusive – W5 514, 3 November 2005.

Schoen C et al (2006) On the front lines of care: primary care doctors' office systems, experiences, and views on seven countries. Health Affairs – Web Exclusive, 2 November 2006.

Schoen C et al (2008) In chronic condition: Experiences of patients with complex health care needs, in eight countries, 2008. Health Affairs, 13 November 2008.

Schoen C et al (2009) Harnessing Health Care Markets for the Public Interest: Insights for US Health Reform from the German and Dutch Multipayer Systems.

Schoen C et al (2009) In chronic condition: experiences in patients with complex health care needs, in eight countries, 2008. Health Affairs 28(1):w1–w16 (online Veröffentlichung 13. November 2008; 10.1377/hlthaff.28.1.w1).

Scholz J (2007) Mogelpackung oder großer Wurf, Durchblick Gesundheit, Dezember 2007.

Schön Klinik Qualitätsbericht 2009.

Schön Klinik, http://www.schoen-kliniken.de/ptp/gruppe/qm/zahlen/2009/.

Schön Klinik, http://www.schoen-kliniken.de/ptp/gruppe/qm/zahlen/2009/ortho/gelenk/index.php.de.

Schulte G (2006) Wettbewerb und Risikostrukturausgleich in der gesetzlichen Krankenversicherung. Recht und Politik im Gesundheitswesen 12(4):87–91.

Schulten T (2006) Liberalisation, privatisation and regulation in the German healthcare sector/hospitals, Wirtschafts- und Sozialwissenschaftliches Institut (WSI), November 2006.

Sehgal AR (2010) The role of reputation in the US News & World Report's Rankings of the Top 50 American Hospitals. Ann Intern Med 152: 521–525.

Sozialgesetzbuch V, http://www.sozialgesetzbuch-sgb.de/sgbv/73c.html.

Statistisches Bundesamt, Datenreport 2006, Kapitel Gesundheit.

Statistisches Bundesamt, Grunddaten des Gesundheitswesen – Grunddaten der Krankenhäuser, 2006.

Statistisches Bundesamt, Pressemeldung No. 136, 4 April 2009.

Statistisches Bundesamt, Stationäre Gesundheitsversorgung in Deutschland: Krankenhäuser und Versorge- oder Rehabilitationseinrichtungen 2008.

Straub C (2008) Leistungserbringer und Krankenkassen: Qualität als gemeinsames Ziel, Winter-Symposium der Stiftung Praxissiegel, 14. Februar 2008.

Teisberg E, Nutzenortientierter Wettbewerb im schweizerischen Gesundheitswesen: Möglichkeiten und Chancen, 2008

Teperi J, Porter ME, Vuorenkoski L, Baron JF (2009) The Finnish Health Care System: a value-based perspective, Sitra Reports 82.

Terra Consulting Partner, Service Check von Online-Dienstleistungen der gesetzlichen Krankenkasse, http://www.computerwoche.de/nachrichtenarchiv/522885/index.html.

Thalau J (2004) Vergleichende Qualitätsmessung in der medizinischen Rehabilitation – Das QS-Reha-Verfahren der GKV, Krankenhausreport 2004 – Schwerpunkt: Qualitätstransparenz. Schattauer Verlag.

Thielscher C et al (2009) Dürfen Krankenkassen Informationen über die Qualität von Ärzten veröffentlichen? Die Krankenversicherung 2009(9).

Verband der privaten Krankenversicherung, Zahlenbericht der privaten Krankenversicherung 2005/2006.

Verband der Privaten Krankenversicherungen, Die Möglichkeiten, die Sicherheit, die Zukunft. Privat krankenversichert: so geht's.

Verband der Privaten Krankenversicherungen, Zahlenbericht der Privaten Krankenversicherungen 2005/2006.

Verband der Privaten Krankenversicherungen, Zahlenbericht der Privaten Krankenversicherungen 2007/2008.

Verband der Privaten Krankenversicherungen, Zahlenbericht der Privaten Krankenversicherungen 2009/2010, p 4. http://www.pkv.de/w/files/shop_zahlenberichte/zb09_web.pdf.

Voigt G (2008) Ärztliches Fehlermanagement, Veranstaltung Patientensicherheit in Niedersachsen, Patientenuniversität MHH, Ärztekammer Niedersachsen, Februar 2008.

Wendt C (2007) Sinkt das Vertrauen in Gesundheitssysteme? Eine vergleichende Analyse europäischer Länder. WSI Mitteilungen 2007(7).

Wikipedia, http://de.wikipedia.org/wiki/Versicherungspflichtgrenze.

Wikipedia, http://en.wikipedia.org/wiki/Beck_Depression_Inventory.

Wild F (2008) Die Arzneimittelversorgung von Privatversicherten: die Verordnung von neuen Wirkstoffen, Wissenschaftliches Institut der Privaten Krankenversicherungen.

Wissenschaftliches Institut der AOK (Wido)/Helios, Qualitätssicherung der stationären Versorgung mit Routinedaten (QSR) – Abschlussbericht, 2007.

Zeidler J (2009) Kostenvergleich der ambulanten und stationären Rehabilitation: Ergebnisse einer Sekundärdatenanalyse zur Rehabilitation muskuloskeletaler und kardiologischer Erkrankungen, Leibniz Universität Hannover, Forschungsstelle für Gesundheitsökonomie.

Zok K (2006) Beitragssatzkenntnis und Wechselbereitschaft in der GKV. Ergebnisse von Repräsentativ-Umfragen bei GKV-Mitgliedern im Zeitverlauf, WIdO-monitor 2006(2).

Stichwortverzeichnis

A

Abrechnung
— im ambulanten Sektor 164–167, 199–200
— im Krankenhaussektor 144–150, 198–199
— für Rehabilitationskliniken 168–169, 200–201

Abrechnungsdaten, Nutzung in der Qualitäts- und Kostenmessung 235–242, 286, 289, 290

Allgemeine Ortskrankenkassen (AOK) 88, 100, 102, 103, 150, 211
— Messung von Ergebnisqualität 21–23, 136, 224, 234, 238–242, 286 *siehe auch* Wissenschaftliches Institut der AOK (WidO)

Ambulante Qualitätsindikatoren und Kennzahlen (AQUIK) 234

Ambulanter Sektor 16, 153–167, 179, 181–183, 266, 271–272, 308
— Ergebnismessung im 232–234 250, 266, 271, 272
— Vergütung im 164–167

Anreise, von Patienten für Behandlungsleistungen 60, 301, 303

Apotheken 15, 52, 73, 162, 163, 286

Arzneimittel 26, 51, 52, 105, 111, 160, 172, 182, 262, 269
— Zuzahlungen für 78–80, 108, 89–91

B

Behandlungsergebnisse
— in der Versorgung von Frühgeborenen 136, 137
— in der Versorgung von Herzschrittmacher-Patienten 136
— in der Versorgung von Ischämischen Herzerkrankungen 19, 20, 228, 230
— in der Versorgung von Kolorektalem Karzinom 22–25
— in der Versorgung von Krebs 19, 20
— in der Versorgung von Myokardinfarkt 21, 22, 238, 239

— in der Versorgung von Patienten mit Cholezystektomie 229
— in der Versorgung von Patienten mit Hüft-TEP 229, 240-242, 244
— in der Versorgung von Patienten mit Knie-TEP 244, 248
— in der Versorgung von Schlaganfall 20, 21
— Veröffentlichung von 43

Behandlungsfehler 18
Behandlungsindikatoren 45, 46
Behandlungskette 32-34, 36, 37, 47, 56–58, 160, 190-192, 252–256, 263–265, 289, 295-297
Beitragsbedarf 101
Beitragsbemessungsgrenze 94
Beitragsrückerstattungstarife 93, 94
Beitragssatz, Gesetzliche Krankenkassen *siehe auch* Gesundheitsfond
— Bedeutung von 73-75, 114, 115
— Historische Entwicklung von 11, 12
— Wettbewerb um 116, 124, 125
Belegärzte 141
Bertelsmann Stiftung 213, 220, 315, 323
Besondere Versorgungsformen 117
Betriebliche Gesundheitsförderung 215, 221
Betriebskrankenkassen 87, 88, 97, 102, 103, 126, 214

Bundesgeschäftsstelle für Qualitätssicherung 227

C

Chronische Krankheiten 33, 57, 121, 161, 307, *siehe* Disease-Management-Programme
Commonwealth Fund 18, 26, 163

D

Depression, Behandlung von 248
Diagnose Related Groups (DRGs) *siehe auch* Routinedaten, Qualitätsmessung mit 57, 81, 134, 144–148, 150-152, 194, 195, 197-199, 266, 270-272, 289, 291, 306–309
— Transsektorale DRGs 148, 201, 308
Disease-Management-Programme 39, 81, 93, 98, 100, 102, 121, 161, 273, 318

E

Einheitlicher Bewertungsmaßstab (EBM) 158, 164, 165, 291, 308
Einkommensabhängige Versicherungsbeiträge 10, 13, 86, 95
Einzelleistungsvergütung 56, 70, 166, 201, 271
Electronic Medical Record (EMR) *siehe* elektronische Patientenakte
Elektronische Patientenakte 61, 64, 143, 163, 191, 204
Epilepsie 217, 247
Episodenpauschalen 57, 307

Ergebnismessung 19, 44-50, 61, 202, 223-252, 283-289, 300, 309

Ergebnisqualität *siehe* Behandlungsergebnisse

Ersatzkassen 87, 88, 97, 100, 103, 121, 156

F

Fehler *siehe* Behandlungsfehler

Frühgeborene, Behandlung von *siehe* Behandlungsergebnisse

G

Gatekeeper-Modelle 93, 94, 117

Gebührenordnung für Ärzte (GOÄ) 148, 167

Gebündelte Zahlungen
— Episodenpauschalen für chronische Krankheiten 57, 307
— Pauschalen für Krankheitsbilder 56, 175, 306, 309
— Primär- und Präventivversorgungspauschalen 57, 307

Gelenkersatz, Behandlung von *siehe* Behandlungsergebnisse

Gesetzliche Krankenversicherungen *siehe auch* Beitragssatz der gesetzlichen Krankenversicherung, Gesundheitsfonds, Risikostrukturausgleich
— historische Entwicklung von 69-76
— neue Rolle von 313-316
— Struktur von 86-106

Gesundheitsfond 94

Gesundheitsreformen 17, 9, 72, 78, 113, 211, 259

Gesundheitsstrukturgesetz 79, 87

GKV-Finanzierungsgesetz 83, 98, 151, 312

Globaläquivalenz 96

Globalbudget 55

H

Hausarzttarife *siehe* Gatekeeper-Modelle

Helios 17, 21, 224, 235-239, 242, 250-252, 269, 286, 300

Herzinfarkt, Behandlung von *siehe* Behandlungsergebnisse

Herzinsuffizienz, Behandlung von *siehe* Behandlungsergebnisse

Hierarchie der Ergebnisindikatoren 48

Hüft-Tep, Behandlung von *siehe* Behandlungsergebnisse

I

Individuelle Gesundheitsleistungen (IGeL) 90, 154, 186, 201

Informationstechnologie (IT) 53, 61, 62, 143, 162, 163, 191, 192, 204, 218, 234, 236, 254, 269, 316, 317

Initiative Qualitätsmedizin (IQM) 242, 286

Innungskrankenkassen 87, 88, 97, 103

Institut für Qualität und Wirtschaftlichkeit im Gesundheitswesen (IQWIG) 68
Integrated Practice Units (IPU) 37-40, 58, 62, 63, 190, 196, 291-296, 298, 299, 305
Integrierte Behandlungseinheiten *siehe* Integrated Practice Units (IPU)
Integrierte Versorgungsverträge (§140 SGB V) 156, 174-177, 181 *siehe auch* selektives Kontrahieren

K

Kapitalstock, in der privaten Krankenversicherung 10
Kassenärztliche Vereinigung (KV) 70, 89, 140-142, 155-158, 161, 175, 176, 178, 180, 182, 193, 213, 232, 233, 291, 310-312
KKH-Allianz 211, 314
Knie-Tep, Behandlung von *siehe* Behandlungsergebnisse
Kolonkarzinom, Behandlung von *siehe* Behandlungsergebnisse
Kooperation für Transparent und Qualität im Krankenhaus (KTQ) 226, 227, 233
Koronarchirurgie, Behandlung von *siehe* Behandlungsergebnisse
Kosten, Verlagerung von 75, 203, 256, 272
Kostenerstattungstarife 93
Krankenhäuser

— Effekt von Reformen auf 80, 82, 83
— Inanspruchnahme von Leistungen 15, 16
— Integration innerhalb und über die Behandlungskette 173, 174, 176-183, 187-191, 263, 265
— Leistungsspektrum von 66, 108, 134, 135, 137, 152, 158, 159, 186, 194-197, 266, 294
— Qualitätsmanagement in 226-232, 269, 270, 286
— Qualität von *siehe* Behandlungsergebnisse
— Struktur von 129-153
— Vergütung von *siehe* DRG
Krankenhaus-Kostendämpfungsgesetz 73
Krankenkassen *siehe* Gesetzliche Krankenversicherungen und private Krankenversicherungen
Krankenversicherungs-Kostendämpfungsgesetz 78
Krebs, Behandlung von *siehe* Behandlungsergebnisse

L

Landeskrankenhausplan 131, 132, 193
Leistungsangebote, Breite von 266
Leistungserbringer *siehe* Krankenhäuser, ambulanter Sektor und Rehabilitationskliniken
Leitlinien, klinische 24

M

Medikamente *siehe* Arzneimittel

Medizinischer Dienst der Krankenkassen (MDK) 153

Medizinisches Versorgungszentrum (MVZ) 142, 180, 181, 265

Mindestmengen 136, 138, 139, 302

Mortalität *siehe* Behandlungsergebnisse und Hierarchie der Ergebnisindikatoren

N

National Health System 67

Niedergelassene *siehe* ambulanter Sektor

Nullsummen-Wettbewerb 31, 59, 63, 69, 104, 161, 176, 263, 275, 278-280

Nutzen für Patienten *siehe* Patientennutzen und nutzenorientierter Wettbewerb

Nutzenorientierter Wettbewerb 2, 3, 14, 28, 33, 34, 36, 59, 60, 152, 153, 271

O

OECD 9, 15, 19, 20, 129, 216, 289, 323

P

Partikularinteressen 3, 186, 189, 203, 262, 263

Patientennutzen 29-34, 47, 56, 59, 60, 114-116, 118-120, 126, 186, 187, 189, 194, 197-201, 223, 260-264, 269-272, 284, 288, 292, 296, 306, 309, 317, 318

— Definition von 29, 31

Pflegeheime 17, 167, 168, 170-173, 187, 303

PKV Basistarif 108

Positivsummen-Wettbewerb 59, 63, 127, 280, 311, 59, 63, 127, 280, 311

Private Krankenversicherung

— Struktur von 106-111

— Wettbewerb mit Gesetzlicher Krankenversicherung 126, 275, 276, 311-313

Prozessqualität 27, 44, 131, 172, 220, 228, 236, 246, 269, 319-322

PTCA 139

Q

Qualitätsmanagement 26, 68, 186, 223, 226, 232, 234, 238, 243, 268

Qualitätsverbesserung 35, 233, 251, 35, 233, 251

R

Rabatte 9, 63, 79, 104

Regelleistungsvolumen (RLV) 166

Regierung, Rolle von 2, 12, 64, 97, 166, 215, 302, 303

Rehabilitationskliniken 26, 33, 104, 167-169, 173, 187, 194, 200, 203, 226, 296

Risikoselektion 29, 85, 94, 104, 120–122, 125–127, 273, 275, 279, 311–313, 316

Risikostrukturausgleich 81, 87, 97–103, 107, 120–122, 127, 275, 309, 311, 312

Routinedaten, Qualitätsmessung mit 235-242

S

Schlaganfall, Behandlung von siehe Behandlungsergebnisse

Schön Klinik 16, 17, 224, 243, 244, 248–252, 269

Schrittmacherimplantation, Behandlung von siehe Behandlungsergebnisse

Selbstbehalttarife 93, 94, 93, 94

Selektives Kontrahieren 211–213, 221, 282, 310

Skaleneffekt 41

Solidaritätsprinzip 1, 13, 28, 86, 94, 95, 112, 120, 126, 276

Sozialversicherungssystem 10, 69, 96, 259

Staffelstein Score 244

Standardized risk-adjusted mortality (SMR) 22, 23, 241

T

Therapietreue 38–40, 46, 62, 123, 217, 218, 221, 222, 278, 305, 314

U

Überkapazität, von Leistungserbringern 15, 123, 130, 199, 311

V

Vergütung siehe DRGs, ambulanter Sektor, Einzelleistungen und gebündelte Zahlungen

Verhandlungsmacht 59, 104, 262, 272

Versicherungsschutz, universeller 1

Versorgungsqualität siehe Behandlungsergebnisse

Vertragsarztrechtsänderungsgesetz 141, 179, 180, 265

W

Wettbewerb siehe Nullsummen-Wettbewerb, Positivsummen-Wettbewerb und nutzenorientierter Wettbewerb

Z

Zulassungen 70, 131, 132, 141, 143, 153, 155, 156, 159, 174, 175, 180, 265, 270, 310

Zuzahlungen 9, 35, 73, 78–82, 89, 90, 93, 105, 108, 113, 117, 174, 175, 216, 217, 305

Über die Autoren

Prof. Michael E. Porter ist ein international führender Experte für Wettbewerbsstrategie sowie die Wettbewerbsfähigkeit von Staaten und Regionen. Eines seiner Spezialgebiete ist die Anwendung von Methoden der Unternehmensstrategie auf gesellschaftliche Probleme. Als Professor an der Harvard Business School hat er mit seinen Ideen unzählige Regierungen, Unternehmen und Fachkollegen rund um die Welt beeinflusst. Seit mehr als zehn Jahren beschäftigt er sich mit der Reform des Gesundheitswesens. Sein wegweisendes Buch *Redefining Health Care* hat ein neues Forschungsfeld etabliert: *Value-Based Health Care*. Mit seinem Buch und einer Reihe weiterer Veröffentlichungen gibt er weltweit erfolgreich Anstöße zur Weiterentwicklung der nationalen Gesundheitssysteme.

Prof. Michael E. Porter studierte zunächst Luftfahrttechnik in Princeton, danach wechselte er an die Harvard Business School in Cambridge, Mass. Als George F. Baker Scholar erwarb er zunächst den M.B.A., nach erfolgter Promotion wurde er dort zum Professor für Betriebswirtschaftslehre berufen. Als Wissenschaftler und Autor hat er im In- und Ausland zahlreiche Preise und Ehrungen erhalten. Dazu gehören sechs McKinsey Awards für den besten Harvard Business Review Artikel des Jahres, nationale Auszeichnungen in vielen Ländern sowie die höchste Auszeichnung der Academy of Management für seine Beiträge zur Managementtheorie.

**Dr. Clemens Guth** ist Mitglied der Geschäftsführung der Artemed Kliniken, einem privaten Betreiber von Krankenhäusern und Senioreneinrichtungen. Über seine operative Verantwortung im Krankenhausmanagement hinaus ist Dr. Guth zuständig für die Bereiche M&A und Qualitätsmanagement. Vorher war er als Unternehmensberater im Gesundheitssektor von McKinsey & Company tätig. Zu Beginn seiner beruflichen Karriere arbeitete Dr. Guth als Assistenzarzt am Universitätsklinikum Chelsea & Westminster Hospital in London.

Dr. Guth erwarb einen M.B.B.S. der Imperial College Medical School, London sowie einen M.B.A. der Harvard Business School, Cambridge, Mass. Er war Stipendiat der Studienstiftung des deutschen Volkes und des Deutschen Akademischen Austauschdienstes. Für seine Studien erhielt er Preise und Auszeichnungen. Seit mehreren Jahren veröffentlicht er Fachbeiträge zu Themen der Gesundheitswirtschaft.